法治建设与法学理论研究部级科研项目成果

中国法学会研究会支持计划
最高人民法院审判理论研究会主持

中国法院类案检索与
裁判规则专项研究

夫妻共同债务纠纷案件裁判规则

杨奕 主编

法律出版社
LAW PRESS · CHINA

最高人民法院审判理论研究会
类案同判专项研究首席专家组组长
姜启波

首席专家组成员（以姓氏笔画为序）：

丁文严	王保森	王　锐	王毓莹	牛　凯	代秋影
包献荣	刘俊海	李玉萍	李　明	杨　奕	吴光荣
沈红雨	宋建宝	张勇健	陈　敏	范明志	胡田野
钟　莉	俞秋玮	姜俊禄	唐亚南	曹守晔	韩德强
黎章辉					

夫妻共同债务纠纷案件裁判规则

主　编：杨　奕

副主编：韩向前　柳适思　肖　芳　宁晓栩

专家组：杨　奕　李俊晔　韩向前　柳适思　肖　芳　宁晓栩　黄丽娇　魏斯晗

中国法院类案检索与裁判规则专项研究说明

最高人民法院“五五改革纲要”提出“完善类案和新类型案件强制检索报告工作机制”，周强首席大法官提出法官办案应当进行案件检索。为配合司法体制综合配套改革，落实周强首席大法官的指示要求，循序推进人民法院类案同判工作，中国应用法学研究所组织了最高人民法院审判理论研究会及其下设18个专业委员会的力量，开展中国法院类案检索与裁判规则专项研究，并循序推出类案检索与裁判规则研究成果。

最高人民法院审判理论研究会及其分会的研究力量主要有最高人民法院法官和地方各级人民法院法官、国家法官学院和大专院校专家教授、国家部委与相关行业的专业人士，这些研究力量具有广泛的代表性，构成了专项研究力量的主体。与此同时，为体现法为公器，应当为全社会所认识，并利用优秀的社会专业人士贡献智力力量，专项研究中也有律师、企业法务参加，为专项研究提供经验与智慧，并参与和见证法律适用的过程。以上研究力量按照专业特长组成若干研究团队开展专项研究，坚持同行同专业同平台研究的基本原则。

专项研究团队借助大数据检索平台，形成同类案件大数据报告，为使用者提供同类案件裁判全景；从检索到的海量类案中，挑选可索引的、优秀的例案，为使用者提供法律适用参考，增加裁判信心，提高裁判公信；从例案中提炼出同类案件的裁判规则，分析裁判规则提要，提供给使用者参考。从司法改革追求的目标看，此项工作能够帮助法官从浩如烟海的同类案件中便捷地找到裁判思路清晰、裁判法理透彻的好判决（即例案），帮助法官直接参考从这些好判决中提炼、固化的裁判规则。如此，方能帮助法官在繁忙工作中实现类案同判。中国法院类案检索与裁判规则专项研究，致力于统一法律适用，实现法院依法独立行使审判权与法官依法独立行使裁判权的统一。这也正是应用法学研究的应有之义。

专项研究的成果体现为电子数据和出版物(每年视法律适用的发展增减),内容庞大,需要大量优秀专业人力长期投入。有关法院裁判案件与裁判内容检索的人工智能并不复杂,算法也比较简单,关键在于"人工",在于要组织投入大量优秀的"人工"建设优质的检索内容。专项研究团队中的专家学者将自己宝贵的时间、智力投入到"人工"建设优质内容的工作中,不仅需要为统一我国法律适用、提升裁判公信力作出贡献的情怀,还需要强烈的历史感、责任感,具备科学的体系思维和强大的理性能力。此次专项研究持续得越久,越能向社会传达更加成熟的司法理性,社会也越能感受到蕴含在优质司法中的理性力量。

愿我们砥砺前行。

编写组

二〇一九年五月十六日

前　　言

2021 年 1 月 1 日起施行的《中华人民共和国民法典》第 1064 条对夫妻共同债务作了明确规定，明确了夫妻共同债务认定“共债共签”的基本原则，同时与第 1060 条相呼应，明确为家庭日常生活需要所负债务为夫妻共同债务。此外，对于婚姻关系存续期间夫妻一方以个人名义所负其他债务，除非债权人能够证明已经用于夫妻共同生活、共同生产经营或者基于双方共同的意思表示，否则不属于夫妻共同债务。近年来，最高人民法院陆续发布《关于适用〈中华人民共和国婚姻法〉若干问题的解释（二）》及其补充规定、《关于审理涉及夫妻债务纠纷案件适用法律有关问题的解释》等规范性文件，并通过对各地法院法律适用疑难问题进行答复等形式，对夫妻共同债务认定的裁判标准和尺度进行统一和规范，但夫妻共同债务认定与清偿规则依然存在进一步完善的空间。基于此，《中华人民共和国民法典》积极回应社会关切，以立法形式明确了“共债共签”原则，既体现了平等保护债权人利益和夫妻双方利益原则，又兼顾维护交易安全与婚姻家庭稳定的理念，同时其中的第 1064 条作为新增条文也成为“婚姻家庭编”的最大亮点，为解决司法实践中争议较大的夫妻共同债务问题提供了明确法律依据。

本书专家组按照“中国法院类案检索与裁判规则专项研究”编写要求，在选定裁判规则时坚持遵循重点与类型化相结合的思路，从实践中夫妻共同债务纠纷最常见的争点、焦点、难点入手。专家组共选定夫妻共同债务纠纷案件中高频的 20 个裁判规则进行写作，专家组成员杨奕、柳适思、肖芳、宁晓栩参与了大数据报告和规则的提炼、撰写，研究助理黄丽娇、魏斯晗参与了大数据报告的检索，杨奕、韩向前分别对全书进行了统稿和编校，特此说明。

法律法规缩略语对照

一、法律法规

1.《中华人民共和国民法典》(2020 年 5 月 28 日发布,2021 年 1 月 1 日起施行),简称《民法典》

2.《中华人民共和国民法总则》(2017 年 3 月 15 日发布,2017 年 10 月 1 日起施行,2021 年 1 月 1 日失效),简称《民法总则》

3.《中华人民共和国民法通则》(1986 年 4 月 12 日发布,1987 年 1 月 1 日起施行,2009 年 8 月 27 日修正,2021 年 1 月 1 日失效),简称《民法通则》

4.《中华人民共和国民事诉讼法》(1991 年 4 月 9 日发布,1991 年 4 月 9 日起施行,2007 年 10 月 28 日第一次修正,2012 年 8 月 31 日第二次修正,2017 年 6 月 27 日第三次修正),简称《民事诉讼法》

5.《中华人民共和国合同法》(1999 年 3 月 15 日发布,1999 年 10 月 1 日起施行,2021 年 1 月 1 日失效),简称《合同法》

6.《中华人民共和国物权法》(2007 年 3 月 16 日发布,2007 年 10 月 1 日起施行,2021 年 1 月 1 日失效),简称《物权法》

7.《中华人民共和国婚姻法》(1980 年 9 月 10 日发布,1981 年 1 月 1 日起施行,2001 年 4 月 28 日修正,2021 年 1 月 1 日失效),简称《婚姻法》

8.《中华人民共和国继承法》(1985 年 4 月 10 日发布,1985 年 10 月 1 日起施行,2021 年 1 月 1 日失效),简称《继承法》

9.《中华人民共和国仲裁法》(1994 年 8 月 31 日发布,1995 年 9 月 1 日起施行,2009 年 8 月 27 日第一次修正,2017 年 9 月 1 日第二次修正),简称《仲裁法》

10.《中华人民共和国担保法》(1995 年 6 月 30 日发布,1995 年 10 月 1 日起施行,2021 年 1 月 1 日失效),简称《担保法》

11.《中华人民共和国个人独资企业法》(1999 年 8 月 30 日发布,2000 年 1 月 1

日起施行),简称《个人独资企业法》

12.《婚姻登记条例》(2003 年 8 月 8 日发布,2003 年 10 月 1 日起施行)

13.《中华人民共和国侵权责任法》(2009 年 12 月 26 日发布,2010 年 7 月 1 日起施行,2021 年 1 月 1 日失效),简称《侵权责任法》

14.《中华人民共和国道路交通安全法》(2003 年 10 月 28 日发布,2004 年 5 月 1 日起施行,2007 年 12 月 29 日第一次修正,2011 年 4 月 22 日第二次修正,2021 年 4 月 29 日修改),简称《道路交通安全法》

二、司法解释及司法文件

1. 最高人民法院《关于适用〈中华人民共和国婚姻法〉若干问题的解释(一)》(法释〔2001〕30 号,2001 年 12 月 25 日发布,2001 年 12 月 27 日起施行),简称《婚姻法解释(一)》

2. 最高人民法院《关于适用〈中华人民共和国婚姻法〉若干问题的解释(二)》(法释〔2003〕19 号,2003 年 12 月 25 日发布,2004 年 4 月 1 日起施行;法释〔2017〕6 号,2017 年 2 月 20 日修正,2017 年 3 月 1 日起施行;2021 年 1 月 1 日失效),简称《婚姻法解释(二)》

3. 最高人民法院《关于适用〈中华人民共和国婚姻法〉若干问题的解释(三)》(法释〔2011〕18 号,2011 年 8 月 9 日发布,2011 年 8 月 13 日起施行,2021 年 1 月 1 日失效),简称《婚姻法解释(三)》

4. 最高人民法院《关于人民法院审理离婚案件处理财产分割问题的若干具体意见》(法发〔1993〕32 号,1993 年 11 月 3 日发布,1993 年 11 月 3 日起施行,2021 年 1 月 1 日失效),简称《离婚案件处理财产分割问题若干意见》

5. 最高人民法院《关于人民法院审理离婚案件如何认定夫妻感情确已破裂的若干具体意见》(法[民]法[1989]38 号,1989 年 12 月 13 日发布,1989 年 12 月 13 日起施行,2021 年 1 月 1 日失效),简称《如何认定夫妻感情确已破裂若干意见》

6. 最高人民法院《关于人民法院审理未办结婚登记而以夫妻名义同居生活案件的若干意见》(法[民]发〈1989〉38 号,1989 年 12 月 13 日发布,1989 年 12 月 13 日起施行,2021 年 1 月 1 日失效),简称《审理未办结婚登记而同居生活案件若干意见》

7. 最高人民法院《关于审理涉及夫妻债务纠纷案件适用法律有关问题的解释》(法释〔2018〕2 号,2018 年 1 月 16 日发布,2018 年 1 月 18 日起施行,2021 年 1 月 1 日失效),简称《夫妻债务纠纷解释》

8. 最高人民法院《印发关于贯彻执行〈中华人民共和国民法通则〉若干问题的意见(试行)的通知》(法(办)发〔1988〕6号,1988年4月2日发布,1988年4月2日起施行,2021年1月1日失效),简称《民通意见》

9. 最高人民法院《关于适用〈中华人民共和国民事诉讼法〉的解释》(法释〔2015〕5号,2015年1月30日发布,2015年2月4日起施行;法释〔2020〕20号,2020年12月23日修正,2021年1月1日起施行),简称《民事诉讼法解释》

10. 最高人民法院《关于民事诉讼证据的若干规定》(法释〔2001〕33号,2001年12月21日发布,2002年4月1日起施行,2008年12月16日调整;法释〔2019〕19号,2019年10月14日修正,2020年5月1日起施行),简称《民事诉讼证据若干规定》

11. 最高人民法院《关于民事执行中变更、追加当事人若干问题的规定》(法释〔2016〕21号,2016年11月7日发布,2016年12月1日起施行;法释〔2020〕21号,2020年12月23日修正,2021年1月1日起施行),简称《民事执行中变更、追加当事人的若干规定》

12. 最高人民法院《关于适用〈中华人民共和国仲裁法〉若干问题的解释》(法释〔2006〕7号,2006年8月23日发布,2006年9月8日起施行,2008年12月16日调整),简称《仲裁法解释》

13. 最高人民法院《关于依法妥善审理涉及夫妻债务案件有关问题的通知》(法〔2017〕48号,2017年2月28日发布,2017年2月28日起施行),简称《审理夫妻债务案件有关问题的通知》

14. 最高人民法院《关于办理涉夫妻债务纠纷案件有关工作的通知》(法明传〔2018〕71号,2018年2月7日发布,2018年2月7日起施行),简称《办理夫妻债务案件有关工作的通知》

15. 最高人民法院《关于依法妥善审理民间借贷纠纷案件促进经济发展维护社会稳定的通知》(法〔2011〕336号,2011年12月2日发布,2011年12月2日起施行),简称《妥善审理民间借贷纠纷通知》

16. 最高人民法院《关于在执行工作中规范执行行为切实保护各方当事人财产权益的通知》(法〔2016〕401号,2016年11月22日发布,2016年11月22日起施行),简称《关于规范执行行为的通知》

17. 最高人民法院《关于适用〈中华人民共和国婚姻法〉若干问题的解释(二)的补充规定》(法释〔2017〕6号,2017年2月28日发布,2017年3月1日起施行,2021年1月1日失效),简称《婚姻法解释(二)的补充规定》

18. 最高人民法院《关于适用〈中华人民共和国民事诉讼法〉若干问题的意见》（法发〔1992〕22号，1992年7月14日发布，1992年7月14日起施行，2008年12月16日调整，2021年1月1日失效），简称《民事诉讼法若干意见》

19. 最高人民法院《关于审理民间借贷案件适用法律若干问题的规定》（法释〔2015〕18号，2015年8月6日发布，2015年9月1日起施行；法释〔2020〕6号，2020年8月18日第一次修正，2020年8月20日起施行；法释〔2020〕17号，2020年12月23日第二次修正，2021年1月1日起施行），简称《民间借贷规定》

20.《民事案件案由规定》（法发〔2008〕11号，2008年2月4日发布，2008年4月1日起施行；法〔2011〕42号，2011年2月18日第一次修正，2011年4月1日起施行；法〔2020〕346号，2020年12月29日第二次修正，2021年1月1日起施行）

21. 最高人民法院《关于适用〈中华人民共和国民法典〉婚姻家庭编的解释（一）》（法释〔2020〕22号，2020年12月29日发布，2021年1月1日起施行），简称《民法典婚姻家庭编解释（一）》

22. 最高人民法院《关于适用〈中华人民共和国民法典〉继承编的解释（一）》（法释〔2020〕23号，2020年12月29日发布，2021年1月1日起施行），简称《民法典继承编解释（一）》

23. 最高人民法院《关于适用〈中华人民共和国民法典〉物权编的解释（一）》（法释〔2020〕24号，2020年12月29日发布，2021年1月1日起施行），简称《民法典物权编解释（一）》

24. 最高人民法院《关于适用〈中华人民共和国民事诉讼法〉审判监督程序若干问题的解释》（法释〔2008〕14号，2008年11月25日发布，2008年12月1日起施行；法释〔2020〕20号，2020年12月23日修正，2021年1月1日起施行），简称《民事诉讼审判监督程序若干问题解释》

25. 最高人民法院《关于继母与生父离婚后仍有权要求已与其形成抚养关系的继子女履行赡养义务的批复》（［1985］民他字第9号，1986年3月21日发布，1986年3月21日起施行）

三、地方性法规、规章等规范性文件

浙江省高级人民法院《关于审理民间借贷纠纷案件若干问题的指导意见》（浙高法〔2009〕297号，2009年9月8日发布，2009年9月8日起施行），简称《浙江高院指导意见》

目　录

夫妻共同债务纠纷案件裁判规则第 1 条：
夫妻登记结婚前举办婚礼所负债务（婚礼筹备金），不同于家庭生活开支，除非双方有共担之合意，否则不作为共同债务处理。但购置结婚用品用于婚后共同生活使用的，应认定为共同债务

〔**规则描述**〕：对很多人而言，筹备婚礼是一笔不小的开支。在现代社会，仅举办结婚仪式一项就可能包含布置婚房、租用场地、婚车装饰、结婚宴请、礼服首饰、策划司仪、摄影摄像等诸多费用，而在中国的传统文化中，男方给女方彩礼更是婚姻礼仪中不可或缺的一部分。近年来，国内部分地区的性别比失衡导致男性在承担高昂的结婚费用方面处于不利地位，部分男性青年更是为筹备婚礼或支付彩礼而在结婚前夕欠下高额债务。

结婚登记是婚姻关系成立的法定要件，夫妻共同债务原则上是夫妻关系存续期间产生的债务。实践中，在夫妻登记结婚前为筹备结婚所负债务，不同于家庭生活开支，一般不被认定为用于婚后家庭共同生活，因此若非经双方共同协商确认且愿意共同负担，不作为共同债务处理。但如果负债发生在结婚登记之后，即便尚未举办婚礼，若认为确属必要，亦应认定为夫妻共同债务。

一、类案检索大数据报告

数据采集时间：2020 年 5 月 30 日；案例来源：Alpha 案例库；案件数量：148 件。本次检索获取 2020 年 5 月 30 日前共 148 篇裁判文书。案件裁判结果分布情况如图 1－1 所示，从案涉债务是否认定为夫妻共同债务的角度来看，不认定为夫妻共同债务的案件 73 件，占比约 49.32%；认定为夫妻共同债务的案件 56 件，占比约 37.84%；不相关案件 18 件，占比约 12.16%；重复案件 1 件，占比约 0.68%。

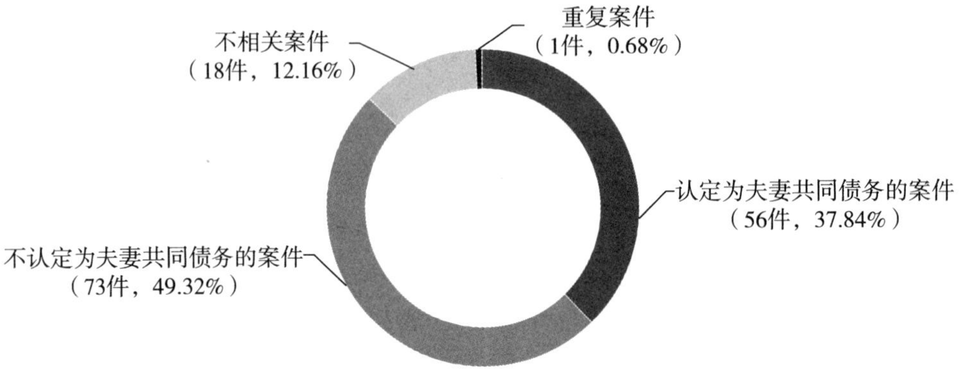

图 1-1　案件裁判结果分布情况

如图 1-2 所示，从案件年份分布情况可以看出，当前条件下案件数量的变化趋势。

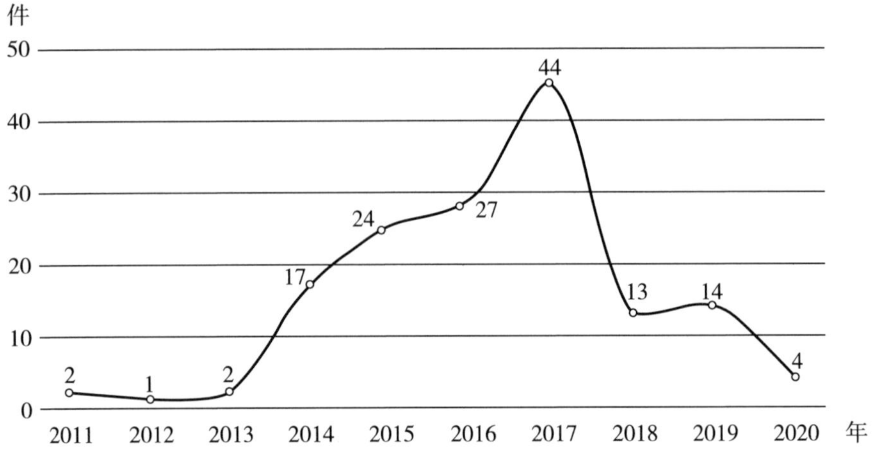

图 1-2　案件年份分布情况

如图 1-3 所示，从案件地域分布情况来看，当前条件下案件主要集中在浙江省、安徽省、福建省，其中浙江省的案件数量最多，达到 15 件，占比约 10.14%。

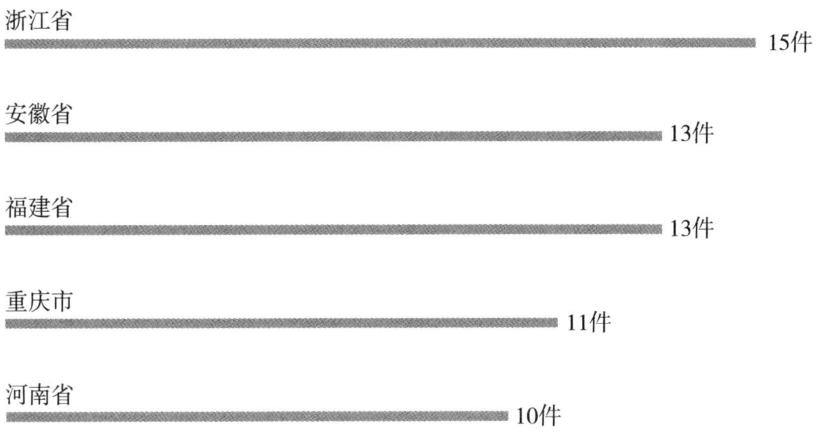

图 1－3　案件主要地域分布情况

如图 1－4 所示，从案件案由分类情况可以看出，当前条件下案件的案由分布由多至少分别是合同、无因管理、不当得利纠纷 116 件，占比约 78.38%；婚姻家庭、继承纠纷 32 件，占比约 21.62%。

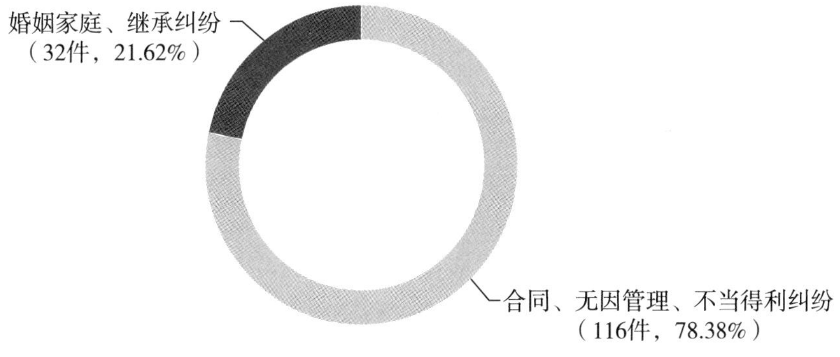

图 1－4　案件案由分类情况

如图 1－5 所示，从案件审理程序分布情况可以看出，当前条件下案件的审理程序分布由多至少分别是一审案件 94 件，占比约 63.51%；二审案件 51 件，占比约 34.46%；再审案件 3 件，占比约 2.03%。

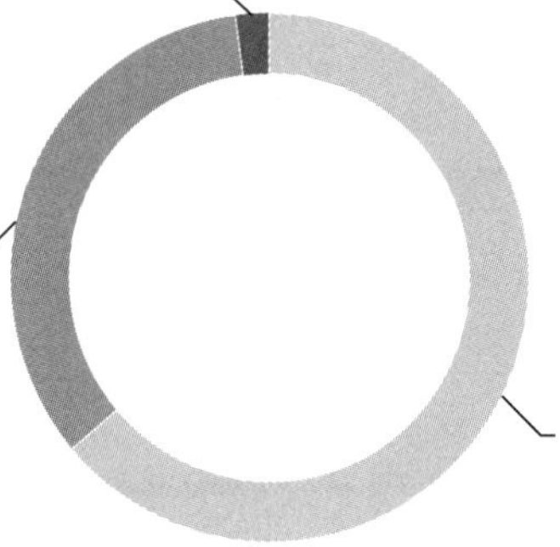

图1－5 案件审理程序分布情况

二、可供参考的例案①

例案一 | 吴某与徐某离婚纠纷案

【法院】

浙江省宁波市江北区人民法院

【案号】

(2016)浙0205民初694号

【当事人】

原告:吴某

被告:徐某

【基本案情】

原告吴某与被告徐某自由恋爱,后登记结婚,并生育一子。2015年4月,被告徐某因原告吴某家人干涉,搬离原告、被告共同住处。2015年6月25日,原告吴某以双方婚后争吵不断、被告徐某不思进取、对家庭缺乏照顾等为由起诉要求离婚,被判决不准离婚后,2015年7月,原告吴某搬离了原双方共同住处。2016年3月9日,原告吴某再次起诉离婚。庭审中,被告徐某主张结婚前,其为筹划婚礼曾向其舅舅借款10万元,其中3.8万元现金、1.5万元购买金器作为彩礼交付给原告吴某,另外办酒席花费将近7万元,即便双方离婚,该10万元借款应为夫妻共同债

① 例案中引用的法律法规等规范性文件,涉及的地名、机构名称、机关名称等均以裁判文书生效时为准。全书同。

务。原告吴某认可结婚时，被告徐某曾交付 3.8 万元现金，及价值 1.5 万元的金器给其，但表示不认可借款事实，亦不认可该债务属夫妻共同债务。

【案件争点】

夫妻一方在婚前准备彩礼、筹备婚礼所欠债务是否属于夫妻共同债务。

【裁判要旨】

浙江省宁波市江北区人民法院经审理认为，被告徐某称其曾因准备结婚借款 10 万元，该借款应属夫妻共同债务，但未提供相应证据证明借款事实，且即便借款属实，债务发生于婚前，亦不属于夫妻共同债务，故不予支持。

例案二 | 刘某素、刘某刚与黄某梅民间借贷纠纷案

【法院】

重庆市第五中级人民法院

【案号】

（2016）渝 05 民终 173 号

【当事人】

上诉人（原审被告）：黄某梅

被上诉人（原审原告）：刘某素

被上诉人（原告被告）：刘某刚

【基本案情】

刘某刚与黄某梅原系夫妻关系，双方于 2013 年 9 月 26 日登记结婚。结婚后，双方共同拍摄了婚纱照，婚纱照花费约 2000 元，该款在拍摄当天由刘某刚给付，此外，刘某刚给黄某梅购买了戒指、项链等首饰。2013 年 10 月 20 日，刘某刚向刘某素出具借条一张，为刘某素持有，借条载明：今借到刘某素 10,000 元整（壹万元整）用来买首饰和拍婚纱照。2015 年 7 月 6 日，黄某梅与刘某刚经判决离婚，离婚诉讼中并未对夫妻共同债务作出处理。

2015 年，刘某素向重庆市荣昌区人民法院起诉，请求判令刘某刚与黄某梅归还其借款 1 万元，要求刘某刚与黄某梅对该 1 万元共同债务各自负担 50%。刘某刚辩称，刘某素诉称属实，愿意偿还，因系夫妻共同债务，应当由其与黄某梅共同偿还。黄某梅辩称，刘某刚与刘某素之间的借款其并不知情，其并未在借条上签字，也不知道借款用途；该借款是双方闹离婚才出现的借款，借款并不属实，不符合民

间借贷的习惯;拍婚纱照的时间是在2013年10月4日,钱也是当天给付的,而且仅仅花费2000多元,但借条的时间为2013年10月20日,时间上存在矛盾;刘某素与刘某刚系亲戚关系,二人恶意串通,损害其利益,故对借款不予认可。刘某素、刘某刚均表示,是先借款后打的借条,且系现金交付。此外,庭审中,黄某梅称其在结婚半年后便未再上班,刘某刚则从事保安工作,每月收入2000余元,刘某刚与黄某梅均称在夫妻关系存续期间无夫妻共同存款。

重庆市荣昌区人民法院经审理认为,本案争议焦点为刘某刚向刘某素出具的1万元借条是否表明借款合同成立并生效;若借款合同生效,该笔债务系刘某刚个人债务,还是刘某刚与黄某梅共同债务。刘某刚陈述,刘某刚与黄某梅闹离婚的时间为2014年10月,刘某刚不可能事前预知其与黄某梅最终会结束婚姻的旅程,而提先近一年为虚构债务做准备。而在先后两次离婚诉讼中刘某刚均表示有夫妻共同债务,黄某梅未对借条出具的时间申请鉴定,也未举证证明刘某素与刘某刚恶意串通损害其权益,故对黄某梅的抗辩一审法院不予采信。对于借款实际交付时间系登记结婚前还是登记结婚后,因系现金交付,根据举证情况无法知晓,但借钱用于拍摄婚纱照确是为刘某刚与黄某梅婚后的夫妻共同生活而开支,属于夫妻共同债务,应当由刘某刚与黄某梅共同偿还。因借条并未约定还款时间,出借人可以催告借款人在合理的准备期限内返还,刘某素诉至一审法院,至一审法院开庭前刘某刚、黄某梅仍然未还,现刘某素要求刘某刚与黄某梅还款,法院予以支持。因现黄某梅与刘某刚已经离婚,刘某素请求刘某刚与黄某梅各自负担50%的份额,系其对自身权益的处分,不违反法律规定,一审法院予以确认,判决刘某刚偿还刘某素借款5000元,黄某梅偿还刘某素借款5000元,均于判决生效之日起5日内偿还。

黄某梅不服,向重庆市第五中级人民法院提起上诉,以刘某素与刘某刚之间不存在借款合同关系、欠条系其二人虚构为由,要求撤销一审判决、驳回刘某素的诉讼请求。

【案件争点】

结婚登记后因婚礼筹备而负债,是否应认定为夫妻共同债务。

【裁判要旨】

重庆市第五中级人民法院经审理认为,基于欠条以及刘某刚、刘某素的陈述,这些证据能够初步证明刘某素与刘某刚之间存在真实的民间借贷关系;又因黄某梅并无其他证据反驳刘某素所主张的事实,故此,刘某刚、刘某素之间基于本案的欠条所形成的民间借贷关系这一事实的存在具有高度可能性,黄某梅诉称该民间借贷关系不存在，因欠缺事实与法律依据，法院不予采信。刘某刚、刘某素之间的民间借贷关系发生在黄某梅与刘某刚婚姻存续期间，根据《婚姻法》及其司法解释的规定，刘某刚对刘某素所欠债务属于夫妻共同债务，应当由黄某梅与刘某刚共同承担；现黄某梅与刘某刚已经离婚，一审法院判令黄某梅承担其中50%的债务并无不妥。故黄某梅诉称一审判决错误并无事实与法律依据，二审法院不予采信。判决驳回上诉，维持原判。

例案三 | 陈某莉与吴某宇、李某鸽民间借贷纠纷案

【法院】

上海市第二中级人民法院

【案号】

（2018）沪02民终11683号

【当事人】

上诉人（原审被告）：李某鸽

被上诉人（原审原告）：陈某莉

被上诉人（原审被告）：吴某宇

【基本案情】

陈某莉与吴某宇系母子，吴某宇与李某鸽系配偶，吴某宇与李某鸽于2016年7月20日结婚。2016年11月22日，吴某宇向陈某莉出具借条一张："今收到陈某莉借款壹拾贰万元（￥120,000）。"同日，陈某莉向吴某宇兴业银行账户转账12万元。2016年11月22日，吴某宇通过兴业银行归还中信银行信用卡欠款1701.43元（账单记账日为2016年10月14日至11月13日）。同日，吴某宇分3笔从兴业银行转入招商银行5万元、5万元和1798.57元，再通过招商银行归还中信银行信用卡欠款5万元（账单记账日为2016年10月14日至11月13日）、归还招商银行信用卡欠款82,964.84元（账单记账日为2016年10月21日至11月20日）。

2018年7月12日，陈某莉向上海市静安区人民法院起诉，以其子吴某宇为举办婚礼和添置生活用具向其借款12万元为由，要求吴某宇与李某鸽共同归还其借款12万元。对于其诉讼请求，吴某宇表示陈某莉陈述属实，无异议，愿意归还其借款，称当时向母亲借钱主要用于购买家电、装修房屋及筹办婚宴。关于向母亲借款的原因，吴某宇称，其原先是有积蓄的，准备用于结婚，可是在2015年的时候差不

多用完了。原因是其和前任女友本来准备于2015年8月结婚,在结婚前三个月左右的时候,一切婚前准备工作就绪,但因双方产生矛盾,婚事无法进行,其积蓄那时基本已用完,所剩无几。因此其在与李某鸽的婚事中会出现资金短缺的情况,而且对于整个婚事的筹办女方未提供任何资金支持,并要求购买高档轿车、在私人会所举办婚礼等。与李某鸽相识后,因日常午餐开支及外出旅游、购买汽车车牌、购买首饰等花费,吴某宇的积蓄已经用得差不多了,不得已只能向其母亲借钱。其母亲考虑之前已经给过钱了,现在又要用钱,且金额巨大,还要动用自己的养老金,提出可以借钱给吴某宇解决眼前的资金问题,但婚后需要归还。李某鸽表示不同意陈某莉的诉讼请求,其从未向陈某莉借过钱,陈某莉提起本案诉讼是在其与吴某宇诉讼离婚之后,其在收到诉状之前从未听闻陈某莉或吴某宇提及借款事宜,陈某莉仅以借条和银行对账单来起诉借贷纠纷,证据薄弱。对总额为12万元的借款,该钱款确是用于信用卡还款,其中信用卡消费金额为53,000元和94,000元的两笔支出确系用于支付婚礼和婚宴费用,但其与吴某宇实际共同生活是在举办婚礼之后,即2016年11月26日之后,且吴某宇每月收入并不低,维持其日常开支绰绰有余,完全没有借贷的必要,故该笔借款不应认定为其与吴某宇的夫妻共同债务。

上海市静安区人民法院经审理认为,自然人之间的合法借贷关系受法律保护。吴某宇向陈某莉借款后理应履行还款义务。关于该笔借款是否属于夫妻共同债务,现有证据表明,吴某宇向原告借款的目的是信用卡还款及日常消费,且信用卡消费支出均发生于吴某宇与李某鸽结婚之后,从账单消费项目及金额来看,也未超出日常生活所需范围,故根据相关法律和司法解释的规定,陈某莉要求李某鸽承担共同还款责任有事实和法律依据,予以支持,故判决:吴某宇、李某鸽于判决生效之日起10日内归还陈某莉借款12万元。李某鸽不服,向上海市第二中级人民法院提起上诉,以12万元并非借款,其与陈某莉、吴某宇之间从未就"借贷"达成合意,吴某宇也没有借贷的必要,本案有虚假诉讼之嫌为由,要求撤销一审判决。

【案件争点】

夫妻一方因筹备婚礼而欠款,如何结合当事人实际收入情况认定是否成立夫妻共同债务。

【裁判要旨】

上海市第二中级人民法院经审理认为,陈某莉主张诉争钱款系吴某宇为举办婚礼和添置生活用具资金不足向其借的款,该主张得到吴某宇的确认,并有转账事实及吴某宇出具的借条予以证明;李某鸽则对此提出异议,称吴某宇每月收入不低，维持其日常开支绰绰有余，完全没有借贷的必要，结合吴某宇在婚前存在将其名下钱款大量转账给陈某莉的事实，进而对吴某宇出具借条的真实性提出质疑。对此，法院分析认为，首先，涉案借条出具于吴某宇、李某鸽登记结婚之后，基于本案债权人与债务人之间的身份关系，若为明确钱款的性质，应当在出具借条的同时得到共同债务人李某鸽的确认，现有证据尚不能证明这一事实，吴某宇个人出具借条的行为有悖常理；其次，吴某宇作为配偶一方，其在外所欠债务能否认定为夫妻共同债务，可根据法律及司法解释的规定予以认定，但本案的争议点在于诉争款项是否能被认定为债务，尤其是能否判定钱款转账的原因为借款，因此，更应考量吴某宇出具借条时李某鸽是否存在共同借款的合意，而不能仅凭钱款的用途来确定是否为夫妻共同债务；最后，本案中的债权人陈某莉与债务人吴某宇系母子关系，吴某宇与李某鸽因感情不睦已分居，吴某宇虽陈述其因筹备婚事缺乏资金而借款，但账目明细显示其婚前有较多资产富余，且能交付陈某莉，现其主张婚前大量向陈某莉转账的行为与本案无关，但不能据此确定上述款项其已赠与陈某莉。综上所述，本案中，主张借贷关系成立的一方虽有借条及钱款交付事实，但不能证明陈某莉与吴某宇、李某鸽存在借款合意，因此，一审法院认定诉争债务为夫妻共同债务并判决李某鸽承担共同还款的责任，二审法院不予认同，依法予以纠正，判决：撤销原判决，对陈某莉请求吴某宇、李某鸽共同归还借款12万元的诉讼请求不予支持。

例案四 | 吴某某与方某离婚纠纷案

【法院】

上海市第二中级人民法院

【案号】

(2015)沪二中民一(民)终字第2466号

【当事人】

上诉人(原审被告)：吴某某

被上诉人(原审原告)：方某

【基本案情】

方某、吴某某系经人介绍相识，于2014年5月8日登记结婚，婚后未共同生活，未生育子女。方某于2014年5月28日向宁波银行股份有限公司上海松江支行(以下简称宁波银行)申请白领通贷款，2014年6月15日，宁波银行向方某名下银行账户发放贷款10万元；同日，方某两次向吴某某名下工商银行某账户共汇款10万元。2014年6月16日，方某通过支付宝平台向吴某某名下上海农商银行账户内分两笔共汇款9500元。截至2015年3月31日，方某全部归还了宁波银行贷款本金10万元并支付利息总额6261.69元。2015年4月8日，方某起诉至上海市杨浦区人民法院，要求与吴某某离婚，并要求吴某某归还方某109,500元，支付利息12,261.69元。

上海市杨浦区人民法院经审理后认为，方某起诉离婚，根据双方夫妻关系情况，法院予以准许；关于方某要求吴某某归还109,500元，双方在结婚登记一个多月后，方某向宁波银行借款10万元，在获得贷款当天即将全部款项汇入吴某某名下账户并另行汇款9500元，方某主张该笔款项用于双方筹备结婚事宜与社会常理并不相悖。吴某某取得相关款项后，双方未举行婚礼，也未共同生活，吴某某占有该笔钱款缺乏事实和法律依据，方某主张返还109,500元，法院应予支持。关于支付利息，方某自宁波银行贷款下发日起至全部归还本金日止，共偿还银行借款利息6261.69元，该项费用系银行按照合同约定正常收取，未超过国家法定利率标准，现方某要求吴某某一并返还，法院可予准许。关于方某称向案外人借款归还宁波银行贷款，产生利息6000元要求吴某某归还，因该款系方某自行向案外人所借，且还款期间未到，方某实际也未支付，对方某该项主张，法院不予支持。故上海市杨浦区人民法院作出判决：(1)准予方某与吴某某离婚；(2)吴某某应于判决生效之日起10日内返还方某11,561.69元。

吴某某不服，向上海市第二中级人民法院提起上诉。二审中，吴某某称，方某支付给其的109,500元系为筹备婚礼而支付，并不是借给吴某某的借款，不存在约定利息的问题，在婚姻关系存续期间也不存在返还的问题。方某对吴某某及其家长隐瞒其糟糕的经济状况而擅自使用吴某某的身份及工作信息从银行贷款，吴某某及其家长并不知晓。该笔借款系方某的个人行为。因此，该笔利息应由方某自行承担。方某答辩称，其至宁波银行借款，吴某某对此知情，借款是用于购买房屋，后房屋退掉，婚也没有结成，所以吴某某理应归还。其在一审时就提出只要吴某某承担本金部分，利息不要其承担，但是吴某某迟迟不同意返还其本金。若吴某某早把本金还给其，也不至于产生这么多利息。故请求二审法院驳回上诉人的上诉请求，维持原判。

【案件争点】

登记结婚后，夫妻一方因筹备婚礼而欠款，若婚礼未实际举行，是否影响夫妻共同债务的成立。

【裁判要旨】

上海市第二中级人民法院经审理认为，首先，关于诉争10万元款项的性质，该10万元款项系方某向银行申请的贷款，发生在双方夫妻关系存续期间，尽管双方婚后未共同生活，但该款项系双方在婚姻关系存续期间为将来共同生活所做的物质准备，故属于夫妻共同债务，双方均有义务按期归还该笔银行贷款的本金及利息。因此，对于吴某某所主张该借款系方某的个人行为的说法，法院不予认可。其次，双方对于利息部分的责任分配。尽管双方对于本案所涉的10万元银行贷款的本金及利息均有偿还义务，但从双方提交的证据以及双方的陈述来看，方某从宁波银行处取得的贷款款项确系打入了吴某某的账户中，即该笔款项在吴某某的实际控制下。在方某向吴某某主张返还或借款用途目的无法实现时，吴某某应当予以及时返还，由于吴某某怠于履行还款导致银行欠款利息的增加，由此产生的利息损失应当由吴某某承担。至于借款的用途，尽管双方当事人陈述不一，但不影响诉争利息偿还责任的分配认定。

至于吴某某在本案中反复强调方某的婚姻过错责任，无论本案中被上诉人的婚姻过错责任是否存在，婚姻过错责任通常在夫妻共同财产的分割方面可予以考虑，但不影响上述银行延期还款导致利息的产生该节事实的责任认定。无论借款的用途本身究竟如何，从双方陈述可见，借款系用于结婚用途，在双方当事人的婚姻目的无法达成之后，方某有权向吴某某主张归还该10万元款项，吴某某不应继续占有该笔款项。从方某提供的证据来看，其已经通过向案外人借款来归还银行贷款以防止利息损失的扩大，由此可以认定方某已经采取必要的措施防止损失扩大。此外，关于利息部分，根据方某与宁波银行签订的《个人白领通专用最高额借款合同》及方某提供的银行明细，自方某于2014年6月15日取得银行贷款10万元后，相应的利息于该月自然产生。可见，方某在原审中所主张的利息总额为6261.69元的款项中不仅包括由于吴某某继续占有该10万元贷款款项导致利息损失扩大的部分，还包括双方在取得银行贷款之日起至方某主张归还或借款目的无法实现前的这段时间内产生的利息部分，但考虑双方取得借款后不久便产生矛盾诉至法院，且吴某某长期占有借款款项、未自觉配合方某及时归还贷款，而方某自行对外举债以尽早偿还银行借款本金及利息，因此，原审判决吴某某承担偿还银行借款利息6261.69元并无不妥，予以维持，判决驳回上诉，维持原判。

例案五 | 刘某与马某波、肖某勇民间借贷纠纷案

【法院】

黑龙江省佳木斯市中级人民法院

【案号】

(2017)黑08民再5号

【当事人】

上诉人(再审申请人、被告):刘某

被上诉人(原审原告、被申请人):马某波

被上诉人(原审被告、被申请人):肖某勇

【基本案情】

马某波与肖某勇系母子关系。刘某与肖某勇于2009年4月9日登记结婚,2011年2月8日生育一女肖某。刘某、肖某勇均在北京市工作,在二人结婚前即准备在北京市购买居住房屋。2009年3月25日,马某波给肖某勇汇款10万元,随后肖某勇将此款转入刘某卡内。2009年8月24日至2012年3月16日,马某波共向肖某勇和刘某的卡内转款12次,共计141万元。2010年11月7日,肖某勇与案外人郭某签订了《北京市存量房屋买卖合同》及《补充协议》,约定肖某勇购买7号房屋(刘某与肖某勇现居住房屋),购房款为135万元(中介费和税款4.2万元,共计139.2万元),并办理了该房屋的所有权变更登记手续,由刘某、肖某勇按份共有,每人各占50%份额。2012年6月20日,肖某勇给原审原告马某波出具还款保证书,承认共向马某波借款151万元用于在北京市购房和其他各项家庭费用支出,承诺2012年8月20日前偿还。马某波于2012年9月4日以肖某勇为被告向黑龙江省佳木斯市向阳区人民法院提起民间借贷纠纷之诉,要求被告肖某勇偿还借款151万元。黑龙江省佳木斯市向阳区人民法院于2012年10月10日作出(2012)向民商初字第178号民事判决书,判决肖某勇偿还原告马某波借款151万元。刘某不服,认为马某波的诉讼与事实不符,向黑龙江省佳木斯市向阳区人民法院申请再审。

刘某与肖某勇于2014年9月开始分居,随后刘某向北京市朝阳区人民法院提起离婚诉讼,北京市朝阳区人民法院于2016年3月23日作出(2015)朝民初字第04009号民事判决书,判决刘某与肖某勇离婚,所居7号房屋归刘某所有,刘某给付肖某勇折价款90万元,并阐述为"对于购买7号房屋时向案外人马某波的借款,因

该借款包含在马某波起诉肖某勇的151万元的债务中，且刘某对此债务持有异议并已经向有关部门主张权利，故此笔债务及滞纳金在本案中不宜处理，相关权利人可另行主张解决。”肖某勇对此判决不服，提出上诉。北京市第三中级人民法院于2016年9月29日作出（2016）京03民终5878号民事判决书，亦认为“对于购买7号房屋时向案外人马某波的借款，因在马某波起诉肖某勇的151万元的债务中包含此借款，且刘某对此债务持有异议并已经向相关部门主张权利，故此笔债务及滞纳金在本案中不宜处理，相关权利人可另行主张解决”，改判刘某给付肖某勇7号房屋的折价款110万元。

黑龙江省佳木斯市向阳区人民法院于2016年7月14日作出（2016）黑0803民监2号民事裁定，裁定再审马某波与刘某、肖某勇民间借贷纠纷一案。再审中，黑龙江省佳木斯市向阳区人民法院认为：肖某勇以购房和其他各项家庭费用支出为由向马某波借款151万元并出具借据，借款到期后理应偿还。《婚姻法解释（二）》也明确规定，债权人就婚姻关系存续期间夫妻一方以个人名义所负债务主张权利的，应当按夫妻共同债务处理。当事人的离婚协议或者人民法院的判决书、裁定书、调解书已经对夫妻财产分割问题作出处理的，债权人仍有权就夫妻共同债务向男女双方主张权利。一方就共同债务承担连带清偿责任后，基于离婚协议或者人民法院的法律文书向另一方主张追偿的，人民法院应当支持。

本案中，肖某勇向其母马某波的借款大部分用在了其与刘某购买的所居住房屋上，且所居住房屋已被法院认定为刘某与肖某勇共有，刘某与肖某勇应当共同偿还该笔债款，且互相应当承担连带责任。虽然2009年3月25日马某波给肖某勇汇款10万元发生在刘某与肖某勇登记结婚之前，但二人在结婚前即准备在北京市购买居住房屋，且肖某勇又将此款转入刘某银行卡内，故此10万元亦应视为二人共同债务，应由刘某与肖某勇共同偿还。刘某所称马某波给付的151万元不属于借款，属于给予或赠与的证据不足，法院不予支持。故黑龙江省佳木斯市向阳区人民法院于2016年10月27日作出（2016）黑0803民再7号民事判决，撤销（2012）向民商初字第178号民事判决书，判决肖某勇偿还马某波借款75.5万元、刘某偿还马某波借款75.5万元，并互相承担连带清偿责任。刘某不服，认为肖某勇收到马某波给付的151万元是事实，但不属于借款，其中26万元属于马某波在肖某勇与刘某婚前给予的，还有婚后生孩子马某波给予的礼金和部分保姆费用及肖某勇离家出走期间的个人费用，认可并同意与肖某勇共同返还125万元购房款，故向黑龙江省佳木斯市中级人民法院提起上诉，要求改判其与肖某勇仅共同偿还125万元购房款。

【案件争点】

夫妻双方共同购买婚房所负债务,是否属于夫妻共同债务。

【裁判要旨】

黑龙江省佳木斯市中级人民法院认为,刘某主张26万元汇款均为赠与,并逐一列举了用途,对于刘某提出2009年3月的10万元汇款系马某波赠与刘某、肖某勇用于购买结婚用品的上诉主张,因此笔汇款形成于上诉人与肖某勇登记结婚前,结合双方于2010年11月才与案外人签订房屋买卖协议及刘某与肖某勇离婚诉讼中财产分割的情况,原审认定此10万元为借贷关系证据不足,刘某上诉的请求应予支持。对于刘某提出其他汇款亦为赠与的上诉主张,因其他汇款均发生于刘某与肖某勇婚姻关系存续期间,刘某亦未提出充足证据证实系马某波赠与二人用于给刘某购买衣物、支付雇用保姆工资等特定用途;刘某主张2012年3月16日的6万元汇款系肖某勇与刘某分居期间个人支出,亦与双方离婚诉讼生效判决中确认的时间不一致,故对其上诉理由不予支持。因此,改判肖某勇偿还马某波借款70.5万元,刘某偿还马某波借款70.5万元,并互相承担连带清偿责任。

三、裁判规则提要

(一)夫妻共同债务原则上是夫妻关系存续期间产生的债务,婚姻关系成立以婚姻登记为准

按照我国《民法典》和相关法律法规的规定,我国采取法定婚姻登记主义,婚姻登记是婚姻成立的必要法定条件,男女双方领取结婚证后具有合法的婚姻关系,享有夫妻间的权利,承担相应义务。实践中,常存在夫妻双方按照当地风俗举行了结婚仪式而未及时领取结婚证,或先领取结婚证后一段时间再行补办婚礼的情况。在司法实践中,夫妻一方为筹备结婚事宜而举债,如债务发生在婚姻登记前,一般认定为个人债务。如债务发生在婚姻登记后,且确系为未来共同生活而支出,负债确有一定的必要性和合理性,符合当事人实际经济状况,则一般认定为夫妻关系存续期间产生的共同债务。

(二)婚前债务转化为夫妻共同债务的特殊情形

在一些特定情况下,婚前个人债务会转化为夫妻共同债务。《民法典婚姻家庭编解释(一)》第33条规定,债权人就一方婚前所负个人债务向债务人的配偶主张

权利的，人民法院不予支持；但债权人能够证明所负债务用于婚后家庭共同生活的除外。因此，如夫妻一方婚前为筹备结婚事宜、购入大宗财物并转化为夫妻共同财产，如一方婚前向他人借款或向银行按揭贷款买房，婚后夫妻双方共同居住或共同使用；一方婚前借款装修房屋，该房屋供夫妻婚后共同居住或共同使用；一方婚前举债购置家具家电等结婚用品，婚后继续为夫妻双方共同生活所使用；一方婚前举债，钱款用于夫妻双方婚后蜜月旅游等，婚前债务可以转化为婚后共同债务。在此情况下，为保护债务人配偶的权益，其承担的债务应以其实际接受财产或实际收益的范围内为限，确保权利义务有效平衡。

（三）男方为支付彩礼负债，不属于夫妻共同债务

彩礼通常指恋爱中男方送给女方的聘礼或礼金，具有以缔结婚姻为目的的赠与性质，女方接受彩礼意味着答应结婚，彩礼归受赠人即女方所有。彩礼在男方为筹备结婚所准备费用中往往占比较高，特别是在一些性别比例较为失衡的地区，部分男性青年需负债支付彩礼，且债务往往持续至婚后。彩礼系男方婚前对女方赠与，故在离婚诉讼中，如果男方主张因给付彩礼而负债，该债务系男方婚前债务，不属于夫妻共同债务。在此情况下，若满足彩礼返还条件，男方可依据《民法典婚姻家庭编解释(一)》第 5 条的规定主张返还彩礼。

（四）由父母出资为子女筹备婚礼，一般视为赠与

一方父母出资为夫妻双方筹备婚礼，在事先没有明确约定的情况下，一般被认定为赠与；但结合借款具体用途、双方家庭实际情况等宜认定为借款的，亦存在成立夫妻共同债务之余地。若父母出资系向他人借款，则形成父母与他人的借贷关系，不影响夫妻共同债务的认定。

四、辅助信息

高频词条：

《民法典》

第 1049 条　要求结婚的男女双方应当亲自到婚姻登记机关申请结婚登记。符合本法规定的，予以登记，发给结婚证。完成结婚登记，即确立婚姻关系。未办理结婚登记的，应当补办登记。

第 1064 条　夫妻双方共同签名或者夫妻一方事后追认等共同意思表示所负

的债务,以及夫妻一方在婚姻关系存续期间以个人名义为家庭日常生活需要所负的债务,属于夫妻共同债务。

夫妻一方在婚姻关系存续期间以个人名义超出家庭日常生活需要所负的债务,不属于夫妻共同债务;但是,债权人能够证明该债务用于夫妻共同生活、共同生产经营或者基于夫妻双方共同意思表示的除外。

第1089条 离婚时,夫妻共同债务应当共同偿还。共同财产不足清偿或者财产归各自所有的,由双方协议清偿;协议不成的,由人民法院判决。

《民法典婚姻家庭编解释(一)》

第5条 当事人请求返还按照习俗给付的彩礼的,如果查明属于以下情形,人民法院应当予以支持:

(一)双方未办理结婚登记手续;

(二)双方办理结婚登记手续但确未共同生活;

(三)婚前给付并导致给付人生活困难。

适用前款第二项、第三项的规定,应当以双方离婚为条件。

第33条 债权人就一方婚前所负个人债务向债务人的配偶主张权利的,人民法院不予支持。但债权人能够证明所负债务用于婚后家庭共同生活的除外。

《民间借贷规定》

第18条 人民法院审理民间借贷纠纷案件时发现有下列情形之一的,应当严格审查借贷发生的原因、时间、地点、款项来源、交付方式、款项流向以及借贷双方的关系、经济状况等事实,综合判断是否属于虚假民事诉讼:

(一)出借人明显不具备出借能力;

(二)出借人起诉所依据的事实和理由明显不符合常理;

(三)出借人不能提交债权凭证或者提交的债权凭证存在伪造的可能;

(四)当事人双方在一定期限内多次参加民间借贷诉讼;

(五)当事人无正当理由拒不到庭参加诉讼,委托代理人对借贷事实陈述不清或者陈述前后矛盾;

(六)当事人双方对借贷事实的发生没有任何争议或者诉辩明显不符合常理;

(七)借款人的配偶或者合伙人、案外人的其他债权人提出有事实依据的异议;

(八)当事人在其他纠纷中存在低价转让财产的情形;

(九)当事人不正当放弃权利;

(十)其他可能存在虚假民间借贷诉讼的情形。

夫妻共同债务纠纷案件裁判规则第 2 条：
一方婚前所负债务，婚后用于夫妻共同生活，用于共同生活的部分可以认定为共同债务，由夫妻双方共同偿还

〔**规则描述**〕：债权人以夫妻一方婚前个人债务为由主张由债务人配偶承担共同清偿责任的，如没有证据证明婚前个人债务系用于夫妻共同生活，人民法院应当驳回债权人的诉讼请求。如有证据证明婚前个人债务用于夫妻共同生活，应由夫妻双方共同承担清偿责任。对夫妻一方婚前个人债务用于共同生活的事实，应由债权人承担举证证明责任。判断一方婚前债务是否用于婚后共同生活，应当综合借款时债务人的声明、债务人所借款项的实际用途等因素予以认定。

一、类案检索大数据报告

数据采集时间：2020 年 7 月 8 日；案例来源：Alpha 案例库；案件数量：21 件。本次检索获取 2020 年 7 月 8 日前共 21 篇裁判文书。案件裁判结果分布情况如图 2 - 1 所示，其中认定构成夫妻共同债务的案件 15 件，占比约 71.43%；认定不构成夫妻共同债务的案件 5 件，占比约 23.81%；重复案件 1 件，占比约 4.76%。

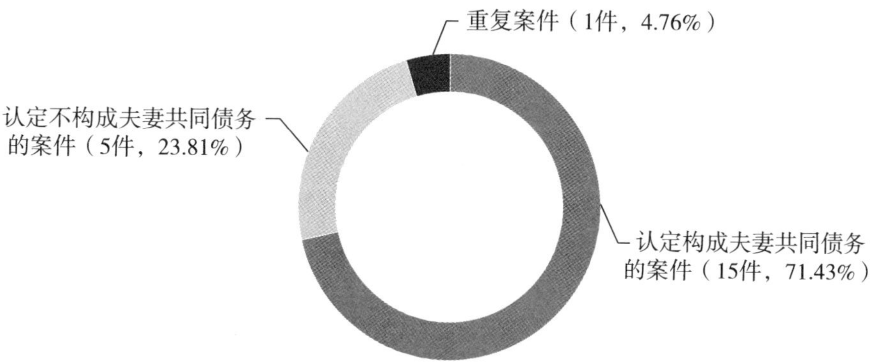

图 2 - 1　案件裁判结果分布情况

如图 2 - 2 所示，从案件年份分布情况可以看出，当前条件下案件数量的变化趋势。

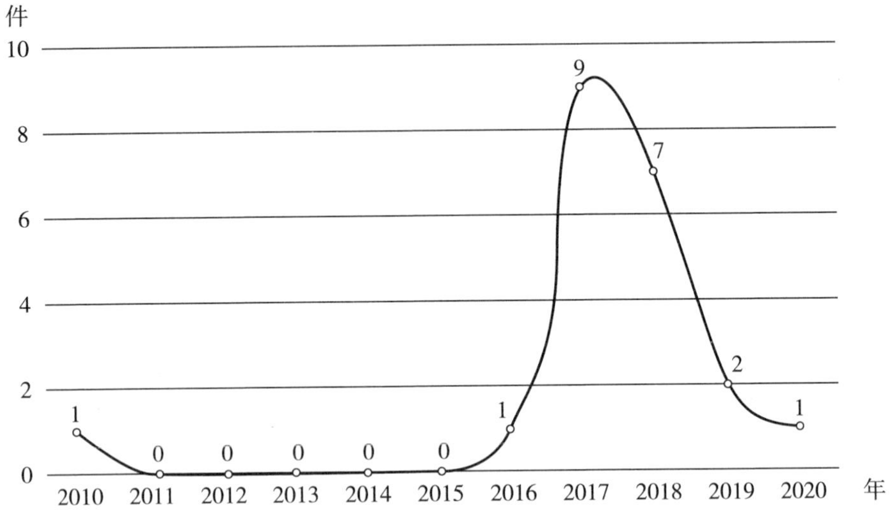

图 2 -2　案件年份分布情况

如图 2 -3 所示,从案件地域分布情况来看,当前条件下案件主要集中在福建省、浙江省、湖北省、湖南省、陕西省,其中福建省的案件数量最多,有 5 件,占比约 23.81% 。

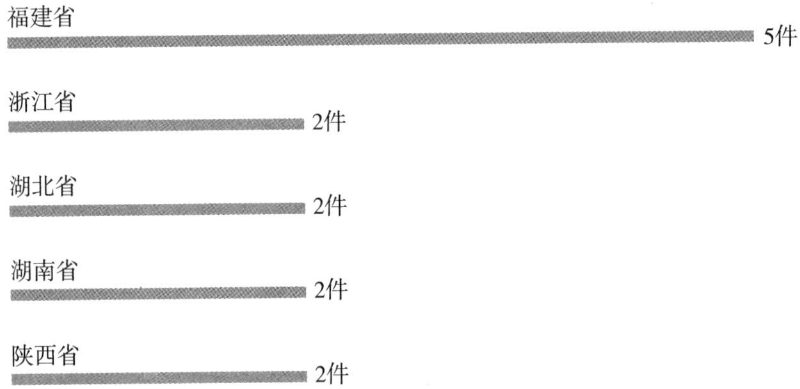

图 2 -3　案件主要地域分布情况

如图 2 -4 所示,从案件案由分类情况可以看出,当前条件下案件的案由分布由多至少分别是合同、无因管理、不当得利纠纷 19 件,占比约 90.48% ;海事海商纠纷 2 件,占比约 9.52% 。

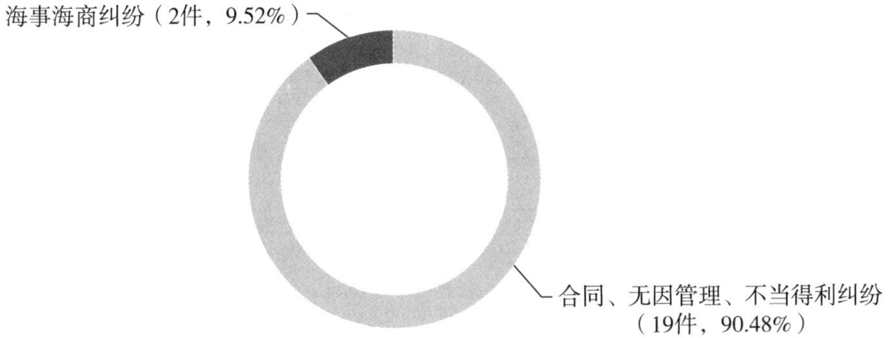

图 2－4　案件案由分类情况

如图 2－5 所示，从案件审理程序分布情况可以看出，当前条件下案件的审理程序分布由多至少分别是一审案件 13 件，占比约 61.90%；二审案件 4 件，占比约 19.05%；再审案件 4 件，占比约 19.05%。

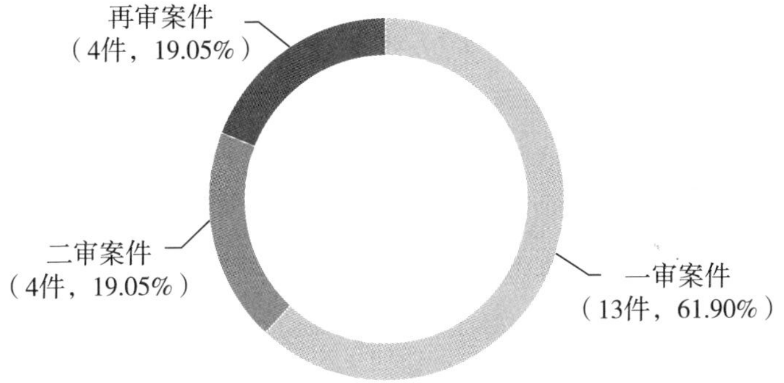

图 2－5　案件审理程序分布情况

二、可供参考的例案

例案一 ｜ 李某与张某端、张某、徐某荣民间借贷纠纷案

【法院】

陕西省高级人民法院

【案号】

(2019)陕民申 221 号

【当事人】

再审申请人(一审被告、二审上诉人)：李某

被申请人(一审原告、二审被上诉人):张某端

被申请人(一审原告、二审被上诉人):徐某荣

被申请人(一审被告、二审被上诉人):张某

【基本案情】

张某端、徐某荣系夫妻关系,系张某的父母。张某、李某于2004年11月14日登记结婚,于2016年7月4日登记离婚。张某于婚前向张某端、徐某荣借款160,000元,用于购买位于西安市的房屋。2004年11月18日,张某对上述借款向张某端出具借条:"今借到购房款一拾陆万元整(借父亲张某端现金)。"借条下方,张某在借款人处签字,李某在证明人处签字。2005年11月20日,张某向张某端、徐某荣出具借条:"今借到装修费(父母钱)人民币叁万伍仟元整,将从即日起10年内还清。"借条下方,张某在借款人处签字,李某在见证人处签字。2016年6月20日,张某、李某经协商签订离婚协议书,确认夫妻共同所有的位于西安市的房屋归李某所有,并确认双方在婚姻存续期间没有发生任何共同债权和债务,如对外负有债务,则由负债方自行承担。另查,2006年至2014年,张某、李某在西安市居住。本案所涉债权系张某端、徐某荣共同所有。

另查明,张某端、徐某荣于2018年1月22日将张某、李某诉至西安市碑林区人民法院,请求:(1)判令张某、李某共同偿还借款195,000元;(2)判令张某、李某共同支付资金占用期间的利息3657元。

陕西省西安市碑林区人民法院一审认为:合法的借贷关系受法律保护。关于本案所涉及的160,000元的借款,借款用途为购买西安市的房屋,借条上所载的时间虽为张某、李某婚后时间,但经过对房屋买卖合同及购房款收款收据的审查,该笔借款应实际发生在张某、李某登记结婚前。同时,张某为借款人,李某仅为知情者而非借款人,故该笔借款应为张某的婚前个人债务。该笔借款虽为张某的婚前个人债务,但借款用途为购置房屋,张某、李某婚后长年在该房屋中共同居住,且张某、李某离婚后经双方协议该房屋归李某所有,故可以认定,该借款用于张某、李某婚后家庭共同生活,张某、李某对该笔借款均有受益,依法应当共同偿还。

关于本案所涉及的35,000元的借款,借款用途为房屋装修,借款时间为2005年11月20日,张某为借款人,李某仅为知情者而非借款人,故该借款应为张某在婚姻关系存续期间以个人名义为家庭日常生活需要所负的债务,属于夫妻共同债务,依法应由张某、李某共同偿还。李某辩称,离婚协议中约定婚姻存续期间的个人债务自负,但该协议不能对抗债权人,李某可依该协议另行主张权利,故该辩称

不予支持。李某主张对此借款不知情，但并未提供有效证据反驳该笔借款借条上的签字，故其主张不予采信。该笔借款借期为10年，且没有约定利息，张某端、徐某荣主张按照年利率6%自2015年11月21日起计算的资金占用期间的利息，于法有据。

上诉人李某不服陕西省西安市碑林区人民法院(2018)陕0103民初1921号民事判决，向陕西省西安市中级人民法院提起上诉。

陕西省西安市中级人民法院二审认为：张某在婚前向张某端、徐某荣借款的160,000元，实际用于购买西安市的房屋。该笔借款虽为张某的婚前个人债务，但借款用途为购置房屋，而张某、李某婚后长期在该房屋中共同居住，且张某、李某离婚时协议将该房屋归李某所有，可以认定，该160,000元借款用于张某、李某婚后家庭共同生活，故张某、李某对该笔借款应依法共同偿还。

李某不服陕西省西安市中级人民法院(2018)陕01民终8000号民事判决，向陕西省高级人民法院申请再审。

【案件争点】

1. 案涉债务是否应认定为张某、李某夫妻共同债务。

2. 该债务是否应由夫妻二人共同偿还。

【裁判要旨】

陕西省高级人民法院经审查认为：根据《婚姻法解释(二)》第23条[①]"债权人就一方婚前所负个人债务向债务人的配偶主张权利的，人民法院不予支持。但债权人能够证明所负债务用于婚后家庭共同生活的除外"，以及第25条[②]第1款"当事人的离婚协议或者人民法院的判决书、裁定书、调解书已经对夫妻财产分割问题作出处理的，债权人仍有权就夫妻共同债务向男女双方主张权利"的规定，案涉160,000元借款虽为张某的婚前个人债务，但因该款的借条、房屋的《商品房买卖合同》及购房的收款收据能够证明张某将其婚前所借的160,000元实际用于购买房屋，而张某、李某婚后长期在该房屋中共同居住。加之《离婚协议书》第3条记载："夫妻共同所有的位于西安市碑林区含光路40号住房的所有权归乙方(李某)所有"，故原审认定该160,000元借款用于张某、李某婚后家庭共同生活，判决张某、李某对该笔借款共同承担偿还责任并无不当。

---

① 参见《民法典婚姻家庭编解释(一)》第33条。

② 参见《民法典婚姻家庭编解释(一)》第35条。

例案二 | 洪某、陈某与厦门鲜之汇贸易有限公司船舶营运借款合同纠纷案

【法院】

福建省高级人民法院

【案号】

(2018)闽民终432号

【当事人】

上诉人(原审被告):洪某

上诉人(原审被告):陈某

被上诉人(原审原告):厦门鲜之汇贸易有限公司

【基本案情】

洪某、陈某于2000年12月5日登记结婚。

2012年9月3日至2013年4月13日,厦门鲜之汇贸易有限公司(以下简称鲜之汇公司)法定代表人朱某良银行账户先后向陈某银行账户转账15笔,合计127.5万元。其中,前14笔转账(合计1,269,500元)发生在2012年9月3日至2012年11月7日(2个月又4天之内),最后一笔5500元的转账时间为2013年4月13日。

2012年10月11日,洪某、陈某协议离婚。上述15笔转账中的前9笔(合计金额70.5万元)发生在洪某、陈某婚姻存续期间,后6笔(合计金额57万元)发生在洪某、陈某离婚期间。但后6笔转账,除最后一笔5500元外,发生的时间段均在洪某、陈某协议离婚之后1个月之内。

2013年4月18日,洪某向案外人林某聪购入案涉渔船"闽龙渔运60867"(该船系渔业辅助船舶,即海上收鲜船,并非捕捞船)。

2013年6月5日至2014年3月30日,案涉渔船"闽龙渔运60867"向鲜之汇公司长期、持续出售渔货。其间,仅鲜之汇公司提交的鲜之汇水产收购凭证可查的渔货交易记录共35次。

2014年4月12日,鲜之汇公司与洪某签订案涉协议书。协议书载明:(1)洪某因购买渔船资金不足,已向鲜之汇公司借38万元,该款在本协议签订之前鲜之汇公司已实际交付洪某;(2)洪某应在本协议签订后4年内还清全部借款,鲜之汇公司享有以购买渔货款抵偿借款的权利;(3)洪某保证所购买的船舶专用于收购渔货,不得作为其他用途。

上述案涉协议书签订之后，洪某的“闽龙渔运60867”渔船又向鲜之汇公司依约履行了7次渔货供应义务。2014年5月15日之后，洪某完全停止了向鲜之汇公司出售渔货。

2014年5月26日，洪某、陈某复婚。

2016年7月27日，洪某、陈某再次协议离婚。洪某和陈某在本案庭审中确认，在复婚婚姻存续期间(2014年5月26日至2016年7月27日)，洪某和陈某共同经营案涉渔船，案涉渔船的经营收入用于家庭共同生活。洪某和陈某在2016年7月27日的离婚协议中，将案涉渔船作为“双方婚后共同财产”，完全分给女方陈某。

另外，鲜之汇公司法定代表人朱某良之女朱某秋开办名为“厦门市湖里区渔人小镇餐馆”的个体工商户(登记经营者为朱某秋)。厦门市湖里区渔人小镇餐馆、朱某良与洪某在2013年6月1日签订《“渔人小镇”第一码头旗舰店合作协议书》，约定了洪某参股“渔人小镇”第一码头旗舰店具体事宜，洪某根据该协议还担任该旗舰店总监一职，对该旗舰店负全责，对该店事务负责“总审批”。

厦门海事法院认为：陈某应与洪某承担共同偿还债务的责任：(1)虽然案涉协议书签署人是洪某，签署时间点是洪某、陈某第一次协议离婚期间，但是案涉协议书的性质是一种事后的借款金额结算文件。鲜之汇公司总额127.5万元的15笔借款款项的转账时间为2012年9月3日至2013年4月13日，其中绝大部分款项(14笔，合计1,269,500元)的转账连续发生在2个月又4天之内，而洪某和陈某刚好在这两个月当中协议离婚(2012年10月11日)。在此背景下，无论陈某是否在对方转账期间与洪某离婚，由于她的银行账户实际收到了鲜之汇公司转账来的全部127.5万元借款款项，又未能举证证明她已将收到的全部款项悉数转交洪某，陈某作为全部借款款项的实际领受人，仍应被认定为共同借款人。(2)即便不考虑陈某收取全部借款这一因素，假设陈某对协议离婚时间点之后鲜之汇公司转账来的6笔(合计57万元)借款款项不需要承担共同偿还责任，但是陈某至少仍然应当对协议离婚之前鲜之汇公司转账来的9笔(合计70.5万元)借款款项负有共同偿还的责任，因为该9笔转账发生在陈某、洪某夫妻关系存续期间。此后，本案诉争借款经过陆续清偿、抵扣，借贷双方在2014年4月12日结算确认尚余38万元未偿还，该38万元的金额也在上述陈某负有共同偿还责任的70.5万元债务金额范围之内，故陈某仍然应当与洪某共同偿还剩余未偿还的38万元债务。(3)即便依照洪某和陈某的观点，将诉争的38万元借款完全定性为洪某在与陈某第一次离婚期间对外所负的“个人债务”，结合本案相关事实，陈某也应对该债务承担共同偿还责任。《婚姻法解释(二)》第23条①规定:“债权人就一方婚前所负个人债务向债务人的配偶主张权利的,人民法院不予支持。但债权人能够证明所负债务用于婚后家庭共同生活的除外”。相对于陈某、洪某的第二次婚姻存续期(2014年5月26日至2016年7月27日),之前洪某、陈某的第一次离婚期间(2012年10月11日至2014年5月25日)属于“婚前”。而在该段“婚前”期间,发生了诉争借款的借入以及签署案涉协议书等事实。随后在2014年5月26日洪某和陈某复婚。洪某和陈某在本案原审庭审中确认,在复婚后的第二次婚姻存续期间(2014年5月26日至2016年7月27日),洪某和陈某共同经营案涉渔船,案涉渔船的经营收入用于家庭共同生活,且洪某和陈某在2016年7月27日第二次离婚的《离婚协议书》第3条明确将案涉渔船的性质约定为“双方婚后共同财产”,并将该项婚后夫妻共同财产完全协议分割给了女方(陈某)。因此,即使诉争借款作为洪某的“婚前个人债务”被指定用于购入案涉渔船,案涉渔船在洪某和陈某复婚后由夫妻共同经营,收入用于家庭共同生活,依照《婚姻法解释(二)》第23条之规定,陈某仍应当对诉争借款债务承担共同偿还责任。(4)对于案涉协议书约定的债务,除了合同中确定的金钱给付义务之外,还包括行为给付义务,即约定鲜之汇公司享有优先购买案涉渔船渔货的权利,洪某则负有对应优先出售义务。虽然案涉协议书签订于洪某、陈某第二次婚姻存续之前的离婚期间,但案涉渔船应向鲜之汇公司优先出售渔货这一行为给付义务,并非一次性的义务,而是4年之内一直持续的义务。在案涉协议书签订后,洪某和陈某复婚,案涉渔船由洪某和陈某共同经营,收入用于家庭共同生活,与此同时,案涉渔船相应的优先向鲜之汇公司出售渔货的合同义务也在一直持续,并未停止。故陈某亦对案涉渔船在其复婚期间持续未履行优先出售渔货义务的行为,与洪某构成共同违约,并应共同承担对应的违约责任。

洪某、陈某不服厦门海事法院(2017)闽72民初102号民事判决,向福建省高级人民法院提起上诉。

【案件争点】

1. 案涉债务是否属于二上诉人夫妻共同债务。

2. 陈某是否应当与洪某共同承担偿还案涉债务的责任。

【裁判要旨】

福建省高级人民法院经审查认为,首先,案涉款项系通过被上诉人法定代表人

① 参见《民法典婚姻家庭编解释(一)》第33条。

朱某良的银行账户向陈某银行账户转账，而且上述款项往来大部分发生在二上诉人夫妻关系存续期间，陈某对于款项的性质应当是明知且认可的。虽然在案涉协议书上签名的是洪某，签订时间是洪某、陈某第一次协议离婚期间，但该协议书是双方对原先债务的确认。其次，洪某和陈某在原审庭审中承认，在其第二次婚姻存续期间，夫妻二人共同经营案涉渔船，经营收入用于家庭共同生活，且二人在2016年7月27日第二次离婚的协议中明确将案涉渔船列为双方婚后共同财产，并将该渔船分割给陈某。根据《婚姻法解释(二)》第23条①的规定，“债权人就一方婚前所负个人债务向债务人的配偶主张权利的，人民法院不予支持。但债权人能够证明所负债务用于婚后家庭共同生活的除外”。即使按照二上诉人的辩解，将案涉38万元借款视为二上诉人第一次离婚期间洪某对被上诉人所欠的个人债务，也因该债务用于其第二次婚姻期间的夫妻共同经营和生活而转变为二上诉人的夫妻共同债务。因此，原审法院认定案涉债务属于二上诉人夫妻共同债务并判令陈某与洪某共同承担偿还责任，并无不当。

例案三 | 孙某杰、陈某石与石某民间借贷纠纷案

【法院】

吉林省吉林市中级人民法院

【案号】

(2017)吉02民再56号

【当事人】

再审申请人(一审被告、二审上诉人)：孙某杰

再审申请人(一审被告、二审上诉人)：陈某石

被申请人(一审原告、二审被上诉人)：石某

【基本案情】

2011年1月1日，孙某杰向赵某雄借款7万元，后偿还了3万元，余款4万元未能及时偿还。赵某雄向法院提起诉讼。诉讼中双方达成和解。石某称当庭替孙某杰偿还了2万元，半年后又替孙某杰偿还了2万元。对此孙某杰答辩称，借款时孙某杰借给石某后，石某代为向赵某雄支付欠款，履行还款义务，石某与孙某杰、陈

---

① 参见《民法典婚姻家庭编解释(一)》第33条。

某石未形成债权关系。2012 年 10 月 18 日,石某替陈某石支付购房首付款 187,611 元;2013 年 3 月 6 日和 2013 年 3 月 13 日又替陈某石支付购车首付款 139,000 元。对这两次付款陈某石并不否认,但认为属于石某的赠与行为。2014 年 5 月 15 日,孙某杰与陈某石登记结婚。上述房屋及汽车均由孙某杰、陈某石婚后共同生活使用。

吉林高新技术产业开发区人民法院一审认为:关于石某为孙某杰向赵某雄支付 4 万元欠款的问题。孙某杰并不否认欠赵某雄的 4 万元是由石某直接支付给赵某雄的事实,只是说借款时孙某杰借给石某后,石某代为向赵某雄支付欠款,履行还款义务,石某与孙某杰、陈某石未形成债权关系。但孙某杰未能举证推翻石某因借款给孙某杰(转而向孙某杰的债权人赵某雄支付欠款)而使其间形成债权债务关系,故应当认定争议的 4 万元是由石某借予孙某杰,石某与孙某杰之间形成民间借贷的债权债务关系。《婚姻法解释(二)》第 23 条①规定:"债权人就一方婚前所负个人债务向债务人的配偶主张权利的,人民法院不予支持。但债权人能够证明所负债务用于婚后家庭共同生活的除外。"基于此,由于该 4 万元系孙某杰婚前个人所负债务,且石某不能证明此款用于孙某杰婚后家庭共同生活,故该 4 万元应由孙某杰承担偿还义务。陈某石购买房屋和汽车系用于孙某杰、陈某石婚后共同生活使用,孙某杰应承担共同还款责任。

石某不服吉林高新技术产业开发区人民法院(2015)吉高新民一初字第 2 号民事判决,向吉林省吉林市中级人民法院提起上诉。

吉林省吉林市中级人民法院二审认为:陈某石对石某为其支付购房及购车款共计 326,611 元这一事实并不否认,但主张该款系石某对其的赠与。因石某对此予以否认,陈某石亦无法提供双方存在赠与的有效证据,故一审法院认定双方之间为民间借贷关系,并无不当。因该款主要用于孙某杰、陈某石婚后生活,故一审法院判决孙某杰、陈某石共同承担偿还责任,并无不当。

孙某杰、陈某石不服吉林省吉林市中级人民法院(2015)吉中民一终字第 886 号民事判决,向吉林省吉林市中级人民法院申请再审。吉林省吉林市中级人民法院于 2017 年 5 月 18 日作出(2016)吉 02 民申 29 号之一民事裁定,再审本案。

吉林省吉林市中级人民法院再审查明:除"上述房屋及汽车均由其二人婚后共同生活使用"不能认定外,其他事实与一审、二审判决认定的事实无异。另查明,孙

---

① 参见《民法典婚姻家庭编解释(一)》第 33 条。

某杰与陈某石已于2015 年 10 月 30 日协议离婚。

【案件争点】

案涉借款是否为孙某杰与陈某石的夫妻共同债务，并由孙某杰与陈某石共同清偿。

【裁判要旨】

吉林省吉林市中级人民法院再审认为：本案中，石某主张孙某杰与陈某石共同向其借款，但在本案历次审理过程中，石某均未提交相关证据加以证明，只能证明石某在陈某石与孙某杰结婚前为陈某石支付了购房和购车款。另外石某还主张案涉借款是孙某杰与陈某石的夫妻共同债务，应共同向其清偿。孙某杰与陈某石于 2014 年 5 月 15 日登记结婚，陈某石购买涉案车辆及房屋均系在二人婚前。《婚姻法解释(二)》第 23 条[①]规定："债权人就一方婚前所负个人债务向债务人的配偶主张权利的，人民法院不予支持。但债权人能够证明所负债务用于婚后家庭共同生活的除外"。石某未提供充分证据证明房屋及车辆用于两人婚后家庭共同生活，现陈某石与孙某杰已协议离婚，石某也未能提供证据证明孙某杰与陈某石针对涉案房屋和车辆进行分割，根据上述法律规定，原审判决孙某杰与陈某石共同偿还石某 326,611 元借款不当。孙某杰关于石某为陈某石支付的购房首付款及购车首付款均系陈某石的婚前个人债务，孙某杰不应承担责任的再审请求应予支持。

三、裁判规则提要

(一)夫妻共同债务认定的法律依据

《婚姻法》第 41 条规定："离婚时，原为夫妻共同生活所负的债务，应当共同偿还。共同财产不足清偿的，或财产归各自所有的，由双方协议清偿；协议不成时，由人民法院判决。"根据该条规定，离婚时，夫妻债务清偿应遵循的原则是共同债务以共同财产清偿，个人债务以个人财产偿还。这就涉及共同债务和个人债务的界定问题，不同的财产制度有不同的划分。无论是约定共同制或是法定共同制，原则上为夫妻共同生活所欠的债务，无论是否为夫妻共同所为，他方是否认可，均应推定为共同债务。[②]《婚姻法》施行后，因对夫妻债务认定标准问题规定不够明确具体，理论界和实务界对如何确定夫妻共同债务问题一直存有不同理解。为此，最高人

---

① 参见《民法典婚姻家庭编解释(一)》第 33 条。

② 参见胡康生主编：《中华人民共和国婚姻法释义》，法律出版社 2001 年版，第 169 ~ 170 页。

民法院于2004年颁布施行了《婚姻法解释(二)》。该解释第24条规定:“债权人就婚姻关系存续期间夫妻一方以个人名义所负债务主张权利的,应当按夫妻共同债务处理。但夫妻一方能够证明债权人与债务人明确约定为个人债务,或者能够证明属于婚姻法第十九条第三款规定情形的除外。”该规定有效遏制了当时存在的一些夫妻恶意逃债损害债权人利益的现象。但审判实践中又出现了当事人利用第24条的规定,串通债权人伪造婚姻关系存续期间的虚假债务,恶意损害配偶利益的情形。为平衡债权人与未举债一方的利益,最高人民法院在2017年出台了《婚姻法解释(二)的补充规定》,明确夫妻一方与第三人串通,虚构债务,或者夫妻一方在从事赌博、吸毒等违法犯罪活动中所负债务,第三人主张权利的,人民法院不予支持。2018年最高人民法院又在总结审判实践经验的基础上制定出台了《夫妻债务纠纷解释》,进一步细化和完善了夫妻共同债务认定标准。2021年1月1日起施行的《民法典》第1064条对《夫妻债务纠纷解释》的内容进行提炼总结,对夫妻共同债务认定进行了明确规定。

(二)夫妻共同债务的认定

根据《民法典》第1064条的规定,夫妻共同债务包括以下三类:

一是夫妻双方共同签名或者夫妻一方事后追认等共同意思表示所负的债务。该条体现了民法上的意思自治原则。共同意思表示包括夫妻双方共同签字和夫妻一方事后追认两种形式,对于夫妻双方共同意思表示所负的债务,无论是否用于共同生活,均应认定为夫妻共同债务。

二是夫妻一方在婚姻关系存续期间以个人名义为家庭日常生活需要所负的债务。该规定的理论基础为夫妻相互具有的家事代理权,在家庭日常生活范围内,夫妻双方互为代理人,一方所作行为,对另一方产生效力。该条未区分夫妻财产制,即无论是共同财产制还是分别财产制,基于日常生活需要,对外而言,夫妻一方以个人名义所负债务应认定为夫妻共同债务,由夫妻共同偿还。

三是债权人能够证明用于夫妻共同生活、共同生产经营或者基于夫妻双方共同意思表示的债务。《民法典》第1064条第2款规定:“夫妻一方在婚姻关系存续期间以个人名义超出家庭日常生活需要所负的债务,不属于夫妻共同债务;但是,债权人能够证明该债务用于夫妻共同生活、共同生产经营或者基于夫妻双方共同意思表示的除外。”基于上述规定,即使夫妻一方以个人名义所负债务超出家庭日常生活需要,只要债权人能够证明债务用于夫妻共同生活、共同生产经营或者基于夫妻双方共同意思表示，则人民法院应认定该债务属夫妻共同债务。

（三）一方婚前所负债务用于婚后夫妻共同生活的应认定为夫妻共同债务

基于夫妻共同生活所负债务应认定为夫妻共同债务，是理论界和司法实务界的共识。需要注意的是，对于夫妻一方婚前所负债务，用于婚后夫妻共同生活的，也应认定为夫妻共同债务，对此，司法解释亦有明确规定。《民法典婚姻家庭编解释（一）》第 33 条规定："债权人就一方婚前所负个人债务向债务人的配偶主张权利的，人民法院不予支持。但债权人能够证明所负债务用于婚后家庭共同生活的除外。"司法实践中，对于婚前一方所负债务是否用于婚后家庭共同生活，应当依照举证规则，根据双方当事人所举证据综合认定。

1. 举证责任的分配

《民事诉讼法》第 64 条规定："当事人对自己提出的主张，有责任提供证据。"《民事诉讼法解释》第 91 条规定："人民法院应当依照下列原则确定举证证明责任的承担，但法律另有规定的除外：（一）主张法律关系存在的当事人，应当对产生该法律关系的基本事实承担举证证明责任；（二）主张法律关系变更、消灭或者权利受到妨害的当事人，应当对该法律关系变更、消灭或者权利受到妨害的基本事实承担举证证明责任。"与上述规定相适用，《民法典婚姻家庭编解释（一）》第 33 条规定："债权人就一方婚前所负个人债务向债务人的配偶主张权利的，人民法院不予支持。但债权人能够证明所负债务用于婚后家庭共同生活的除外。"根据上述规定，原则上婚前所负个人债务由举债一方个人承担责任，债权人主张债务人婚前所负个人债务用于婚后家庭共同生活，应由债权人承担举证证明责任。债权人能够提供证据证明所负债务用于婚后家庭共同生活的，人民法院判决夫妻双方共同承担责任，债权人不能提供证据或者提供的证据不足以证明所负债务用于婚后家庭共同生活的，对债权人要求配偶承担共同清偿责任的，不予支持。

2. 夫妻共同生活的范围

关于夫妻共同生活的范围，我国法律并没有明确规定。随着我国经济社会的发展，人们的生活水平不断提高，生活消费日趋多元，夫妻共同生活支出不仅包括家庭日常生活消费开支，还包括大量超出家庭日常生活范围的支出。一般而言，夫妻共同生活的范围包括夫妻双方及其共同生活的未成年子女在日常生活中的必要开支事项，如正常的衣食住行消费、日用品购买、医疗保健、子女教育、老人赡养、文化消费等。

3. 婚前个人债务向婚后共同债务转化的主要情形

司法实践中,婚前个人债务向婚后共同债务转化的主要情形有:(1)一方婚前按揭贷款买房,婚后夫妻双方共同居住或共同使用的,可以转化为婚后共同债务;(2)一方婚前举债购置大量结婚用品,婚后为夫妻双方共同生活使用的,可以转化为婚后共同债务;(3)一方婚前借款装修房屋,该房屋供夫妻婚后共同居住或共同使用的,可以转化为婚后共同债务。

四、辅助信息

高频词条:

《民法典婚姻家庭编解释(一)》

第33条 债权人就一方婚前所负个人债务向债务人的配偶主张权利的,人民法院不予支持。但债权人能够证明所负债务用于婚后家庭共同生活的除外。

夫妻共同债务纠纷案件裁判规则第3条：

分居期间，夫妻一方所举债务未用于共同生活，不应认定为夫妻共同债务

〔**规则描述**〕：分居又称别居，是指夫妻双方依法解除夫妻同居的义务而仍然保留其婚姻关系的法律制度。它是一种法律行为，不同于夫妻因偶尔不和而自行分居。夫妻分居，双方之间事实上不存在家庭的共同生活；无论夫妻双方共同居住在同一住所，还是分开住所居住，均属于分居。分居亦不同于离婚。区分分居与离婚，主要看男女双方的婚姻关系是否持续。夫妻分居，夫妻双方的同居关系义务解除，夫妻间的婚姻关系仍持续；夫妻离婚，不仅解除夫妻间同居关系之义务，婚姻关系也因离婚而终止。

夫妻共同债务的核心特征是所举债务用于夫妻的共同生活。分居期间，夫妻双方的婚姻关系持续，但双方已经停止共同生活，并建立起各自的生活方式。若夫妻一方在分居期间对外举债，该债务并未用于夫妻共同生活，那么该债务不应认定为夫妻共同债务，应当认定为举债一方的个人债务。

一、类案检索大数据报告

数据采集时间：2020年6月13日；案例来源：Alpha案例库；案件数量：44件。本次检索获取2020年6月13日前共44篇裁判文书。案件裁判结果分布情况如图3－1所示，涉及分居期间夫妻共同债务纠纷的民事案例中，判决认定为夫妻一方个人债务的案件为26件，占比约59.09%；判决认定为夫妻共同债务的案件为14件，占比约31.82%；重复案件为4件，占比约9.09%。

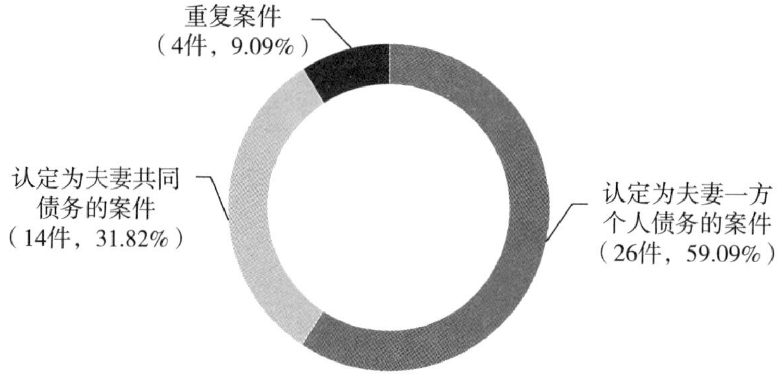

图 3－1　案件裁判结果分布情况

如图 3－2 所示，从案件年份分布情况可以看出，当前条件下案件数量的变化趋势。

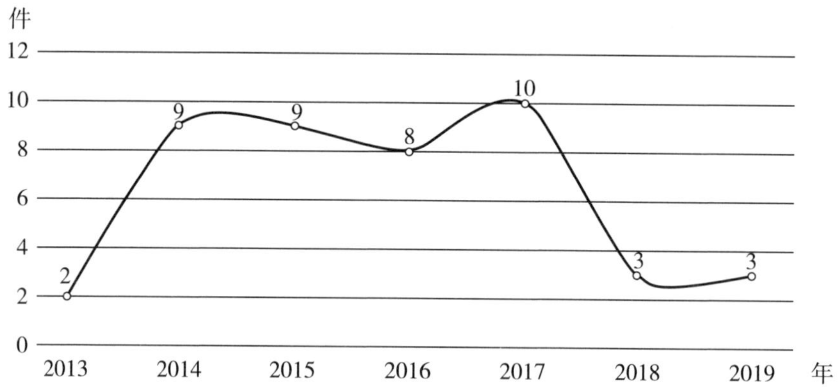

图 3－2　案件年份分布情况

如图 3－3 所示，从案件地域分布情况来看，当前条件下案件主要集中在浙江省、云南省、广东省等地区，其中浙江省案件数量最多，有 13 件，占比约 29.55%。

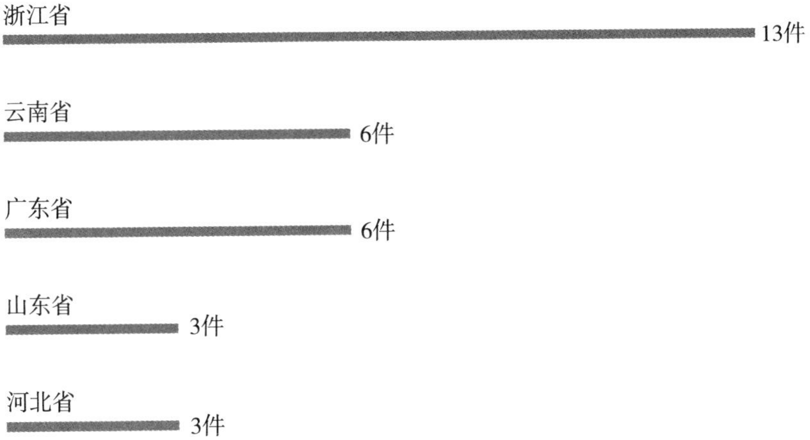

图 3 -3　案件主要地域分布情况

如图 3 -4 所示，从案件案由分类情况可以看出，当前条件下案件的案由分布由多至少分别是民间借贷纠纷 32 件，占比约 72.73%；离婚纠纷 8 件，占比约 18.18%；申请执行异议之诉 3 件，占比约 6.82%；买卖合同纠纷 1 件，占比约 2.27%。

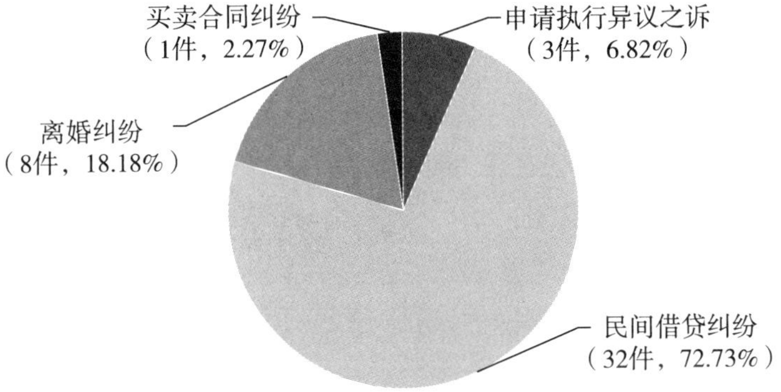

图 3 -4　案件案由分类情况

如图 3 -5 所示，从案件审理程序分布情况可以看出，当前条件下案件的审理程序分布由多至少分别是一审案件 22 件，占比约 50.00%；二审案件 15 件，占比约 34.09%；重复案件 4 件，占比约 9.09%；再审案件 3 件，占比约 6.82%。

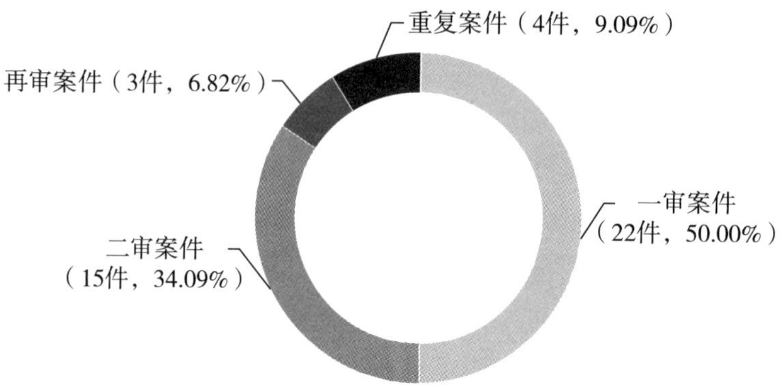

图3-5 案件审理程序分布情况

二、可供参考的例案

例案一 | 盛某音、郭某添、袁某民间借贷纠纷再审案

【法院】

浙江省高级人民法院

【案号】

(2019)浙民再166号

【当事人】

抗诉机关:浙江省人民检察院

申诉人(一审被告、二审上诉人):盛某音

被申诉人(一审原告、二审被上诉人):郭某添

被申诉人(一审被告、二审被上诉人):袁某

【基本案情】

2012年8月10日,以郭某添为甲方、以袁某为乙方签订《借款协议》一份,协议约定:"乙方向甲方借款贰佰陆拾伍万元整,期限为365天,于2013年8月10日前还清;本协议一式两份,双方各执一份,经双方签字或盖章后生效。本协议一经生效,视乙方已实际取得该借款。"2011年7月1日至2012年9月29日,袁某向郭某添归还款项共计821,000元。2013年4月8日,郭某添通过短信方式向袁某催讨,短信中郭某添称:"我有能力再借肯定帮你渡过难关的喽,那难道澳门的260万元都拿不到了吗?我想我在你这里的钱总比这个还多吧,总不至于就这样不行了

吧……”袁某称：“你认为我在逃避你吗……你打电话跟我要钱谈苦我心情怎么好得来，其实我比你还着急”。另认定，案件审理过程中，郭某添确认本案借款在《借款协议》签订之前已经交付，系对2006年以来借款累计计算的结果，双方的借款时间及金额分别为2006年5月借款10万元、2009年合计借款70万元、2010年合计借款35万元、2011年年初借款85万元、2011年7月借款65万元，郭某添与袁某约定的借款利息为月利率3%，自款项出借之日至2012年8月10日的利息袁某均已付清，因借款本金一直未归还，2012年8月10日，袁某确认尚欠郭某添借款本金265万元。郭某添与袁某均认可被告袁某归还郭某添的款项除上述821,000元外，还于2012年12月28日至2013年4月2日分8次共归还郭某添17万元，其中14万元已经在(2014)杭余商初字第810号案件中作为借款本金予以扣除。

盛某音与袁某于1996年5月7日登记结婚，于2013年12月6日登记离婚。

【案件争点】

案涉借款是否属于袁某、盛某音的夫妻共同债务。

【裁判要旨】

浙江省高级人民法院经审查认为：

《婚姻法》第41条[①]规定：“离婚时，原为夫妻共同生活所负的债务，应当共同偿还。共同财产不足清偿的，或财产归各自所有的，由双方协议清偿；协议不成时，由人民法院判决”，即夫妻共同债务应与夫妻共同生活有关，夫妻共同生活的范围既要考虑日常家庭生活，还要考虑家庭的生产经营活动。夫妻一方因日常生活所需的举债可以直接认定为共同债务，超出日常生活所需的大额举债，则由债权人和举债人证明该款项用于夫妻共同生活。夫妻一方为生产经营活动的举债，根据生产经营活动的性质、夫妻双方在其中的地位作用、第三人是否善意等具体情形来认定是否属于夫妻共同债务。具体到本案：

1. 案涉借款是否用于家庭日常生活和生产经营活动

案涉《借款协议》上仅有袁某一人签字，盛某音从未确认该借款；案涉《借款协议》载明的借款本金为265万元，数额巨大，远远超出袁某、盛某音家庭日常生活需要；现有证据不足以证明袁某在案涉借款发生期间为家庭利益开展了合法生产经营活动以及案涉借款用于相关生产经营活动。

---

① 参见《民法典》第1089条。

2. 盛某音对案涉借款是否知情

案涉借款发生在2006年5月至2012年8月，时间长达6年，在此期间，郭某添从未向盛某音催讨过借款或要求盛某音对借款予以确认。这一事实也得到盛某音一审提供的录音证据佐证。该录音证据还显示盛某音、袁某夫妻关系不稳定，长期分居，郭某添在一审庭审中也承认知道盛某音与袁某分居的事实。因此，盛某音主张其与袁某长期分居，对相关借款不知情的事实具有较大可能性。而郭某添与盛某音、袁某之间是亲戚，对盛某音未参与借款事宜应该比一般交易主体更了解，结合郭某添在与袁某双方短信往来中从未提及盛某音的情况，难以认定郭某添对此系善意。

3. 盛某音有无从案涉借款中受益

从利益平衡角度来看，夫妻共同债务的认定还应审查未举债一方有无从举债中获益的情形。本案中，盛某音并未直接经手、使用案涉借款；盛某音在与袁某夫妻关系存续期间（案涉借款发生前）曾购买房屋一套，在案涉借款发生期间又购买房屋一套，但再审查明后一房屋的购房首付款来自前一房屋的出售所得。盛某音并未从案涉借款中受益。

综上所述，案涉《借款协议》对应的借款已经实际交付，不存在无效情形，并有利息约定，但案涉借款数额巨大，超出家庭日常生活所需，也无证据证明用于袁某为家庭利益开展的合法生产经营活动，盛某音对案涉借款不知情、未受益，认定为袁某、盛某音的夫妻共同债务将严重影响盛某音的基本生活，导致案件处理明显不公。检察机关的抗诉意见以及盛某音的部分再审请求成立，法院予以支持。

例案二 | 郭某鹏、姜某云、苏某民间借贷纠纷再审案

【法院】

湖南省高级人民法院

【案号】

（2019）湘民再357号

【当事人】

再审申请人（一审被告、二审上诉人）：郭某鹏

被申请人（一审原告、二审被上诉人）：姜某云

被申请人（一审被告、二审被上诉人）：苏某

【基本案情】

湖南省高级人民法院经审查，确认了一审法院、二审法院查明的事实。

1. 关于本案借款资金往来

2013年7月1日，被告苏某向原告姜某云出具一张借据，载明“今借到姜某云人民币肆佰万元整，每月付5%，每月付息”。原告姜某云为支持其已支付400万元借款本金的主张，向一审法院提交了付款明细。付款明细表明，2012年1月31日、2012年8月17日、2012年9月12日、2013年1月7日、2013年3月19日，原告分别指定案外人刘某兵、刘某刚、姜某舒、王某付款至被告苏某的银行账户，付款金额分别为50万元、50万元、50万元、50万元、100万元。2012年9月13日，原告通过其本人账户付款100万元至被告苏某的中国建设银行账户。该笔款项系原告2012年9月12日从案外人梁某姿处借后，再通过原告的中国建设银行账户转付给被告苏某中国建设银行的。

审理中，原告及案外人刘某兵、刘某刚、姜某舒、王某均认可上述款项系原告向刘某兵等案外人借款，原告再转借给被告苏某的，刘某兵等人与被告苏某之间不存在借贷关系。

对上述6笔借款，被告苏某均直接向刘某兵、刘某刚、姜某舒、王某、梁某姿支付款项。

以上被告苏某合计支付原告款项为223.3万元。同时，自本案债务发生之日起至本案法庭辩论终结时止，被告苏某从其银行账户直接支取和消费的金额约为40万元，但其又直接通过现金存入该账户的资金为86万元左右，其余款项均为被告苏某与其他第三人的资金往来及证券交易。

此外，原告姜某云还提交了被告苏某另行向原告借款655万元的借据复印件和本金银行付款明细，因该款项与本案并无直接关联，一审法院在本案中不予查证核实，相关权利可以另行主张。

2. 关于本案当事人对本案债务的处理情况

被告郭某鹏与被告苏某于2005年1月19日登记结婚。2010年10月26日，被告郭某鹏与被告苏某签订一份《家庭理财约定书》，载明：“1. 夫方现在是毛易镇干部，其工资按国家规定发放，工资分为基本工资、职务工资、奖金，夫方应将国家财政所发全部工资交家庭统一管理。妻方系冷水江人民医院内科医生，其工资为基本工资、浮动工资、奖金，妻方应将人民医院造册统一发放的全部工资交家庭统一管理。2. 夫妻约定，家庭财经由妻子统一管理，管理者应根据家庭的经济收入，量入为出，做到厉行节约，勤俭持家，在正常情况下，收支相抵扣略有结余。3.夫妻双方除第1条所述工资外，其他经济收入及支出执行AA制，夫妻双方各做各的经营，各用各的钱，同时各自独立承担经济责任和法律责任。”

2014年3月10日，被告郭某鹏向原告出具了两份承诺书，一份载明：“我自愿拿出新世纪A-501房产产权和使用权交出姜某云管理，此据。”另一份载明：“苏某欠姜某云、姜某红、刘某进3人所有债务，经与债主商议，郭某鹏承担壹佰万元，债主自愿放弃向郭某鹏追索，包括债主给苏某向外担保的所有外债。债务分期偿还。2014年年底还伍拾万元，2015年还伍拾万元还清。随时保持联系。”

2014年11月8日，原告姜某云与案外人姜某红作为甲方、被告郭某鹏作为乙方签订一份《调解协议》，载明如下：有关苏某向甲方借款一事，虽然乙方与苏某系法定夫妻，但由于乙方对此事不知情，且甲方借贷时也未告知乙方，根据相关法律规定，经双方协商，自愿达成以下协议。(1)因乙方与苏某是夫妻，乙方虽不知情，但也承担一定经济责任，乙方愿破产还债。乙方无存款，无其他经济来源，愿将仅有住宅即新世纪A-501房产抵债给甲方，经双方协商，该房产作价1万元。(2)新世纪A-501房产因原苏某以此房抵押在房产中心借款15万元，尚欠126,100元，此款由乙方设法还清。(3)原乙方承诺替妻子苏某偿还的100万元，乙方根据自己的经济状况，在不影响乙方生活的情况下，分期分批还付，每年表示偿还诚意。在100万元未还清之前，甲方不能或委托其他人来打扰乙方及家人的工作和生活，或在外面无理纠缠。(4)本协议经双方签字，法院制作调解书后生效。庭审中，原告与被告郭某鹏均认可二人就该《调解协议》到一审法院进行调解，但因调解不成而未能制作调解书。

2014年11月21日，原告姜某云作为甲方、被告郭某鹏作为乙方签订一份《调解协议》，载明：关于苏某所欠甲方借款一事，郭某鹏（苏某丈夫）与甲方达成一致共识。(1)郭某鹏拿出原本属于郭某鹏个人的新世纪A-501房产一套过户给甲方（15天内争取办完）；(2)苏某所借甲方所有债务当中，郭某鹏承担100万元整，对苏某与甲方的债务及连带债务（甲方担保）甲方都不再追究郭某鹏的所有责任；(3)乙方承诺承担的100万元债务，每年分两次偿还共计20万元，从明年开始。以前所写的字据协议全部作废。

庭审中，被告苏某的母亲李某英出庭作证，认为被告苏某涉及本案的债务，被告郭某鹏及李某英均不知情，本案借款也没有用于两被告的夫妻共同生活。

二审期间，当事人向法院提交了新的证据材料。其中，上诉人郭某鹏提交的证据材料表明，上诉人郭某鹏与苏某夫妻感情长期不和，苏某已于2011年下半年与上诉人分居。二审法院经审理，对一审认定的事实予以确认。二审法院另查明：姜某云与苏某之间还有其他借款往来。郭某鹏在二审审理过程中提出苏某还有其他部分还款应予核减案涉借款。

再审申请人郭某鹏因不服湖南省娄底市中级人民法院判决，向湖南省高级人民法院申请再审。

【案件争点】

案涉借款是否属于郭某鹏、苏某夫妻共同债务。

【裁判要旨】

湖南省高级人民法院经审查认为，被申请人苏某与申请人郭某鹏系夫妻，在夫妻关系存续期间苏某以个人名义巨额举债。借款行为发生后，本案诉讼前，郭某鹏（乙方）曾与姜某红、案外人姜某云（甲方）签订《调解协议》，约定："有关苏某向甲方借款一事，虽然乙方（郭某鹏）与苏某系法定夫妻，但由于乙方对此事不知情，且甲方借贷时也未告知乙方……""因乙方与苏某为法定夫妻，乙方虽不知情……""本协议经双方签字，法院制作调解书后生效"等。虽该《调解协议》经双方签字后未能制作调解书，未产生法律效力，但姜某云对苏某以个人名义大额举债的事实，认可郭某鹏并不知情。且原审法院查明，自本案债务发生之日起至本案法庭辩论终结时止，苏某从其银行账户直接支取和消费的金额约为40万元，但苏某又直接通过现金存入该账户的资金为86万元左右，其余款项均为苏某与其他第三人的资金往来及证券交易。苏某的借款明显没有用于家庭生活所需。案涉债务虽然发生在郭某鹏、苏某夫妻关系存续期间，但苏某以个人名义所举巨额债务明显超过夫妻共同生活所需，现苏某下落不明，没有证据证明此债务被用于夫妻共同生活，且郭某鹏对案涉债务不知情，已被姜某云在《调解协议》中认可。另外，苏某的母亲李某英在原一审庭审中出庭作证，认为苏某涉及本案的债务，郭某鹏及李某英均不知情，且未用于两夫妻的共同生活。原审认定事实的主要证据不足，判决明显不公，应予纠正。

例案三 | 赵某来与王某华、郑某红、李某东民间借贷纠纷案

【法院】

吉林省双辽市人民法院

【案号】

(2016)吉0382民再16号

【当事人】

再审申请人(原审被告):赵某来

被申请人(原审原告):王某华

原审被告:郑某红

原审被告:李某东

【基本案情】

郑某红与赵某来原系夫妻关系,2014年9月1日,郑某红、李某东从王某华处借款10万元,约定月利3分。二人在给付部分利息后,经多次索要均推脱不还余款,故王某华诉至法院,要求郑某红、李某东还款付息并承担诉讼费用,赵某来承担连带责任。经询问,王某华同意放弃部分利息,郑某红、李某东及赵某来三人对借款事实无异议,亦表示同意还款。原审经法院主持调解,双方当事人自愿达成如下协议:郑某红、李某东欠王某华借款本金10万元,于2016年3月26日前一次性偿还。利息按照月利2分计算,从2015年5月1日起至借款还清时止。赵某来对上述款项承担连带担保责任。案件受理费2300元,减半收取1150元,由被告负担。再审申请人(原审被告)赵某来不服民事调解,向吉林省双辽市人民法院申请再审。

【案件争点】

赵某来对于案涉借款是否应该承担偿还义务。

【裁判要旨】

再审法院认为,标的额为10万元的借款不仅超出了夫或妻一方普通家事代理的范畴,而且也未实际用于郑某红与赵某来婚姻关系存续期间的日常家庭生活。可以认定的是,郑某红在与赵某来因感情不和分居期间、在未征得赵某来同意的情况下,为帮助朋友李某东解决房屋开发中急需的资金,从王某华处借款10万元并出具签名捺印的借条,后李某东也在该借条上补签,虽然此笔借款发生在郑某红与赵某来婚姻关系存续期间,但是不能据此认定为夫妻共同债务,因为夫妻双方既无借款合意,该笔欠款也未用于共同生活,况且王某华发送给赵某来的手机短消息也能够证实其对于该笔借款由李某东实际使用已事先知情。综上所述,郑某红、李某东作为共同债务人与王某华之间所签订的借款合同合法并当即生效,双方的债权债务关系明确。合法的民间借贷关系受到法律保护。借贷双方虽未约定还款期限,但郑某红、李某东应在王某华催要后的合理期限内偿还借款并给付相应的利息。

再审中,法院综合全案证据查明,郑某红的该笔借款并非其与赵某来婚姻关系存续期间的夫妻共同债务,所以法院对于王某华诉请郑某红、李某东偿还借款、给付相应利息并负担诉讼费用予以支持,但对于王某华要求赵某来承担连带偿还义务的诉请不予支持。

例案四 | 张某民、何某芳与容某超民间借贷纠纷案

【法院】

广东省江门市中级人民法院

【案号】

(2015)江中法民二终字第215号

【当事人】

上诉人(原审被告):张某民

上诉人(原审被告):何某芳

被上诉人(原审原告):容某超

【基本案情】

容某超与张某民于2012年11月29日签订《借款协议》约定:张某民向容某超借款70,000元,借款期1个月,从2012年11月29日起至2012年12月29日止(甲方即容某超以现金借出);并约定借款按月息20‰计算利息,利息每月必须以现金形式支付,如利息到期3天未付则按每天3%收取滞纳金。容某超与张某民于2012年12月14日再次签订《借款协议》约定:张某民向容某超借款60,000元,借款期1个月,从2012年12月14日起至2013年1月13日止(甲方即容某超以现金借出),利息约定同上。上述两份《借款协议》均由张某民签名确认。

揭阳市蓝城区龙尾镇新丰村村民委员会于2015年3月31日出具证明显示,该村村民何某芳自2012年2月至今一直在家乡揭阳市蓝城区龙尾镇新丰村居住。

本案审理过程中,容某超向原审法院申请向江门市蓬江区民政局调查以下事项:张某民与何某芳的婚姻关系情况。经江门市蓬江区民政局查询后回复:(1)张某民与何某芳于2010年12月30日结婚。(2)张某民与何某芳于2012年12月20日因感情不和离婚。

上诉人张某民不服一审法院判决,向广东省江门市中级人民法院提起上诉。

【案件争点】

1. 案涉债务是否构成夫妻共同债务。

2. 何某芳是否应当承担共同清偿责任。

【裁判要旨】

广东省江门市中级人民法院审查认为,本案属民间借贷纠纷。

关于张某民的案涉债务是否构成夫妻共同债务,何某芳是否应当承担共同清偿责任的问题。根据《婚姻法》第41条①的规定,夫妻共同债务有其特定的构成要件,即夫妻一方只有为夫妻共同生活或共同利益所负的债务,才具备夫妻共同债务的性质。通常用两个标准来判断债务的性质:一是夫妻有无共同举债的合意。如果夫妻有共同举债的合意,则无论该债务所带来的利益是否为夫妻共享,该债务均应被认定为共同债务。二是该债务是否用于夫妻共同生活,夫妻是否分享了债务所带来的利益。尽管夫妻事先或事后没有共同举债的合意,但该债务发生后,夫妻双方共同分享了该债务所带来的利益,则该债务同样应被视为共同债务。

本案中,非举债的夫妻一方何某芳已举证证明涉案债务形成时,其与张某民处于分居状态,后又因感情破裂而协议离婚。且何某芳与张某民均确认双方于2012年年初开始分居,现无证据证实在此分居期间家庭生活有重大收入和支出,张某民为夫妻共同生活举债缺乏必要性。虽然容某超主张张某民向其借款是用于洗车场交纳租金及发放工资所需,即使属实,但因张某民的该行为发生在夫妻分居期间,张某民洗车场的经营收益也不大可能用于夫妻共同生活。根据《离婚案件处理财产分割问题若干意见》第17条关于夫妻共同债务的除外情形的规定,夫妻一方未经对方同意,独自筹资从事经营活动所负债务,其收入确未用于共同生活的,依法应认定为夫妻个人债务。综上所述,本案现无证据证明张某民以自己的名义向容某超借款系其与何某芳共同意思的体现,或者征得了何某芳的同意及认可;也无法证明涉案借款用于张某民与何某芳夫妻共同生活,也无法证明张某民和何某芳已共同分享了该债务所带来的利益。结合本案证据及当事人的陈述,已形成一条完整的证据链条,故本案债务不宜认定为夫妻共同债务,而应属张某民的个人债务。

---

① 参见《民法典》第1089条。

三、裁判规则提要

（一）夫妻分居概念辨析

分居，是指夫妻双方在继续维持其夫妻关系的情况下，经法院判决或双方协商解除同居义务，停止共同生活，并各自建立自己的生活方式的状态。“它是国家用以调整夫妻关系而规定的一项特别的法律制度，它依法院判决或双方协议免除夫妻同居义务，但婚姻关系并不因此解除。”①以此可见，分居应当包含以下内容：（1）夫妻双方互相免除同居义务。夫妻同居义务是指男女双方以配偶身份共同生活期间对对方所负的义务，包括夫妻性生活和夫妻在共同生活中经济上的相互扶助、精神上的相互抚慰及工作学习上的互相帮助等。免除夫妻同居义务是指中止夫妻双方主要包括性生活在内的共同生活。（2）婚姻关系存续。分居并不导致婚姻关系的消灭，分居期间原有的婚姻关系仍受法律保护。

我国关于分居的法律规定较少。《民法典》第1079条第3款第4项规定，夫妻双方因感情不和分居满2年，调解无效的，应准予离婚。第1079条第5款规定，经人民法院判决不准离婚后，双方又分居满1年，一方再次提起离婚诉讼的，应当准予离婚。可见，我国法律将“分居期间”视为婚姻关系的一段期间，并将分居作为人民法院裁判离婚案件时，是否准予离婚的考虑要素之一。

分居与离婚不同。区分分居与离婚，应当根据双方停止共同生活时夫妻关系的法律状态加以确定。夫妻分居以夫妻关系的存续为前提，夫妻双方的同居义务中止；而离婚是夫妻关系的消灭，夫妻双方的同居义务因离婚而终止。

（二）分居的法律效力

分居是一种用于调整分居夫妻的人身关系和财产关系的特殊法律制度。② 夫妻分居，在法律上会产生相应的法律效果。

1. 分居对夫妻关系的效力

夫妻分居后，夫妻双方停止共同生活，并建立起各自的生活方式。除此之外，还引起夫妻人身关系和财产关系相应变化。

---

① 李志敏主编：《比较家庭法》，北京大学出版社1988年版，第198页。

② 参见陈苇、罗晓玲：《设立我国分居制度的社会基础及其制度构想（上）》，载《政法论丛》2011年第1期。

第一,分居对夫妻人身关系的效力。夫妻双方分居后,双方的同居义务解除,一方有权拒绝另一方提出的履行夫妻同居义务的要求。夫妻分居期间,同居义务虽中止,但婚姻关系继续存在。即分居期间,夫妻双方的婚姻仍为有效婚姻,双方仍互负忠实义务。分居期间,夫妻一方或双方再婚的,构成重婚。

第二,分居对夫妻财产关系的效力。在财产关系方面,夫妻分居后,双方应依据法律规定或协议行使财产相关的权利。夫妻分居后,因婚姻关系继续存在,因此夫妻之间仍互有扶养权和继承权。分居期间,若夫妻一方的日常生活遇到困难的,另一方具有扶助的义务;若分居的夫妻一方死亡,生存的另一方仍享有配偶继承权。此外,有观点认为,分居期间,应当中止夫妻之间的家事代理权。①

2. 分居对父母、子女关系的效力

夫妻分居期间,父母、子女关系不因分居而改变。即分居期间,父母对子女均具有抚养、教育的义务。分居期间,与子女共同生活的夫妻一方承担直接抚养、监护子女的义务;非与子女共同生活的一方应承担给付子女抚养费的义务,并具有探望子女的权利。夫妻双方应当根据子女利益最大化原则,共同协商关于分居期间子女抚养、监护及探望权等事项;协商不成的,可请求法院予以裁决。

(三)夫妻分居期间债务性质的认定

依据《民法典》第 1089 条之规定,为夫妻共同生活所负的债务,为夫妻共同债务。夫妻分居期间,夫妻双方已停止共同生活,意味着认定为夫妻共同债务的前提已不成立。若还将分居期间夫妻一方所举之债务认定为夫妻共同债务,将显失公平。

应当区分分居期间的夫妻共同债务和个人债务。夫妻间的共同债务应当由夫妻共同偿还。共同财产不足清偿的,或财产归各自所有的,由双方协议清偿;协议不成时,由人民法院判决。夫妻一方的个人债务应由举债方偿还,夫妻之间另有约定的除外。

1. 夫妻分居期间的共同债务之认定

依据《民法典》第 1089 条的规定,夫妻一方只有为夫妻共同生活或共同利益所负的债务,才具备夫妻共同债务的性质。因此,判断一项债务是否为夫妻共同债务

---

① 参见陈苇、罗晓玲:《设立我国分居制度的社会基础及其制度构想(下)》,载《政法论丛》2011 年第 2 期;姜大伟:《我国夫妻分居期间所生债务归属认定规则论》,载《华侨大学学报(哲学社会科学版)》2015 年第 1 期;罗冠男:《从意大利离婚法的修改看我国分居制度的构建》,载《法学杂志》2016 年第 1 期。

应当遵循两个标准：一是夫妻有无共同举债的合意。如果夫妻有共同举债的合意，则无论该债务所带来的利益是否为夫妻共享，该债务均应认定为共同债务。二是该债务是否用于夫妻共同生活，夫妻是否分享了债务所带来的利益。尽管夫妻事先或事后没有共同举债的合意，但该债务发生后，夫妻双方共同分享了该债务所带来的利益，则同样应视为夫妻共同债务。

夫妻一方以个人名义所负的债务，债务人的配偶对债务是否为家庭共同利益所负应享有抗辩权，而举债的一方对该债务是否用于谋取家庭共同利益负有举证责任；举债人无法举证或者未举证时，应由债权人就借款为夫妻共同生活所负债务承担举证责任。

分居期间的共同债务可分为以下两类：

一是法定的夫妻共同债务。首先是夫妻之间互相扶养的义务。《民法典》第1059条规定，夫妻有互相扶养的义务。一方不履行扶养义务时，需要扶养的一方有要求对方付给扶养费的权利。分居期间，同居义务虽免除，但婚姻关系仍继续存在，夫妻双方仍应履行夫妻间互相扶养的义务。其次是父母对子女的抚养义务所生之夫妻共同债务。《民法典》第26条规定，父母对子女有抚养教育的义务。父母抚养子女的义务不因夫妻分居或离婚而终止。

二是约定的共同债务。《民法典》在财产形式上以意思自治为原则，夫妻双方可自由约定夫妻之间的财产形式。该意思自治原则同样适用于分居的夫妻。因此，夫妻双方只要不违反法律、不损害社会公共利益及善意第三人的合法权益，其可约定分居期间的债务归属。夫妻双方可以约定分居期间一方所负债务的全部或部分由双方共同偿还。

2. 夫妻分居期间的个人债务之认定

前述已提及，要区分分居期间夫妻双方或一方所负债务属于夫妻共同债务或个人债务，应当看夫妻有无共同举债的合意，以及该债务是否用于夫妻共同生活，夫妻是否分享了债务所带来的利益。

夫妻分居大多是因情感不和。且分居期间双方的家事代理权中止，夫妻一方所负债务无法体现夫妻共同举债的合意。另外，分居期间，双方已停止共同生活，不存在为夫妻共同生活举债的可能性，非举债方也难以享受该债务所生之利益。因此，分居期间，夫妻一方所举债务若未用于共同生活，不应认定为夫妻共同债务，而应为举债方的个人债务。

四、辅助信息

高频词条：

《民法典》

第 518 条 债权人为二人以上，部分或者全部债权人均可以请求债务人履行债务的，为连带债权；债务人为二人以上，债权人可以请求部分或者全部债务人履行全部债务的，为连带债务。

连带债权或者连带债务，由法律规定或者当事人约定。

第 577 条 当事人一方不履行合同义务或者履行合同义务不符合约定的，应当承担继续履行、采取补救措施或者赔偿损失等违约责任。

第 675 条 借款人应当按照约定的期限返还借款。对借款期限没有约定或者约定不明确，依据本法第五百一十条的规定仍不能确定的，借款人可以随时返还；贷款人可以催告借款人在合理期限内返还。

第 1059 条 夫妻有相互扶养的义务。

需要扶养的一方，在另一方不履行扶养义务时，有要求其给付扶养费的权利。

第 1063 条 下列财产为夫妻一方的个人财产：

（一）一方的婚前财产；

（二）一方因受到人身损害获得的赔偿或者补偿；

（三）遗嘱或者赠与合同中确定只归一方的财产；

（四）一方专用的生活用品；

（五）其他应当归一方的财产。

第 1064 条 夫妻双方共同签名或者夫妻一方事后追认等共同意思表示所负的债务，以及夫妻一方在婚姻关系存续期间以个人名义为家庭日常生活需要所负的债务，属于夫妻共同债务。

夫妻一方在婚姻关系存续期间以个人名义超出家庭日常生活需要所负的债务，不属于夫妻共同债务；但是，债权人能够证明该债务用于夫妻共同生活、共同生产经营或者基于夫妻双方共同意思表示的除外。

第 1065 条 男女双方可以约定婚姻关系存续期间所得的财产以及婚前财产归各自所有、共同所有或者部分各自所有、部分共同所有。约定应当采用书面形式。没有约定或者约定不明确的，适用本法第一千零六十二条、第一千零六十三条的规定。

夫妻对婚姻关系存续期间所得的财产以及婚前财产的约定,对双方具有法律约束力。

夫妻对婚姻关系存续期间所得的财产约定归各自所有,夫或者妻一方对外所负的债务,相对人知道该约定的,以夫或者妻一方的个人财产清偿。

第1079条 夫妻一方要求离婚的,可以由有关组织进行调解或者直接向人民法院提起离婚诉讼。

人民法院审理离婚案件,应当进行调解;如果感情确已破裂,调解无效的,应当准予离婚。

有下列情形之一,调解无效的,应当准予离婚:

(一)重婚或者与他人同居;

(二)实施家庭暴力或者虐待、遗弃家庭成员;

(三)有赌博、吸毒等恶习屡教不改;

(四)因感情不和分居满二年;

(五)其他导致夫妻感情破裂的情形。

一方被宣告失踪,另一方提起离婚诉讼的,应当准予离婚。

经人民法院判决不准离婚后,双方又分居满一年,一方再次提起离婚诉讼的,应当准予离婚。

第1089条 离婚时,夫妻共同债务应当共同偿还。共同财产不足清偿或者财产归各自所有的,由双方协议清偿;协议不成的,由人民法院判决。

第1090条 离婚时,如果一方生活困难,有负担能力的另一方应当给予适当帮助。具体办法由双方协议;协议不成的,由人民法院判决。

第1092条 夫妻一方隐藏、转移、变卖、毁损、挥霍夫妻共同财产,或者伪造夫妻共同债务企图侵占另一方财产的,在离婚分割夫妻共同财产时,对该方可以少分或者不分。离婚后,另一方发现有上述行为的,可以向人民法院提起诉讼,请求再次分割夫妻共同财产。

《民法典婚姻家庭编解释(一)》

第33条 债权人就一方婚前所负个人债务向债务人的配偶主张权利的,人民法院不予支持。但债权人能够证明所负债务用于婚后家庭共同生活的除外。

第34条 夫妻一方与第三人串通,虚构债务,第三人主张该债务为夫妻共同债务的,人民法院不予支持。

夫妻一方在从事赌博、吸毒等违法犯罪活动中所负债务,第三人主张该债务为夫妻共同债务的，人民法院不予支持。

第82条 夫妻之间订立借款协议，以夫妻共同财产出借给一方从事个人经营活动或者用于其他个人事务的，应视为双方约定处分夫妻共同财产的行为，离婚时可以按照借款协议的约定处理。

《民间借贷规定》

第25条 出借人请求借款人按照合同约定利率支付利息的，人民法院应予支持，但是双方约定的利率超过合同成立时一年期贷款市场报价利率四倍的除外。

前款所称“一年期贷款市场报价利率”，是指中国人民银行授权全国银行间同业拆借中心自2019年8月20日起每月发布的一年期贷款市场报价利率。

夫妻共同债务纠纷案件裁判规则第 4 条：
夫妻一方与他人形成借贷法律关系的时间与婚姻关系解除时间无法确定先后顺序。在不能确定借贷法律关系具体形成时间的情况下，一般不予认定为夫妻共同债务

〔**规则描述**〕：夫妻一方以个人名义向他人借款，与出借人之间形成借贷法律关系，而借贷法律关系的成立包含两个基本事实，即借款合意的事实（形式要件）和款项交付的事实（实质要件）。[①] 对形成借贷法律关系的时间认定在夫妻债务纠纷案件中至关重要。实践中，当事人之间若有借条（借款合同）则以有效借条注明的时间为借贷法律关系成立时间，若无借条注明的时间，则以出借人将款项交付债权人的时间为借贷法律关系成立的时间。需要注意的是，此规则仅适用于夫妻一方与第三人之间既有借款合意也有款项交付情况下借贷法律关系形成时间无法确定的情形，不包括只有借款合意没有款项交付或者只有款项交付而没有借款合意这两种情况，即本规则中借贷法律关系是成立的，只是其成立的时间无法确定。

在夫妻债务纠纷案件中，夫妻一方以个人名义向他人借款时所出具的借条时间是判定借贷法律关系是否发生在婚姻关系存续期间的直接证据，具有较强的证明力。但实践中经常出现夫妻一方向他人出具的借条时间无法确定的情况，如借条未注明借款时间、借条上注明的借款时间存疑等。若此时出借人将款项交付于夫妻一方的时间也无法确定，则借贷法律关系形成的时间就无法认定。婚姻关系解除的时间是可以明确的，但在借贷法律关系形成的时间无法确定的情况下，夫妻一方与他人形成借贷法律关系的时间与婚姻关系解除的时间便无法确定先后顺序，即无从得知借贷法律关系是否形成于婚姻关系存续期间，此时，该债务一般不认定为夫妻共同债务。

一、类案检索大数据报告

数据采集时间：2020 年 3 月 21 日；案例来源：中国裁判文书网；案件数量：119

---

① 参见王萍：《民间借贷诉讼中关于借款关系是否成立的证明问题研究》，天津师范大学 2019 年硕士学位论文。

件。本次检索获取2020年3月21日前共119篇裁判文书。案件裁判结果分布情况如图4－1所示,从不能确定借贷法律关系具体形成时间的债务是否成立夫妻共同债务的角度来看,不成立夫妻共同债务的案件26件,占比约21.85%;成立夫妻共同债务的案件1件,占比约0.84%;重复或不相关案件92件,占比约77.31%。

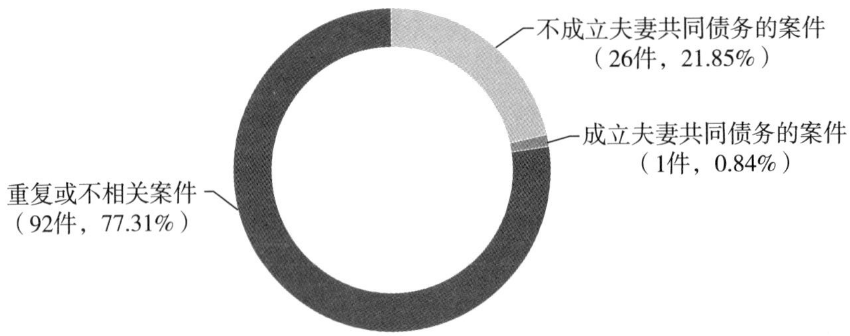

图4－1 案件裁判结果分布情况

如图4－2所示,从案件年份分布情况可以看出当前条件下案件数量的变化趋势。

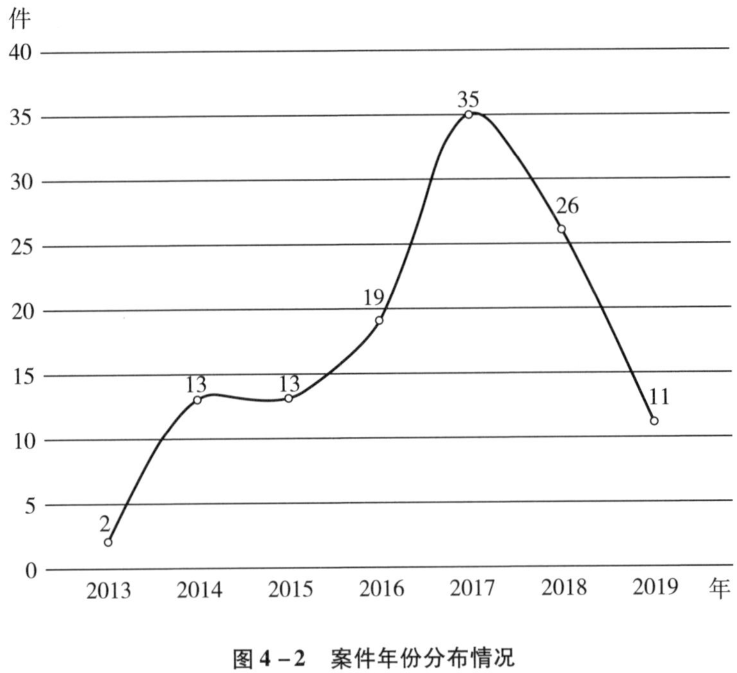

图4－2 案件年份分布情况

如图4－3所示,从案件地域分布情况来看,当前条件下案件主要集中在广东省、江苏省、浙江省、山东省、河南省，其中广东省的案件数量最多，达到 16 件，占比约 13.45%。

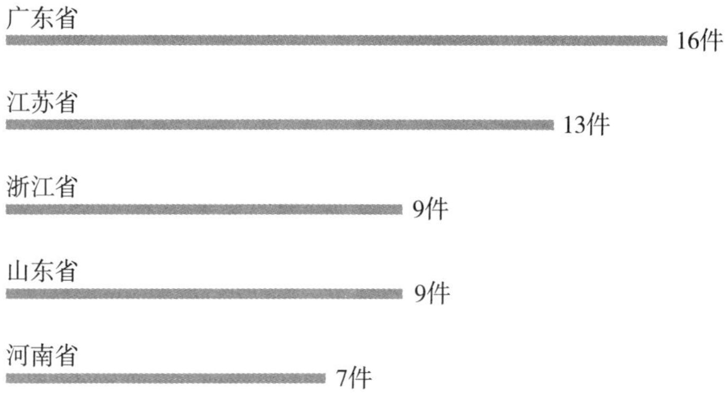

图 4－3　案件主要地域分布情况

如图 4－4 所示，从案件案由分类情况可以看出，当前条件下案件的案由分布由多至少分别是合同、无因管理、不当得利纠纷 109 件，占比约 91.60%；婚姻家庭、继承纠纷 8 件，占比约 6.72%；适用特殊程序案件案由 2 件，占比约 1.68%。

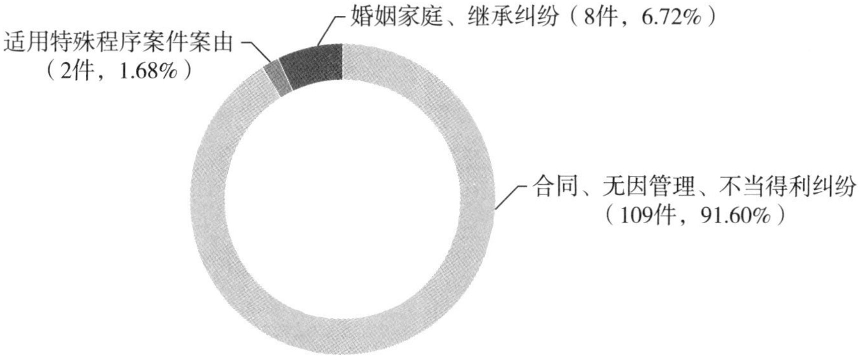

图 4－4　案件案由分类情况

如图 4－5 所示，从案件审理程序分布情况可以看出，当前条件下案件的审理程序分布由多至少分别是一审案件 75 件，占比约 63.02%；二审案件 41 件，占比约 34.45%；再审案件 3 件，占比约 2.53%。

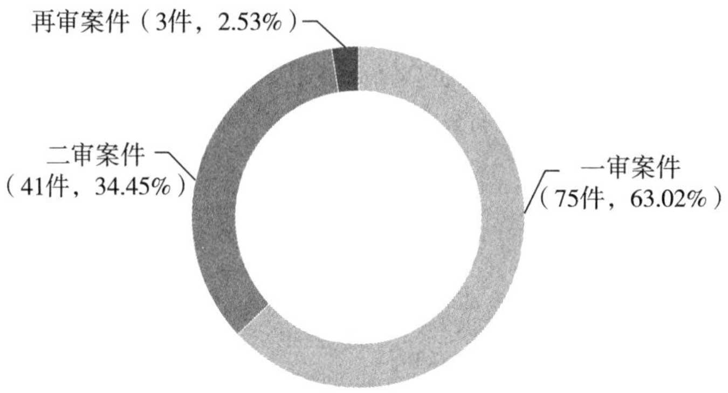

图4－5　案件审理程序分布情况

二、可供参考的例案

例案一　郭某委、王某岭、隋某梅民间借贷纠纷案

【法院】

山东省威海市中级人民法院

【案号】

(2019)鲁10民终1075号

【当事人】

上诉人(原审原告):郭某委

被上诉人(原审被告):王某岭

被上诉人(原审被告):隋某梅

【基本案情】

王某岭与隋某梅系夫妻,二人于2017年8月登记结婚,2018年7月20日离婚。王某岭负责联系并从事水电安装,郭某委从事水电安装,郭某委为王某岭提供了部分水电安装劳务,王某岭尚欠郭某委部分劳务费。关于金额,庭审时,王某岭称为34,000元到35,000元,且是2014年至2017年5月产生的,郭某委述称为36,700元。2018年6月26日,王某岭因贷款需要向郭某委借款,郭某委通过微信向王某岭转账10,000元,同年7月2日,王某岭偿还郭某委5000元,郭某委称另向王某岭出借现金2000元,借条中约定的金额有7000元系借款,但王某岭不认可。

庭审时,郭某委向法庭提供王某岭出具的借条一张,载明“王某岭于2017年8

月至2018年7月20日前共计向郭某委借款人民币肆万肆仟元整(44,000元)，定于2018年11月16日还清，如到期不还，利息为银行同期贷款利息4倍，由此导致郭某委支付的律师费、公告费、鉴定费，也由王某岭承担，特此为据”，落款时间为2018年7月20日。王某岭为证实该借条实为2018年11月16日其被郭某委及案外人胁迫书写，向法庭提供录音资料一份，该录音部分内容不清晰，其余内容可听出王某岭并非受胁迫，双方提到11月16日(书写日期)，王某岭确系按照他人要求书写了单据。

郭某委为证实该笔债务系王某岭与隋某梅婚姻存续期间产生，提交另案郭某委与王某岭、隋某梅的录音一份，录音中，隋某梅表示自2014年至2017年，王某岭每年给其70,000元、100,000元、110,000元不等，郭某委另表示，隋某梅仅是普通临时店员，所有家庭收入都源于王某岭，借款金额小，应认定是夫妻生活所需，对外应付的劳务费也应该由双方共同偿还。另查，王某岭辩称受胁迫书写了借条，但未向有关机关寻求救济。郭某委主张为本案支付律师代理费5000元，但未提供证据证实。

二审期间，郭某委提交其本人分别与山东华田律师事务所、山东鹏华律师事务所签订的委托合同各一份，以证实郭某委与该两律所的委托关系及代理费分别为5000元。王某岭质证称对该证据的真实性不清楚，该证据无法证明郭某委为实现其权利实际支付的律师费，郭某委的主张缺乏法律依据。隋某梅质证意见同王某岭。法院经审查认为，郭某委提交的与山东鹏华律师事务所的委托合同不属于《民事诉讼法》及其司法解释所规定的新证据，两份委托合同仅证实郭某委与两律所之间形成委托关系，因郭某委均未提交律师费缴费发票，仅凭上述委托合同不足以证实郭某委分别实际支付5000元律师费。

【案件争点】

涉案的39,000元债务是否属王某岭与隋某梅的夫妻共同债务。

【裁判要旨】

山东省威海市中级人民法院经审查认为，郭某委以涉案借条的出具发生于王某岭与隋某梅婚姻关系存续期间为由，主张涉案的39,000元债务属王某岭与隋某梅的夫妻共同债务。一审法院根据双方一审提供的证据及其庭审陈述认定该39,000元借款系由王某岭欠付郭某委的劳务费转为借款，并考虑涉案借条的形成时间不属实，王某岭系按他人要求于2018年11月16日出具了落款日期为2018年7月20日的上述借条，该借条作为证据在形式上存在瑕疵。鉴于郭某委与王某岭对该劳务费的形成时间意见分歧较大,郭某委又未提供充分证据证实该劳务费发生于王某岭与隋某梅夫妻关系存续期间等情节,一审法院综合分析全案证据,对涉案劳务费转借款的39,000元款项认定为王某岭的个人债务,并判决驳回郭某委要求隋某梅就该39,000元债务承担还款责任的诉讼请求,符合民事诉讼证据认证规则,二审法院依法予以维持。至于郭某委主张王某岭应向其支付律师代理费,因郭某委据以请求律师费的借条存在瑕疵且其提交的证据不足以证实其已实际支付律师代理费,故一审法院对其该项主张不予支持,并无不当。

例案二 | 黄某昌、姚某芳、苏某锋运输合同纠纷案

【法院】

广东省云浮市中级人民法院

【案号】

(2018)粤53民终1135号

【当事人】

上诉人(原审原告):黄某昌

被上诉人(原审被告):姚某芳

原审第三人:苏某锋

【基本案情】

苏某锋曾是从事陶瓷泥及石头运输的中介,黄某昌从事个人运输生意。苏某锋与姚某芳系夫妻,于2008年1月16日登记结婚,于2014年9月29日离婚。

2014年7月,黄某昌与苏某锋达成口头协议,约定由黄某昌为苏某锋运输陶瓷泥和石头,其中陶瓷泥是从新兴县洞口镇运输至新兴宏基陶瓷有限公司,石头是从云浮市运输至新兴县良洞石粉厂,双方按实际运输量计算运输费。在运输过程中,苏某锋陆续支付了部分运输费给黄某昌。2014年12月16日,黄某昌及苏某锋对此前产生的运输费进行对账结算,双方确认苏某锋尚欠黄某昌运输费65,000元未付。为此,苏某锋于当天立下一份《运费欠条》交黄某昌收执,载明"稔村镇××村苏某锋,现欠大江村黄某昌运费共65,000元(陆万伍千元),到2014年12月31日前还清"的内容。欠条上约定的期限届满后,苏某锋未依约支付运输费给黄某昌,黄某昌遂于2016年1月以苏某锋为被告诉至一审法院,要求苏某锋清偿运输费65,000元及逾期付款违约金。该案经一审法院审理,于2016年3月30日作出判

决(2016)粤5321民初147号，支持了黄某昌在该案中的上述请求。该案生效后，苏某锋仍未付清拖欠黄某昌的运输费及逾期付款违约金，黄某昌遂向一审法院申请强制执行[(2016)粤5321执525号]。在执行过程中，一审法院作出执行裁定，扣划了姚某芳的银行存款60,908元拟用作支付苏某锋拖欠黄某昌的运输费。姚某芳认为，苏某锋拖欠黄某昌的运输费不属于夫妻共同债务，遂向一审法院提出异议，一审法院在经执行听证后，作出(2016)粤5321执异12号执行裁定，驳回了姚某芳的异议。姚某芳对该驳回异议裁定不服，同时向法院申请复议及向一审法院提起案外人执行异议之诉，法院经审查，以一审法院在执行过程中错误适用执行行为异议审查程序，程序违法、适用法律不当为由，作出(2016)粤53执复13号执行裁定，撤销了一审法院作出的(2016)粤5321执异12号执行裁定，并发回一审法院重新审查；对于姚某芳提起的案外人执行异议之诉，一审法院经审理后认为，苏某锋拖欠黄某昌的运输费属于苏某锋及姚某芳的共同债务，故于2017年4月26日作出判决，驳回了姚某芳的请求。姚某芳对该判决不服，提起上诉，二审法院经审理认为，一审法院在(2016)粤5321执异12号执行裁定被撤销后，尚未重新作出执行裁定前就受理姚某芳提起的执行异议之诉错误，因此于2017年11月7日作出(2017)粤53民终749号民事裁定，撤销了一审法院作出的(2016)粤5321民初1411号民事判决，并驳回姚某芳的起诉。2018年1月16日，针对姚某芳在执行过程中提出的异议请求，一审法院重新作出(2018)粤5321执异1号执行裁定，认为夫妻共同债务应当通过审判程序来认定，姚某芳的异议理由成立，故裁定中止了(2016)粤5321执525号执行裁定的执行，并将已扣划的银行存款60,908元返还姚某芳，同时告知黄某昌如主张姚某芳对涉案债务承担清偿责任，可另寻法律途径解决。为此，黄某昌向一审法院提起本案的诉讼，并提出前述请求。

姚某芳与苏某锋于2008年1月16日在新兴县民政局办理结婚登记，2014年9月29日双方因感情破裂办理了离婚登记手续。此外，对裁定返还给姚某芳的银行存款60,908元，黄某昌申请诉前财产保全，查封了该银行存款60,908元。

庭审中，黄某昌主张为苏某锋运输陶瓷泥及石头的时间是在2014年4月至8月，并提供了一份记录簿，该记录簿记载了运输时间、运输地点、运输数量等内容，但该记录簿由黄某昌单方制作，并无苏某锋的签名确认。此外，黄某昌并未提供其他证据证实其为苏某锋运输终止的时间。

【案件争点】

涉案债务是否属于夫妻共同债务。

【裁判要旨】

广东省云浮市中级人民法院经审查认为,上诉人认为涉案债务发生在姚某芳与苏某锋夫妻关系存续期间,属于夫妻共同债务,故应由姚某芳与苏某锋共同负担。上诉人认为,一审法院于2016年3月30日作出的(2016)粤5321民初147号民事判决已确认涉案债务形成于2014年7月至8月,该判决已发生法律效力,故其无须举证证明涉案债务形成的时间。因上述判决只认定了本案涉案债务于2014年7月开始形成,并没有认定终止时间,故上诉人该上诉理由不成立,法院不予采纳。上诉人应提供证据证实本案涉案债务发生在姚某芳与苏某锋夫妻关系存续期间。上诉人提供了记录簿,拟证明涉案债务发生在2014年7月至8月,因该记录簿是由上诉人单方制作,未得到苏某锋和姚某芳的确认,法院不予采纳。虽然本案涉案债务于2014年7月开始形成,此时姚某芳与苏某锋存在夫妻关系,但因上诉人于2014年12月16日与苏某锋结算时,姚某芳与苏某锋已离婚(双方于2014年9月29日登记离婚),现上诉人提供的证据不能证实涉案全部债务形成于姚某芳与苏某锋离婚前,且上诉人确认苏某锋支付了部分运费,现上诉人亦未能提供证据证实尚欠的运费产生在姚某芳与苏某锋离婚前,故上诉人认为本案涉案债务属于姚某芳与苏某锋的夫妻共同债务的理由不成立,法院不予采纳。

例案三 | 杨某东与石某来等民间借贷纠纷案

【法院】

山东省济南市槐荫区人民法院

【案号】

(2016)鲁0104民初3795号

【当事人】

原告:杨某东

被告:石某来

被告:王某梅

【基本案情】

2012年5月29日,被告石某来向原告杨某东出具借条一张,载明借款100,000元,借期两个月,原告杨某东称双方口头约定月利率2%,且被告石某来截至2015年5月29日一直按约定按时付息。2013年6月27日,被告石某来向原告杨某东出具借条一张，载明借款 103,000 元，使用期一个月，原告杨某东称实际借款为 100,000 元，双方约定月利率 3%，便将一个月的利息 3000 元计入本金，且被告石某来截至 2015 年 6 月 27 日一直按约定按时付息。2014 年 8 月 12 日，被告石某来向原告杨某东出具借条一张，载明借款 50,750 元，于 2014 年 8 月 31 日还款，原告杨某东称实际借款为 50,000 元，双方月利率 3%，便将半个月利息 750 元计入本金，借款用途系为被告石某来表妹的孩子上学用。被告石某来还曾向原告杨某东出具借条一张，载明借款 100,000 元，月息 2000 元，借期 3 个月，该借条未注明借款时间。

另查明，原告杨某东曾为被告石某来在山东农村信用社的贷款提供担保，并分别于 2015 年 10 月 30 日、2015 年 11 月 24 日、2016 年 1 月 20 日代被告石某来偿还贷款本息合计 130,265.13 元。

被告石某来、王某梅原系夫妻关系，二人于 1993 年 9 月 3 日登记结婚，于 2015 年 7 月 13 日协议离婚。

【案件争点】

案涉借款是否属于夫妻共同债务。

【裁判要旨】

山东省济南市槐荫区人民法院经审查认为，合法的借贷关系受法律保护。被告石某来、王某梅经法院合法传唤，无正当理由拒不到庭，视为放弃全部答辩权利，不影响法院依法裁判。本案所涉 4 笔借款，事实清楚，被告石某来应当予以偿还。关于 2012 年 5 月 29 日、2013 年 6 月 27 日、2014 年 8 月 12 日的借款利息，原告杨某东的陈述符合民间借贷的一般规律，法院予以采信，被告石某来应当自欠息之日起计算利息，利率一律调整为月利率 2%。关于未注明借款日期的借款利息，法院酌定从原告杨某东起诉之日起按月利率 2% 计算。

因 2012 年 5 月 29 日 10 万元的借款及 2013 年 6 月 27 日 10 万元的借款发生在两被告夫妻关系存续期间，故被告王某梅应当承担共同还款责任。因 2014 年 8 月 12 日的借款系用于被告石某来表妹孩子上学，与两被告家庭生活无关，不能作为两被告夫妻共同债务，故被告王某梅不承担还款责任。因未注明借款日期的借款无法确定借款时间是在两被告夫妻关系存续期间，故被告王某梅不承担还款责任。

关于原告杨某东代被告石某来偿还银行贷款本息 130,265.13 元，被告石某来应当予以偿还，利息应当自起诉之日起按年利率 6% 计算。因原告杨某东未能证明该贷款发生在两被告夫妻关系存续期间，故被告王某梅不承担还款责任。

三、裁判规则提要

（一）夫妻一方与他人形成借贷法律关系的时间与婚姻关系解除时间无法确定先后顺序的情况下，该债务一般不认定为夫妻共同债务

1. 若债务不是发生于婚姻关系存续期间，则一般不认定为夫妻共同债务

我国婚姻制度采用婚姻登记主义，《民法典》第1049条就规定了“要求结婚的男女双方应当亲自到婚姻登记机关申请结婚登记。符合本法规定的，予以登记，发给结婚证。完成结婚登记，即确立婚姻关系。未办理结婚登记的，应当补办登记”。夫妻之间因结婚登记而产生特定的身份关系，该身份关系具有法定性，受到法律的保护。夫妻身份关系的产生始于结婚登记，消灭于离婚，而从结婚登记到离婚这一时间段就是婚姻关系存续期间。[①] 需要加以区别的是，“婚姻关系存续期间”并不等同于“夫妻共同生活期间”，实践中不排除夫妻双方在婚姻关系存续期间因感情不和等原因分居两地，并未共同生活的情况。此时，夫妻仍处于婚姻关系存续期间，但并不属于夫妻共同生活期间。由此可见，“婚姻关系存续期间”的概念外延要大于“夫妻共同生活期间”。

夫妻共同债务与一般债务相比具有其特殊性。

首先，夫妻共同债务的产生基于特定的身份关系。婚姻是男女双方以共同生活为目的而缔结的，具有公示的夫妻身份的两性结合。其本质上是一种身份关系，夫妻双方在财产上的权利义务关系是附随于人身上的权利义务关系的。我国的法定财产制是婚后所得共同制，夫妻共同财产所有权的主体只能是具有婚姻关系的夫妻。由此可见，在我国，男女双方为了共同生活按照法律规定的条件和程序缔结婚姻，从而形成特定的人身关系，因为这种特定人身关系的存在，男女双方的个人财产便开始混同形成了夫妻共同财产，而夫妻共同债务作为夫妻共同财产的消极部分，与夫妻关系密不可分，所以夫妻共同债务也是因为婚姻缔结成立夫妻关系而产生，如果没有形成上述特定的人身和财产关系，夫妻共同债务关系也不会出现。[②]

其次，夫妻共同债务发生在特定的时间段，即婚姻关系存续期间。如上文所述，夫妻共同债务因夫妻关系而产生，而夫妻关系因结婚而产生，因离婚而消灭，因

---

① 此处不讨论事实婚姻。

② 参见陈如伟：《论夫妻共同债务的认定》，华东政法大学2018年硕士学位论文。

此，夫妻共同债务的产生与婚姻关系存续与否关系密切。一般来说，除《民法典婚姻家庭编解释（一）》第33条规定的夫妻一方婚前所负债务用于婚后家庭生活的情形外，夫妻一方或双方结婚前产生的债务和离婚后产生的债务不认定为夫妻共同债务。

最后，夫妻共同债务，是指夫妻双方因举债合意而形成的债务，或者是夫妻双方虽未达成合意，但一方为了家庭日常生活或共同经营而产生的必需之债。夫妻共同债务发生在婚姻关系存续期间，以特定身份关系为基础，该身份关系具有法定性，也因此，其成为夫妻共同债务产生的前提。而婚姻关系自离婚后终止，夫妻双方不再具有法定身份关系，也就不再共享权利、互负义务，共同债务存在的基础也随之消失。[①] 因此，债务是否发生于婚姻关系存续期间是认定其是否为夫妻共同债务的前提条件，若夫妻一方与他人之间的借贷法律关系并非成立于婚姻关系存续期间，一般不认定为夫妻共同债务。

2. 借条（借款合同）是认定债务形成时间的直接证据，具有较强的证明力。但出于对非举债方配偶合法权益的保护，借条形成时间与婚姻关系解除时间无法确定先后顺序时，一般不认定为夫妻共同债务

《民法典》第490条第1款规定："当事人采用合同书形式订立合同的，自当事人均签名、盖章或者按指印时合同成立。在签名、盖章或者按指印之前，当事人一方已经履行主要义务，对方接受时，该合同成立。"《浙江高院指导意见》第9条也规定："借贷双方通过签订借款合同、出具借条、欠条、发送手机短信、电子邮件等以书面、口头或者其他方式达成借贷合意的，借贷合同成立。"因此，夫妻一方向他人出具借条的借贷法律关系自双方签字或盖章达成借款合意时成立，此时出具借条的时间即为其成立时间。

在传统的民间借贷中，借款金额小，出借人以现金交付的情况多，出具借条是最常见的借贷形式，借条也就成了证明借贷关系成立的重要证据。[②] 但在实践中，经常出现借条未注明时间或借条注明时间不真实的情况，此时借贷法律关系的成立时间便无法确定，借条对借贷关系成立时间的证明力大打折扣。无论是《民间借贷规定》第2条，还是《浙江高院指导意见》第14条都规定了借据是证明双方存在借贷合意和借贷关系实际发生的重要证据，具有较强的证明力，但人民法院应当审

① 参见常园：《论我国夫妻共同债务的认定》，海南大学2019年硕士学位论文。
② 参见武越：《民间借贷的法律规制》，吉林大学2016年硕士学位论文。

慎审查借据的真实性,并进一步审查其他证据和事实,结合全案事实和证据进行综合判断。如例案一中,法院认为"考虑涉案借条的形成时间不属实,王某岭系按他人要求于2018年11月16日出具了落款日期为2018年7月20日的上述借条,该借条作为证据在形式上存在瑕疵";例案三中,法院认为"因未注明借款日期的借款无法确定借款时间是在两被告夫妻关系存续期间,故被告王某梅不承担还款责任。"均因借条的证明力不足而不予认定夫妻共同债务。

由此可见,在此类案件中,借条上未注明时间或借条上注明的时间被证实为虚假时间,则无法证明借贷法律关系的成立时间,也就无法确定夫妻一方与他人的借贷法律关系是否成立于婚姻关系存续期间,因此,实践中法院对此一般不认定成立夫妻共同债务。

(二)夫妻一方与出借人的借贷法律关系成立于婚姻关系存续期间的举证责任分配给债权人,如债权人不能证明,则要承担举证不能的后果

民事诉讼中有关事实认定的路径主要分为以下三种:一是依据证据直接认定案件事实;二是以经验法则进行事实推定;三是运用证明责任认定案件事实。根据对实践中法官认定事实的裁判思维考察发现:当案件事实认定陷入困境时,法官似乎更偏好将证明责任当作摆脱这种现实困境的"万金油"。有意或无意地规避运用经验法则推定事实,以控制事实推定的不确定性所潜藏的诉讼风险。该种司法现象的存在可能是法官出于职业风险的考量,相较于运用带有浓厚主观色彩的经验法则进行事实推定,选择运用证明责任这种逻辑推理较强的案件事实认定的路径更让人信服,得出的结论更具有形式上的合理性和正当性。①

举证责任,又称"举证的必要",是指民事诉讼当事人对其提出的主张中须确认的事实依法负有的提出证据的义务。《民事诉讼法》第64条第1款规定:"当事人对自己提出的主张,有责任提供证据",即举证责任根据证明对象由双方当事人分担,适用"谁主张,谁举证"原则。《民间借贷规定》仅在第2条、第16条、第17条规定了部分举证责任的分配,因此,目前我国并没有对"夫妻一方与出借人的借贷法律关系成立于婚姻关系存续期间"的举证责任作出特别规定,所以仍应适用"谁主张,谁举证"的原则,债权人主张借贷法律关系成立于婚姻关系存续期间,那么举证

① 参见王萍:《民间借贷诉讼中关于借款关系是否成立的证明问题研究》,天津师范大学2019年硕士学位论文。

责任分配给债权人。若债权人不能证明，则要承担举证不能的后果。

如例案一中法院根据双方提供的证据及其庭审陈述认定案涉借款系由王某岭欠付郭某委的劳务费转为借款，并考虑涉案借条的形成时间不属实，王某岭系按他人要求于2018年11月16日出具了落款日期为2018年7月20日的上述借条，该借条作为证据在形式上存在瑕疵。鉴于郭某委与王某岭对该劳务费的形成时间意见分歧较大，郭某委又未提供充分证据证实该劳务费发生于王某岭与隋某梅夫妻关系存续期间等情节，法院综合分析全案证据，对涉案劳务费转借款的款项认定为王某岭的个人债务。显然，在作为重要证据的借条存在瑕疵而不能证明借款时间的情况下，债权人未能提供充分证据证实案涉借款发生于婚姻关系存续期间，由其承担举证不能的后果，案涉借款被认定为夫妻一方个人债务。例案二与例案三中的债权人也因不能证明借贷法律关系发生于婚姻关系存续期间而导致案涉债务不被认定为夫妻共同债务。

在笔者搜集研究的案例中，秦某贵与林某英、王某根民间借贷纠纷案[（2017）苏05民终4471号]较为特殊，其案情与前述3个例案相似，但又有所区别。同样是民间借贷纠纷案，夫妻一方向债权人借款并出具借款单，债权人以债务发生于婚姻关系存续期间为由要求非举债方配偶承担共同还款责任。非举债方配偶认为"无法认定借款单形成时间、款项交付时间，原告无法证明出借款项的事实，其应承担举证不能的不利后果。"后经司法鉴定也无法确定借款单形成时间。但与前述3个例案不同的是：该借款单上注明了借款时间，债权人也依据借款单实际交付了借款，且银行取款凭证与借款单注明的借款时间相近，即债权人此时已举证案涉借款款项来源及出借时间。虽然鉴定机构无法判断4张借款单的形成时间，但鉴于借款单注明落款时间以及取款凭证显示的时间，债权人就借贷法律关系的成立时间进行了较为充分的证明，此时债务人未能举证反驳债权人证明的借款单形成时间，因此法院采信债权人关于借款单落款时间即为债务人出具借款单的时间、债权人于借款单落款时间向王某根交付本案借款的主张。因此，案涉借款发生于夫妻婚姻关系存续期间，根据《婚姻法解释（二）》①第24条的规定，法院认定案涉债务为夫妻共同债务。

综上所述，夫妻一方与出借人的借贷法律关系成立于婚姻关系存续期间的举

---

① 第1款参见《民法典》第1064条第2款，第2款、第3款参见《民法典婚姻家庭编解释（一）》第34条。

证责任分配给债权人,如债权人不能证明,则要承担举证不能的后果。但若债权人进行了充分的举证,证明借贷法律关系形成于婚姻关系存续期间,而债务人或债务人配偶未能充分举证反驳债权人证明的时间,则认定债权人主张的时间为借贷法律关系形成时间。

四、辅助信息

高频词条:

《民法典》

第490条第1款 当事人采用合同书形式订立合同的,自当事人均签名、盖章或者按指印时合同成立。在签名、盖章或者按指印之前,当事人一方已经履行主要义务,对方接受时,该合同成立。

《民间借贷规定》

第2条 出借人向人民法院提起民间借贷诉讼时,应当提供借据、收据、欠条等债权凭证以及其他能够证明借贷法律关系存在的证据。

当事人持有的借据、收据、欠条等债权凭证没有载明债权人,持有债权凭证的当事人提起民间借贷诉讼的,人民法院应予受理。被告对原告的债权人资格提出有事实依据的抗辩,人民法院经审查认为原告不具有债权人资格的,裁定驳回起诉。

第15条 原告仅依据借据、收据、欠条等债权凭证提起民间借贷诉讼,被告抗辩已经偿还借款的,被告应当对其主张提供证据证明。被告提供相应证据证明其主张后,原告仍应就借贷关系的存续承担举证责任。

被告抗辩借贷行为尚未实际发生并能作出合理说明的,人民法院应当结合借贷金额、款项交付、当事人的经济能力、当地或者当事人之间的交易方式、交易习惯、当事人财产变动情况以及证人证言等事实和因素,综合判断查证借贷事实是否发生。

《浙江高院指导意见》

第14条 借据是证明双方存在借贷合意和借贷关系实际发生的直接证据,具有较强的证明力,法院应当审慎审查借据的真实性。除非有确凿的相反证据足以推翻借据所记载的内容,一般不轻易否定借据的证明力。

债务人对借据内容的笔迹或者签章的真实性提出异议的,双方当事人可以提供补充证据或者反驳证据。法院应当根据双方提供的有效证据,结合案件的其他证据及相关情况,对借据的真实性进行综合审查判断。

夫妻共同债务纠纷案件裁判规则第 5 条:

夫妻约定分别财产制,该约定在夫妻关系内部具有约束力,未经公示,不得对抗善意相对人

〔**规则描述**〕:夫妻约定财产制是夫妻法定财产制的补充,夫妻分别财产制是夫妻约定财产制的一种。夫妻分别财产制,是指夫妻约定婚姻关系存续期间所得的财产以及收益全部归各自所有,并各自享有对财产的占有、使用、收益和处分权利的夫妻财产制度。夫妻约定分别财产制应以书面形式进行,且该约定在夫妻关系内部具有约束力,未经公示,不得对抗善意相对人。夫妻约定婚姻关系期间所得的财产归各自所有的,夫或妻一方对外所负的债务,相对人知道该约定的,以夫或妻一方所有的财产清偿,不应认定为夫妻共同债务。夫妻之间关于财产约定的效力具有一定的界限,该约定对夫妻双方具有约束力;欲约束相对人,应当证明相对人知道该约定,否则,夫妻之间分别财产制的约定不得对抗善意相对人。

一、类案检索大数据报告

数据采集时间:2020 年 6 月 28 日;案例来源:Alpha 案例库;案件数量:118 件。本次检索获取 2020 年 6 月 28 日前共 118 篇裁判文书。案件裁判结果分布情况如图 5 - 1 所示,涉夫妻约定分别财产制债务纠纷的民事案例中,判决认定为夫妻共同债务的案件为 99 件,占比约 83.90%;判决认定为夫妻一方个人债务的案件为 16 件,占比约 13.56%;重复或不相关案件为 3 件,占比约 2.54%。以上数据表明,在夫妻分别财产制纠纷中,法院认定为夫妻共同债务的比例较高。说明在该类案件中,证明夫妻双方约定在婚姻关系存续期间所得的财产归各自所有,并且相对人知道较为困难。

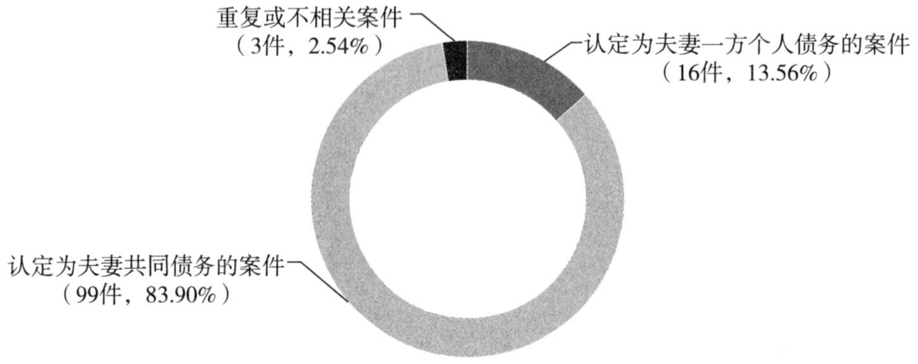

图5－1　案件裁判结果分布情况

如图5－2所示，从案件年份分布情况可以看出当前条件下案件数量的变化趋势。

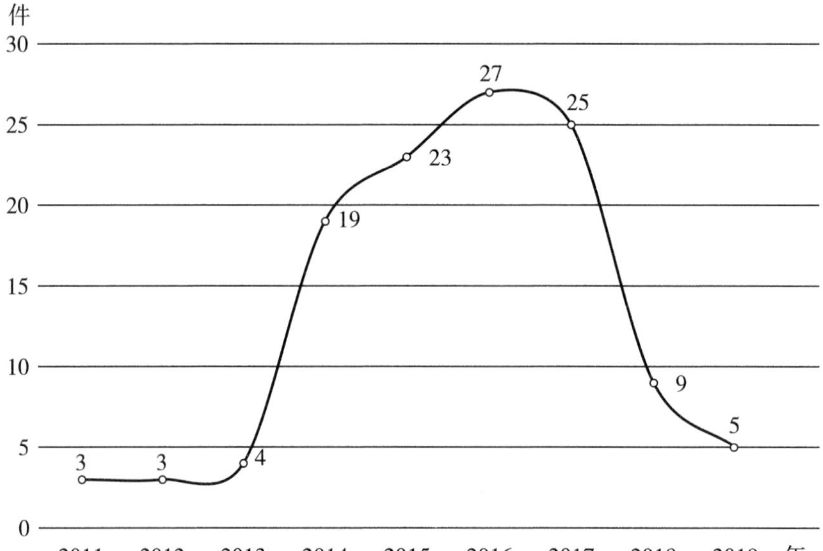

图5－2　案件年份分布情况

如图5－3所示，从案件地域分布情况来看，当前条件下案件主要集中在广西壮族自治区、浙江省、广东省、江苏省、湖南省等地区，其中广西壮族自治区案件数量最多，有18件，占比约15.25%。

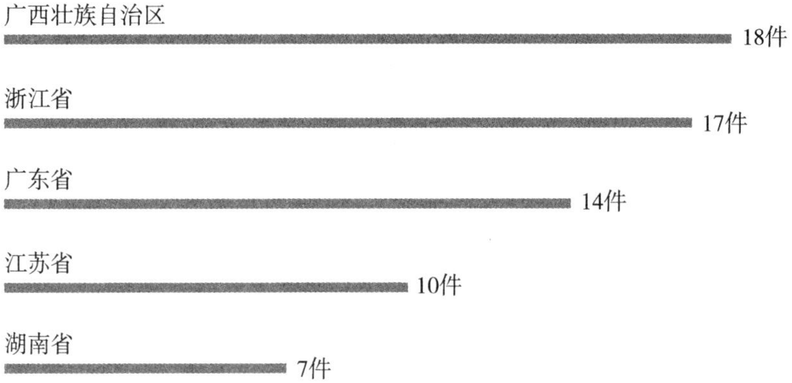

图5－3　案件主要地域分布情况

如图5－4所示，从案件案由分类情况可以看出，当前条件下案件的分布由多至少分别是民间借贷纠纷96件，占比约81.37%；其他案由11件，占比约9.32%；金融借款合同纠纷5件，占比约4.24%；离婚纠纷2件，占比约1.69%；房屋买卖合同纠纷2件，占比约1.69%；追偿权纠纷2件，占比约1.69%。

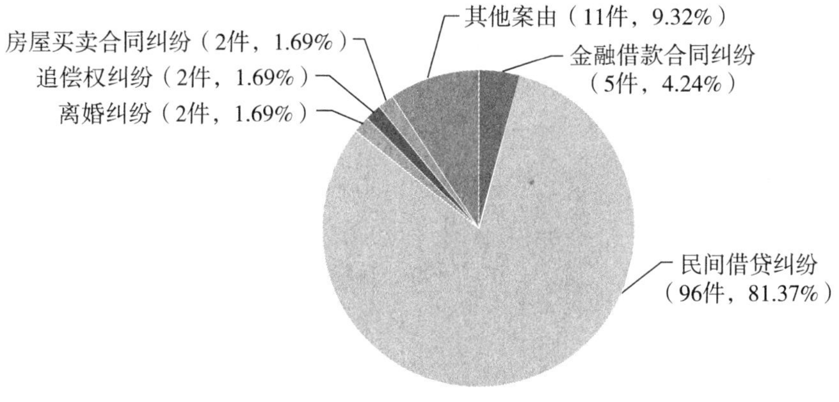

图5－4　案件案由分类情况

如图5－5所示，从案件审理程序分布情况可以看出，当前条件下案件的审理程序分布由多至少分别是一审案件68件，占比约57.63%；二审案件38件，占比约32.20%；再审案件11件，占比约9.32%；执行案件1件，占比约0.85%。

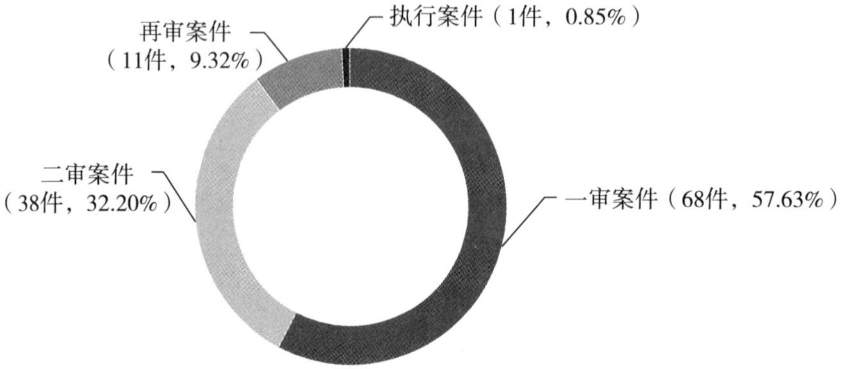

图5-5 案件审理程序分布情况

二、可供参考的例案

例案一 | 张某如与林某舜、高某民间借贷纠纷再审案

【法院】

最高人民法院

【案号】

(2019)最高法民申5126号

【当事人】

再审申请人(一审原告、二审上诉人):张某如

被申请人(一审被告、二审被上诉人):林某舜

原审被告:高某

【基本案情】

再审申请人张某如因与被申请人林某舜、原审被告高某民间借贷纠纷一案,不服福建省高级人民法院民事判决,向最高人民法院申请再审。

张某如申请再审称:首先,一审、二审法院事实认定错误,缺乏充分证据且相关证人证言自相矛盾、存在严重造假。(1)一审法院仅依据被申请人单方提供的所谓短信息,简单地认定被申请人已穷尽提醒、告知他人注意义务,事实认定错误且证据严重不足。本案中被申请人并没有证据显示向申请人发过此信息,申请人对此根本不知情。二审法院以原审被告账户并没有汇款给被申请人为由,认定所借款项没有交由被申请人分享使用以及用于家庭开支,显属认定错误。本案中被申请人在二审提供所谓证人证言用以证明其与原审被告未共同生活，但作为认定事实的所谓证据存在严重造假，二审法院予以采信并作为认定事实依据完全是错误的。被申请人在一审应诉时向法院书面陈述时已自认其将工资卡一直放在原审被告处使用，交给原审被告去取款交房贷和安排家中日常生活费用，这实际上已证明了双方存在共同生活的事实，原审被告还是当家人（二审法院无视被申请人自述，采信所谓证人证言证明被申请人在北海工作，夫妻长期没有共同生活，是机械简单化地认定。因工作原因造成双方物理意义上的分开居住并不能认定夫妻没有共同生活或感情恶化，夫妻共同生活的含义是非常广泛的）。从二审法院依职权查明被申请人2011年、2012年、2013年均有向原审被告汇款，则更说明了被申请人有维持夫妻双方共同生活的意愿，原审被告仍是安排日常家庭生活的当家人，否则被申请人为何将工资卡放在原审被告处？又为何汇款给原审被告？（2）二审证人证言自相矛盾，存在严重造假。证人证明被申请人在公司月工资7000元，在北海工作期间没有家属陪同。但公司的工资单却显示被申请人月工资仅为3500元，林某系被申请人儿子，亦在公司上班，工资单上显示每月领取的工资是1800元，父子同在一个公司上班，领取工资，难道不算是家属陪同吗？如此明显自相矛盾的证人证言二审法院竟不予以严格审查，直接采信并作为认定事实依据，导致本案事实认定错误。（3）二审法院认定事实亦缺乏充分证据证明。如果认定被申请人在北海公司工作属实，也要提供被申请人纳税凭证，为何二审法院未要求被申请人提供纳税凭证（直接证据），二审法院也未分析认证，简单凭证人单方面陈述（间接证据）就认定被申请人在北海工作，显然缺乏充分证据证明。（4）原审被告没有给被申请人汇款不等于被申请人没有享受债务所带来的利益。本案二审法院未能排除原审被告是通过现金方式交付给被申请人，因此单以此作为判定被申请人没有享受债务所带来的利益，显然认定的依据不足。

其次，一审、二审法院适用法律错误。（1）一审、二审法院以被申请人与原审被告之间签订有《夫妻分别财产制协议书》作为认定个人债务依据，适用法律错误。本案中被申请人与原审被告之间虽签订有《夫妻分别财产制协议书》，但被申请人与原审被告均未告知申请人，该协议书仅是他们夫妻双方对婚姻关系存续期间有关财产的安排，效力仅限于双方，不能对抗善意第三人。本案中并无任何证据表明借贷发生时被申请人与原审被告曾向申请人告知上述协议，因此不能作为认定个人债务依据，一审、二审法院据此认定显属适用法律错误。（2）二审法院作出的终审判决时间是2017年12月，而《夫妻债务纠纷解释》是从2018年1月开始实施，本案一审判决在2014年,二审判决在2017年,二审法院以夫妻共同举债是否是双方合意作为依据显然适用法律错误。

【案件争点】

涉案债务是否应被认定为夫妻共同债务。

【裁判要旨】

最高人民法院经审查认为,关于涉案债务是否应被认定为夫妻共同债务的问题,具体分析如下:

首先,林某舜为证明涉案借款发生之时其本人在广西省北海市工作的事实,在二审阶段提供了工资表、工作记录等书证及证人证言。二审法院认定证人证言和林某舜提供的部分书证可以相互佐证,足以证明林某舜于2010年5月至2013年2月在广西省北海市工作生活符合证据认定规则。张某如虽主张证人证言、书证存在伪造等情况,但并未充分举证证明。

其次,根据法院已经查明的事实,2009年林某舜和高某签订《夫妻分别财产制协议书》并进行公证,而高某以林某舜经营需要、家庭装修的名义向张某如借款是在2012年。涉案借款发生时,高某明知其与林某舜已经采取了夫妻分别财产制却仍旧对外以林某舜名义举债,也没有证据显示林某舜收到、使用了涉案借款或涉案借款用于家庭开支、共同生活。综合涉案借款发生的时间、林某舜在涉案借款出借期间在广西北海工作生活、高某存在刑事诈骗犯罪嫌疑等事实,一审、二审法院认定涉案借款属于高某的个人债务并无不当。

最后,《夫妻债务纠纷解释》确于2018年开始施行,但二审法院判决中并未援引或直接适用该司法解释。基于上述分析,一审、二审法院认定涉案借款属于高某个人债务并无不当,张某如申请再审主张一审、二审法院适用法律错误缺乏依据。

例案二 | 王某婷、窦某明与北部新区镇三关火锅店、谢某等民间借贷纠纷再审案

【法院】

重庆市高级人民法院

【案号】

(2018)渝民再295号

【当事人】

再审申请人(一审被告):王某婷

再审申请人（一审原告、二审被上诉人）：窦某明

被申请人（一审被告）：谢某

被申请人（一审被告、二审上诉人）：北部新区镇三关火锅店

经营者：解某

一审被告：重庆斌江建设有限公司

法定代表人：谢某

【基本案情】

2014年10月1日，谢某向窦某明出具借条，借款5,000,000元，约定月利率为1.5%，于2015年10月1日前归还。2014年10月10日，窦某明通过银行向谢某转款1,600,000元。次日，窦某明再次通过银行向谢某转款3,400,000元。2015年12月期间，重庆斌江建设有限公司（以下简称斌江公司）向窦某明出具了4张转账支票，总金额为1,600,000元，后因斌江公司存款余额不足被银行退票。2015年12月24日，谢某作为承诺人向窦某明出具了一份《还款承诺书》。主要载明："一、本人于2014年10月向窦某明所借款项人民币500万元。二、截至2016年1月10日尚欠本金叁佰肆拾万元。三、利息在所剩本金归还窦某明前仍按原约定支付。四、谢某所欠340万元以及利息于2016年6月30日前归还清偿完毕。五、斌江公司为谢某归还前述借款提供连带责任保证。六、北部新区镇三关火锅店为谢某归还前述借款提供连带责任保证。"同时，在承诺书上保证人处加盖有斌江公司、北部新区镇三关火锅店（以下简称镇三关火锅店）的印章，谢某作为承诺人和斌江公司的法定代表人亦签字予以确认。

2016年9月23日，谢某作为承诺人再次向窦某明出具承诺书，主要载明："我谢某欠窦某明现金肆佰陆拾万元整，此款采用分期还款。期限6个月。还款时间详细为：(1)10月30日前付50万元。(2)11月30日前付50万元。(3)12月30日前付100万元。(4)1月25日前付100万元。(5)2月28日前付100万元。(6)3月30日前付60万元。以上如发生一次违约未付，立即收回本金"等内容。2017年5月21日，谢某又向窦某明出具了《借款还款情况对账确认书》，明确载明："(1)谢某于2014年10月1日向窦某明出具的借条注明的借款本金500万元属实，500万元借款已经打入谢某账户。(2)借款时口头约定月利率为1.5%，利息按月支付，至本金全部付清为止。(3)至2016年9月11日，已经偿还本金40万元，还有460万元的本金未支付。(4)谢某及斌江公司已经支付至2016年9月11日前，从2016年9月11日至今的利息未付，计算至2017年5月11日，欠付利息为552,000元。"

谢某、王某婷于2013年7月1日登记结婚，至今仍然系夫妻关系。镇三关火锅店系个体工商户，经营者为谢某。谢某梅系谢某的妹妹，原系镇三关火锅店的工作人员。2016年8月18日，因谢某一直未按照约定还款，窦某明之夫熊某等5人到镇三关火锅店处催收本案借款无果。

一审法院判决由谢某、王某婷承担共同还款责任，斌江公司和镇三关火锅店承担连带清偿责任。镇三关火锅店不服一审判决，向重庆市第一中级人民法院提起上诉。二审法院查明的事实与一审法院查明的事实一致。王某婷、窦某明不服重庆市第一中级人民法院判决，向重庆市高级人民法院申请再审。

重庆市高级人民法院再审查明：王某婷与谢某于2013年7月1日登记结婚，2015年7月开始分居生活，2017年2月14日第一次起诉离婚，被法院驳回。6个月后王某婷再次起诉离婚，法院于2018年3月13日判决准许二人离婚。双方于婚前2013年6月17日签订《财产约定协议》一份，约定对夫妻财产采取"分别财产制度"，并进行公证。王某婷从2007年起在重庆市园林绿化服务中心工作，由该中心为其代缴社会保险费。王某婷不是斌江公司的股东，未在斌江公司担任职务。

【案件争点】

1. 案涉借款债务是否为谢某、王某婷夫妻共同债务。

2. 王某婷是否应当承担共同还款责任。

【裁判要旨】

首先，主观上，王某婷与谢某二人在婚前签订了《财产约定协议》并进行了公证，协议约定对婚前、婚后各方取得的财产、所负债务由各方所有和承担，谢某个人及其担任法定代表人的公司所产生的债务和后果由谢某一人承担，故王某婷与谢某在婚后并无共同举债的合意基础。客观上，本案窦某明向谢某出借500万元，款项金额巨大，谢某的借贷行为超出一般日常家庭生活需要，其行为不能当然代表王某婷。在窦某明提交的借条、还款承诺书上载明的借款人均为谢某，并无王某婷签名，王某婷在事后也未予追认。故不能认定案涉借款行为系谢某与王某婷共同的意思表示。

其次，根据《婚姻法》第41条①的规定，离婚时，原为夫妻共同生活所负的债务，应当共同偿还。即认定夫妻共同债务的事实基础是该债务是否为夫妻共同生

---

① 参见《民法典》第1089条。

活所负，若债务人的配偶举证证明债务人所借债务并未用于夫妻共同生活，则债务人所借债务不应认定为夫妻共同债务。王某婷为证明所借款项未用于夫妻共同生活，在再审中提交了5组证据。根据上述证据查明，窦某明在原审庭审时陈述借款用途是“谢某当时说做生意差钱”，在汇款凭证上窦某明备注的款项用途为“投资款”“货款”，即窦某明出借款项时明知谢某用于斌江公司生产经营；从款项流向来看，谢某收到案涉款项后在很短时间内转给斌江公司、万州源正小贷公司、杨某容、杨某等人的账户，并未停留在本人账户或转入王某婷的账户；从王某婷的工作情况来看，王某婷有固定工作和收入来源，未在斌江公司担任职务，并未参与斌江公司的日常经营，也并非斌江公司的股东；从财产分配情况来看，并无证据证明王某婷、谢某二人在婚内添置或在离婚后由王某婷分得了大额财产。综上所述，窦某明在向谢某出借款项时明知其是用于生产经营，王某婷提交的资金流向、工作及财产分配情况等事实足以证明案涉借款并非用于夫妻共同生活。案涉借款不属于王某婷、谢某二人的夫妻共同债务。

例案三 | 苏某珍、黄某石、曾某标民间借贷纠纷案

【法院】

广东省东莞市中级人民法院

【案号】

(2016)粤19民终6452号

【当事人】

上诉人(原审被告):苏某珍

被上诉人(原审原告):黄某石

被上诉人(原审被告):曾某标

【基本案情】

黄某石向一审法院提交借条两份，其中一份内容为：今借到黄某石现金人民币陆万元整(60,000元)。落款借款人处有曾某标的签名及捺印，借款日期为2014年11月1日。另一份内容为：今借到黄某石现金人民币伍万元整(50,000元)。落款借款人处有曾某标的签名及捺印，借款日期为2015年1月30日。黄某石主张其与曾某标是朋友关系，曾某标曾经表示因结婚买地、买房用了钱，需要资金周转，后又表示需要资金用于支付工厂货款、家庭生活，故向黄某石借款，至于借款具

体用于何处,黄某石并不清楚。黄某石同时表示,其分别于2014年11月1日及2015年1月30日借款60,000元及50,000元给曾某标,其中60,000元的借款,在曾某标的工厂以现金形式交付给曾某标,当时黄某石及曾某标、苏某珍均在场,现金还是苏某珍用验钞机点算的;另外50,000元的借款在黄某石的家中以现金形式交付给曾某标,当时黄某石、苏某珍、曾某标及刘某根均在场。曾某标对黄某石提交的两份借条的真实性均无异议,但认为借款用途是用于购买材料及支付黄某石和其他债权人的利息,并未用于家庭生活,苏某珍表示对案涉借款均不知情。曾某标同时表示,确认案涉60,000元的借款是在曾某标的工厂以现金形式支付,但曾某标实际只收到55,800元的现金,当时黄某石、曾某标及刘某根均在场;至于案涉50,000元的借款,曾某标并未在2015年1月30日收到黄某石支付的任何款项,曾某标曾经在2014年7月欠刘某根借款70,000元,黄某石向曾某标表示黄某石与刘某根之间存在债权债务关系,故三方约定将曾某标欠刘某根的借款转为曾某标向黄某石的借款,曾某标故在2015年1月30日在黄某石的家中书写了案涉50,000元的借条,曾某标并不清楚黄某石与刘某根之间的关系,曾某标曾经向刘某根出具的借条,也在曾某标出具了案涉50,000元的借条后被黄某石收回并撕毁。苏某珍对黄某石提交的两份借条的真实性均无异议,但认为其对于曾某标借款一事并不知情,对其借款用途也不清楚。

曾某标与苏某珍于2014年12月2日登记结婚,于2015年12月9日登记离婚。曾某标提交打印及手写的离婚协议书各一份及离婚证,证明其与苏某珍于2015年12月9日离婚,案涉借款与苏某珍无关。其中,打印的离婚协议书的内容包括:曾某标与苏某珍自愿离婚,双方婚后没有生育子女,没有积累共同财产,婚前双方各自的财产归各自所有,各自的私人生活物品及首饰归各自所有,婚姻关系存续期间没有为家庭生活发生过任何共同债务,如果双方有其他债务的,由男方自行承担并负责偿还债务,女方没有偿还义务。协议书有曾某标及苏某珍的签名及捺印,落款日期为2015年12月9日。手写的离婚协议书内容包括:曾某标与苏某珍结婚前后所产生的债权债务由签离婚协议书起,一切与苏某珍无关,一切由曾某标一人承担;曾某标同意补偿苏某珍精神损失费和人工费一共93,000元,由2016年7月每月付2,000元,付完为止。协议书有曾某标及苏某珍的签名及捺印。黄某石对曾某标提交的离婚证没有异议,但对离婚协议书的真实性不予确认,因离婚协议书是曾某标、苏某珍自行签订,黄某石无法知晓其真实性,且即使协议内容真实,也不能对抗善意第三人,只对曾某标及苏某珍产生法律效力;案涉50,000元借款产生于曾某标、苏某珍夫妻关系存续期间，苏某珍无法证明该笔借款并非用于夫妻共同生活开支，应按照夫妻共同债务处理。

曾某标提交收据一份，证明其已经向黄某石还款 30,000 元。收据的内容为：今收到曾某标现金 30,000 元，此款用于曾某标归还曾某标在 2014 年 11 月 1 日借黄某石 60,000 元中部分借款。收款人处有黄某石的签名及捺印，落款日期为 2016 年 2 月 4 日。黄某石对收据没有异议，但认为曾某标归还的 30,000 元在收据中明确载明是用于归还案涉 60,000 元的借款。

曾某标主张其于 2016 年 2 月 4 日归还的 30,000 元是针对案涉 50,000 元的借款，且曾某标有按照月利率 6% 的标准，支付黄某石从借款之日起至 2015 年 9 月的利息，利息以现金或转账方式支付，并提交银行流水予以证明。黄某石对曾某标提交的银行流水没有异议，确认于 2015 年 7 月 10 日收到 2600 元，于 2015 年 7 月 13 日收到 3000 元，于 2015 年 8 月 15 日收到 7600 元，但并未收到过曾某标支付的其他利息。另外，黄某石表示双方对案涉两笔借款曾经口头约定月息 60 厘。曾某标则表示双方对于案涉借款 60,000 元曾经口头约定月息 60 厘，对于案涉借款 50,000元曾经口头约定月息 80 厘。对于曾某标转账支付的利息，黄某石及曾某标均确认是针对两笔借款的利息。曾某标认为，根据双方关于利息的约定，其每月须支付的利息为 7600 元，以现金方式支付的利息，黄某石并未向其出具相应的收据；黄某石则认为曾某标实际并未按照月息 60 厘的标准支付利息。

一审宣判后，苏某珍不服，向广东省东莞市中级人民法院提起上诉请求。

【案件争点】

1. 案涉 50,000 元借款是否为曾某标与苏某珍的夫妻共同债务。

2. 苏某珍应否承担共同清偿责任。

【裁判要旨】

广东省东莞市中级人民法院经审理认为：关于案涉 50,000 元借款是否为曾某标与苏某珍的夫妻共同债务，苏某珍应否承担共同清偿责任的问题，具体分析如下。

根据黄某石向法院提交的案涉 50,000 元借条显示，案涉 50,000 元借款的借款日期为 2015 年 1 月 30 日，发生在曾某标与苏某珍夫妻关系存续期间。尽管曾某标与苏某珍均指案涉 50,000 元借款是曾某标用于归还婚前债务，不涉及夫妻共同生活所需，但由于目前并没有证据证明借款时曾某标已向黄某石明确该50,000元为个人债务，亦没有证据显示曾某标与苏某珍约定了婚姻关系存续期间所取得的财产归各自所有且黄某石在借款时已知道该约定，因此，根据《婚姻法》第19条①的规定，对于婚姻关系存续期间夫妻一方以个人名义所负的债务，应按照夫妻共同债务处理，案涉的50,000元借款应认定为夫妻共同债务。但苏某珍就曾某标的债务承担共同清偿责任后，可基于其与曾某标之间的离婚协议向曾某标就其个人债务主张追偿。

例案四 | 周某丽与陈某英、刘某、唐某芳民间借贷纠纷案

【法院】

四川省绵阳市中级人民法院

【案号】

(2017)川07民终412号

【当事人】

上诉人(原审被告):周某丽

被上诉人(原审原告):陈某英

被上诉人(原审被告):刘某

被上诉人(原审被告):唐某芳

【基本案情】

刘某因装修会所等需要资金，通过唐某芳介绍在陈某英处借款，双方口头约定月利率为3%。2013年9月23日，陈某英给刘某借款30万元，在扣除当月利息9000元后，通过其在中国农业银行的账户向刘某转账29.2万元(应转29.1万元，刘某当日退回1000元);2013年12月23日、24日，刘某分别以转账方式偿还陈某英3万元和7万元借款本金;2014年1月29日，陈某英给刘某借款15万元，在扣除当月利息4500元后，通过其在中国农业银行的账户向刘某转账14.55万元。在2014年2月1日，刘某再次要求陈某英借款15万元，并将前两次借款扣除已偿还的10万元后向陈某英出具总借条一张，载明："今在陈某英处借人民币现金(伍拾万元整)500,000元。借款人:刘某 2014.2.15(身份证号略)属实，担保人:唐某芳　于某元"。陈某英将该借条尚应给付的15万元于2014年2月25日，在扣除当月利息4500元后，通过其在中国农业银行的账户向刘某转账14.55万元。2014

① 参见《民法典》第1065条。

年4月18日，陈某英再次给刘某借款10万元，并通过其在中国农业银行的账户向刘某转账100,000元。2016年7月21日，刘某向陈某英再次出具借条一张，载明："今在陈某英处借人民币现金600,000元整，大写陆拾万元整，本借条是2014.2.1借条的延期。借款人：刘某 2016.7.21 前期借条作废。担保人：唐某芳"。陈某英通过其在中国农业银行的账户共计向刘某转账68.2万元。

2013年10月23日，刘某以转账方式给付陈某英利息9000元；2013年11月20日以转账方式给付陈某英利息9000元；2014年1月23日以转账方式给付陈某英利息6000元；2014年2月24日以转账方式给付陈某英利息10,500元；2014年3月25日通过超级网银向陈某英给付利息15,000元；2016年2月4日通过支付宝给付陈某英20,000元。前述款项均是转入陈某英在中国农业银行的账户。唐某芳系刘某阿姨，于某元（已去世）系唐某芳之夫。周某丽原系刘某之妻，双方已于2015年6月10日协议离婚。刘某因犯开设赌场罪被德阳市旌阳区人民法院于2016年9月27日判处有期徒刑6个月，现在广元监狱服刑。

一审法院判决由刘某、周某丽在2017年1月10日前共同偿还陈某英借款本金58.2万元及利息。上诉人周某丽不服一审判决，向四川省绵阳市中级人民法院提起上诉。

【案件争点】

周某丽对案涉借款是否负有还款责任。

【裁判要旨】

一审法院经审理认为：《婚姻法》第19条第3款①规定：夫妻对婚姻关系存续期间所得的财产约定归各自所有的，夫或妻一方对外所负的债务，第三人知道该约定的，以夫或妻一方所有的财产清偿。本案中，刘某向陈某英借款发生在2013年9月23日至2014年4月18日，而刘某和周某丽在2015年6月10日办理了离婚登记，因此，该借款系刘某和周某丽在婚姻关系存续期间产生的债务。在一审的审理过程中，刘某、周某丽均未举证证明该借款行为属于《婚姻法》第19条第3款规定的情形。刘某因装修会所等需要资金在陈某英处借款，陈某英有理由相信其为夫妻双方共同意思表示。因此，即使周某丽辩称对该债务不知情，也仅能对抗刘某而不能对抗债权人陈某英。《婚姻法》第41条②规定，离婚时，原为夫妻共同生活所

① 参见《民法典》第1065条第3款。

② 参见《民法典》第1089条。

负债务,应当共同偿还。共同财产不足清偿的,或财产归各自所有的,由双方协议清偿,协议不成的,由人民法院判决。《婚姻法解释(二)》第 25 条①规定,当事人离婚协议或者人民法院的判决书、裁定书、调解书已经就财产分割问题作出处理的,债权人有权就夫妻共同债务向男女主张权利。因此,刘某在婚姻关系存续期间以个人名义举债应当认定为夫妻共同债务。并由刘某、周某丽共同偿还。

四川省绵阳市中级人民法院经审理认为:该借款发生在刘某与周某丽夫妻关系存续期间,其一,刘某在向陈某英借款时,并没有约定系个人债务;其二,刘某装修会所、经营会所,作为刘某妻子周某丽应当知晓刘某装修、经营该会所的行为,因双方并没有约定婚姻关系存续期间财产的归属,对于经营会所所得,理应认为是双方共同享有、共同消费;其三,借款发生时间并非刘某进行非法经营期间,也没有证据表明刘某将借款确实用于其他的非法行为。因此,该借款应系夫妻之间的共同借款,周某丽对该借款应承担偿还责任。

三、裁判规则提要

(一)分别财产制的概念解析

"夫妻约定财产制是指夫妻按照事先关于财产的约定享有婚前财产和婚后财产的体制。"②夫妻分别财产制是夫妻约定财产制中的一种。夫妻分别财产制,是指夫妻双方约定婚姻关系存续期间所得的财产以及收益全部归各自所有,并各自享有对财产的占有、使用、收益和处分权利的夫妻财产制度。

《民法典》第 1065 条规定,夫妻可以约定婚姻关系存续期间所得的财产归各自所有、共同所有或部分各自所有、部分共同所有。约定应当采用书面形式。约定一旦形成,对夫妻双方具有约束力。夫妻对婚姻关系存续期间所得的财产约定归各自所有的,夫或妻一方对外所负的债务,相对人知道该约定的,以夫或妻一方所有的财产清偿。

可见,夫妻约定分别财产制一般应具备以下条件:(1)约定主体须是夫妻关系。夫妻分别财产制以配偶身份为前提,未办理结婚登记而同居者、婚外同居者之间的分别财产之约定,均不属于夫妻分别财产制。因此,分别财产制应当以合法的夫妻关系为前提。(2)夫妻约定分别财产制时,双方应当具有完全民事行为能力。夫妻

---

① 参见《民法典婚姻家庭编解释(一)》第 35 条。

② 高富平主编:《民法学》(第 2 版),法律出版社 2009 年版,第 418 页。

之间的财产约定可能涉及相对人的财产权益；无民事行为能力人、限制民事行为能力人不具备独立判断的能力，其与具备完全民事行为能力者的分别财产制之约定可能会损害相对人的利益。(3)约定必须是夫妻双方的真实意思表示。夫妻双方作出财产约定时，应当遵循平等、自愿、公平的原则。(4)约定的内容必须合法。夫妻双方分别财产制之约定，不得损害任何他人的合法权益，不得损害国家和集体的利益。(5)约定应为书面形式。

（二）分别财产制约定的效力

婚姻关系存续期间，夫妻双方以书面形式约定分别财产制之后，在对内关系中，夫妻一方所得的财产归各自所有，夫妻一方对外举借的债务应当以举债方的财产偿还。在对外关系中，若能证明债权人知悉夫妻双方关于财产及债务的相关安排，应受该约定的约束；若无法证明债权人知悉夫妻双方关于财产及债务的相关安排，则该约定不能对抗债权人。具体分析如下：

1. 分别财产制约定在夫妻关系内部具有约束力

婚姻关系存续期间，夫妻约定分别财产制的，应当以书面形式进行；口头形式的约定无法律效力，视为夫妻双方无关于财产的相关约定。夫妻双方以书面形式约定分别财产制，使约定有确定的依据，有利于更好地维护夫妻双方的合法权益；同时，夫妻财产约定涉及相对人的利益，为保证民事交易安全，夫妻财产约定应是要式民事法律行为。① 夫妻双方关于分别财产制的约定一旦形成，即对夫妻双方产生法律约束力；夫或妻一方违反该约定的，应承担违约责任。

夫妻分别财产制形成之后，婚姻关系存续期间所得的财产以及收益全部归各自所有，并各自享有对财产的占有、使用、收益和处分权。夫或妻一方在约定范围内行使上述权利时，另一方不得干涉。

夫妻约定分别财产制后，婚姻关系存续期间，夫妻双方对外债务的承担方式也要发生变化。《民法典》第1065条第3款规定，夫妻对婚姻关系存续期间所得的财产约定归各自所有的，夫或妻一方对外所负的债务，相对人知道该约定的，以夫或妻一方所有的财产清偿。据此，夫妻双方约定分别财产制后，夫或妻一方对外所负的债务，应以其自身财产清偿，但前提是债权人知道夫妻双方关于财产的安排。

---

① 参见任凤莲：《论我国夫妻约定财产制的立法与完善》，载《社会科学》2005年第1期。

2. 分别财产制约定未经公示，不得对抗善意相对人

夫妻关于分别财产制的约定，未经公示，不得对抗善意相对人。即夫妻在婚姻关系存续期间约定分别财产制，相对人（债权人）知道该约定的，该约定对其具有约束力；相对人不知道该约定的，该约定对其不具有约束力。

前述已提及，夫妻分别财产制约定涉及相对人的利益，属于要式民事法律行为。夫妻双方约定婚姻关系存续期间所得财产归各自所有，该约定属于夫妻双方的内部约定，不能直接约束相对人。否则，夫妻双方可能以此故意逃避债务，损害债权人的权益。因此，夫妻双方关于分别财产制的约定，应以一定的形式向社会公示，以方便债权人了解，并作出自己的经济决策。此外，公示制度也起到"对抗"作用。夫或妻一方可以债权人知道或应当知道夫妻双方已经约定婚姻关系存续期间财产归各自所有的事实，对抗债权人要求其承担债务清偿责任的诉讼请求。

关于分别财产制公示形式的问题。我国《民法典》及相关法律规定中并未具体规定。《民法典》第1065条第3款仅规定，夫妻对婚姻关系存续期间所得的财产约定归各自所有的，夫或妻一方对外所负的债务，相对人知道该约定的，以夫或妻一方所有的财产清偿。此处的"相对人知道该约定的"不属于分别财产制的公示形式，而应为夫妻分别财产制债务纠纷中的一项待证明事项。有学者认为①，夫妻分别财产制约定的公示形式应当具备以下条件：(1)须在婚姻关系成立时已经公示；(2)该公示形式应当便于查阅；(3)该公示应为任何相对人可知。

（三）夫妻分别财产制约定的举证责任分配

婚姻关系存续期间，夫妻一方以个人名义所举债务，债权人主张权利的，应当按夫妻共同债务处理。但在夫妻约定了分别财产制的婚姻关系中，在同样的情形下，债权人主张权利的，夫妻一方可通过举证对抗债权人的主张。举证证明的内容为：债权人与债务人明确约定该债务为个人债务，或者能够证明夫妻双方已经约定婚姻关系存续期间所得财产归各自所有，并且债权人知道该约定。因此，在司法实践中，对于相对人即债权人是否知道夫妻之间的分别财产制约定发生争议的，夫妻一方负有举证责任；一般由非举债方承担该举证责任，以对抗相对人（债权人）要求其承担共同清偿责任的主张。非举债方不能证明上述事项的，应当承担举证不能的法律后果，即涉案债务应认定为夫妻共同债务，由夫妻双方共同清偿。非举债方

① 参见张荣福：《对我国夫妻约定财产制的几点思考》，载《人民司法》2006年第2期。

清偿后，可以依据双方关于分别财产制的约定向另一方追偿；另一方已经死亡的，可向其继承人追偿。

综上所述，夫妻约定分别财产制，该约定在夫妻关系内部具有约束力，未经公示，不得对抗善意相对人。在分别财产制约定下，债权人就婚姻关系存续期间夫妻一方以个人名义所负债务主张权利的，应当按夫妻共同债务处理。除非夫妻一方能够证明债权人与债务人明确约定为个人债务，或者能够证明属于《民法典》第1065 条第 3 款规定的情形。

四、辅助信息

高频词条：

《民法典》

第 518 条 债权人为二人以上，部分或者全部债权人均可以请求债务人履行债务的，为连带债权；债务人为二人以上，债权人可以请求部分或者全部债务人履行全部债务的，为连带债务。

连带债权或者连带债务，由法律规定或者当事人约定。

第 519 条 连带债务人之间的份额难以确定的，视为份额相同。

实际承担债务超过自己份额的连带债务人，有权就超出部分在其他连带债务人未履行的份额范围内向其追偿，并相应地享有债权人的权利，但是不得损害债权人的利益。其他连带债务人对债权人的抗辩，可以向该债务人主张。

被追偿的连带债务人不能履行其应分担份额的，其他连带债务人应当在相应范围内按比例分担。

第 674 条 借款人应当按照约定的期限支付利息。对支付利息的期限没有约定或者约定不明确，依据本法第五百一十条的规定仍不能确定，借款期间不满一年的，应当在返还借款时一并支付；借款期间一年以上的，应当在每届满一年时支付，剩余期间不满一年的，应当在返还借款时一并支付。

第 675 条 借款人应当按照约定的期限返还借款。对借款期限没有约定或者约定不明确，依据本法第五百一十条的规定仍不能确定的，借款人可以随时返还；贷款人可以催告借款人在合理期限内返还。

第 1065 条 男女双方可以约定婚姻关系存续期间所得的财产以及婚前财产归各自所有、共同所有或者部分各自所有、部分共同所有。约定应当采用书面形式。没有约定或者约定不明确的，适用本法第一千零六十二条、第一千零六十三条的规定。

夫妻对婚姻关系存续期间所得的财产以及婚前财产的约定，对双方具有法律约束力。

夫妻对婚姻关系存续期间所得的财产约定归各自所有，夫或者妻一方对外所负的债务，相对人知道该约定的，以夫或者妻一方的个人财产清偿。

第1087条 离婚时，夫妻的共同财产由双方协议处理；协议不成的，由人民法院根据财产的具体情况，按照照顾子女、女方和无过错方权益的原则判决。

对夫或者妻在家庭土地承包经营中享有的权益等，应当依法予以保护。

第1089条 离婚时，夫妻共同债务应当共同偿还。共同财产不足清偿或者财产归各自所有的，由双方协议清偿；协议不成的，由人民法院判决。

《民法典婚姻家庭编解释(一)》

第33条 债权人就一方婚前所负个人债务向债务人的配偶主张权利的，人民法院不予支持。但债权人能够证明所负债务用于婚后家庭共同生活的除外。

第34条 夫妻一方与第三人串通，虚构债务，第三人主张该债务为夫妻共同债务的，人民法院不予支持。

夫妻一方在从事赌博、吸毒等违法犯罪活动中所负债务，第三人主张该债务为夫妻共同债务的，人民法院不予支持。

第35条 当事人的离婚协议或者人民法院生效判决、裁定、调解书已经对夫妻财产分割问题作出处理的，债权人仍有权就夫妻共同债务向男女双方主张权利。

一方就夫妻共同债务承担清偿责任后，主张由另一方按照离婚协议或者人民法院的法律文书承担相应债务的，人民法院应予支持。

《民间借贷规定》

第25条 出借人请求借款人按照合同约定利率支付利息的，人民法院应予支持，但是双方约定的利率超过合同成立时一年期贷款市场报价利率四倍的除外。

前款所称"一年期贷款市场报价利率"，是指中国人民银行授权全国银行间同业拆借中心自2019年8月20日起每月发布的一年期贷款市场报价利率。

夫妻共同债务纠纷案件裁判规则第6条：
夫妻双方约定由个人负担的债务，对夫妻双方具有拘束力，但该约定不能对抗善意相对人

〔**规则描述**〕：夫妻个人债务，是指夫妻一方与共同生活无关或者依法约定为个人所负担的债务。婚姻关系存续期间或婚姻关系开始之前，夫妻双方可书面约定某一项或多项债务由夫或妻一方负担。夫妻双方约定由个人负担的债务，对夫妻双方具有拘束力，但该约定不能对抗善意相对人。

夫妻个人债务区别于夫妻共同债务，二者的区别可通过两个标准来判断：一是夫妻双方有无共同举债的合意。如果夫妻有共同举债的合意，则不论该债务所带来的利益是否为夫妻共享，该债务均应认定为共同债务。二是该债务是否用于夫妻共同生活，夫妻是否分享了债务所带来的利益。尽管夫妻事先或事后没有共同举债的合意，但该债务发生后，夫妻双方共同分享了该债务所带来的利益，则同样应视为共同债务。一项债务若为夫妻共同债务，应当由夫妻共同偿还；夫妻双方约定为个人债务的，该约定在夫妻关系内部具有约束力，不得对抗善意相对人。

一、类案检索大数据报告

数据采集时间：2020年7月6日；案例来源：Alpha案例库；案件数量：242件。本次检索获取2020年7月6日前共242篇裁判文书。案件裁判结果分布情况如图6－1所示，婚姻关系存续期间，夫妻双方约定债务由个人负担的民事案例中，判决认定为夫妻一方个人债务的案件为159件，占比约65.70%；判决认定为夫妻双方共同债务的案件为52件，占比约21.49%；重复案件为18件，占比约7.44%；执行案件为13件，占比约5.37%。

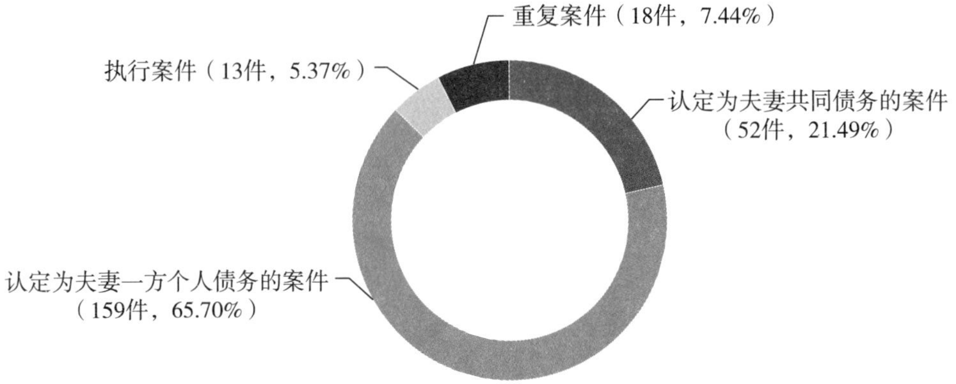

图 6 -1 案件裁判结果分布情况

如图 6 -2 所示,从案件年份分布情况可以看出当前条件下案件数量的变化趋势。

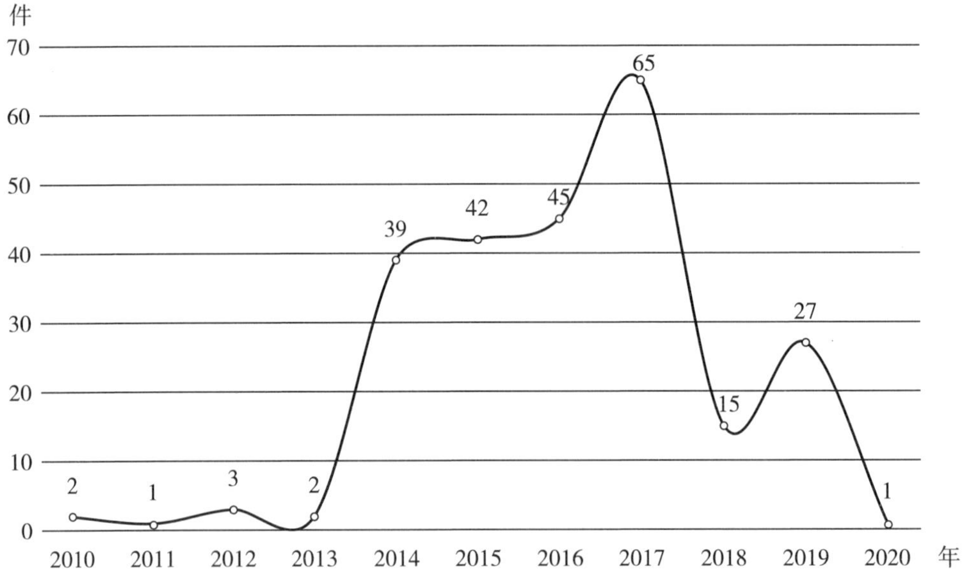

图 6 -2 案件年份分布情况

如图 6 -3 所示,从案件地域分布情况来看,当前条件下案件主要集中在广东省、云南省、四川省、湖南省及河南省等地区,其中广东省的案件数量最多,有 91 件,占比约 37.60%。

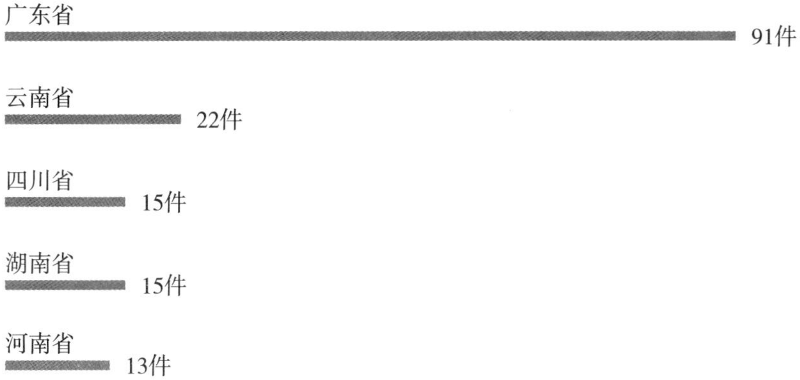

图6-3　案件主要地域分布情况

如图6-4所示，从案件案由分类情况可以看出，当前条件下案件的案由分布由多至少分别是民间借贷纠纷190件，占比约78.51%；金融借款合同纠纷、离婚纠纷各13件，占比各约为5.37%；买卖合同纠纷11件，占比约4.55%；其他案由9件，占比约3.72%；执行异议之诉6件，占比约2.48%。

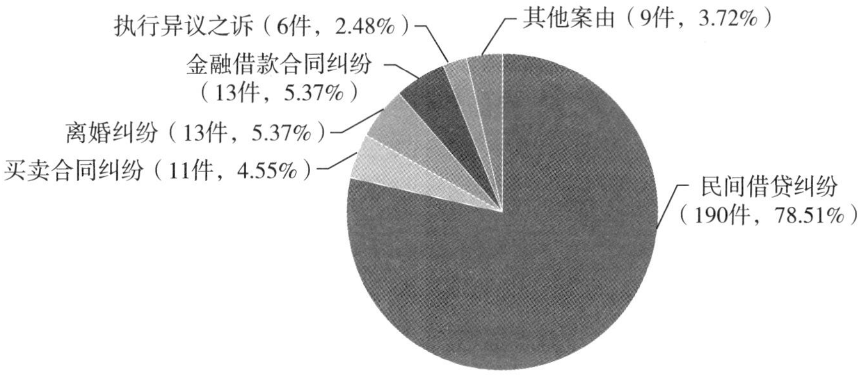

图6-4　案件案由分类情况

如图6-5所示，从案件审理程序分布情况可以看出，去掉18件重复案件，当前条件下案件的审理程序分布由多至少分别是一审案件114件，占比约50.89%；二审案件76件，占比约33.93%；再审案件21件，占比约9.38%；执行案件13件，占比约5.80%。

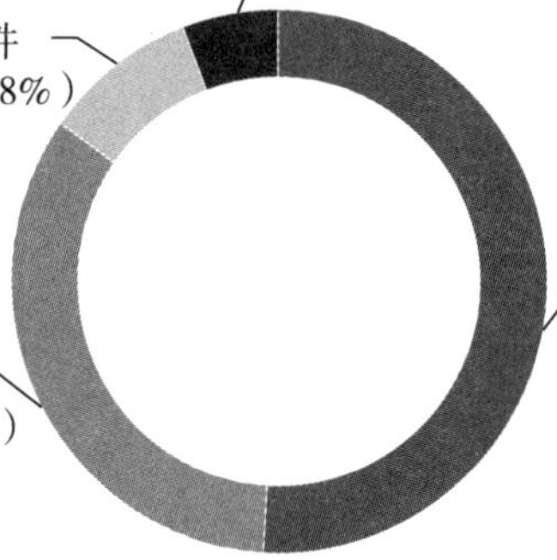

图 6－5 案件审理程序分布情况

二、可供参考的例案

例案一 | 熊某、赵某、王某秋民间借贷纠纷再审案

【法院】

四川省高级人民法院

【案号】

(2018)川民再684号

【当事人】

再审申请人(一审被告、二审上诉人):熊某

被申请人(一审原告、二审被上诉人):赵某

被申请人(一审第三人、二审被上诉人):王某秋

【基本案情】

2013年12月27日至2014年1月3日,赵某多次转款合计500万元给福建路港(集团)有限公司成都第二分公司;2013年12月27日,赵某转款50万元给王某秋;2014年5月6日,赵某转款20万元给王某秋。2014年3月12日,赵某与王某秋签订《项目投资合作协议书》,约定赵某出资550万元,投资项目为宜宾港保税物流中心(B型)施工项目,投资款已于2013年12月27日至2014年1月3日分批转到王某秋指定账户,赵某所投资本金为包干固定收益:月息3.5%,投资本金在2014年10月30日以前至少回收70%,其余30%本金和固定收益在2014年12月31日前全部回收(因业主方高压线拆除延后而导致的工期延长除外,投资期限为

合同签订起至2014年12月21日）。2015年1月10日，王某秋向赵某出具《情况说明》，载明：王某秋于2014年3月12日签订《项目投资合作协议书》后，赵某分6次出资570万元投入王某秋内部承包的宜宾港保税物流中心（B型）施工项目，赵某并没有参加日常管理，人、财、物均由王某秋支配，赵某所作570万元之投资实质为王某秋向其个人借款，投资收益约定实际为借款利息约定，投资回收时间实际为借款归还时间，相关借款中的500万元系王某秋本人要求赵某直接打入福建路港（集团）有限公司成都第二分公司账户，另外70万元（一笔50万元，另一笔20万元）转入王某秋个人账户。

2015年1月14日，赵某向法院起诉，要求王某秋归还借款570万元及利息。同年1月20日，在法院的主持下，双方达成调解协议，（2015）泸民初字第26号民事调解书载明：王某秋欠赵某借款本金570万元及利息，王某秋于2015年1月21日前还清全部本息。

另查明，王某秋与熊某于1999年12月28日结婚。2014年8月18日，双方在民政局的主持下协议离婚，离婚协议之一载明：宜宾港保税物流中心（B型）施工项目的盈利归王某秋所有，项目实施过程中用于项目的借款及利息、项目亏损及债务由王某秋负责承担。一审法院判决熊某对王某秋在（2015）泸民初字第26号民事调解书中所确定的履行金钱给付义务（借款本金570万元及利息）承担连带清偿责任。

熊某不服一审判决，向四川省泸州市中级人民法院上诉。二审法院经审理判决驳回上诉，维持原判。熊某不服四川省泸州市中级人民法院民事判决，向四川省高级人民法院申请再审。

四川省高级人民法院另查明，熊某在再审庭审中提交两组材料作为新证据：（1）四川天地源土地资源房地产公司出具的熊某工作证明一份，证明熊某一直在四川天地源土地资源房地产公司上班，有固定收入，没有参与王某秋宜宾港保税物流中心（B型）施工项目的经营管理；（2）2015年9月16日（2015）江阳民初字第4497号民事调解书证明王某秋向刘某华借投资款，也是用于涉案的建设项目，王某秋投资是个人行为，熊某对刘某华的借款和本案都不知情。

赵某质证认为：（1）证据1是熊某所在单位出具，该单位无从知道熊某的家庭状况，特别是对外经营投资的状况，该单位所出具的证明与基本常情不符。就证明内容本身来看，不具有客观真实性，在一审中双方所举熊某与王某秋的离婚协议书上面载明熊某本人清楚涉案项目工程。根据最高人民法院证据规则和《民事诉讼法》及相应司法解释的规定，该证据不是程序法所载明的新证明，因此不能作为认定本案事实的依据；(2)关于证据2，调解书不属于现行诉讼法规定的新证据范畴，依法在本案中不应采信，从该调解书的内容来看，与本案无关。对熊某提交的民事调解书不能作为认定本案事实的依据。

【案件争点】

熊某是否应对案涉款项承担连带清偿责任。

【裁判要旨】

四川省高级人民法院经审查认为：在王某秋与赵某签订名为合作投资协议实为借款协议时，王某秋与熊某仍系夫妻关系，但在该协议签订时，熊某不在场，且熊某与王某秋于2013年3月起就处于分居状态，王某秋自述其并未告知熊某该借款事实。王某秋的借款与投资项目的收益均未用于夫妻共同生活、生产经营。王某秋与熊某于2014年8月18日离婚，离婚协议载明：宜宾港保税物流中心(B型)施工项目的盈利归王某秋所有，项目实施过程中用于项目的借款及利息、项目亏损及债务由王某秋负责承担。赵某未能举证证明该离婚协议的约定是为逃避债务。根据《离婚案件处理财产分割问题若干意见》第17条第2款[①]第1项、第3项“下列债务不能认定为夫妻共同债务，应由一方以个人财产清偿：(1)夫妻双方约定由个人负担的债务，但以逃避债务为目的的除外。……(3)一方未经对方同意，独自筹资从事经营活动，其收入确未用于共同生活所负的债务”的规定，赵某以属于夫妻共同债务为由主张权利，要求熊某承担连带清偿责任，不予支持。故一审、二审判决熊某对案涉款项承担连带清偿责任不当，应予以纠正。综上所述，一审、二审判决认定事实清楚，但适用法律错误。熊某的再审申请理由成立，应予以支持。

例案二 | 林某明、华某红与植某华等民间借贷纠纷再审案

【法院】

广东省高级人民法院

【案号】

(2014)粤高法审监民提字第68号

① 参见《民法典》第1064条及第1065条第3款。

【当事人】

抗诉机关：广东省人民检察院

申诉人（一审被告、二审上诉人）：林某明

申诉人（一审被告、二审上诉人）：华某红

被申诉人（一审原告、二审被上诉人）：植某华

二审上诉人（一审被告）：叶某娴

一审被告：黄某军

【基本案情】

2009年1月15日，黄某军以承包供电局工程为名向植某华借现金30万元，黄某军并当即立下借条给植某华；后黄某军又以工程资金不足为由，于2009年1月23日再次向植某华借现金10万元，林某明也见植某华在其车上当场点了10万元现金交给黄某军，之后，黄某军写下借条并和林某明共同在借条上签名，同时，黄某军让林某明在之前立给植某华的30万元的借条上补签上了其名。由于该两笔借款至今没偿还，植某华提起诉讼，要求林某明与黄某军共同清偿借款本金40万元，并按银行同期贷款利率支付利息至清偿借款之日止，并要求林某明的妻子华某红和黄某军的妻子叶某娴承担连带清偿责任。庭审时，植某华陈述黄某军与林某明向其借款是用于共同承包工程；林某明则辩称，黄某军以其师傅要用钱为由向植某华借钱，因植某华要求黄某军找人担保借款，黄某军找到林某明，让其作为借款担保人，所以林某明才在借条上借款人处签名。

黄某军与叶某娴于2006年12月11日登记结婚，2009年4月14日协议离婚，《离婚协议书》第3条约定："双方共同所有位于韶关市武江区沙洲尾××新城×××小区×幢××楼804房房地产所有权归女方，由于该房是银行按揭购买，暂不能进行房地产权证更换业主姓名，男方必须在按揭期满后协助女方办理变更的一切手续，余下按揭款项由女方负责"，第4条约定："双方确认在婚姻关系存续期间没有发生任何共同债务，任何一方如对外负有债务时，由负债方自行处理"。植某华在庭审时提交了借条、林某明与华某红、黄某军与叶某娴的户籍证明复印件等证据以证明其诉讼主张；叶某娴提交了离婚证及离婚协议书、房产证、地税完税证等，叶某娴还申请了证人黄某乙、赖某、彭某到庭作证，以证明其抗辩主张。

韶关市浈江区人民法院判决黄某军、林某明应共同偿还所欠原告植某华借款40万元，被告叶某娴、华某红对上述借款承担连带清偿责任。

林某明、华某红、叶某娴均不服一审判决，向韶关市中级人民法院提出上诉。

韶关市中级人民法院二审查明,林某明、华某红对一审判决查明事实部分中认定"被告黄某军以承包工程为名借款""后又以工程资金不足为由借款"提出异议,认为没有事实依据;认为林某明在"2009 年 1 月 15 日借条上签名"的性质是担保人,植某华是否实际支付 30 万元借款给黄某军其不清楚;华某红称其不知道林某明出具借条一事,对其余事实部分没有异议。叶某娴对一审判决认定事实部分有异议:(1)对"以承包工程款为名借款"有异议,认为与事实不符,植某华并不能举证证实;(2)对涉案借条的真实性有异议,认为其没有参与借款,借条是否由黄某军出具不清楚。因此,其对借条的真实性提出质疑。同时其认为,黄某军有赌博恶习,不排除涉诉款是赌债。植某华对一审判决查明事实部分没有提出异议。黄某军经合法传唤,未到庭参与二审调查、询问。

二审期间,林某明、华某红、叶某娴分别向二审法院提出测谎申请,对涉诉借款的合法性提出质疑。叶某娴为此向二审法院提交了韶关市武江区人民法院于2011 年 5 月 17 日作出的(2010)韶武法民一初字第 1044 号民事裁定书,该案为黄某甲胜诉黄某军、叶某娴民间借贷纠纷。叶某娴称,因对借款理由及真实性存疑,故其向武江区人民法院提出测谎申请,武江区人民法院委托二审法院摇珠确定鉴定机构,在确定鉴定机构后原告黄某甲撤回起诉。再查明,一审期间,叶某娴向一审法院申请多名证人出庭作证,证明黄某军有赌博的恶习。一审期间,植某华还向一审法院提交了一份《关于借款给黄某军和林某明的情况说明》,并附有账号为 20 × × ×68,户名为植某华的中国工商银行乳源支行的银行存折复印件,证实 2009 年 1 月 15 日植某华确从该账户上提取现金 128,000 元。

韶关市中级人民法院经审理判决驳回上诉,维持原判。

上述判决发生法律效力后,韶关市中级人民法院经院长提交审判委员会讨论决定,于 2011 年 12 月 5 日作出(2011)韶中法民申字第 64 号民事裁定书,裁定本案由韶关市中级人民法院另行组成合议庭再审。

韶关市中级人民法院再审在二审查明事实的基础上还查明:(1)2009 年 4 月 14 日,黄某军与叶某娴协议离婚,而黄某军除于 2009 年 1 月 15 日及 1 月 23 日与林某明向植某华借现金合计 40 万元之外,还于 2009 年 4 月 6 日及 7 月 14 日向植某华借款合计 8 万元。其间,黄某军与叶某娴并无购车或一次性支付购房款等大宗家庭财务支出及投资。而植某华称黄某军因承接了供电局的工程而向其借款,但一直没有向法庭提供相关的证据予以证实。(2)黄某军借款时是韶关市供电局的职工,叶某娴也是韶关电厂的职工,双方的收入均较高。

广东省人民检察院抗诉认为，韶关市中级人民法院再审判决认定的基本事实缺乏证据证明，导致实体处理不当，根据《民事诉讼法》第200条第2项和第208条之规定，向广东省高级人民法院提出抗诉，请求依法再审。

广东省高级人民法院再审查明，林某明在一审答辩状中称"黄某军清点后就叫我写了张10万元的借条，并且由我与黄某军签名"，二审调查、询问笔录亦承认该10万元借条是其写的，对此植某华不持异议。故10万元借条是由林某明书写，并与黄某军共同签名的。原审法院查明的"被告黄某军写下(10万元)借条并和被告林某明共同在借条上签名"与事实不符，法院予以纠正。

【案件争点】

案涉债务是否为林某明、华某红的夫妻共同债务，华某红是否应承担连带清偿责任。

【裁判要旨】

广东省高级人民法院经审理认为：本案中，黄某军、林某明以个人名义向植某华借款人民币40万元，该债务是否可认定为林某明、华某红的夫妻共同债务，需要考虑债务是否用于夫妻共同生活，即夫妻有无共同举债的合意及是否分享了债务所带来的利益。涉案债务虽然形成于林某明和华某红婚姻关系存续期间，植某华主张黄某军、林某明向其借款用于承包供电局工程，但没有证据显示黄某军、林某明有承接供电局工程，且植某华不认识华某红，与林某明在涉案债务发生前也互不认识，没有证据证明林某明和华某红双方存在举债的合意。林某明是韶关发电厂职工，不以承包工程为业，华某红有村民分红，夫妻双方都有固定收入，该巨额债务超出了日常家务代理的范围，没有证据证明华某红分享了该债务所带来的利益，也没有证据证明该债务用于林某明、华某红的夫妻共同生活，亦没有证据证明该债务用于林某明、华某红夫妻双方应履行的抚养、赡养等法定义务或者道德义务。因此，涉案债务应按林某明的个人债务处理，华某红不承担连带清偿责任。原审判决华某红承担连带清偿责任属适用法律错误，法院予以纠正。

例案三 | 陈某业诉包某妹、叶某耀民间借贷纠纷案

【法院】

浙江省温州市中级人民法院

【案号】

(2010)浙温商终第974号

【当事人】

上诉人(原审被告):包某妹

上诉人(原审被告):叶某耀

被上诉人(原审原告):陈某业

【基本案情】

陈某业持有落款时间为2009年6月26日的借条一份,内容包括“今借陈某业人民币壹拾万元整”“小写100,000元”“使用期半年归还”“利2分”。借款人一栏由包某妹署名签字并加捺指印。陈某业另持有落款时间为2009年9月5日、抬头栏为“借条转欠条”一份,内容包括“今欠陈某业人民币贰拾万元整”“小写200,000元”“欠利息叁仟元”“利息1.5分,每月3000元整”“使用时间3个月归还”。借款人一栏由包某妹署名签字并加捺指印。2010年2月13日,陈某业向叶某出具收条一份,内容为“今收叶某人民币叁万元”。另查明,包某妹与叶某耀系夫妻关系,叶某系二人之子。在诉讼过程中,包某妹确认收取陈某业交付的借款共计30万元。陈某业自认,包某妹对落款时间为2009年6月26日借款,已支付利息至2009年8月26日;落款时间为2009年9月5日借款,已支付利息至2009年8月5日,故在欠条上标注欠利息3000元。案外人叶某交付的3万元系偿还本案借款。一审法院判决:包某妹、叶某耀于判决生效之日起1个月内共同偿付陈某业借款30万元及利息。上诉人包某妹、叶某耀不服一审法院判决,向浙江省温州市中级人民法院提起上诉。

【案件争点】

案涉借款是否系叶某耀、包某妹夫妻共同债务,是否应当由叶某耀、包某妹夫妻共同偿还。

【裁判要旨】

上诉人包某妹向被上诉人陈某业借取30万元的事实,由包某妹出具借条及庭审中陈述为证,应当予以确认。上诉人陈某业、包某妹认为,本案借款系包某妹用于赌博,属于包某妹个人债务。在本案诉讼中,叶某耀诉称包某妹有赌博的恶习,所借款项用于赌博。但是,没有充分证据证实被上诉人陈某业出借时,明知包某妹将该款用于赌博;没有证据证明陈某业事先知道叶某耀、包某妹及家庭其他人员签订《家庭协议书》,而包某妹所负债务由其个人负责偿还;没有证据表明陈某业与包某妹之间约定本案借款属包某妹个人债务。事实上，本案债务发生在上诉人陈某业、包某妹婚姻关系存续期间，作为夫妻一方的包某妹向陈某业借款，既然不能认定该借款属于包某妹个人债务，就应当认定为夫妻共同债务。

有关陈某业收取案外人叶某3万元的性质问题。在诉讼中，包某妹出具该收条，拟证明其子叶某代为归还本金3万元。陈某业也承认收取3万元，但是，其认为该3万元应当是先偿还利息。法院认为，在借款案件中，当债务人给付不足以清偿全部债务，并且双方没有约定的，其抵充顺序应当是先利息后本金。本案中，包某妹不仅借款本金未偿还，还尚欠部分利息，在此种情况下，由叶某代付的3万元只能认定抵充本案借款利息，而不能作为本金扣除。

综上所述，本案借款系叶某耀、包某妹夫妻共同债务，应当由叶某耀、包某妹夫妻共同偿还，其子叶某代还的3万元，应先抵充尚欠利息，对此，一审法院处理正确，二审法院予以支持；叶某耀、包某妹上诉理由不足，不予采纳。

三、裁判规则提要

（一）夫妻个人债务概念辨析

1. 夫妻个人债务的概念

夫妻个人债务，是指夫妻一方与共同生活无关或者依法约定为个人所负担的债务。根据《民法典婚姻家庭编解释（一）》第69条第2款之规定，夫妻双方约定由个人承担的债务，应由一方以个人财产清偿，该约定对双方具有法律约束力。因此，婚姻关系存续期间，夫妻双方可书面约定某一项或多项债务由夫或妻一方负担；约定一旦形成，在夫妻关系内部，该债务应属于夫妻一方的个人债务。在对外关系上，该约定不能对抗善意相对人。

夫妻约定一项或多项债务由夫妻一方个人负担，可以在婚前约定，也可以在婚后约定。但该约定应当具备以下条件：（1）该约定应为夫妻双方的真实意思表示。夫妻双方作出债务负担的约定时，应当遵循平等、自愿、公平的原则。（2）约定的内容必须合法。合法，是指债务约定的内容必须符合法律、法规的规定。夫妻双方不得以逃避债务为目的作出夫妻之间债务负担的约定。同时，该约定也不得损害国家、集体和他人的利益。（3）约定应当以书面形式作出。《民法典》规定，夫妻之间关于财产、债务的约定必须采用书面形式，口头约定无效。

2. 夫妻个人债务与夫妻共同债务

与夫妻个人债务不同，一般认为，夫妻共同债务是指夫妻双方因婚姻共同生活及在婚姻关系存续期间履行法定扶养义务所负的债务,包括夫妻在婚姻关系存续期间为解决共同生活所需的衣食住行医等活动以及履行法定义务和共同生产、经营过程中所负的债务。

理论上通常用两个标准来判断夫妻之间债务的性质:一是夫妻有无共同举债的合意。如果夫妻有共同举债的合意,则无论该债务所带来的利益是否为夫妻共享,该债务应认定为共同债务。二是夫妻是否分享了债务所带来的利益。尽管夫妻事先或事后没有共同举债的合意,但该债务发生后,夫妻双方共同分享了该债务所带来的利益,则同样应视为共同债务。

个人债务应当由举债方负责,配偶另一方无须承担任何责任,而夫妻共同债务应当由夫妻双方承担连带清偿责任。

(二)夫妻约定债务由个人负担之法律效力

婚姻关系存续期间,夫妻双方以书面形式约定一项或多项债务由夫妻一方个人负担的,在对内关系中,该债务属于夫妻一方个人债务,应当由债务方承担清偿责任。在对外关系中,若能证明相对人知悉夫妻双方关于债务的相关约定的,应受该约定的约束;若无法证明相对人知悉夫妻双方关于债务的相关约定的,则该约定不能对抗该相对人。

具体分析如下:

1. 夫妻约定债务由个人负担,该约定对夫妻双方具有约束力

《民法典》第 1065 条规定,夫妻双方可以对婚姻关系存续期间所得的财产及婚前财产作出约定,该约定对双方具有约束力,且约定应当采用书面形式。《民法典婚姻家庭编解释(一)》第 69 条第 2 款规定,离婚协议中关于财产分割的条款或者当事人因离婚就财产分割达成的协议,对夫妻双方具有法律约束力。因此,夫妻双方对婚姻关系存续期间的债务负担作约定的,应当以书面形式进行;约定一旦形成,即对夫妻双方具有拘束力。司法实践中,若夫妻双方约定由个人负担的债务被认定为夫妻共同债务,并由夫妻双方共同偿还的,非举债方承担清偿责任后,有权依据双方的约定向举债方追偿。

依据《民法典》第 1065 条第 3 款的规定,夫妻对婚姻关系存续期间所得的财产约定归各自所有,夫或者妻一方对外所负的债务,相对人知道该约定的,以夫或者妻一方的个人财产清偿。夫妻双方约定由个人负担的债务,不能认定为夫妻共同债务,应由夫妻一方以个人财产清偿。在司法实践中,存在夫妻双方以逃避债务为

目的作出夫妻债务由个人负担的约定,因该约定损害了债权人的利益,不具有法律效力;所涉债务仍应认定为夫妻共同债务,由夫妻双方承担连带清偿责任。

2. 夫妻之间关于债务的约定不得对抗善意相对人

夫妻双方约定由个人负担的债务,对夫妻双方具有拘束力;但夫妻双方对债务负担的约定将直接影响相对人即债权人的权益,甚至可能影响国家、集体的利益,该约定不能对抗善意相对人。具体而言,依据《民法典》第 1065 条第 3 款之规定,夫妻对婚姻关系存续期间所得的财产约定归各自所有的,夫或妻一方对外所负的债务,相对人知道该约定的,以夫或妻一方所有的财产清偿。夫妻双方约定分别财产制后,在对外债务承担方式上,该约定不得对抗善意相对人。同理,夫妻双方约定债务由个人负担之后,在对外关系上,该约定不得对抗善意相对人。夫妻双方以书面约定债务由夫妻一方个人负担的,若有证据证明相对人知道该约定的,该约定对相对人产生法律约束力;若没有证据证明相对人知道该约定的,则该约定不得对抗相对人,所涉纠纷之债务应当认定为夫妻共同债务,并由夫妻双方共同偿还。

一般认为,夫妻双方关于债务负担的约定要对相对人产生约束力,应当履行公示程序;否则该约定之效力仅局限于夫妻关系内部,对外不产生法律效力。关于夫妻债务负担约定的公示形式问题,我国《民法典》及相关法律规定中并未具体规定。对于夫妻之间债务负担约定的公示方式,有以下参考方案:(1)在婚姻登记机关登记;(2)将约定之内容在当地具有影响力的报刊、杂志上予以公告;(3)夫妻双方在签订债务协议时,以书面形式将该约定的内容告知债权人;(4)向当地具有管辖权的公证机构办理公证。但无论以何种方式将约定的内容予以公示,该公示应当便于不特定的相对人查阅。

(三)夫妻约定债务由个人负担纠纷的举证责任分配

夫妻双方约定由个人负担的债务,对夫妻双方具有拘束力,但该约定不能对抗善意相对人。在司法实践中,如何认定夫妻债务负担之约定是否对相对人产生约束力以及涉案债务是否应当认定为夫妻个人债务至关重要。为解决该问题,应当将举证责任在夫妻双方及债权人之间做适当分配。

由于区别夫妻个人债务和夫妻共同债务的标准是夫妻双方有无共同举债的合意以及该债务是否用于夫妻共同生活,夫妻是否分享了债务所带来的利益,因此,夫妻约定债务由个人负担纠纷中,举证责任应做如下分配:在外部关系上,债权人应当初步证明该债务用于夫妻双方的共同生活;同时,债权人可以举证证明其不知道夫妻双方关于债务由个人负担的约定。在内部关系中,一方面,由举债方证明债务是用于夫妻共同生活,夫妻双方分享了该债务所带来的利益;由非举债方证明夫妻双方约定该债务由个人负担,且该债务未用于夫妻共同生活,其并未分享到该债务所带来的利益。另一方面,夫或妻一方若有证据证明债权人知道夫妻双方约定该债务由个人负担的,则该债务应认定为举债方的个人债务。

综上所述,夫妻约定债务由个人负担的,该约定在夫妻关系内部具有约束力,但未经公示,不得对抗善意相对人。

四、辅助信息

高频词条:

《民法典》

第518条 债权人为二人以上,部分或者全部债权人均可以请求债务人履行债务的,为连带债权;债务人为二人以上,债权人可以请求部分或者全部债务人履行全部债务的,为连带债务。

连带债权或者连带债务,由法律规定或者当事人约定。

第519条 连带债务人之间的份额难以确定的,视为份额相同。

实际承担债务超过自己份额的连带债务人,有权就超出部分在其他连带债务人未履行的份额范围内向其追偿,并相应地享有债权人的权利,但是不得损害债权人的利益。其他连带债务人对债权人的抗辩,可以向该债务人主张。

被追偿的连带债务人不能履行其应分担份额的,其他连带债务人应当在相应范围内按比例分担。

第674条 借款人应当按照约定的期限支付利息。对支付利息的期限没有约定或者约定不明确,依据本法第五百一十条的规定仍不能确定,借款期间不满一年的,应当在返还借款时一并支付;借款期间一年以上的,应当在每届满一年时支付,剩余期间不满一年的,应当在返还借款时一并支付。

第675条 借款人应当按照约定的期限返还借款。对借款期限没有约定或者约定不明确,依据本法第五百一十条的规定仍不能确定的,借款人可以随时返还;贷款人可以催告借款人在合理期限内返还。

第1065条 男女双方可以约定婚姻关系存续期间所得的财产以及婚前财产归各自所有、共同所有或者部分各自所有、部分共同所有。约定应当采用书面形式。没有约定或者约定不明确的，适用本法第一千零六十二条、第一千零六十三条的规定。

夫妻对婚姻关系存续期间所得的财产以及婚前财产的约定，对双方具有法律约束力。

夫妻对婚姻关系存续期间所得的财产约定归各自所有，夫或者妻一方对外所负的债务，相对人知道该约定的，以夫或者妻一方的个人财产清偿。

第1087条 离婚时，夫妻的共同财产由双方协议处理；协议不成的，由人民法院根据财产的具体情况，按照照顾子女、女方和无过错方权益的原则判决。

对夫或者妻在家庭土地承包经营中享有的权益等，应当依法予以保护。

第1089条 离婚时，夫妻共同债务应当共同偿还。共同财产不足清偿或者财产归各自所有的，由双方协议清偿；协议不成的，由人民法院判决。

《民法典婚姻家庭编解释（一）》

第33条 债权人就一方婚前所负个人债务向债务人的配偶主张权利的，人民法院不予支持。但债权人能够证明所负债务用于婚后家庭共同生活的除外。

第34条 夫妻一方与第三人串通，虚构债务，第三人主张该债务为夫妻共同债务的，人民法院不予支持。

夫妻一方在从事赌博、吸毒等违法犯罪活动中所负债务，第三人主张该债务为夫妻共同债务的，人民法院不予支持。

第69条 当事人达成的以协议离婚或者到人民法院调解离婚为条件的财产以及债务处理协议，如果双方离婚未成，一方在离婚诉讼中反悔的，人民法院应当认定该财产以及债务处理协议没有生效，并根据实际情况依照民法典第一千零八十七条和第一千零八十九条的规定判决。

当事人依照民法典第一千零七十六条签订的离婚协议中关于财产以及债务处理的条款，对男女双方具有法律约束力。登记离婚后当事人因履行上述协议发生纠纷提起诉讼的，人民法院应当受理。

《民间借贷规定》

第25条 出借人请求借款人按照合同约定利率支付利息的，人民法院应予支持，但是双方约定的利率超过合同成立时一年期贷款市场报价利率四倍的除外。

前款所称“一年期贷款市场报价利率”，是指中国人民银行授权全国银行间同业拆借中心自2019年8月20日起每月发布的一年期贷款市场报价利率。

夫妻共同债务纠纷案件裁判规则第7条：

夫妻一方以自己名义举债时，明确约定债务由夫妻一方承担，或者明确约定债务用途，该用途明显并非用于夫妻共同生活或者夫妻共同生产经营的，应由夫妻一方承担责任

〔**规则描述**〕：禁止反言，是指人们从事民事活动、民事诉讼时，在做出相应的言行后，要对自己的言行负责，为己利而意欲推翻此前之言行的做法为法律所禁止。我国法律及司法解释中并无"禁止反言"的称谓和明确规定，但该原则体现于民商事实体法、程序法的具体条文中，也体现于人民法院具体司法实践中。如根据《民法典》第658条第2款的规定，具有救灾、扶贫、助残等公益、道德义务性质的赠与合同，赠与人在赠与财产前不允许撤销赠与，即体现了赠与人不得违反先前赠与承诺的原则。《民事诉讼证据若干规定》第3条第1款规定："在诉讼过程中，一方当事人陈述的于己不利的事实，或者对于己不利的事实明确表示承认的，另一方当事人无需举证证明。"第9条第1款进一步规定："有下列情形之一，当事人在法庭辩论终结前撤销自认的，人民法院应当准许：（一）经对方当事人同意的；（二）自认是在受胁迫或者重大误解情况下作出的。"即《民事诉讼法》不允许随意撤销之前自认。在夫妻一方以自己名义举债时，明确约定债务由夫妻一方承担，或者明确约定债务用途，该用途明显并非用于夫妻共同生活或者夫妻共同生产经营的，应由夫妻一方承担责任，债务人反悔要求夫妻共同承担责任的，违反禁止反言原则，人民法院不予支持。同理，夫妻以一方名义举债时，配偶明确表示同意，或者在诉讼中通过诉讼行为认可系共同债务，之后又反悔认为不属夫妻共同债务，不应承担责任的，亦违反禁止反言原则，人民法院不予支持。

一、类案检索大数据报告

数据采集时间：2020年7月8日；案例来源：Alpha案例库；案件数量：562件。本次检索获取2020年7月8日之前共562篇裁判文书。案件裁判结果分布情况如图7-1所示，其中认定构成夫妻共同债务的案件349件，占比约62.10%；认定

不构成夫妻共同债务的案件64件，占比约11.39%；重复和不相关案件149件，占比约26.51%。

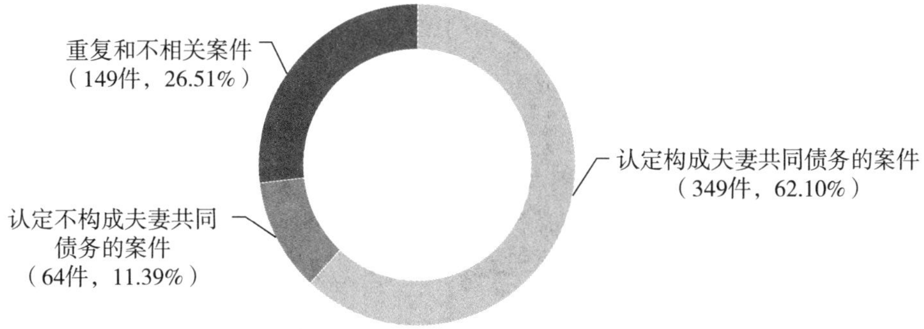

图7－1 案件裁判结果分布情况

如图7－2所示，从案件年份分布可以看出当前条件下案件数量的变化趋势。

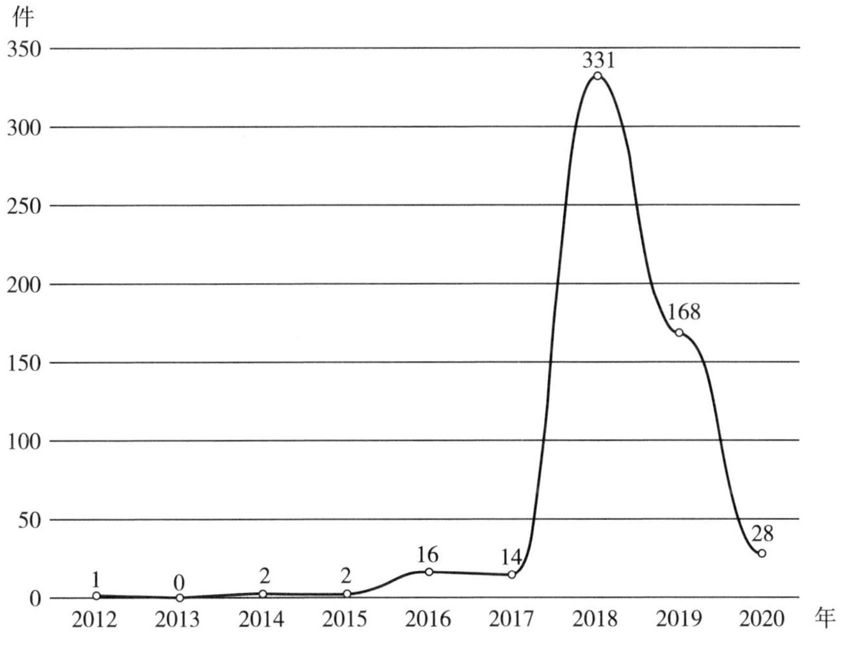

图7－2 案件年份分布情况

如图7－3所示，从案件地域分布来看，当前条件下案件主要集中在福建省、广东省、江苏省，其中福建省的案件数量最多，达到116件，占比约20.64%。

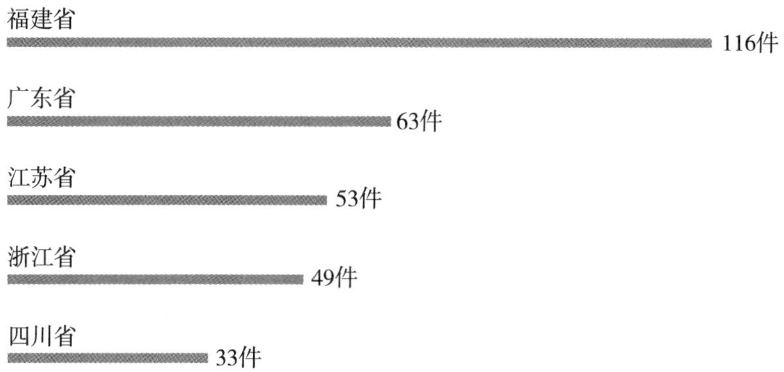

图7-3 案件主要地域分布情况

如图7-4所示,从案件案由分类情况可以看出,当前条件下案件的案由分布由多至少分别是合同、无因管理、不当得利纠纷560件,占比约99.64%;婚姻家庭、继承纠纷2件,占比约0.36%。

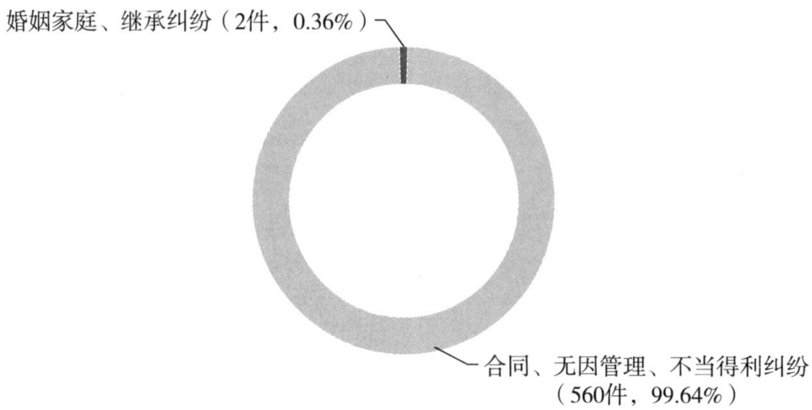

图7-4 案件案由分类情况

如图7-5所示,从案件审理程序分布情况可以看出,当前条件下案件的审理程序分布由多至少分别是一审案件413件,占比约73.49%;二审案件108件,占比约19.22%;再审案件41件,占比约7.29%。

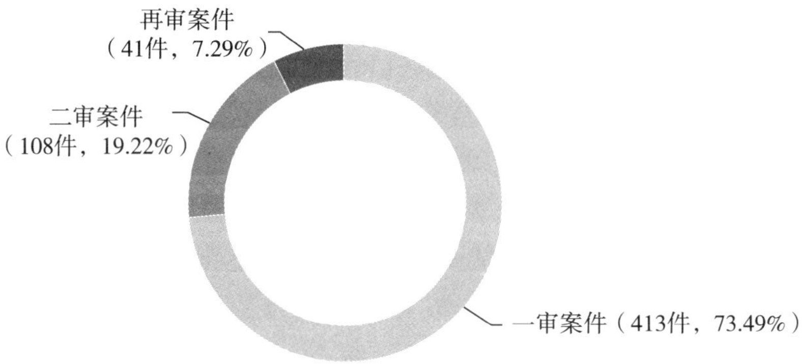

图 7－5 案件审理程序分布情况

二、可供参考的例案

例案一 | 林某、陈某晔与福建春秋文化发展有限公司民间借贷纠纷案

【法院】

最高人民法院

【案号】

(2018)最高法民再 20 号

【当事人】

再审申请人(一审被告、二审被上诉人):林某

再审申请人(一审被告、二审被上诉人):陈某晔

被申请人(一审原告、二审上诉人):福建春秋文化发展有限公司

【基本案情】

林某出具《借据》一份,主要内容为:“本人兹向福建春秋文化发展有限公司借款人民币贰仟万元整。请将上述借款汇入户名鑫贸公司、账号 31 × × ×10、开户行中国建设银行上海宝钢宝山支行。款到账之日起计算,借款期限 2013 年 3 月 11 日至 2013 年 5 月 10 日,还款届满时未能还清本息,应按未还款的日千分之三付违约金,特立此据。本借据正式失效日为款项汇入借款约定账户日。”《借据》落款时间为 2013 年 3 月 11 日。福建春秋文化发展有限公司(以下简称春秋公司)分别于 2013 年 3 月 7 日、3 月 11 日、3 月 12 日向鑫贸公司汇款 600 万元、800 万元、600 万元,共计 2000 万元,汇款凭证上载明“用途:往来款”。陈某晔与林某于 2011 年 2

月 17 日登记结婚，于 2014 年 3 月 1 日协议离婚。

福建省福州市中级人民法院一审认为：依据春秋公司提交的汇款凭证，案涉 2000 万元借款分别于 2013 年 3 月 7 日至 12 日汇入鑫贸公司账户。林某出具《借据》的落款时间为 2013 年 3 月 11 日，而在《借据》出具的当天及此前，春秋公司就已向案外人鑫贸公司汇款 1400 万元，且诉争《借据》最后载明“本借据正式失效日为款项汇入借款约定账户日”，民间借贷案件应以借款实际发放为借款合同生效的要件，合同中一般无须再约定生效日期，故春秋公司关于《借据》中“失效”实为“生效”，系笔误的主张不能成立。结合诉争《借据》该项特殊约定，林某关于春秋公司出借款项时就已明知其不是实际借款人，仅是中间人的抗辩，可信度更高，予以采信。因春秋公司出借款项均已汇入指定账户，故依《借据》的该特殊约定，诉争《借据》已于 2013 年 3 月 12 日失效，不具有法律效力。春秋公司在出借款项时已明知诉争 2000 万元款项实际借款人并非林某，却仍依据已失效的《借据》诉请林某还款，并要求陈某晔承担共同还款责任，于法无据，不予支持。

春秋公司不服福建省福州市中级人民法院（2015）榕民初字第 873 号民事判决，向福建省高级人民法院提起上诉。

福建省高级人民法院认为，春秋公司与林某的《借据》系双方真实意思表示，未违反法律强制性规定，合法有效。春秋公司与林某之间构成民间借贷法律关系。春秋公司依约定分别于 2013 年 3 月 7 日、3 月 11 日、3 月 12 日向《借据》指定收款人鑫贸公司汇款 600 万元、800 万元、600 万元，共计 2000 万元，春秋公司履行了出借款项之义务。借款到期后，林某依约应承担还款义务。根据《婚姻法解释（二）》第 24 条①的规定：“债权人就婚姻关系存续期间夫妻一方以个人名义所负债务主张权利的，应当按夫妻共同债务处理。但夫妻一方能够证明债权人与债务人明确约定为个人债务，或者能够证明属于婚姻法第十九条第三款规定情形的除外”。本案借款发生于林某与陈某晔夫妻关系存续期间，陈某晔亦无证据证明春秋公司与林某明确约定本案债务属于林某个人债务或存在《婚姻法》第 19 条第 3 款②规定的情形。因此，陈某晔应对林某的债务在夫妻财产范围内承担共同偿还责任。

林某、陈某晔不服福建省高级人民法院（2016）闽民终 367 号民事判决，向最高人民法院申请再审。最高人民法院于 2017 年 12 月 7 日作出（2017）最高法民申

---

① 参见《民法典》第 1064 条第 2 款。

② 参见《民法典》第 1065 条第 3 款。

3979号民事裁定，提审本案。

【案件争点】

1. 春秋公司与林某之间是否存在民间借贷关系。

2. 案涉借款债务是否为夫妻共同债务，陈某晔是否应当承担共同清偿责任。

【裁判要旨】

最高人民法院经审理认为，本案中，林某于2013年3月11日向春秋公司出具《借据》，载明其向春秋公司借款2000万元并要求将该款汇入鑫贸公司账户，春秋公司在该《借据》出具前后，分别于2013年3月7日、3月11日、3月12日向鑫贸公司账户汇款600万元、800万元、600万元，共计2000万元。即便如林某所称其系春秋公司和鑫贸公司之间民间借贷关系的中间介绍人，其出具《借据》的行为亦应认定构成债务加入行为，在春秋公司依约实际向鑫贸公司出借相应款项后，林某亦应依其承诺向春秋公司承担还本付息的义务。

《夫妻债务纠纷解释》第3条①规定，夫妻一方在婚姻关系存续期间以个人名义超出家庭日常生活需要所负的债务，债权人以属于夫妻共同债务为由主张权利的，人民法院不予支持，但债权人能够证明该债务用于夫妻共同生活、共同生产经营或者基于夫妻双方共同意思表示的除外。本案中，案涉《借据》仅由林某作为借款人签名，且春秋公司并不否认林某作为借款中间人的身份，应当认定春秋公司明知该借款并非用于林某与陈某晔的夫妻共同生活、共同生产经营，也并非基于其夫妻双方共同意思表示。春秋公司关于案涉借款构成林某、陈某晔的夫妻共同债务的诉讼主张，并无相应的事实和法律依据，不予支持。二审判决未考虑本案借款债务形成的具体经过、资金流向、借款用途等因素，认定案涉2000万元债务为夫妻共同债务不当，应予以纠正。

例案二 | 侯某斌、林某因与施某珠民间借贷纠纷案

【法院】

最高人民法院

【案号】

(2019)最高法民申5567号

---

① 参见《民法典》第1064条。

【当事人】

再审申请人(一审被告、二审上诉人):侯某斌

再审申请人(一审被告、二审上诉人):林某因

被申请人(一审原告、二审被上诉人):施某珠

【基本案情】

侯某斌、林某因与施某珠民间借贷纠纷一案,不服福建省高级人民法院(2016)闽民终789号民事判决,向最高人民法院申请再审。

侯某斌、林某因申请再审称,原审法院根据不完整、不充分的证据认定案涉借款关系,并在没有证据证明案涉债务系用于夫妻共同生活或共同生产经营的情况下,认定夫妻共同债务,适用法律错误。(1)根据《合同法》《民间借贷规定》相关规定,借款合同只有在实际交付借款的情况下才生效,根据证据规则,应由施某珠承担此举证责任,但其并未能充分举证。(2)根据《夫妻债务纠纷解释》《办理夫妻债务案件有关工作的通知》相关规定,案涉债务因已超出日常家庭生活所需而不属于夫妻共同债务,而施某珠也未能举证证明该借款系用于夫妻共同生活、共同生产经营或基于夫妻双方的共同意思表示,故林某因不应承担共同还款责任。

【案件争点】

案涉借款是否属于侯某斌和林某因的夫妻共同债务。

【裁判要旨】

最高人民法院经审查认为:林某因在本案一审期间的答辩理由及二审上诉理由中均仅对侯某斌与施某珠之间是否存在借贷关系提出异议,并未针对案涉借款是否为夫妻共同债务的问题发表不同意见。尤其在二审审理期间,对于一审已经认定的夫妻共同债务,林某因并未提出异议,亦无相应明确的上诉请求与理由,二审法院据此判令维持林某因对于夫妻关系存续期间的债务承担共同还款责任的一审判决符合本案实际情况。

例案三 | 鹿某、邱某英、满某政与刘某军民间借贷纠纷案

【法院】

山东省济南市中级人民法院

【案号】

(2018)鲁01民终6403号

【当事人】

上诉人(原审被告):鹿某

上诉人(原审被告):邱某英

上诉人(原审被告):满某华

被上诉人(原审原告):刘某军

【基本案情】

2010年5月22日,甲方(刘某军)与乙方(满某华)签订柳苑项目股份合作协议一份,约定:甲方支付乙方柳苑项目股份合作款人民币现金110万元整,年息按30%计(不含个人所得税),协议期限6个月,借款当日乙方预先支付合作款利息人民币165,000元整。乙方2010年11月22日将此合作款退给甲方,如乙方到期还需延长用款时间,乙方须提前支付约定利息。乙方愿将燕东苑四号楼××××室抵押给甲方。此协议及收款收据原件退款时须交回乙方,否则不予办理退款。该协议下方空白处,满某华手写“今收到甲方人民币壹佰壹拾万元整”,并签名。借款到期后,满某华未偿还借款,在该协议空白处,满某华手写“此协议顺延有效”,并且分别于2012年12月26日、2015年2月2日、2017年9月30日签名。案件审理过程中,刘某军称该份合作协议实际借款时间为2008年5月22日,刘某军提交个人取款凭条、提出票据明细各一份,证明2008年5月22日,刘某军通过其妻张某伟银行账户向满某华账户转款93.5万元。

2010年7月5日,甲方(刘某军)与乙方(满某华)签订《柳苑项目股份合作协议》,约定:甲方支付给乙方柳苑项目股份合作款现金100万元整,年息按30%计[illegible]含个人所得税),协议期限6个月,借款当日甲方预先扣除合作款利息人民币15万元[illegible]方2011年1月5日将此合作款退给甲方,如乙方到期还需延长用款时间,乙方须提前[illegible]定利息。乙方愿将燕东苑五号楼××××室抵押给甲方。此协议及收款收据原件退款[illegible]须交回乙方,否则不予办理退款。在该协议空白处,满某华出具收条,载明:今收到刘某军现金100万元整,满某华签名。借款到期后,满某华未偿还借款,在该协议空白处,满某华手写“此协议顺延有效”,并且分别于2012年12月26日、2015年2月2日、2017年9月30日签名。案件审理过程中,刘某军称该份合作协议实际借款时间为2009年1月5日,并提交齐鲁银行特种转账传票、中信银行业务凭证/客户回单、中信银行交易流水明细予以证明,上述证据显示2009年1月5日刘某军向满某华转账70万元,2009年1月4日原告刘某军取款10万元,加上家中储备的现金5万元,综上共向满某华交付款项85

万元。

上述协议签订后,满某华多次向刘某军还款,刘某军收到款项后,向满某华出具收条,分别为:2012年9月26日收到10万元;2013年4月24日收到现金3.5万元;2013年6月30日收到现金3万元;2013年9月18日收到1万元。此后刘某军在打印好的格式收条中填写数额及收款日期,分别为2014年5月22日收到满某华归还借款本金10万元;2014年6月24日收到满某华归还借款本金1万元;2014年9月28日收到满某华归还借款本金2万元;2014年11月30日收到满某华归还借款本金3万元;2014年12月30日收到满某华归还借款本金2万元;2015年2月2日收到满某华归还借款本金5万元;2015年2月6日收到满某华归还借款本金10万元;2015年4月17日收到满某华归还借款本金1.3万元;2015年5月24日收到满某华归还借款本金1万元;2016年2月5日收到满某华归还借款本金2万元;2016年4月29日收到满某华归还借款本金1万元;2016年6月8日收到满某华归还借款本金1万元;2016年8月23日收到满某华归还借款本金10万元;2016年8月31日收到满某华归还借款本金2万元;2016年9月12日收到满某华归还借款本金3万元;2016年12月19日收到满某华归还借款本金5万元;2017年1月18日收到满某华归还借款本金5万元;2017年1月25日收到满某华归还借款本金2万元;2017年9月30日收到满某华归还借款本金3万元。满某华另提交自行记录的还款明细1份,显示2011年6月至2017年8月,满某华通过现金、转账、他人转账等方式分多笔共向刘某军还款128.8万元。

对上述还款情况刘某军予以认可,并称实际收到还款为164.1万元,其中立体车库使用费用于抵账33万元。刘某军主张上述还款164.1万元系满某华偿还的借款利息,并非借款本金。

满某华主张上述还款164.1万元系偿还的本金,打印的诸份收条中均已载明"收到满某华归还借款本金",且2016年9月12日收条中手写内容记载"截至2016年9月12日共支付刘某军借款本金110.8万元(不含立体车库)",2017年9月30日收条手写内容记载"截至2017年9月共给付刘某军借款本金125.8万元"。经核实,2份收条中的上述手写内容系满某华书写。

济南市历下区人民法院经审查认为,刘某军与满某华签订的"柳苑项目股份合作协议",约定由刘某军支付给满某华合作款项,满某华向刘某军支付利息,并约定还款日期,到期延长用款时间,需提前支付利息等内容,该协议中并未涉及开发合作项目的具体内容，名为项目合作，实际应为借款协议。《合同法》第200条[①]规定，借款的利息不得预先在本金中扣除。利息预先在本金中扣除的，应当按照实际借款数额返还借款并计算利息。本案两笔借款均在协议中约定预先扣除利息，且刘某军提交的证据证明实际出借款项分别为93.5万元、85万元，故认定满某华实际向刘某军借款金额为178.5万元。本案双方约定借款利率年息30%，根据《民间借贷规定》第26条的规定，对于满某华已自愿支付的利息，从其约定，刘某军主张欠付的利息按年利率24%计算，未超出法律规定，应予支持。满某华共向刘某军还款164.1万元，双方没有争议，予以确认。双方在协议中约定，“如乙方到期还需延长用款时间，乙方须提前支付约定息”，还款过程中，刘某军自行书写的收条载明收取的款项，均未载明收到的是借款本金，且该数额并未超出应付利息，故认定该款项是支付的利息，此后满某华提供定式收条，虽然在格式上载明了是收到借款本金，但刘某军仅书写了收款数额及时间，2016年9月12日、2017年9月30日的收条中添加手写部分“收到满某华归还借款本金”，也出自满某华之手，并未体现刘某军的意愿。满某华主张系偿还的借款本金，不予采信。经计算，至2011年1月4日，满某华应偿还本金178.5万元，支付利息30.125万元。顺延计算，满某华共支付164.1万元，扣除应付利息30.125万元后，余款按利息计[illegible]支付至2013年7月5日。故自2013年7月5日起，刘某军主张按照按年利率24[illegible]应予支持。满某华与鹿某系夫妻关系，本案借款发生在两被告婚姻关系存续期间，[illegible]某应承担共同还款责任。

鹿某、满某华不服济南市历下区人民法院(2010)鲁0102民初116号民事判决，向山东省济南市中级人民法院提起上诉。

【案件争点】

涉案借款是否属于满某华、鹿某的夫妻共同债务。

【裁判要旨】

山东省济南市中级人民法院经审查认为，根据《夫妻债务纠纷解释》第1条[②]的规定：“夫妻双方共同签字或者夫妻一方事后追认等共同意思表示所负的债务，应当认定为夫妻共同债务。”第3条[③]的规定：“夫妻一方在婚姻关系存续期间以个人名义超出家庭日常生活需要所负的债务，债权人以属于夫妻共同债务为由主张

---

① 参见《民法典》第670条。

② 参见《民法典》第1064条。

③ 参见《民法典》第1064条。

权利的,人民法院不予支持,但债权人能够证明该债务用于夫妻共同生活、共同生产经营或者基于夫妻双方共同意思表示的除外。”本案中,涉案借款较大,已超出日常生活所需,且满某华在收到款项的次日便转入建工集团公司账户,从双方签订的《柳苑项目股份合作协议》的内容看也未用于家庭生活。一审法院认定为夫妻共同债务欠妥,应予以纠正。涉案借款应系满某华的个人债务,理应由满某华个人承担,但满某华于二审诉讼期间死亡,其个人债务应由其法定继承人鹿某、邱某英(满某华之母)、满某政(满某华之子)在继承满某华遗产范围内予以偿还。

三、裁判规则提要

诚实信用是民法最基本的原则。诚信是交易的基础,禁止反言是维护诚信原则的准则之一。

(一)禁止反言规则的概念及运用

禁止反言原则是英美法中一项古老的原则,《布莱克法律词典》将禁止反言定义为:“由于某人先前已经作出的言行或者某些在法律上被确认为真实的事物与某人现在所主张的索赔或权利相矛盾,因此对某人现在所主张的索赔或权利加以禁止的规则。”《元照英美法词典》的解释是,“指禁止当事人提出与其以前的言行相反的主张;即对于当事人先前的行为、主张或否认,禁止其在此后的法律程序中反悔。否则,将会对他人造成损害”。通过对两部权威词典所下定义的比较可以得出,禁止反言,是指人们在进行民事活动、民事诉讼时,在作出相应的言行后,要对自己的言行负责,为己利而意欲推翻此前之言行的做法为法律所禁止。禁止反言原则的核心在于,禁止曾做出某种表示的人在相对人已给予信赖的情况下,做出否认表示或不一致的表示。①

我国法律并未明确提出“禁止反言”的概念,但在我国民商事实体法和程序法中均多处体现“禁止反言”的精神,司法实践中也大量运用“禁止反言”规则处理案件。其一,“禁止反言”体现于民商事法律规定的原则之中。如《民法典》第 7 条规定:“民事主体从事民事活动,应当遵循诚信原则,秉持诚实,恪守承诺。”第 658 条规定:“赠与人在赠与财产的权利转移之前可以撤销赠与。经过公证的赠与合同或

① 参见江必新等:《最高人民法院指导性案例裁判规则理解与适用(公司卷)》,中国法制出版社 2012 年版,第 328 页。

者依法不得撤销的具有救灾、扶贫、助残等公益、道德义务性质的赠与合同，不适用前款规定。”诚实信用原则作为民法基本原则，要求当事人从事民事活动和进行民事诉讼信守承诺，不得出尔反尔，这与禁止反言的精神和要义是相通的。其二，一些法律规定直接体现了“禁止反言”规则。《民事诉讼证据若干规定》第3条第1款规定：“在诉讼过程中，一方当事人陈述的于己不利的事实，或者对于己不利的事实明确表示承认的，另一方当事人无需举证证明。”第9条第1款进一步规定：“有下列情形之一，当事人在法庭辩论终结前撤销自认的，人民法院应当准许：（一）经对方当事人同意的；（二）自认是在受胁迫或者重大误解情况下作出的。”即《民事诉讼法》不允许随意撤销之前自认。其三，司法实践中，人民法院认定事实和适用法律时考虑“禁止反言”已是共识。如以“禁止反言”为关键词，在Alpha数据库中检索，可检索到113份最高人民法院裁判文书中人民法院运用“禁止反言”规则进行了说理。

（二）夫妻债务认定中的禁止反言规则

在夫妻共同债务认定中，“禁止反言”规则同样适用。前述案例虽未直接体现“禁止反言”这一用语，但人民法院在认定是否属于夫妻共同债务时，实际体现了“禁止反言”的规定。即夫妻一方以自己名义举债时，明确约定债务由夫妻一方承担，或者明确约定债务用途，该用途明显并非用于夫妻共同生活或者夫妻共同生产经营的，应由夫妻一方承担责任，债权人要求夫妻共同承担责任的，违反禁止反言规则，人民法院不予支持。同理，夫妻以一方名义举债时，配偶明确表示同意，或者在诉讼中通过诉讼行为认可系共同债务，之后又反悔认为不属夫妻共同债务，不应承担责任的，亦违反禁止反言规则，人民法院不予支持。

具体而言，夫妻共同债务认定中的“禁止反言”规则体现于以下方面：

一是《民法典》第1065条第3款规定：“夫妻对婚姻关系存续期间所得的财产约定归各自所有的，夫或者妻一方对外所负的债务，相对人知道该约定的，以夫或者妻一方的个人财产清偿。”即只要夫妻约定婚姻关系存续期间所得的财产归己所有，且债权人知道该约定，则夫妻一方所负债务应由夫妻一方清偿，债权人不得要求配偶一方承担清偿责任。

二是《民法典》第1064条第2款规定：“夫妻一方在婚姻关系存续期间以个人名义超出家庭日常生活需要所负的债务，不属于夫妻共同债务；但是，债权人能够证明该债务用于夫妻共同生活、共同生产经营或者基于夫妻双方共同意思表示的除外。”根据该条规定，债权人就婚姻关系存续期间夫妻一方以个人名义所负债务向夫妻双方主张权利的，除其能够证明该债务用于夫妻共同生活、共同生产经营或者基于夫妻双方共同意思表示的之外，人民法院不予支持。夫妻一方举债时，债权人已明知举债系夫妻一方个人意思表示，且并非家庭日常生活需要，也并非用于夫妻共同生活或共同生产经营，之后债权人要求夫妻共同清偿的，实际违反“禁止反言”规则。司法实践中，夫妻一方举债时与债权人明确约定属于个人债务，或者明确约定了用途，且该用途明显并非用于夫妻共同生活或者夫妻共同生产经营，而是用于个人其他用途，则应当直接认定上述债务属夫妻一方个人债务。

三是《民法典》第1064条第1款规定，夫妻双方共同签名或者夫妻一方事后追认等共同意思表示所负的债务，属于夫妻共同债务。即夫妻双方已经通过共同签字或者事后追认的方式表明了共同承担债务的真实意思，债权人基于该意思表示产生信赖，夫妻一方再反悔表示不应当承担责任的，人民法院不予支持。

四是发生诉讼后，当事人通过诉讼行为表明其对债务属共同债务或一方个人债务的认可，在之后的诉讼中，当事人不得随意撤销其自认。如前述最高人民法院（2019）最高法民申5567号案件，最高人民法院认为夫妻一方在一审期间的答辩理由及二审上诉理由中均仅对借贷关系是否真实提出异议，并未针对案涉借款是否为夫妻共同债务的问题发表不同意见，尤其在二审审理期间，对于一审已经认定的夫妻共同债务，夫妻一方并未就此提出异议，亦无相应明确的上诉请求与理由，二审法院据此判令夫妻双方承担共同还款责任符合案件实际情况。

四、辅助信息

高频词条：

《民法典》

第1064条 夫妻双方共同签名或者夫妻一方事后追认等共同意思表示所负的债务，以及夫妻一方在婚姻关系存续期间以个人名义为家庭日常生活需要所负的债务，属于夫妻共同债务。

夫妻一方在婚姻关系存续期间以个人名义超出家庭日常生活需要所负的债务，不属于夫妻共同债务；但是，债权人能够证明该债务用于夫妻共同生活、共同生产经营或者基于夫妻双方共同意思表示的除外。

第1065条 男女双方可以约定婚姻关系存续期间所得的财产以及婚前财产归各自所有、共同所有或者部分各自所有、部分共同所有。约定应当采用书面形式。没有约定或者约定不明确的,适用本法第一千零六十二条、第一千零六十三条的规定。

夫妻对婚姻关系存续期间所得的财产以及婚前财产的约定,对双方具有法律约束力。

夫妻对婚姻关系存续期间所得的财产约定归各自所有,夫或者妻一方对外所负的债务,相对人知道该约定的,以夫或者妻一方的个人财产清偿。

夫妻共同债务纠纷案件裁判规则第8条：

夫妻一方在婚姻关系存续期间，以个人名义超出家庭日常生活需要所负的债务，不应认定为夫妻共同债务。关于是否超出“家庭日常生活需要”的具体标准应结合社会生活常识、当地经济发展水平等综合判断

〔**规则描述**〕：夫妻一方在婚姻关系存续期间以个人名义为家庭日常生活需要所负的债务，债权人以属于夫妻共同债务为由主张权利的，人民法院应予支持。夫妻一方在婚姻关系存续期间以个人名义超出家庭日常生活需要所负的债务，债权人以属于夫妻共同债务为由主张权利的，该债务不应认定为夫妻共同债务；但债权人能够证明该债务用于夫妻共同生活、共同生产经营或者基于夫妻双方共同意思表示的除外。

一般而言，“家庭日常生活需要”，是指夫妻双方及其共同生活的未成年子女在日常生活中的必要开支事项，如正常的衣食住行消费、日用品购买、医疗保健、子女教育、老人赡养、文化消费等。考虑到当今社会关系交织、经济往来多元，在司法实践中判断负债是否超出“家庭日常生活需要”，可以结合社会生活常识、当地经济发展水平等因素综合判断。

一、类案检索大数据报告

数据采集时间：2020年7月16日；案例来源：Alpha案例库；案件数量：372件。本次检索获取2020年7月16日前共372篇裁判文书。案件裁判结果分布情况如图8-1所示，涉夫妻一方以个人名义超出家庭日常生活需要负债纠纷的民事案例中，判决认定为夫妻一方个人债务的案件为330件，占比约88.71%；判决认定为夫妻共同债务的案件为41件，占比约11.02%；执行案件为1件，占比约0.27%。

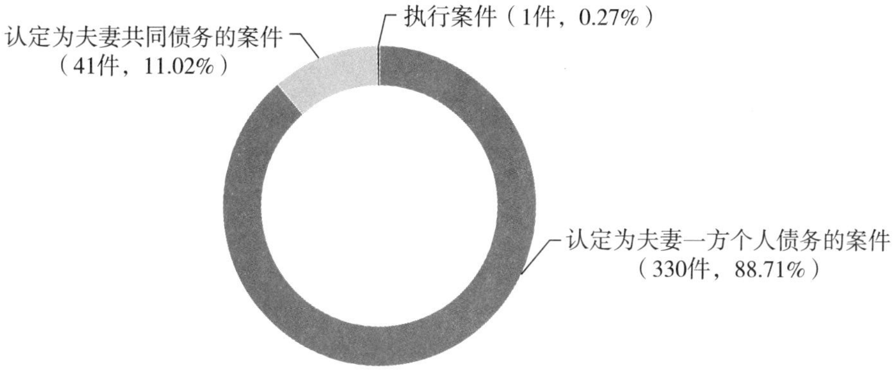

图 8-1 案件裁判结果分布情况

如图 8-2 所示，从案件年份分布情况可以看出当前条件下案件数量的变化趋势。

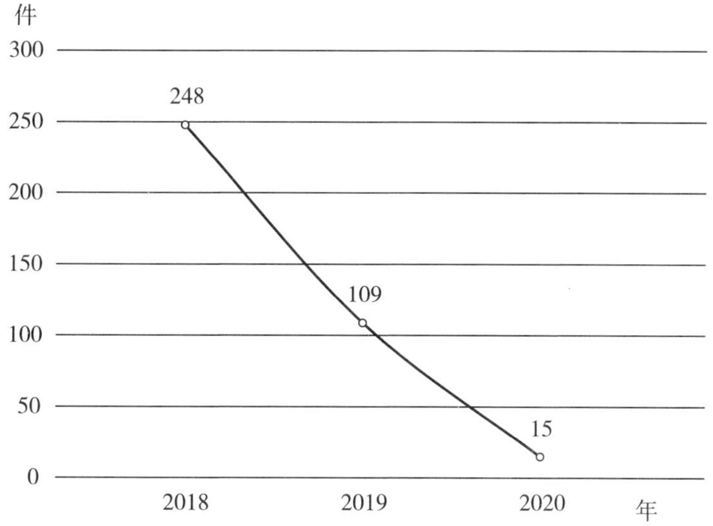

图 8-2 案件年份分布情况

如图 8-3 所示，从案件地域分布情况来看，当前条件下案件主要集中在广东省、江苏省、四川省、广西壮族自治区、山东省等地区，其中广东省案件数量最多，有 60 件，占比约 16.13%。

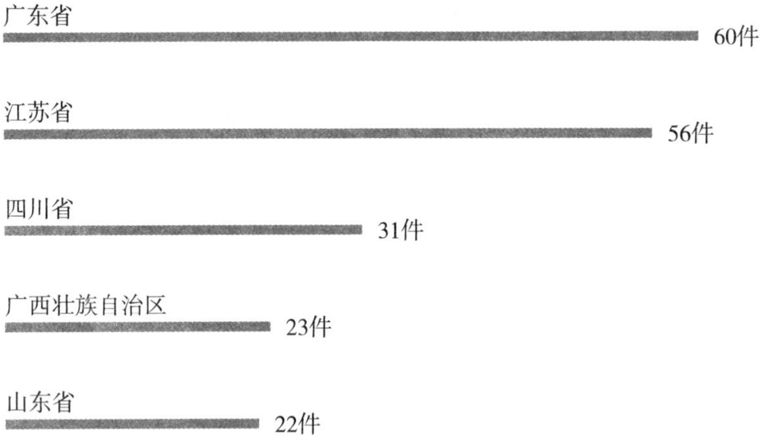

图8－3 案件主要地域分布情况

如图8－4所示，从案件案由分类情况可以看出，当前条件下案件的案由分布由多至少分别是民间借贷纠纷328件，占比约88.17%；其他案由23件，占比约6.18%；买卖合同纠纷9件，占比约2.41%；借款合同纠纷、追偿权纠纷以及案外人执行异议之诉各4件，各占比约1.08%。

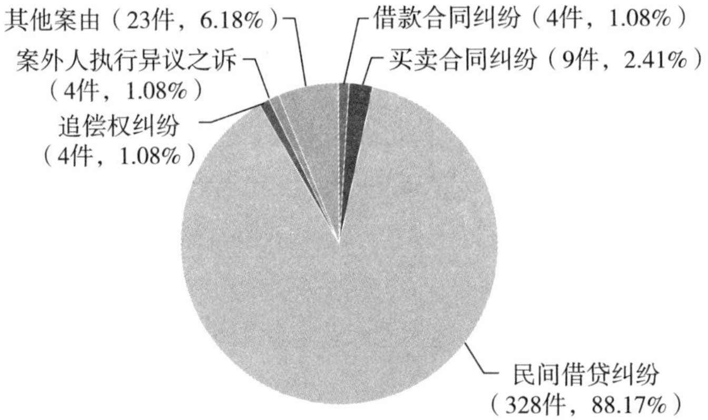

图8－4 案件案由分类情况

如图8－5所示，从案件审理程序分布情况可以看出，当前条件下案件的审理程序分布由多至少分别是二审案件222件，占比约59.68%；一审案件128件，占比约34.41%；再审案件22件，占比约5.91%。

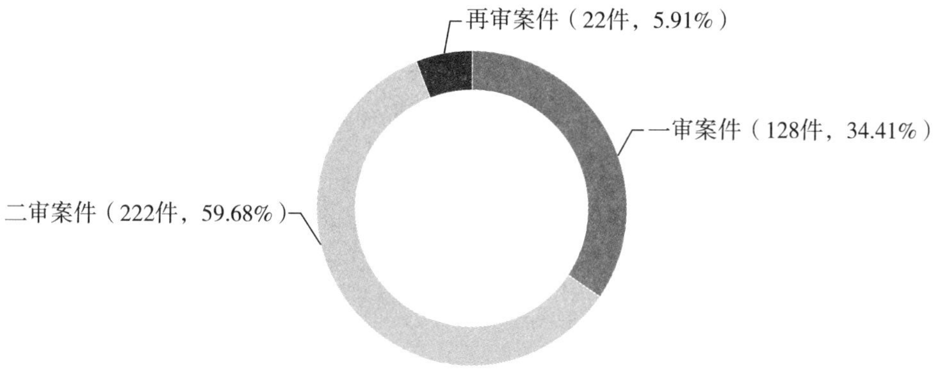

图8-5　案件审理程序分布情况

二、可供参考的例案

例案一｜朱某中等与温某斌合同纠纷上诉案

【法院】

最高人民法院

【案号】

(2018)最高法民终202号

【当事人】

上诉人(原审被告):朱某中

上诉人(原审被告):河南义腾新能源科技有限公司

法定代表人:朱某中

上诉人(原审被告):杨某霞

被上诉人(原审原告):温某斌

【基本案情】

2014年5月19日,河南义腾新能源科技有限公司(以下简称义腾公司)的股东朱某中、郑某云作为股权转让方与股权受让方温某宏签订《股权转让协议》,该协议标的为朱某中出资1525万元持有的义腾公司16.94%的股权及郑某云出资500万元持有的义腾公司5.56%的股权。温某宏共支付1.8亿元的股权转让价款受让了义腾公司22.50%的股权,其中,朱某中持有的16.94%的股权转让价款为135,555,556元,郑某云持有的5.56%的股权转让价款为44,444,444元。2014

年11月4日，朱某中作为股权转让方与股权受让方温某斌签订《河南义腾新能源科技有限公司股权转让协议》，该协议标的为朱某中出资450万元持有的义腾公司5%的股权，温某斌支付了4550万元受让了上述义腾公司5%的股权。之后，相应股权登记在温某斌名下。

2015年4月10日，温某斌（甲方）、朱某中（乙方）、义腾公司（丙方）签订第20150401号《债务偿还合同》。合同载明："鉴于：1.2014年乙方将其持有的丙方16.94%和5%的股权分别转让给甲方；同年郑某云将其持有的丙方5.56%的股权转让给甲方，全部股权转让款甲方均已经支付完毕。2.乙方于2014年与甲方约定，乙方在其持有的剩余丙方股权并购失败时，将回购或购买（以下简称回购）甲方持有的丙方上述27.5%的股权，并应当向甲方支付股权回购款。3.乙方持有的剩余丙方股权并购失败的事实已经得到确认，乙方应当履行回购股权义务。4.2014年12月，乙方向甲方借款2800万元，并指令甲方将该款支付至用于交付丙方税款的相关账号。甲、乙、丙三方对鉴于部分的上述事实确认无异议，经三方友好协商，就上述债务的偿还等事宜达成如下协议：一、三方确认，乙方应当向甲方支付借款本金和利息共计3740万元；该款在2015年4月20日前支付500万元，在2015年7月9日前支付3240万元。二、乙方回购甲方持有的丙方27.5%的股权，应当支付股权回购款31,095万元，该款在2015年7月9日前支付完毕。……四、如乙方不能按照本合同约定偿还债务，则乙方应当自付款期满之日起，以全部债务金额按照同期贷款利率4倍的标准向甲方承担利息损失，直至付清为止。五、为保证乙方能够履行本合同约定义务，乙方提供如下担保：1.乙方自愿以其持有的丙方12.5%的股权提供质押担保，同时乙方保证在本合同签订后3个工作日内完成质押登记。2.丙方受乙方委托，并经丙方权利机构同意，丙方保证乙方能够履行本合同义务，自愿担任连带责任担保人，为乙方义务承担连带保证责任，保证范围为乙方在本合同中的全部义务，担保期限为2年，自乙方履行义务期满开始计算。"

同日，三方还签订了《〈债务偿还合同〉补充协议》，载明："甲方、乙方和丙方于2015年4月签订第20150401号《债务偿还合同》一份，约定债务偿还等事宜，为了保证《债务偿还合同》的履行，三方达成如下补充协议：一、如乙方不能按照《债务偿还合同》约定偿还债务，则乙方承担如下违约责任：1.因《债务偿还合同》第1条支付的借款本息是在甲方放弃乙方违约造成的700万元损失的基础上确定的支付金额，如乙方不能按照第1条约定的时间付款，则应当在偿还债务3740万元的基础上，增加赔偿甲方的先前损失700万元，并应当自付款期满之日起，以全部债务金额按照同期贷款利率4倍的标准向甲方承担利息损失，直至付清为止。2.因《债务偿还合同》第2条支付的股权回购款的金额是在甲方放弃8000万元回购价款的基础上确定的金额，所以如果乙方不能按照《债务偿还合同》第2条的约定时间付款，则应当继续按全部股权回购价款即39,095万元向甲方支付回购价款，并且从应付款期满之日起，以全部债务金额按照同期贷款利率4倍的标准向甲方承担利息损失，直至付清为止。二……”

上述《债务偿还合同》及《〈债务偿还合同〉补充协议》签订后，朱某中未能履行合同约定。2016年4月20日、5月20日、7月20日，义腾公司召开3次股东会并通过决议，同意股东温某斌将其持有的全部股权以30,461.6万元的价格分别转让给国金鼎兴资本管理有限公司、张某枫、张某英、中财生生资本有限公司及钱某颖。对应前述股东会决议的《股权转让协议》已全部履行完毕。

2014年12月30日，温某斌分两笔共向山西省义马市地方税务局办税服务厅账号转入款项2369万元，朱某中承认上述款项性质为借款。同日，中亿金通公司向山西省义马市地方税务局办税服务厅账号转入款项431万元，朱某中不认可上述款项为其向温某斌的借款。

2014年5月19日，朱某中、郑某云、温某宏签订《股权转让协议》的同时，朱某中、王某、温某宏（丙方）还签订了一份《〈股权转让协议〉之补充协议》，其中第8条第2款约定：“回购价格为原始投资额（即18,000万元）加上持股时间（支付股权转让款之日起至回购价款支付至丙方指定的银行账户之日止）按10%年利率计算的利息，扣除持股期间标的公司已分配的现金红利后的金额。”

2015年4月10日，温某斌（甲方）、朱某中（乙方）与义腾公司签订的第20150401号《债务偿还合同》第8条约定：“如乙方在2015年5月9日前向甲方支付的本合同应付款总额达到26,835万元，且在此之前，乙方已经向中亿金通贸易（北京）有限公司实际支付股权回购款5665万元，在该条件全部满足且乙方无其他违约行为时，则视为乙方已经履行本合同全部义务，剩余款项不必再行支付。”

【案件争点】

朱某中的妻子杨某霞应否对朱某中的债务承担连带清偿责任。

【裁判要旨】

最高人民法院经审查认为：杨某霞与朱某中系夫妻关系，案涉债务发生于二人婚姻关系存续期间。对于以朱某中个人名义所负、超出家庭日常生活需要的债务，杨某霞是否应当承担连带清偿责任的问题，应根据2018年1月18日实施的《夫妻债务纠纷解释》第3条[①]关于“夫妻一方在婚姻关系存续期间以个人名义超出家庭日常生活需要所负的债务,债权人以属于夫妻共同债务为由主张权利的,人民法院不予支持,但债权人能够证明该债务用于夫妻共同生活、共同生产经营或者基于夫妻双方共同意思表示的除外”的规定进行审查。

本案中,杨某霞未在《债务偿还合同》及其补充协议上签字,温某斌亦未提交其他证据证明案涉债务系基于杨某霞与朱某中的共同意思表示;而温某斌提交的义腾公司工商登记信息仅显示杨某霞持股的苏州德继企业管理中心(有限合伙)亦为义腾公司股东,但该持股关系不能说明案涉债务用于杨某霞与朱某中的共同经营活动。在温某斌未尽到充分举证责任的情况下,其主张杨某霞对朱某中的债务承担连带清偿责任,理据不足,不能成立。

例案二 | 黄某钦、章某通与包某大民间借贷纠纷再审案

【法院】

重庆市高级人民法院

【案号】

(2018)渝民再309号

【当事人】

再审申请人(一审被告、二审上诉人):章某通

再审申请人(一审被告、二审上诉人):黄某钦

被申请人(一审原告、二审被上诉人):包某大

一审第三人:重庆恒九信实业有限公司

法定代表人:章某通

一审第三人:重庆维得鲜农业发展有限公司

法定代表人:章某通

【基本案情】

章某通、黄某钦系夫妻关系,于1997年7月28日登记结婚。第三人重庆恒九信实业有限公司(以下简称恒九信公司)、重庆维得鲜农业发展有限公司(以下简称维得鲜公司)的法定代表人均为章某通,恒九信公司的股东之一为包某大的女婿

---

① 参见《民法典》第1064条第2款。

叶某舟，即本案一审期间包某大的委托诉讼代理人。

2016年8月15日，章某通向包某大出具《借据》一份，载明：“今向包某大借款1,810,542元（壹佰捌拾壹万零伍佰肆拾贰元整），2016年11月15日还清，借款人：章某通，2016.8.15”。

上述借条中载明的借款1,810,542元是双方对出具借条前的经济往来进行核算后确认的，具体组成如下：

（1）2015年7月28日，包某大分3次向恒九信公司转账汇款5万元、5万元、5万元，共计15万元；

（2）2016年8月15日，以叶某舟为甲方（转让方）、章某通为乙方（受让方）签订《重庆恒九信实业有限公司股权变更协议》，主要约定：第1条，股权的转让，甲方将其持有该公司30%的全部股权转让给乙方；乙方同意接受上述转让的股权；甲乙双方确定的转让价格为甲方当初入股恒九信公司的投资金额现金15万元；本次股权转让完成后，甲乙双方在公司注册当地进行公司相关营业执照及股权变更的手续办理，乙方即享受甲方及乙方的100%股东权利并承担义务，甲方不再享受相应的股东权利和承担义务；自股权转让协议签订之日起，该公司之前及今后的所有债权债务与甲方无任何关系，全部由乙方承担；该公司原有的万盛食用菌工厂化项目工程款欠款（欠侯某明工程款80万元）同包某大无关，由公司与乙方承担。第2条，转让款的支付，本协议自签订之日前，乙方一次性支付甲方全部款项后，经甲乙双方签字后该协议生效。……第5条，本协议生效之日即为股权转让之日，该公司据此更改股东名册、换发出资证明书，并向登记机关申请相关变更登记。

（3）2016年6月29日，包某大分4次向维得鲜公司转账支付共计20万元；2016年6月30日，包某大分2次向维得鲜公司支付共计10万元，累计支付30万元。

（4）《包某大代付款明细》载明：2016年5月3日至2016年8月14日，其付出多项款项，合计1,235,755.41元。恒九信公司的会计梁某宏在该付款明细（表）下方空白处手写载明：本会计金额不含去年投资15万元，2016年8月12日，清算梁某宏。2016年8月5日的《费用报销单》载明：付倒水泥老板来回路费4万元整，总计金额4万元整。包某大在该单据复核处签名，章某通在该单据报销人处签名，恒九信公司会计梁某宏在会计处签名。

（5）2016年8月9日的《付款凭证》载明：付利息：150万元×2分/月×3个月为90,000元，10万元×1.5分/月×2个月为3000元。包某大在该凭证空白处签名，章某通在该凭证下方复核处签名。

针对以上包某大举示的证据，章某通虽然对真实性无异议，但认为与本案无关，且其对包某大的证明目的均不认可，提出均是虚假不存在的债务，如付款凭证和费用报销单均是章某通在出境旅游前在空白单据上签字留存在公司的。

【案件争点】

涉案债务是否属于章某通与黄某钦的夫妻共同债务。

【裁判要旨】

重庆市高级人民法院经审查认为：

首先，从涉案债务的组成看，其中多笔款项系恒九信公司、维得鲜公司所负债务。而恒九信公司、维得鲜公司均系有限责任公司，具有独立的财产，章某通作为两家公司法定代表人，虽将两公司的债务作为个人的债务进行承担，但并不能因此确认两公司的债务用于了章某通、黄某钦的夫妻共同生活或者基于夫妻共同经营，从而作出属于夫妻共同债务的认定。

其次，本案二审判决作出的时间为2018年1月25日，而《夫妻债务纠纷解释》于2018年1月18日实施，根据2018年2月7日《办理夫妻债务案件有关工作的通知》第1条"正在审理的一审、二审案件，适用《解释》的规定"的规定，本案应适用该司法解释。《夫妻债务纠纷解释》第3条①规定："夫妻一方在婚姻关系存续期间以个人名义超出家庭日常生活需要所负的债务，债权人以属于夫妻共同债务为由主张权利的，人民法院不予支持，但债权人能够证明该债务用于章某通、黄某钦的夫妻共同生活、共同生产经营或者基于夫妻双方共同意思表示的除外。"因本案案涉债务金额较大，明显超出家庭日常生活需要，包某大并未举示充分的证据证明该债务用于章某通、黄某钦的夫妻共同生活、共同生产经营或者基于夫妻双方共同意思表示，因此，涉案债务不能认定为章某通与黄某钦的夫妻共同债务，原审判决黄某钦承担共同还款责任不当，予以纠正。

例案三 | 张某峰、谷某飞、王某娴民间借贷纠纷再审案

【法院】

浙江省高级人民法院

① 参见《民法典》第1064条第2款。

【案号】

(2017)浙民再316号

【当事人】

再审申请人(一审被告、二审上诉人):张某峰

被申请人(一审原告、二审被上诉人):谷某飞

被申请人(一审被告、二审被上诉人):王某娴

【基本案情】

2014年11月19日,王某娴出具一份借条,载明“今向谷某飞借到人民币陆佰万元整,¥6,000,000元,月利息2%,此款汇入工行6222××××254”。同日,陈某云向上述银行账户交付600万元。张某峰、王某娴系夫妻关系,于2004年10月1日办理结婚登记手续。2014年11月26日张某峰向法院起诉离婚,两人于2015年5月12日经二审判决生效离婚。

一审法院判决张某峰、王某娴共同归还谷某飞借款计600万元,并支付自2014年11月19日起按月利率2%计算至判决实际履行之日止的利息。

二审法院审理查明的事实与一审法院审理认定的一致。

二审法院认为,王某娴于2014年11月19日向谷某飞出具600万元借条一份,谷某飞于当日通过案外人陈某云账户向王某娴汇款600万元,有诉争借条和银行转账凭据为证,王某娴与谷某飞存在民间借贷法律关系。张某峰从本案借款时间、借款资金流向、借款必要性三个方面主张本案借款系虚假债务,即使真实也仅是王某娴个人债务。

二审法院认为,虽然本案借款发生在张某峰起诉离婚前一周,但王某娴解释本案借款系还案外人林某木旧债,且王某娴与案外人林某木确有大量的资金往来,故张某峰以借款时间为由主张本案借款系虚假债务或是王某娴个人债务,依据不足,不予采信。

从本案资金流向来看,2014年11月19日,案外人陈某云账户600万元汇至王某娴账户后,王某娴将其中60万元汇给徐某来(偿还2014年8月9日80万元借款)、20万元汇给杨某雪(偿还2014年8月8日50万元借款)、另20万元消费或取现,剩余500万元汇给了案外人吕某美(代表林某木),次日,该笔500万元又回到陈某云账户。张某峰认为上述资金流向可以明显反映案外人陈某云、林某木与谷某飞、王某娴相互串通虚构债务的事实,但王某娴曾向徐某来、杨某雪借款属实,而案外人陈某云与林某木存有其他经济往来,故无法凭上述资金流向认定本案借款

系虚假债务。

从银行资金往来上看，王某娴与林某木之间确实存在大量资金往来，仅2014年1月至11月，林某木汇给王某娴的款项就有1400万元左右，而王某娴汇回的也约有1335万元（包含本案中的500万元），故从资金往来数额看，确实存在王某娴欠林某木500万元的可能，在张某峰未提供其他证据证明该笔债务虚假的情况下，对王某娴解释本案借款中的500万元系偿还欠林某木旧债的主张，法院予以采信。

张某峰以其父母家境殷实为由，主张无须对外高息借款，但张某峰与王某娴夫妻关系存续期间，在二人工资收入不高的情况下，两人不仅家庭生活消费数额巨大，还购置了上海、杭州和玉环等地的多套房产，张某峰虽称巨额消费和房产购置的资金主要来源于其父母，但未提供相关证据。

【案件争点】

张某峰是否应对本案借款承担共同还款责任。

【裁判要旨】

浙江省高级人民法院经审查认为：现实生活中，夫妻一方举债的情形非常复杂，既有夫妻一方以个人名义在婚姻关系存续期间举债给其配偶造成损害的情况，也有夫妻合谋以离婚为手段，将共同财产分配给一方，将债务分配给另一方，借以达到逃避债务、损害债权人利益目的的情形。首先，从理论上讲，夫妻之间享有家事代理权，所谓日常家事代理，是指夫妻因日常事务而与第三人交往时所为法律行为应当视为夫妻共同意思表示，并由配偶他方承担连带责任的制度。在家事代理范围内对外举债应视为夫妻双方的共同负债，但超出家事代理的范围，除非构成表见代理，或配偶他方事后予以追认或分享了债务所带来的利益，否则不应认定为夫妻共同债务。其次，从法律规定看，《夫妻债务纠纷解释》第1～3条①对夫妻共同债务的认定，以及夫妻一方以个人名义为家庭日常生活需要对外所负及超出家庭日常生活需要所负债务之认定作了明确的规定。从目前的法律规定看，涉及夫妻债务的外部法律关系时，司法实践的导向和做法是引导“共债共签”和正确界定“家庭日常生活需要”标准。

具体到本案，由于涉案借条系王某娴一人出具，款项也汇至王某娴个人账户，因此本案不存在前述《夫妻债务纠纷解释》第1条规定的“夫妻双方共同签字”和“夫妻一方事后追认”作为夫妻共同意思表示的两种情形。根据《夫妻债务纠纷解

① 第1条参见《民法典》第1064条第1款，第2条、第3条参见《民法典》第1064条。

释》第2～3条的规定，本案再审的重点在于审查涉案负债是否超出“家庭日常生活需要”，这也是判断是否构成夫妻共同债务的重要标准。

1. 关于“超出家庭日常生活需要”的认定

通常理解，“家庭日常生活需要”是指夫妻双方及其共同生活的未成年子女在日常生活中的必要开支事项，如正常的衣食住行消费、日用品购买、医疗保健、子女教育、老人赡养、文化消费等。但考虑当今社会关系交织、经济往来多元，在审判实践中判断负债是否超出“家庭日常生活需要”，可以结合负债金额大小、家庭富裕程度、夫妻关系是否安宁、当地经济水平及交易习惯、借贷双方的熟识程度、借款名义、资金流向等因素综合予以认定。

具体到本案，如前所述，王某娴与谷某飞均未完成对涉案借款系用于“家庭日常生活需要”的相应举证责任。本案单笔借款金额高达600万元，借款时间发生在张某峰与王某娴离婚诉讼前一周，当时夫妻关系应处于不安宁状态。且在涉案借款发生前，王某娴在外已有多笔举债，与多名债权人（包括林某木）存在前债未还继续举债的情形，对此无论是作为本案出借方的谷某飞还是旧债出借人林某木应是完全知晓的。张某峰与王某娴离婚的导火线也是林某木上门要债，张某峰及其父母在知晓王某娴欠有大量外债后夫妻关系开始恶化。同时，张某峰之父张某和经营的楚门橡塑厂经营状况良好，张某峰与王某娴均无稳定职业，曾在张某峰父亲厂里工作，工资收入不高。在双方夫妻关系存续期间，其家庭消费水平颇高，在玉环、杭州、上海有4处房产，从相关证据以及当事人在离婚案件中有关房产出资情况的陈述看，张某峰父母家境殷实，对张某峰、王某娴两人购置房产提供了大部分的资助，王某娴需要通过对外大肆举债用于夫妻共同生活有违常理。上述情形均可作为认定涉案借款“超出家庭日常生活需要所负债务”的考量因素。

2. 关于“夫妻共同债务”的认定

《夫妻债务纠纷解释》第2条①规定的夫妻一方为家庭日常生活所负的债务，原则上应当推定为夫妻共同债务。从本案一审、二审、再审的证据以及查证的事实看，虽然涉案借款所针对的旧债无法与家庭日常生活所需一一对应，超出了“家庭日常生活需要”，不能完全认定为夫妻共同债务，但在夫妻关系存续期间，家庭财务主要由王某娴操持，其对外举债一定程度上维持了张某峰与王某娴超出一般家庭日常生活的高额消费。因此，法院认为，在认定涉案债务是否属于夫妻共同债务

---

① 参见《民法典》第1064条。

时，不宜简单地以举证责任分配原则作出认定，而是应当区分“家庭日常生活需要所负债务”部分和“超出家庭日常生活需要所负债务”部分，对于王某娴为家庭日常生活所负的债务部分，应当推定为夫妻共同债务。

本案中，张某峰与王某娴的家庭在衣食住行、日用品购买、子女教育等方面均维持着较高的消费水平，2013 年和 2014 年张某峰信用卡平均消费记录约为 98 万元/年，王某娴约为 75 万元/年，考虑到除信用卡消费之外还有其他开支，据此估计其家庭年消费额至少应在 200 万元以上。同时，除本案外，就张某峰与王某娴夫妻关系存续期间，以王某娴一人名义举债引发的民间借贷纠纷案件还有两件，其中一件认定为夫妻共同债务，一件为王某娴个人债务，均已进入执行程序，从执行清偿完毕的金额看，两人玉环两套、杭州一套房产均被拍卖执行，清偿债务 5,379,723 元，张某峰已以其在家庭共同财产中的份额履行了 300 余万元的债务。法院认为，在认定涉案借款中属于“家庭日常生活需要所负债务”部分时，应当综合全案客观事实，依据举证责任分配原则，同时兼顾公平合理原则，凭借日常生活经验和逻辑推理，并在充分考虑玉环当地的经济水平、民间借贷的交易习惯、王某娴对外举债的真实意思表示、负债金额大小以及资金流向、王某娴参与家族企业资金周转情况、张某峰与王某娴的收入来源和父母资助程度、家庭富裕程度和生活消费水平、离婚后双方对外债务承担情况、双方当前的经济状况等因素的基础上，酌情确定本案借款本金中的 200 万元为夫妻共同债务。

例案四 | 冯某亮、李某民间借贷纠纷案

【法院】

河南省信阳市中级人民法院

【案号】

(2019)豫 15 民终 2390 号

【当事人】

上诉人(原审原告)：冯某亮

上诉人(原审原告)：李某

上诉人(原审被告)：冯某

被上诉人(原审被告)：黄某

【基本案情】

2016年1月15日，黄某和冯某登记结婚，2018年8月24日经法院判决离婚。2016年10月4日，黄某和冯某签订一份协议，内容为黄某还完从李某(冯某妈妈)处借的23万元现金后，同冯某办理离婚手续。孩子的抚养权归冯某。黄某向李某出具借条一份，内容为:“今向李某借人民币贰拾叁万元整，还款日期，二零一八年十二月三十日以前”。以上事实有借条、协议、(2018)豫1502民初4261号民事判决书、银行流水记录、庭审笔录等证据予以佐证。一审法院河南省信阳市浉河区人民法院判决黄某、冯某于判决生效之日起10日内向李某、冯某亮偿还借款100,000元及利息;驳回李某、冯某亮的其他诉讼请求。上诉人不服一审法院判决，向河南省信阳市中级人民法院提起上诉。

【案件争点】

案涉借款是否属于夫妻共同债务，冯某是否应当承担还款责任。

【裁判要旨】

河南省信阳市中级人民法院经审理认为:案涉借款应当属于冯某与黄某婚姻关系存续期间的夫妻共同债务。首先，虽然冯某未在23万元借条上签字确认，但是现有证据能够证明冯某对黄某向李某、冯某亮借款23万元以及借款用于农膜店经营是知情的，且冯某未举证证明黄某借款时其明确否认案涉借款属于夫妻共同债务的意思表示。其次，从冯某提交的其与黄某之间的转账记录可知，两人婚姻关系存续期间，冯某通过微信、支付宝转账，向黄某客户汇款等方式交付黄某42万余元，明显超出了家庭日常生活需要，且冯某与黄某均认可两人婚姻关系存续期间未发生购买房屋、车辆等大额消费性支出。因此，在无相反证据证明的情况下，冯某转账给黄某的上述款项应视为用于农膜店共同经营。冯某关于其未参与农膜店共同经营的上诉意见不能成立。案涉借款应当属于冯某与黄某婚姻关系存续期间的夫妻共同债务，由冯某与黄某共同偿还。

三、裁判规则提要

(一)“家庭日常生活需要”概念辨析

1.“家庭日常生活需要”的内涵

“家庭日常生活需要”，是指夫妻双方及其共同生活的未成年子女在日常生活中的必要开支事项，如正常的衣食住行消费、日用品购买、医疗保健、子女教育、老人赡养、文化消费等。考虑到当今社会关系交织、经济往来多元，在审判实践中判断负债是否超出“家庭日常生活需要”，可以结合负债金额大小、家庭富裕程度、夫妻关系是否安宁、当地经济水平及交易习惯、借贷双方的熟识程度、借款名义、资金流向等因素综合予以认定。

2.“家庭日常生活需要”之家事代理权

家事代理权，是指夫或妻在家庭日常生活的对外交易中互为代理人，在家庭日常生活的范围内可以以自己的名义实施代理的权限。[①] 在家庭日常生活需要范围内，夫或妻一方有权代理对外实施交易行为，该交易行为的权利由夫妻共同分享，义务由夫妻共同承担。在我国司法实践中，家事代理权的行使通常会成为法院审判涉及夫妻债务纠纷案件的重要依据。

3. 家事代理权与表见代理

《民法典》第 172 条规定，行为人没有代理权、超越代理权或者代理权终止后，仍然实施代理行为，相对人有理由相信行为人有代理权的，代理行为有效。该条是关于表见代理的规定。当无权代理人拥有代理权的法律外观，足令人相信其有代理权时，被代理人应为此负授权之责，此称为表见代理。[②] 如果夫或妻一方超出家庭日常生活需要的范围对外实施交易行为，而交易的第三人有理由相信该行为为夫妻双方的共同意思表示的，可以适用关于表见代理的规定。

在家事代理权范围之外的债务，第三人应当承担相应的证明责任，即债权人需举证证明：举债方的行为足以使其相信举债方是为夫妻家庭日常生活需要而向其借债。债权人可以通过此行为维护自身在涉及夫妻债务纠纷的交易中的权益。若债权人无法证明上述内容，那么夫妻一方在婚姻关系存续期间，以个人名义超出家庭日常生活需要所负的债务，不应认定为夫妻共同债务。

（二）夫妻一方超出“家庭日常生活需要”所负债务的性质

夫妻一方以个人名义为家庭日常生活需要所负之债务与超出家庭日常生活需要所负之债务都可能属于夫妻共同债务。但是，二者具有以下区别：首先，前者是推定属于夫妻共同债务，后者是债权人能够证明该债务用于夫妻共同生活、共同生产经营或者基于夫妻双方共同意思表示的情况下，才会被认定为夫妻共同债务。其次，从范围上看，前者仅限于夫妻家庭日常生活的必要和基本内容，而后者的范

---

① 参见余延满：《亲属法原论》，法律出版社 2007 年版，第 246 页。

② 参见朱庆育：《民法总论》，北京大学出版社 2013 年版，第 354 页。

围更大。再次，从表现形式上看，前者仅限于合同交易，后者还包括巨额财产投资、大额消费信贷等内容。最后，在举证责任分配上，对于前者，法律推定为夫妻共同债务，债权人通常无须举证；而对于后者，法律推定该债务不属于夫妻共同债务，债权人主张为夫妻共同债务的，应当承担举证责任。

对于婚姻关系存续期间，夫妻一方以个人名义超出家庭日常生活需要所负之债务的性质，《民法典》第1064条第2款规定，夫妻一方在婚姻关系存续期间以个人名义超出家庭日常生活需要所负的债务，不属于夫妻共同债务；但是，债权人能够证明该债务用于夫妻共同生活、共同生产经营或者基于夫妻双方共同意思表示的除外。因此，夫妻一方在婚姻关系存续期间，以个人名义超出家庭日常生活需要所负的债务，不应认定为夫妻共同债务。

（三）“家庭日常生活需要”之认定标准

1.“家庭日常生活需要”之认定要件

夫妻一方对外所实施的交易是否超出家庭日常生活需要的范围，是认定该债务是否为夫妻共同债务的重要条件。在认定“家庭日常生活需要”的标准上，最高人民法院相关部门曾明确表示[①]：“国家统计局有关统计资料显示，我国城镇居民家庭消费种类主要分为8大类，分别是食品、衣着、家庭设备用品及维修服务、医疗保健、交通通信、文娱教育及服务、居住、其他商品和服务。家庭日常生活的范围，可以参考上述8大类家庭消费，根据夫妻共同生活的状态（如双方的职业、身份、资产、收入、兴趣、家庭人数等）和当地一般社会生活习惯予以认定。”由于我国城镇居民家庭消费8大种类所涉之数额大小亦悬殊甚大，因此，借款数额之大小仅应作为认定是否超出“家庭日常生活需要”参考标准之一。

总体而言，认定夫妻一方以个人名义所负之债务属于“家庭日常生活需要”可参考以下条件：第一，该债务发生在婚姻关系存续期间。第二，举债方举借该债务的目的是维持夫妻双方及其共同生活的未成年子女在日常生活中的必要开支事项，如正常的衣食住行消费、日用品购买、医疗保健、子女教育、老人赡养、文化消费等。第三，为满足家庭日常生活需要的支出应当具有适当性。适当性属于事实判断，法官审判案件时，可结合家庭所处的社会环境和生活水平等因素作出综合

① 参见罗书臻：《妥善审理涉及夫妻债务纠纷案件　依法平等保护各方当事人合法权益——最高人民法院民一庭负责人就〈最高人民法院关于审理涉及夫妻债务纠纷案件适用法律有关问题的解释〉答记者问》，载《人民法院报》2018年1月18日，第3版。

判断。

2.“家庭日常生活需要”范围之限制

《民法典》第1064条第2款规定，夫妻一方在婚姻关系存续期间以个人名义超出家庭日常生活需要所负的债务，不属于夫妻共同债务；但是，债权人能够证明该债务用于夫妻共同生活、共同生产经营或者基于夫妻双方共同意思表示的除外。据此，“家庭日常生活需要”这一概念具有一定的界限，应当受到一定的限制①：第一，对夫妻共同生活具有重大影响的交易，不属于家庭日常生活需要的范围，该交易须由夫妻双方共同决定。对夫妻共同生活具有重大影响的交易，是指该交易的达成将从根本上改变该家庭及其成员的生活状况。第二，夫妻分居期间的交易。由于夫妻分居期间，双方的同居义务已被免除，夫妻一方举借债务用于家庭日常生活需要的可能性极小。因此，夫妻分居期间夫妻一方以个人名义对外所负之债务，不能直接认定为家庭日常生活所负之债务。

四、辅助信息

高频词条：

《民法典》

第172条 行为人没有代理权、超越代理权或者代理权终止后，仍然实施代理行为，相对人有理由相信行为人有代理权的，代理行为有效。

第518条 债权人为二人以上，部分或者全部债权人均可以请求债务人履行债务的，为连带债权；债务人为二人以上，债权人可以请求部分或者全部债务人履行全部债务的，为连带债务。

连带债权或者连带债务，由法律规定或者当事人约定。

第519条 连带债务人之间的份额难以确定的，视为份额相同。

实际承担债务超过自己份额的连带债务人，有权就超出部分在其他连带债务人未履行的份额范围内向其追偿，并相应地享有债权人的权利，但是不得损害债权人的利益。其他连带债务人对债权人的抗辩，可以向该债务人主张。

被追偿的连带债务人不能履行其应分担份额的，其他连带债务人应当在相应范围内按比例分担。

第674条 借款人应当按照约定的期限支付利息。对支付利息的期限没有约

① 参见冉克平：《论因“家庭日常生活需要”引起的夫妻共同债务》，载《江汉论坛》2018年第7期。

定或者约定不明确，依据本法第五百一十条的规定仍不能确定，借款期间不满一年的，应当在返还借款时一并支付；借款期间一年以上的，应当在每届满一年时支付，剩余期间不满一年的，应当在返还借款时一并支付。

第675条 借款人应当按照约定的期限返还借款。对借款期限没有约定或者约定不明确，依据本法第五百一十条的规定仍不能确定的，借款人可以随时返还；贷款人可以催告借款人在合理期限内返还。

第1063条 下列财产为夫妻一方的个人财产：

（一）一方的婚前财产；

（二）一方因受到人身损害获得的赔偿或者补偿；

（三）遗嘱或者赠与合同中确定只归一方的财产；

（四）一方专用的生活用品；

（五）其他应当归一方的财产。

第1064条 夫妻双方共同签名或者夫妻一方事后追认等共同意思表示所负的债务，以及夫妻一方在婚姻关系存续期间以个人名义为家庭日常生活需要所负的债务，属于夫妻共同债务。

夫妻一方在婚姻关系存续期间以个人名义超出家庭日常生活需要所负的债务，不属于夫妻共同债务；但是，债权人能够证明该债务用于夫妻共同生活、共同生产经营或者基于夫妻双方共同意思表示的除外。

第1065条 男女双方可以约定婚姻关系存续期间所得的财产以及婚前财产归各自所有、共同所有或者部分各自所有、部分共同所有。约定应当采用书面形式。没有约定或者约定不明确的，适用本法第一千零六十二条、第一千零六十三条的规定。

夫妻对婚姻关系存续期间所得的财产以及婚前财产的约定，对双方具有法律约束力。

夫妻对婚姻关系存续期间所得的财产约定归各自所有，夫或者妻一方对外所负的债务，相对人知道该约定的，以夫或者妻一方的个人财产清偿。

第1087条 离婚时，夫妻的共同财产由双方协议处理；协议不成的，由人民法院根据财产的具体情况，按照照顾子女、女方和无过错方权益的原则判决。

对夫或者妻在家庭土地承包经营中享有的权益等，应当依法予以保护。

第1089条 离婚时，夫妻共同债务应当共同偿还。共同财产不足清偿或者财产归各自所有的，由双方协议清偿；协议不成的，由人民法院判决。

《民法典婚姻家庭编解释(一)》

第33条 债权人就一方婚前所负个人债务向债务人的配偶主张权利的,人民法院不予支持。但债权人能够证明所负债务用于婚后家庭共同生活的除外。

第34条 夫妻一方与第三人串通,虚构债务,第三人主张该债务为夫妻共同债务的,人民法院不予支持。

夫妻一方在从事赌博、吸毒等违法犯罪活动中所负债务,第三人主张该债务为夫妻共同债务的,人民法院不予支持。

《民间借贷规定》

第25条 出借人请求借款人按照合同约定利率支付利息的,人民法院应予支持,但是双方约定的利率超过合同成立时一年期贷款市场报价利率四倍的除外。

前款所称"一年期贷款市场报价利率",是指中国人民银行授权全国银行间同业拆借中心自2019年8月20日起每月发布的一年期贷款市场报价利率。

夫妻共同债务纠纷案件裁判规则第 9 条：

当事人离婚协议或者人民法院在夫妻离婚纠纷中就夫妻财产分割问题作出的判决书、裁定书、调解书，仅对双方当事人有约束力，债权人仍有权就夫妻共同债务向男女双方主张权利

〔**规则描述**〕：离婚协议对夫妻共同财产和共同债务的约定，对双方当事人具有约束力，这是当事人意思自治的基本体现。但因为离婚协议由双方当事人签订，内容由夫妻双方决定，如果夫妻双方以逃避共同债务为目的，将夫妻共同债务约定由无清偿能力的一方负担，势必损害债权人的合法权利。因此，有必要对离婚协议的对外效力予以必要的限制，即离婚协议中关于夫妻共同债务的约定仅对夫妻双方有约束力，债权人仍有权就夫妻共同债务向夫妻双方主张权利，夫妻一方不得以离婚协议中关于夫妻共同债务的约定对抗债权人。

人民法院在离婚纠纷中就夫妻财产分割问题作出的判决、裁定和调解书，具有既判力，对双方当事人和人民法院均具有约束力。但是，人民法院在离婚纠纷中就夫妻共同债务的判决、裁定或调解书，是在债权人未参加诉讼的前提下作出的，该判决、裁定或调解书，只能就夫妻内部的债务承担问题进行处理，而不能将债权人纳入其裁判的范围。因此，人民法院判决书、裁定书、调解书对夫妻共同债务问题作出的处理，不能改变或消灭夫妻对外承担的连带清偿责任。夫妻一方以人民法院生效判决书、裁定书、调解书中已对夫妻共同债务作处理来对抗债权人的，人民法院不予支持。

一、类案检索大数据报告

数据采集时间：2020 年 7 月 4 日；案例来源：Alpha 案例库；案件数量：61 件。本次检索获取 2020 年 7 月 4 日之前共 61 篇裁判文书。案件裁判结果分布情况如图 9－1 所示，其中判决认定由夫妻共同偿还的案件 54 件，占比约 88.52%；认定由夫妻一方偿还的案件 5 件，占比约 8.20%；重复案件 2 件，占比约 3.28%。

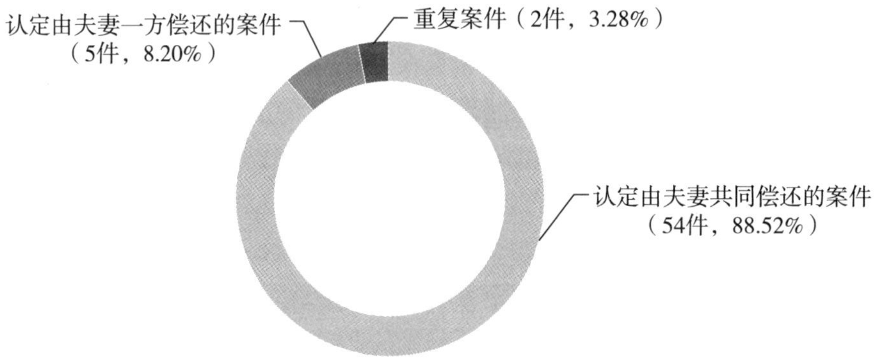

图 9－1　案件裁判结果分布情况

如图 9－2 所示，从案件年份分布可以看到当前条件下案件数量的变化趋势。

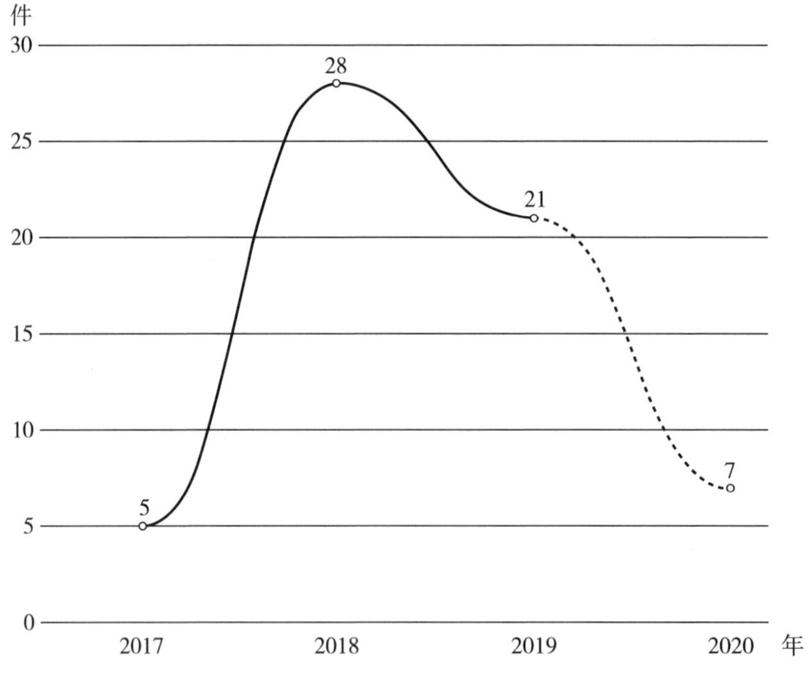

图 9－2　案件年份分布情况

如图 9－3 所示，从案件地域分布来看，当前条件下案件主要集中在四川省、广东省、福建省、陕西省，其中四川省的案件量最多，达到 8 件，占比约 13.11%。

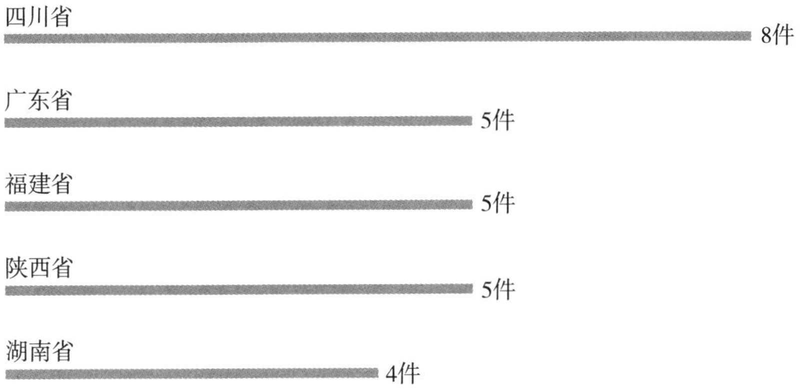

图 9－3 案件主要地域分布情况

如图 9－4 所示，从案件案由分类情况可以看出，当前条件下案件的案由分布由多至少分别是合同、无因管理、不当得利纠纷 60 件，占比约 98.36%；适用特殊程序 1 件，占比约 1.64%。

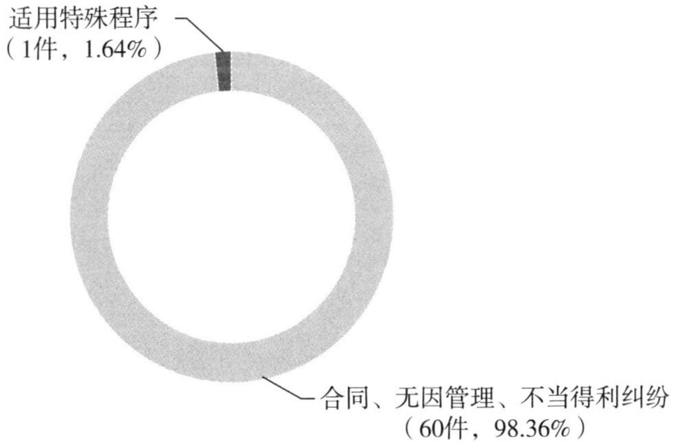

图 9－4 案件案由分类情况

如图 9－5 所示，从案件审理程序分布情况可以看出，当前条件下案件的审理程序分布由多至少分别是一审案件 29 件，占比约 47.54%；二审案件 26 件，占比约 42.62%；再审案件 6 件，占比约 9.84%。

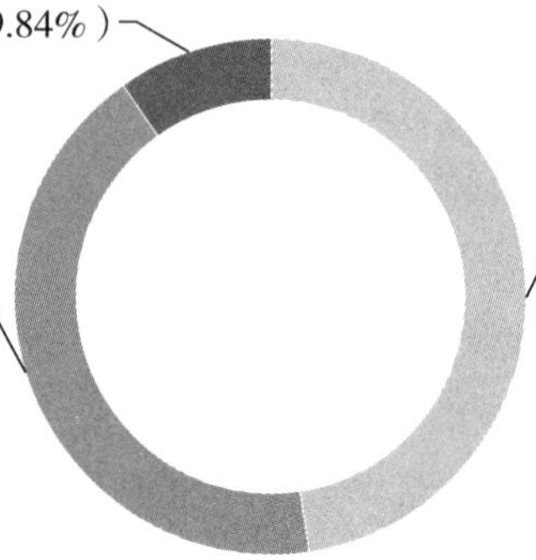

图9－5　案件审理程序分布情况

二、可供参考的例案

例案一 | 冯某都、蒋某都与邓某静、王某、王某邦民间借贷纠纷案

【法院】

四川省高级人民法院

【案号】

(2018)川民再279号

【当事人】

再审申请人(一审被告、二审上诉人):邓某静

被申请人(一审原告、二审被上诉人):冯某都

被申请人(一审原告、二审被上诉人):蒋某都

一审被告:王某

一审被告:王某邦

【基本案情】

冯某都、蒋某都与王某祥系亲戚关系。2010年12月29日、2011年4月29日、2011年6月2日和2011年6月29日王某祥先后在冯某都、蒋某都处分别借款本金1万元、10万元、3万元和1万元,共计15万元。王某祥向冯某都亲笔出具的一张《借条》载明:"今借到冯某都现金100,000元,借款人王某祥";向蒋某都亲笔出具了《借条》3张,分别载明了相应金额款项。嗣后,冯某都、蒋某都经多次催收无果,提起诉讼。诉讼中,王某祥身亡。王某祥与邓某静于1999年8月6日登记结婚,次年11月2日生育一子王某,2015年3月5日双方因感情破裂在婚姻登记机

关自愿登记离婚。《离婚协议》主要载明：(1)达国用(2004)第××号房屋产权归邓某静所有，××公司股份归王某祥所有；(2)夫妻关系存续期间各自名下的债权、债务归各自处理，均与对方无关；(3)邓某静支付王某祥20万元，此款于办理房屋产权过户时一次性支付。另查明，王某祥的母亲早年离世，其父王某邦尚健在。王某祥死亡后，其合法继承人为王某、王某邦。王某与其法定监护人邓某静向法院提交二人于2015年4月28日共同签署的《放弃遗产继承权声明书》。

四川省达州市达川区法院一审认为：王某祥在冯某都、蒋某都处借款15万元的事实，有王某祥亲笔给蒋某都、冯某都出具的4张《借条》为凭，涉案借贷关系清楚，债权债务关系明确，双方形成民间借贷法律关系，予以确认。根据《婚姻法》第41条①的规定，“离婚时，原为夫妻共同生活所负的债务，应当共同偿还。共同财产不足清偿的，或财产归各自所有的，由双方协议清偿；协议不成时，由人民法院判决”，同时依据《婚姻法解释(二)》第24条第1款②“债权人就婚姻关系存续期间夫妻一方以个人名义所负债务主张权利的，应当按夫妻共同债务处理。但夫妻一方能够证明债权人与债务人明确约定为个人债务，或者能够证明属于婚姻法第十九条第三款规定情形的除外”和第25条③第1款“当事人的离婚协议或者人民法院的判决书、裁定书、调解书已经对夫妻财产分割问题作出处理的，债权人仍有权就夫妻共同债务向男女双方主张权利”的规定，王某祥、邓某静在《离婚协议》中虽已对婚后共同财产、共同债权债务作出分割处理，但属内部之约，对内有效，对外不具任何法律约束力。邓某静负有清偿借款本金15万元的法律义务。

邓某静不服四川省达州市达川区法院(2015)达达民初字第1044号民事判决，向四川省达州市中级人民法院提起上诉。

四川省达州市中级人民法院二审查明：2013年8月2日王某祥向冯某都汇款2.4万元。

四川省达州市中级人民法院二审认为，本案诉争债务为夫妻共同债务。根据《婚姻法》第41条“离婚时，原为夫妻共同生活所负的债务，应当共同偿还。共同财产不足清偿的，或财产归各自所有的，由双方协议清偿；协议不成时，由人民法院判决”，以及《婚姻法解释(二)》第25条④第1款“当事人的离婚协议或者人民法院

① 参见《民法典》第1089条。
② 参见《民法典》第1064条第2款。
③ 参见《民法典》第1089条。
④ 参见《民法典》第1089条。

的判决书、裁定书、调解书已经对夫妻财产分割问题作出处理的，债权人仍有权就夫妻共同债务向男女双方主张权利”的规定，现王某祥死亡，虽其生前与邓某静已离婚，但邓某静仍依法负有清偿本案其余债务的法律责任。根据二审中当事人提供的新证据，2013 年 8 月 2 日王某祥向冯某都汇款 2.4 万元属实，虽冯某都认为该 2.4 万元系王某祥归还的利息，但双方的借条上未约定利息，且冯某都、蒋某都未能提供证据证明双方之间口头约定月息 2% 的事实，在王某祥生前的调查笔录中也未能反映，故应认定该 2.4 万元为王某祥生前归还的本案借款本金，应从本案借款本金中扣除。

邓某静不服四川省达州市中级人民法院（2016）川 17 民终 800 号民事判决，向四川省高级人民法院申请再审。四川省高级人民法院于 2017 年 9 月 13 日作出（2017）川民申 3125 号民事裁定，提审本案。

【案件争点】

案涉债务是个人债务还是夫妻共同债务。

【裁判要旨】

依照《婚姻法》第 19 条第 3 款①“夫妻对婚姻关系存续期间所得的财产约定归各自所有的，夫或妻一方对外所负的债务，第三人知道该约定的，以夫或妻一方所有的财产清偿”、《婚姻法解释（二）》第 24 条“债权人就婚姻关系存续期间夫妻一方以个人名义所负债务主张权利的，应当按夫妻共同债务处理。但夫妻一方能够证明债权人与债务人明确约定为个人债务，或者能够证明属于婚姻法第十九条第三款规定情形的除外”之规定，邓某静并未提供证据证明被申请人知晓夫妻二人关于经济分开、债务自偿的约定，案涉债务发生于邓某静与王某祥婚姻关系存续期间，应属于夫妻共同债务。虽王某祥生前已与邓某静离婚，但依照《婚姻法》第 41 条②“离婚时，原为夫妻共同生活所负的债务，应当共同偿还。共同财产不足清偿的，或财产归各自所有的，由双方协议清偿；协议不成时，由人民法院判决”以及《婚姻法解释（二）》第 25 条第 1 款“当事人的离婚协议或者人民法院的判决书、裁定书、调解书已经对夫妻财产分割问题作出处理的，债权人仍有权就夫妻共同债务向男女双方主张权利”之规定，王某祥死亡后，邓某静仍负有继续清偿夫妻共同债务的法律责任。

① 参见《民法典》第 1064 条。

② 参见《民法典》第 1089 条。

例案二 申某、赵某与王某宾、王某兵、北京市大正百恒商贸有限责任公司申请执行人执行异议之诉案

【法院】

北京市第二中级人民法院

【案号】

（2019）京02民终4756号

【当事人】

上诉人（原审被告）：赵某

被上诉人（原审原告）：申某

原审被告：王某宾

原审被告：王某兵

原审被告：北京市大正百恒商贸有限责任公司

【基本案情】

北京市东城区人民法院一审认定事实：涉案房屋于2010年3月29日登记于赵某名下，系赵某单独所有。2016年10月26日，北京市东城区人民法院作出（2015）东民（商）初字第18249号民事调解书，经法院主持调解，各方当事人自愿达成协议：王某宾、王某兵、北京市大正百恒商贸有限责任公司（以下简称大正百恒公司）于2017年1月至2018年1月分期偿还申某借款18,703,000元及相应利息，若有一期未按其承诺履行，则申某有权申请强制执行全部款项。因王某宾、王某兵、大正百恒公司未能履行上述民事调解书确定的义务，北京市东城区人民法院依据申某的申请查封了王某兵名下两套房屋及王某兵、王某宾名下四辆机动车。2017年6月19日，赵某与王某宾签署离婚协议书，协议书约定女儿抚养权归赵某所有，王某宾每月支付抚养费20,000元，上学、医疗费用由王某宾承担；涉案房屋归赵某所有，所有债券、存款、家电、家具等财产均归赵某所有；由王某宾原因导致的与喻某阳、申某的债务全部由王某宾承担。同日，赵某与王某宾登记离婚。

后因申某与王某宾、王某兵、大正百恒公司达成执行和解，且申某不要求对查封财产进行处置并同意终结本次执行程序，北京市东城区人民法院于2017年12月6日作出（2017）京0101执1289号之一执行裁定书，裁定终结北京市东城区人民法院作出的（2015）东民（商）初字第18249号民事调解书的本次执行程序。2018年4月3日，依据申某的恢复执行申请，北京市东城区人民法院对（2015）东

民(商)初字第18249号民事调解书以(2018)京0101执恢402号立案恢复执行。执行过程中,北京市东城区人民法院出具执行裁定书及协助执行通知书查封了涉案房屋。因赵某作为案外人提出执行异议,北京市东城区人民法院于2018年7月27日作出(2018)京0101执异316号执行裁定书,认为涉案房屋登记在赵某一人名下,故裁定中止对涉案房屋的执行。

一审庭审中,赵某称其与王某宾于2007年9月19日登记结婚,涉案房屋系王某宾于2006年出资购买并登记于王某宾名下,双方婚后于2010年3月29日经协商将涉案房屋过户至赵某名下,双方于2017年6月19日签署离婚协议书后登记离婚,离婚协议书中约定双方唯一的夫妻共同财产即涉案房屋归赵某所有,王某宾的债务与赵某无关,赵某并不清楚其与王某宾的离婚时间处于申某申请执行期间,离婚只是因为双方感情不和。赵某同时坚持认为因涉案房屋登记于其一人名下,应为其个人财产,而非其与王某宾的夫妻共同财产,赵某系于2018年5月才得知涉案房屋被北京市东城区人民法院查封,王某宾现已向申某还款1000余万元。王某宾、王某兵、大正百恒公司对于赵某所述均不持异议。赵某、王某宾、王某兵、大正百恒公司为证明其主张提供了住院申请单、关于房屋归属的约定、房屋所有权转移登记申请书加以佐证,赵某同时当庭又补充提供了还款明细。

申某对赵某、王某宾、王某兵、大正百恒公司所提供证据的真实性均不持异议,但对于关联性和证明目的不予认可,申某同时表示赵某补充提供的还款明细与本案无关。申某称王某宾、王某兵、大正百恒公司自2013年起便陆续向其借款,王某宾、王某兵、大正百恒公司现仅偿还款项100余万元,剩余款项至今未予还清。

北京市东城区人民法院一审认为:对申请执行人提起的执行异议之诉,审查的关键在于案外人对于执行标的是否享有足以排除强制执行的民事权益。该案中,赵某作为提出执行异议申请的案外人,其提出执行异议申请的依据在于作为执行标的的涉案房屋系登记于其一人名下,故该案的争议焦点在于涉案房屋登记于赵某一人名下是否可以就此认定涉案房屋系赵某的个人财产以及赵某是否可以就此享有排除强制执行的民事权益。一审庭审中,通过申某、赵某、王某宾、王某兵、大正百恒公司提供的证据及陈述可以看出,虽然王某宾与赵某结婚后将涉案房屋过户至赵某名下,但因涉案房屋系王某宾婚前出资购买并登记在其名下,赵某亦当庭表示其与王某宾离婚时双方唯一的共同财产即为涉案房屋,故仍应认定涉案房屋系王某宾与赵某夫妻关系存续期间的共同财产。虽然王某宾与赵某离婚时约定了涉案房屋归赵某所有,但因王某宾与赵某的离婚时间在王某宾对申某所负债务经法院生效法律文书确认时间之后，并在申某就此债务申请执行的过程之中，且离婚协议书中约定财产均归赵某所有，王某宾所负债务（包括向申某所负债务）均与赵某无关，由此可以确认赵某在离婚时对于王某宾向申某所负债务系知情，而王某宾与赵某在双方均清楚王某宾向申某负有到期债务且王某宾未能清偿上述债务的情况下，协议约定将涉案房屋及全部夫妻共同财产转至赵某一方名下，王某宾与赵某存在逃避债务，损害申某作为债权人的合法权益的可能，故王某宾与赵某签署的离婚协议书中关于涉案房屋权属的约定无法对抗申某向王某宾主张债权的权利，赵某就作为执行标的的涉案房屋不享有足以排除强制执行的民事权益。现申某作为债权人要求继续执行作为王某宾与赵某夫妻共同财产的涉案房屋的诉讼请求，与法不悖，理由正当，一审法院对此予以支持。

赵某不服北京市东城区人民法院（2018）京0101民初15904号民事判决，向北京市第二中级人民法院提起上诉。

【案件争点】

王某宾与赵某离婚协议中关于涉案房产和债务归属的约定不能对抗申某主张债权的权利。

【裁判要旨】

北京市第二中级人民法院认为：根据审理查明的事实，涉案房产系王某宾婚前出资购置，尽管王某宾婚后将涉案房产过户至赵某名下，但该房产并不必然属于赵某的个人财产；王某宾与赵某离婚时，仍协议对涉案房产进行分割，充分表明涉案房产属于双方夫妻关系存续期间的共同财产；赵某与王某宾离婚时，亦知晓王某宾对包括申某在内的债权人负有债务，双方却协议将包括涉案房产在内的全部夫妻共同财产归于赵某所有，并约定王某宾的债务与赵某无关，王某宾与赵某的行为损害了包括申某在内的债权人的合法权益，故王某宾与赵某离婚协议中关于涉案房产归赵某所有的约定不能对抗申某主张债权的权利。一审法院关于赵某就作为执行标的的涉案房产不享有足以排除强制执行的民事权益的认定，具有事实和法律依据，予以确认。

例案三 | 邵某与郝某媛民间借贷纠纷案

【法院】

北京市第二中级人民法院

【案号】

(2016)京02民终9778号

【当事人】

上诉人(原审被告):郝某媛

被上诉人(原审原告):邵某

【基本案情】

1989年12月19日,蒋某清与郝某媛登记结婚。2009年1月9日,蒋某清与郝某媛在婚姻关系存续期间向邵某借款1万元,并向邵某出具欠条1张,载明:"今欠邵某现金10,000元整。"

2010年5月4日,郝某媛将蒋某清诉至法院,请求与蒋某清离婚。当月10日,该院出具(2010)房民初字第5434号民事调解书,双方达成调解协议内容为:"一、郝某媛与蒋某清离婚。二、夫妻共同财产中坐落于河北镇某村的7间房屋中的5间正房归郝某媛所有,其余两间归蒋某清所有。坐落于河北镇某村的12间房屋归郝某媛所有,其他无争议。三、所欠债务由蒋某清负责偿还。"2011年8月11日,蒋某清去世。后郝某媛与蒋某清未偿还邵某借款。

2015年3月16日,邵某将郝某媛诉至法院。庭审中,郝某媛认可蒋某清曾欠邵某该笔债务。

北京市房山区人民法院认为,合法的债权债务受法律保护。本案中,蒋某清欠邵某1万元,一直未偿还。郝某媛认可在其与蒋某清婚姻关系存续期间,蒋某清欠邵某1万元。故邵某与蒋某清债权债务关系明确、有效。该案的争议焦点在于郝某媛是否有还款义务。根据《婚姻法解释(二)》第24条①的规定:"债权人就婚姻关系存续期间夫妻一方以个人名义所负债务主张权利的,应当按夫妻共同债务处理。但夫妻一方能够证明债权人与债务人明确约定为个人债务,或者能够证明属于婚姻法第十九条第三款规定情形的除外。"该法第25条②第1款规定:"当事人的离婚协议或者人民法院的判决书、裁定书、调解书已经对夫妻财产分割问题作出处理的,债权人仍有权就夫妻共同债务向男女双方主张权利。"本案中,蒋某清在与郝某媛婚姻存续期间以个人名义所负债务应为蒋某清与郝某媛夫妻共同债务,郝某媛对该债务应负有连带清偿义务。调解书虽对夫妻财产分割进行处理,但不影

---

① 参见《民法典》第1064条第2款。

② 参见《民法典》第1089条。

响债权人仍有权就夫妻共同债务向夫妻另一方主张权利。故邵某的主张具有法律依据及证据支持，法院予以支持。

郝某媛不服北京市房山区人民法院（2015）房民（商）初字第5639号民事判决，向北京市第二中级人民法院提起上诉。

【案件争点】

郝某媛是否应当就蒋某清对邵某所欠1万元债务承担清偿责任。

【裁判要旨】

郝某媛认可蒋某清欠邵某的1万元债务产生于其与蒋某清的婚姻关系存续期间，故根据《婚姻法解释（二）》第24条[①]的相关规定，可以认定该债务系郝某媛与蒋某清的夫妻共同债务，郝某媛对该债务应负有连带清偿义务。《婚姻法解释（二）》第24条规定："债权人就婚姻关系存续期间夫妻一方以个人名义所负债务主张权利的，应当按夫妻共同债务处理。但夫妻一方能够证明债权人与债务人明确约定为个人债务，或者能够证明属于婚姻法第十九条第三款规定情形的除外。"《婚姻法解释（二）》第25条[②]第1款规定："当事人的离婚协议或者人民法院的判决书、裁定书、调解书已经对夫妻财产分割问题作出处理的，债权人仍有权就夫妻共同债务向男女双方主张权利。"故郝某媛虽然主张其对涉案债务不知情，且其与蒋某清在离婚调解书协议中均已明确所欠债务由蒋某清个人偿还，但是上述理由均不能产生否定涉案债务为夫妻共同债务的法律效果，郝某媛的上述主张缺乏依据，法院不予支持。

三、裁判规则提要

（一）离婚协议的效力

根据《民法典》第1078条的规定，婚姻登记机关查明双方确实是自愿离婚，并已经对子女抚养、财产以及债务处理等事项协商一致的予以登记，发给离婚证。因此，达成离婚协议是协议离婚的必要条件。

1. 离婚协议的内涵

离婚协议一般包含三个方面的内容：（1）夫妻双方关于自愿离婚的合意。签订离婚协议是夫妻双方协议离婚的必备要件，离婚是双方最直接的目的，因此，明确

---

① 参见《民法典》第1064条第2款。

② 参见《民法典》第1089条。

双方当事人离婚的合意是离婚协议最核心的内容。(2)夫妻双方关于离婚后子女抚养问题的合意。根据《民法典》第1084条的规定,父母与子女间的关系,不因父母离婚而消除,离婚后,子女无论由父或母直接抚养,仍是父母双方的子女。为了保障子女的利益,离婚协议应当对子女抚养问题做出具体约定。(3)夫妻双方关于离婚后财产以及债务处理的合意。一旦离婚,双方基于夫妻身份而共同共有的财产则面临分配问题,夫妻共同债务也应予以分割。从离婚协议的内容可见,离婚协议既包括对人身关系的约定,也包括对财产关系的约定,既涉及夫妻双方的利益,也涉及子女及其他债权人的利益。

2. 离婚协议的效力认定

对于离婚协议效力,《民法典》婚姻家庭编并未进行具体规定,应当适用《民法典》的其他规定和其他相关民事法律规定予以认定。《民法典》第143条规定:"具备下列条件的民事法律行为有效:(一)行为人具有相应的民事行为能力;(二)意思表示真实;(三)不违反法律、行政法规的强制性规定,不违背公序良俗";第144条规定:"无民事行为能力人实施的民事法律行为无效";第146条规定:"行为人与相对人以虚假的意思表示实施的民事法律行为无效。以虚假的意思表示隐藏的民事法律行为的效力,依照有关法律规定处理";第153条规定:"违反法律、行政法规的强制性规定的民事法律行为无效,但是,该强制性规定不导致该民事法律行为无效的除外。违背公序良俗的民事法律行为无效";第154条规定:"行为人与相对人恶意串通,损害他人合法权益的民事法律行为无效"。此外,《民法典》还对可撤销的民事法律行为进行了具体规定。其中第145条第1款规定:"限制民事行为能力人实施的纯获利益的民事法律行为或者与其年龄、智力、精神健康状况相适应的民事法律行为有效;实施的其他民事法律行为经法定代理人同意或者追认后有效";第147条规定:"基于重大误解实施的民事法律行为,行为人有权请求人民法院或者仲裁机构予以撤销";第148条规定:"一方以欺诈手段,使对方在违背真实意思的情况下实施的民事法律行为,受欺诈方有权请求人民法院或者仲裁机构予以撤销";第149条规定:"第三人实施欺诈行为,使一方在违背真实意思的情况下实施的民事法律行为,对方知道或者应当知道该欺诈行为的,受欺诈方有权请求人民法院或者仲裁机构予以撤销";第150条规定:"一方或者第三人以胁迫手段,使对方在违背真实意思的情况下实施的民事法律行为,受胁迫方有权请求人民法院或者仲裁机构予以撤销";第151条规定:"一方利用对方处于危困状态、缺乏判断能力等情形,致使民事法律行为成立时显失公平的,受损害方有权请求人民法院或者仲裁机构予以撤销。”离婚协议属夫妻双方处理离婚问题的民事行为，其效力应当适用《民法典》关于民事行为效力的一般规定予以认定。

需要注意的是，《民法典》第156条规定：“民事法律行为部分无效，不影响其他部分效力的，其他部分仍然有效。”离婚协议涉及的内涵非常广泛，既有财产关系，又有人身关系。双方关于夫妻共同财产或者共同债务的约定无效，不影响双方关于离婚合意以及子女抚养问题达成的一致意见的效力。

3. 离婚协议的效力范围

离婚协议是夫妻双方就自愿离婚及由此产生的子女抚养、财产以及债务处理等事项达成的一致意见。离婚协议对夫妻共同财产和共同债务的约定，对双方当事人具有约束力，这是当事人意思自治的基本体现。因为离婚协议的内容可能涉及第三人利益，有必要区分离婚协议的对内效力和对外效力。对内，即针对夫妻双方，只要离婚协议符合《民法典》关于民事法律行为效力的规定，即对夫妻双方产生拘束力，双方均应当履行，任何一方不得随意推翻离婚协议。对外，即针对夫妻之外的第三人，因离婚协议的内容由夫妻双方决定，如果夫妻双方以逃避共同债务为目的，将夫妻共同债务约定由无清偿能力的一方负担，势必损害债权人的合法权利。因此，有必要对离婚协议的对外效力予以必要的限制，即离婚协议中关于夫妻共同债务的约定仅对夫妻双方有约束力，债权人仍有权就夫妻共同债务向夫妻双方主张权利，夫妻一方不得以离婚协议中关于夫妻共同债务的约定对抗债权人。针对司法实践中曾出现的未区分离婚协议的对内效力和对外效力的情况，《民法典婚姻家庭编解释（一）》第35条明确规定，当事人的离婚协议已经对夫妻财产分割问题作出处理的，债权人仍有权就夫妻共同债务向男女双方主张权利。一方就夫妻共同债务承担清偿责任后，主张由另一方按照离婚协议承担相应债务的，人民法院应予支持。

（二）人民法院的生效判决书、裁定书、调解书对夫妻财产分割问题的处理

1. 人民法院关于夫妻离婚共同财产和共同债务处理的相关规定以及适用

《民法典》第1087条第1款规定，离婚时，夫妻的共同财产由双方协议处理；协议不成的，由人民法院根据财产的具体情况，按照照顾子女、女方和无过错方权益的原则判决。第1089条规定，离婚时，夫妻共同债务应当共同偿还。共同财产不足清偿或者财产归各自所有的，由双方协议清偿；协议不成，由人民法院判决。即夫妻离婚时，关于共同财产和共同债务的处理，均由双方协议优先，在协议不成的

情况下，由人民法院判决。

根据上述规定，离婚时夫妻双方有共同财产的，对于已届清偿期的共同债务应直接用共同财产偿还，夫妻共同债务因清偿而消灭。夫妻债务未届清偿期，夫妻共同财产不足清偿，或者财产归各自所有，则由夫妻双方协议清偿，即先由夫妻双方就清偿份额进行约定，双方协议不成，或者协议无效的情况下，则应由人民法院判决。

2. 人民法院生效判决、裁定和调解书的既判力

既判力，是指人民法院生效判决、裁定和调解书的拘束力。根据既判力理论，人民法院生效判决、裁定和调解书对当事人以及人民法院均有拘束力，非经法定程序，当事人和人民法院均不得推翻生效判决、裁定和调解书。我国《民事诉讼法》并未采用“既判力”的概念，但是“既判力”的内容体现于具体规定中。如《民事诉讼法》第 124 条规定：“对判决、裁定、调解书已经发生法律效力的案件，当事人又起诉的，告知原告申请再审，但人民法院准许撤诉的裁定除外”。即人民法院判决、裁定、调解书一经生效，即在当事人之间产生确定力，当事人不得就同一问题再行提起诉讼。

离婚之诉是复合之诉，既涉及夫妻双方之间关于离婚的处理，也涉及子女抚养问题和债权人的利益，且离婚之诉大多涉及夫妻双方隐私，通知债权人参加诉讼将导致诉讼拖延，人民法院在离婚诉讼中通常并不会通知债权人参加诉讼。因此，人民法院在离婚纠纷中就夫妻共同债务的判决、裁定或调解书，是在债权人未参加诉讼的前提下作出，为避免债权人利益受到损害，《民法典婚姻家庭编解释（一）》第 35 条亦明确规定，人民法院生效判决、裁定、调解书已经对夫妻财产分割问题作出处理的，债权人仍有权就夫妻共同债务向男女双方主张权利，一方就夫妻共同债务承担清偿责任后，主张由另一方按照人民法院的法律文书承担相应债务的，人民法院应予支持。该规定明确了离婚之诉对夫妻共同财产和共同债务的处理仅对夫妻双方产生拘束力，属连带责任人之间内部分担债务的问题，离婚判决对债权人没有既判力。夫妻一方以人民法院生效判决书、裁定书、调解书中已对夫妻共同债务做出处理为由，对抗债权人的，人民法院不予支持。

四、辅助信息

高频词条：

《民事诉讼法》

第 13 条 民事诉讼应当遵循诚实信用原则。当事人有权在法律规定的范围

内处分自己的民事权利和诉讼权利。

《民法典婚姻家庭编解释(一)》

第35条 当事人的离婚协议或者人民法院生效判决、裁定、调解书已经对夫妻财产分割问题作出处理的，债权人仍有权就夫妻共同债务向男女双方主张权利。

一方就夫妻共同债务承担清偿责任后，主张由另一方按照离婚协议或者人民法院的法律文书承担相应债务的，人民法院应予支持。

夫妻共同债务纠纷案件裁判规则第 10 条：

在婚姻关系存续期间，因履行抚养或赡养义务，或者为负有法定义务的人治病所欠债务，一般视为夫妻共同债务。夫妻一方未经对方同意，擅自资助与其没有抚养、赡养义务的亲朋，其所负债务一般不能认定为夫妻共同债务

〔**规则描述**〕：夫妻一方在婚姻关系存续期间以个人名义为家庭日常生活需要所负的债务为夫妻共同债务。这种家庭日常生活，原则上包括履行抚养或赡养义务，包括为负有法定义务的人治病、支持负有法定义务的人接受义务教育等。但实践中，存在不少夫妻一方未经对方同意，擅自资助与其没有抚养、赡养义务的亲朋的情况，给配偶带来额外的负担。在这种情况下，其所负债务不能认为用于家庭日常生活，不应认定为构成夫妻共同债务，而应由出借一方个人负担。

一、类案检索大数据报告

数据采集时间：2020 年 5 月 30 日；案例来源：Alpha 案例库；案件数量：579 件。本次检索获取 2020 年 5 月 30 日前共 579 篇裁判文书。案件裁判结果分布情况如图 10 – 1 所示，其中判决不认定为夫妻共同债务的案件 314 件，占比约 54.23%；认定为夫妻共同债务的案件 182 件，占比约 31.43%；不相关案件 68 件，占比约 11.75%；重复案件 15 件，占比约 2.59%。

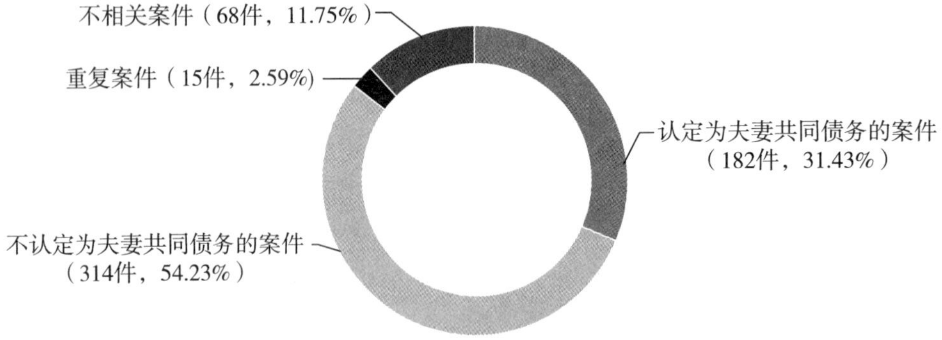

图 10 – 1　案件裁判结果分布情况

如图 10－2 所示，从案件年份分布情况可以看出当前条件下案件数量的变化趋势。

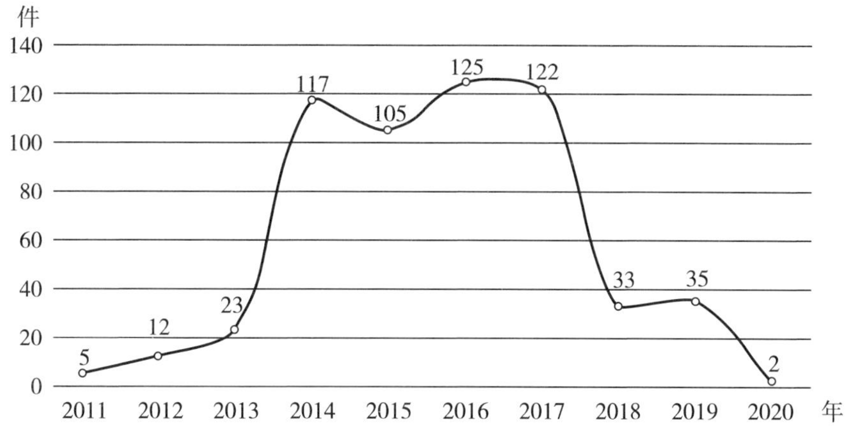

图 10－2　案件年份分布情况

如图 10－3 所示，从案件地域分布情况来看，当前条件下案件主要集中在广东省、云南省、湖南省，其中广东省的案件量最多，达到 172 件，占比约 29.71%。

图 10－3　案件主要地域分布情况

如图 10－4 所示，从案件案由分类情况可以看出，当前条件下案件的案由分布由多至少分别是合同、无因管理、不当得利纠纷 477 件，占比约 82.38%；婚姻家庭、继承纠纷 63 件，占比约 10.88%；侵权责任纠纷 20 件，占比约 3.46%；其他案由 19 件，占比约 3.28%。

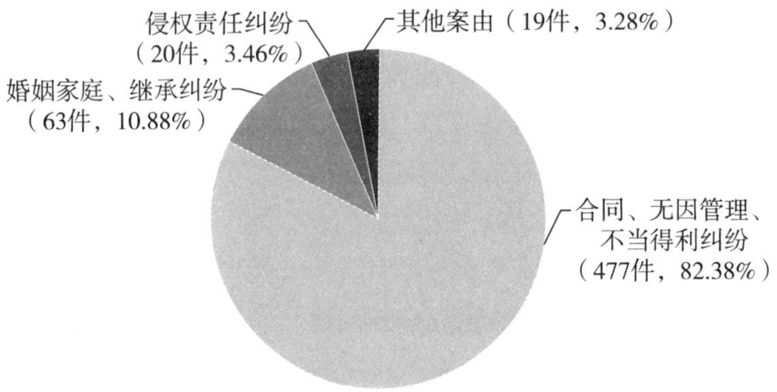

图 10－4 案件案由分类情况

如图 10－5 所示，从案件审理程序分布情况可以看出，当前条件下案件的审理程序分布由多至少分别是一审案件 318 件，占比约 54.92%；二审案件 192 件，占比约 33.16%；再审案件 40 件，占比约 6.91%；执行案件 29 件，占比约 5.01%。

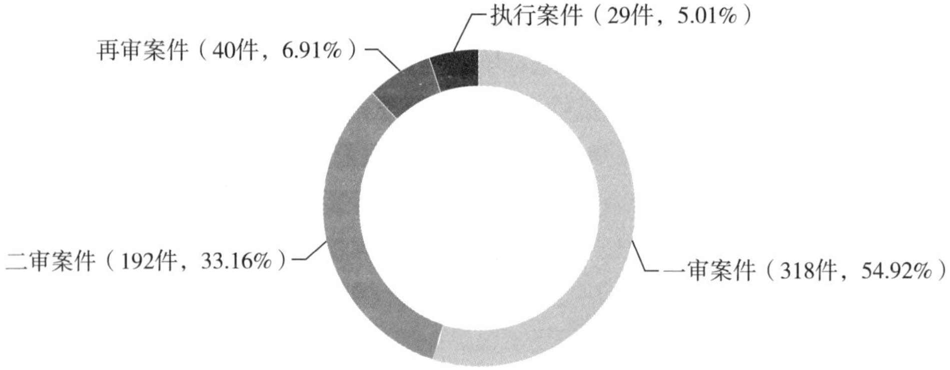

图 10－5 案件审理程序分布情况

二、可供参考的例案

例案一 | 李某与姚某平、郑某霞民间借贷纠纷案

【法院】

山西省垣曲县人民法院

【案号】

(2018) 晋 0827 民初 26 号

【当事人】

原告：李某

被告：姚某平

被告：郑某霞

【基本案情】

李某系姚某平的外甥女，2013 年 5 月底，姚某平因要给姚某强在四川结婚买房子急需用钱，便几次开口向李某借款。几天后，李某将 40 万元现金借给姚某平，姚某平拿到现金后通过工商银行将此款打给姚某强。后李某多次找姚某平讨要欠款，姚某平仅在 2016 年 2 月左右偿还了 3000 元，其余款项一直推托未还。

姚某平与郑某霞系再婚夫妻，于 2012 年 4 月 5 日在垣曲县民政局登记结婚，姚某强系被告姚某平与前妻所生之子。

2018 年 1 月 5 日，李某向垣曲县人民法院提起诉讼，要求姚某平、郑某霞偿还欠款 39.7 万元。

【案件争点】

夫妻一方为与前妻所生子女买房所欠债务，是否构成共同夫妻共同债务。

【裁判要旨】

山西省垣曲县人民法院经审理认为：夫妻共同债务，是指在夫妻关系存续期间，为了共同生活、经营或为履行抚养、赡养义务所负的债务。一方未经对方同意，擅自资助与其没有抚养义务的人所负债务不能认定为夫妻共同债务。本案中，姚某平所借款项用于给其子姚某强结婚买房，而郑某霞与姚某平之子姚某强之间不存在法律上的抚养义务，让郑某霞承担未用于家庭共同生活、因与自己也没有抚养义务的亲朋而产生债务，显然不符合民事活动的公平原则。故此该笔债务应属于姚某平的个人债务，应以姚某平的个人财产承担偿还责任，郑某霞对该笔债务无偿还义务。因此，判决姚某平于判决生效后 30 日内返还原告李某借款 39.7 万元，驳回李某对郑某霞的诉讼请求。

例案二 | 刘某与林某甲离婚纠纷案

【法院】

山东省泰安市中级人民法院

【案号】

(2015)泰民一终字第845号

【当事人】

上诉人(原审原告):刘某

被上诉人(原审被告):林某甲

【基本案情】

刘某与林某甲于2012年7月经人介绍认识,后办理结婚登记手续,婚内生育一男孩取名林某乙,现跟随刘某生活,刘某与林某甲于2014年2月3日分居。2014年5月13日,刘某向山东省新泰市人民法院提起离婚诉讼,被判决不准离婚后,2015年3月18日,刘某再次向新泰市人民法院提起离婚诉讼,要求判决双方离婚,婚生子林某乙由其抚养,并要求林某甲每月给付林某乙抚养费1000元。

庭审中,林某甲主张婚后共同债务——因其父亲林某丙生病住院而对外借款的61,000元,要求与刘某平均分担,并提交了林某甲为案外人林某丁、马某、张某、管某分别出具的金额分别为15,000元、20,000元、6000元、20,000元的欠条复印件4份、其父亲林某丙住院治疗费单据3份计款78,505元予以证实,出借人管某、马某还作为证人出庭作证。此外,刘某、林某甲均主张无婚后共同财产、存款、债权,另查明,2014年度山东省农村居民人均年收入为11,882元。

新泰市人民法院经审理认为,双方经原审法院判决不准离婚后,未能和好,互未履行夫妻义务至今,夫妻感情确已破裂,对刘某的离婚请求予以准许。婚生子林某乙不满2周岁,由刘某抚养较有利于其成长,刘某要求林某甲每月支付抚养费1000元,未提供证据证实,故其要求的抚养费过高,应按2014年度山东省农村居民人均年收入计算支付抚养费,自分居之日即2014年2月3日起计算。林某甲主张的婚后共同债务,因债权人管某、马某作为证人出庭作证予以证实,其二人债权共40,000元,故对该40,000元为林某甲、刘某的夫妻共同债务进行认定,其他债务因仅提交欠条复印件,未提供其他证据予以证实,且原告不予认可,故不予支持。综上所述,新泰市人民法院作出(2015)新民初字第1109号民事判决,准许原告刘某与被告林某甲离婚,婚生子林某乙由刘某抚养,林某甲自分居之日即2014年2月3日起每月支付抚养费290元,婚后共同债务共计40,000元,由林某甲负责偿还,刘某于本判决生效后5日内支付被告应承担债务款20,000元。刘某不服,向山东省泰安市中级人民法院提起上诉,主张林某甲的家庭系养殖专业户,林某甲在新汶打工,每月收入4000元,其父亲治病完全不需要对外举债,其欠债务系恶意串通造假，要求改判原判决中确认夫妻共同债务的判项。

【案件争点】

一方为父亲治病所负债务是否为夫妻共同债务。

【裁判要旨】

山东省泰安市中级人民法院经审理认为：刘某上诉主张原审法院认定的借管某、马某的两笔借款共计4万元系恶意造假，该两笔债务有欠条，证人管某、马某出庭作证的证言以及与之对应的被上诉人林某甲父亲林某丙住院治疗费单据予以证实，而上诉人刘某未提供证据证实被上诉人林某甲的收入以及家庭情况，其主张被上诉人经济情况好不需要举债的理由没有证据支持，故认定两笔债务真实存在。上诉人刘某主张两笔债务发生在分居期间且用于被上诉人父亲治病，应属于被上诉人林某甲的个人债务，法院认为该两笔债务应属于夫妻共同债务，因为尽管两笔债务发生在双方当事人分居期间，但仍处于夫妻关系存续期间，且赡养父母系儿女应尽的法定义务，根据《离婚案件处理财产分割问题若干意见》第17条第1款的规定，夫妻为共同生活或为履行抚养、赡养义务等所负债务，应认定为夫妻共同债务，离婚时应当以夫妻共同财产清偿。因此，被上诉人林某甲为父亲治病所欠债务应属于夫妻共同债务，对刘某的上诉理由不予支持，判决驳回上诉，维持原判。

例案三 | 曹某与刘某离婚纠纷再审案

【法院】

安徽省高级人民法院

【案号】

(2016)皖民再44号

【当事人】

抗诉机关：安徽省人民检察院

申诉人(一审原告、二审上诉人)：曹某

被申诉人(一审被告、二审被上诉人)：刘某

【基本案情】

曹某与刘某于2006年相识，2007年9月19日登记结婚，2008年9月13日生育一女，取名刘某某。2010年10月19日，刘某因家庭纠纷负气离家。之后，偶尔

回家看望妻女，夫妻关系没有实质性改善。刘某离家期间，刘某某主要由曹某抚养。其间，曹某支付自己医疗费4153.66元，支付刘某某幼儿园学费3265.70元、培训费7790元、医疗费1061.17元、保险费710元，共支付16,980.53元。

曹某与刘某结婚时，双方均购买了首饰。2010年9月6日，刘某将个人佩戴的一条马鞭手链和一个花式链带挂件典当给上海华鑫典当有限公司，当得金额17,280元。2007年9月19日结婚当天，曹某与上海大众汽车徐汇销售服务有限公司签订了一份帕萨特轿车购销合同。2007年9月24日，曹某向该公司付款161,452.99元，购得一辆帕萨特轿车。该车上牌照支出49,700元。2010年10月20日，曹某未通知刘某，将该车以155,000元的价格卖予他人，并于2010年10月27日办理了转户手续。2010年7月21日，刘某向曹某母亲许某借款100,000元；2011年5月31日，刘某向许某借款250,000元，刘某共向许某借款350,000元。

2012年，曹某向安徽省来安县人民法院起诉离婚。一审中，来安县人民法院认为，关于婚姻部分，曹某要求离婚，刘某同意离婚，故对曹某的该项诉求予以支持。(1)关于刘某某由谁抚养，抚养费如何承担的问题。曹某和刘某均要求抚养婚生女刘某某，考虑到刘某某在刘某离家后，一直跟随曹某生活，且曹某经济收入较刘某高，从有利于孩子成长环境角度出发，刘某某由曹某抚养较为适宜。根据刘某的收入情况，酌定刘某每月支付抚养费500元。(2)关于曹某和刘某夫妻共同财产分割的问题。因曹某与刘某结婚时，双方均购买了首饰；刘某典当的一条马鞭手链和一个花式链带挂件系个人佩戴的专属物品，系个人财产，故典当款不属于夫妻共同财产。帕萨特轿车系曹某和刘某夫妻关系存续期间购买，属于夫妻共同财产，卖车款应当作为夫妻共同财产分割，考虑曹某照顾家庭不易，酌定从155,000元卖车款中扣除15,000元给曹某，余款140,000元由曹某和刘某平均分割。(3)关于刘某欠许某350,000元债务是否系夫妻共同债务，如何分担的问题。刘某欠许某350,000元债务系曹某和刘某夫妻关系存续期间所借，属于夫妻共同债务，应由曹某和刘某共同偿还。因此，来安县人民法院判决：(1)准予原告曹某与被告刘某离婚。(2)婚生女刘某某由原告曹某抚养至18周岁时止；被告刘某每月支付抚养费500元，自2013年10月开始执行，于每年的12月30日前付清当年度的抚养费。(3)原告曹某支付被告刘某人民币70,000元，于判决生效后10日内一次性付清。(4)欠许某的350,000元债务，由原告曹某和被告刘某共同偿还。曹某不服，向安徽省滁州市中级人民法院提起上诉。

二审中，曹某主张，汽车牌照是其在婚前购买，具有一定的价值，理应属于其婚前财产，原审在分割卖车款时未扣除与事实不符；(2012)来民一初字第00515号民事判决书已确定35万元的债务系刘某与案外人的债务，与其无关；婚生女刘某某的英语培训费9780元应当在卖车款中扣除，原审法院未予处理系认定事实错误。综上所述，原审判决认定事实与适用法律均存在错误，请求二审法院撤销一审判决，依法改判。

安徽省滁州市中级人民法院经审理认为，二审争议焦点是：(1)安徽省来安县人民法院(2012)来民一初字第00515号民事判决确定的刘某欠许某35万元债务是否为夫妻共同债务；(2)曹某出售的15.5万元车款中是否包括车牌款，如果包括，是否应当予以扣除；(3)婚生女刘某某的英语培训费用9780元是否应当在车款中扣除。关于争议焦点一，刘某分别于2009年1月25日、2010年7月21日向许某出具43万元、10万元借条二张，因43万元的借条接近诉讼时效，2011年5月31日刘某重新出具25万元借条一张，上述35万元债务已由(2012)来民一初字第00515号民事判决确认，并进入执行程序。本案中，刘某与曹某于2007年9月登记结婚，上述3笔债务均发生在婚姻存续期间。关于其中10万元的债务，债权人许某在(2012)来民一初字00515号案件中称，刘某因朋友出交通事故向其借款10万元，刘某对这一事实予以认可。因债权人许某明知债务人借款并非用于家庭生活；债务人刘某虽抗辩称该款已归还，但未能提供该笔款项已归还或者归还后用于家庭生活的证据；结合刘某在遗书中自述“不到8个月的时间，我已经输得到处是账”的事实，该笔款项应为刘某的个人债务。关于借款25万元的债务，实际发生时间为2009年，发生在刘某离家出走前，曹某未能提供证据证明婚姻关系存续期间所得的财产约定归各自所有且许某知道该约定或者许某与刘某约定借款为个人债务，故该笔25万元债务应为夫妻共同债务。关于争议焦点二，曹某上诉称卖车款中包括车牌价，其未能提供车辆出售合同，故售车款中是否包含车牌价无法确定，根据“谁主张，谁举证”的原则，该不利后果应由其承担。关于争议焦点三，曹某上诉称刘某某的英语培训费9780元应当在卖车款中扣除，其在原审中提供票据二张，合计金额共7790元，且原审法院在判决时已考虑曹某抚养刘某某生活不易，酌情在车辆的出售款中扣除了15,000元，故对曹某要求再另行扣除培训费，不予采信。综上所述，原审法院查明的基本事实清楚，但处理结果不当，上诉人曹某的上诉理由部分成立，故对其上诉请求部分予以支持。经安徽省滁州市中级人民法院审判委员会讨论决定，判决：(1)维持原判决中“准予原告曹某与被告刘某离婚”“婚生女刘某某由原告曹某抚养至18周岁时止，被告刘某每月支付抚养费500元，自2013年10月开始执行，于每年的12月30日前付清当年度的抚养费”“原告曹某支付被告刘某人民币70,000元，于判决生效后10日内一次性付清”的判项；(2)撤销原判决中“欠许某350,000元债务，由原告曹某和被告刘某共同偿还”的判项；(3)安徽省来安县人民法院(2012)来民一初字第00515号民事判决中确定的35万元债务，其中10万元由刘某个人偿还，另25万元由曹某和刘某共同偿还。

曹某不服，向安徽省高级人民法院申请再审，安徽省高级人民法院认为：曹某未能提供车辆出售合同，故无法确定售车款中是否包含车牌款。所借25万元实际发生时间为2009年，是在夫妻关系存续期间，曹某未能提供证据证明双方约定婚姻关系存续期间所得的财产归各自所有，故原判认定该笔25万元债务为夫妻共同债务并无不当，故于2015年2月6日作出(2014)皖民申字第00698号民事裁定，驳回曹某的再审申请。

曹某向检察机关申请监督。安徽省人民检察院作出皖检民(行)监[2015]34000000161号民事抗诉书，向安徽省高级人民法院提出抗诉。安徽省人民检察院抗诉认为，原二审判决以曹某举证不能应承担不利的后果为由，认定25万元债务为夫妻共同债务，适用法律确有错误。《婚姻法解释(二)》第24条①规定：“债权人就婚姻关系存续期间夫妻一方以个人名义所负债务主张权利的，应当按夫妻共同债务处理。但夫妻一方能够证明债权人与债务人明确约定为个人债务，或者能够证明属于婚姻法第十九条第三款规定情形的除外”。该司法解释将证明夫妻一方以个人名义所借之债并非属于夫妻共同债务的举证责任分担在夫妻一方，是因为举债人配偶利益与债权人利益一般是冲突的，考虑夫妻关系的特殊性，为了维护交易安全和社会诚信，法律选择优先保护债权人利益。但本案中，由于债权人许某与举债人配偶曹某是母女关系，且共同生活在一起，故许某与曹某的利益非但不矛盾，反而是一致的。若为了保护许某的利益适用上述司法解释，要求曹某承担举证责任，结果恰恰损害了许某的利益。结合债权人许某与举债人配偶曹某的利益具有一致性的特殊情况，本案不需要单独考虑债权人利益保护问题，只需要考虑刘某与曹某夫妻双方的利益，按照“谁主张，谁举证”的一般原则，理应由刘某负责举证证明所借债务用于夫妻共同生活，也只有这样才能真正保护债权人许某的利益。这与最高人民法院民一庭在《关于婚姻关系存续期间夫妻一方以个人名义所负债

① 参见《民法典》第1064条第2款。

务性质如何认定的答复》[(2014)民一他字第10号]①中强调的"在不涉及他人的离婚案件中，由以个人名义举债的配偶一方负责举证证明所借债务用于夫妻共同生活，如证据不足，则其配偶一方不承担偿还责任"的精神亦是一致的。曹某称：请求撤销原二审判决第三项，即25万元由曹某和刘某共同偿还。25万元是刘某的个人债务，不是夫妻共同债务，理由与抗诉书一致。

安徽省高级人民法院作出(2016)皖民抗9号民事裁定，提审本案。

【案件争点】

为履行家庭抚养、赡养义务所负债务是否为夫妻共同债务。

【裁判要旨】

安徽省高级人民法院再审认为，首先，25万元借款发生在刘某与曹某夫妻关系存续期间。在许某诉刘某民间借贷纠纷一案中，许某称2011年5月31日金额25万元的借条是从2009年1月5日金额43万元的借条转化而来，对此曹某并未提出异议，因此25万元借款实际发生在2009年即夫妻关系存续期间。其次，刘某与曹某未对婚后财产归属进行任何约定，且曹某自婚后就与其父母共同生活，而25万元借款发生在女婿刘某与岳母许某之间，通常情况下曹某对此应当是明知的。在多年共同生活的时间里，曹某和许某均未向刘某提出在借条上注明系其个人债务，亦有违常理。最后，曹某父亲曹某华2009年4月突发脑出血生病住院时，曹某与刘某的女儿刘某某未满周岁，从曹某、刘某的经济收入和家庭状况分析，居住在上海这样的一线城市，赡养年迈的老人，又要照顾年幼的女儿，经济负担较重。在曹某没有提供证据证明该25万元借款是刘某用于个人事务的情况下，结合本案具体案情，该25万元债务应认定为刘某、曹某双方为共同履行家庭抚养、赡养义务而形成，应属于夫妻共同债务，曹某应对该笔债务承担共同偿还的责任。综上所述，安徽省高级人民法院作出(2016)皖民再44号民事判决，维持安徽省滁州市中级人民法院(2013)滁民一终字第01438号民事判决。

三、裁判规则提要

(一)亲属之间的赡养、抚养、扶养义务须严格按照法律确定

亲朋之间相互帮助，符合中国社会的伦常观念，亦是值得倡导的社会风尚，普遍存在于社会生活。但是，配偶一方对其亲友的帮助，很可能为另一方带来额外的

---

① 参见《民法典》第1064条。

经济负担,特别是举债为其亲友提供帮助的情况,必须在法律上对夫妻共同债务成立的条件予以限制。这种限制要依照法律严格限定与赡养、抚养以及扶养的范围。

1. 父母子女、兄弟姐妹间的赡养、抚养、扶养义务

《民法典》第26条规定,父母对未成年子女负有抚养、教育和保护的义务。成年子女对父母负有赡养、扶助和保护的义务。抚养,是指父母对子女、长辈对晚辈的保护、抚育和教养。抚养关系只能发生在长辈和晚辈之间,且只能是长辈对晚辈,其目的是使晚辈安全健康地成长,其手段是保护、照料、关怀子女,为其提供生活和教育费用,并进行言传身教。具体而言,父母对子女有抚养教育的义务;有负担能力的祖父母、外祖父母,对于父母已经死亡或父母无力抚养的未成年的孙子女、外孙子女,有抚养的义务。

赡养主要体现为晚辈对长辈的经济上的供养、生活上的照料和精神上的慰藉。赡养关系只能发生在晚辈和长辈之间,且只能是晚辈对长辈,其目的是使父母或长辈安享晚年,其手段通常是在经济上为父母或长辈提供生活费用,在生活上对父母或长辈进行关心、照顾。具体而言,成年子女有赡养扶助父母的义务;有负担能力的孙子女、外孙子女,对于子女已经死亡或子女无力赡养的祖父母、外祖父母,有赡养的义务。

扶养,广义上指亲属之间互帮互助的权利义务关系,包括晚辈对长辈的"赡养"、长辈对晚辈的"抚养"以及同辈之间的"扶养";狭义上仅指同辈亲属之间的权利义务关系。除夫妻之间的扶养义务外,有负担能力的兄、姐,对于父母已经死亡或父母无力抚养的未成年的弟、妹有扶养的义务。由兄、姐扶养长大的有负担能力的弟、妹,对于缺乏劳动能力又缺乏生活来源的兄、姐有扶养的义务。

2. 继父母子女间赡养、抚养义务的认定标准

继父母子女关系是因生父或生母再行结婚,子女与继母或继父之间形成的关系。如再婚时子女已经成年,与继父母仅为姻亲关系,不形成法律上的父母子女关系;如再婚时子女未成年,人民法院在判断继父母子女间是否存在抚养关系、具有抚养义务时,应依据是否共同生活、抚养时间的长短、经济与精神抚养是否客观存在、家庭身份的融合等因素综合进行判断,且不受生父母是否有抚养权的影响。此外,继父母和受其抚养教育的未成年继子女形成法律拟制的直系血亲关系,即使继父母与其生父母离婚,继父母与继子女之间已经形成的抚养关系不能消失。

对于赡养义务的认定标准,除了依据共同生活时间、家庭身份的融合等因素判定是否构成赡养关系外,还需考虑权利义务一致的原则,即继父母对继子女曾尽到

抚养教育义务的，继子女对继父母亦负有赡养义务，即便在此时，据以形成继父母子女关系的基础婚姻事实已经不复存在。根据最高人民法院《关于继母与生父离婚后仍有权要求已与其形成抚养关系的继子女履行赡养义务的批复》的规定，在继母与生父已经离婚的情况下，因继母在过去长期的共同生活过程中抚养教育继子女，曾经形成的抚养关系不能消失，当继母年老体弱、生活困难，继子女应尽赡养扶助的义务。

（二）夫妻一方因抚养、赡养、扶助行为所欠债务的负担

为满足夫妻共同生活需要所负债务系夫妻共同债务。对于是否属于夫妻共同生活需要，应结合法律规定和社会伦常判断。夫妻一方因抚养、赡养、扶助行为欠下债务，只有系对具有法定义务的亲属提供资助，才能认定为夫妻共同债务。

1. 因履行法定抚养、赡养、扶助义务所欠债务为夫妻共同债务

养老育幼是家庭生活的题中之义。夫妻一方为履行法定的赡养、抚养、扶养义务而负债务，应认定为夫妻共同债务，由夫妻双方共同承担。如果夫妻双方离婚时债务未能清偿完毕，则夫妻双方须对共同债务承担连带清偿责任。这既包括子女赡养父母所欠债务，也包括父母抚养子女所欠债务，在特定情况下还包括祖父母、外祖父母与孙子女、外孙子女之间以及有扶养义务的兄、姐与弟、妹之间为履行法定义务所负债务。对于为履行法定义务，如承担相应生活费、医疗费、教育费等所欠债务，应理解为系用于夫妻双方共同生活而应予共同分担。

2. 擅自资助没有法定义务的亲友，所负债务为个人债务

夫妻一方隐瞒配偶资助没有法定赡养、抚养、扶助义务的亲戚、朋友，为其上学、买房、治病、经营等提供帮助，并且超出自身财产范围进行举债，应认为其所负债务系个人债务，与夫妻共同生活无关，不应由另一方承受其负担和风险。若配偶对其举债的事实知情且同意，系基于双方合意而共担债务，对此方存在认定成立夫妻共同债务之余地。

需要注意的是，根据《民法典》及相关司法解释的规定，父母不履行赡养义务的，未成年的或不能独立生活的成年子女，有要求父母付给抚养费的权利。根据《民法典婚姻家庭编解释（一）》第41条之明确规定，此处“不能独立生活的成年子女”是指尚在校接受高中及其以下学历教育，或者丧失、部分丧失劳动能力等非因主观原因而无法维持正常生活的成年子女，故在司法实践中，夫妻一方为供已成年子女攻读大学及以上学历独自举债，可不作为夫妻共同债务处理。

(三)履行法定抚养、赡养、扶助义务费用的范围

履行法定抚养、赡养、扶助义务费用的范围,一般限于生活日常开销或教育费、医疗费等生活必需费用,不包括买房买车、奢侈性消费、投资经营等费用。例案一中,郑某霞与姚某强因后者已成年、二人并未共同生活等原因未形成法律上的抚养关系,即便其二人已形成抚养关系,如姚某平在郑某霞不知情的情况下擅自举债为姚某强购买房屋,该债务亦可不视为姚某平与郑某霞的夫妻共同债务。

四、辅助信息

高频词条:

《民法典》

第 26 条 父母对未成年子女负有抚养、教育和保护的义务。

成年子女对父母负有赡养、扶助和保护的义务。

第 1043 条 家庭应当树立优良家风,弘扬家庭美德,重视家庭文明建设。

夫妻应当互相忠实,互相尊重,互相关爱;家庭成员应当敬老爱幼,互相帮助,维护平等、和睦、文明的婚姻家庭关系。

第 1045 条 亲属包括配偶、血亲和姻亲。

配偶、父母、子女、兄弟姐妹、祖父母、外祖父母、孙子女、外孙子女为近亲属。

配偶、父母、子女和其他共同生活的近亲属为家庭成员。

第 1058 条 夫妻双方平等享有对未成年子女抚养、教育和保护的权利,共同承担对未成年子女抚养、教育和保护的义务。

第 1059 条 夫妻有相互扶养的义务。

需要扶养的一方,在另一方不履行扶养义务时,有要求其给付扶养费的权利。

第 1060 条 夫妻一方因家庭日常生活需要而实施的民事法律行为,对夫妻双方发生效力,但是夫妻一方与相对人另有约定的除外。

夫妻之间对一方可以实施的民事法律行为范围的限制,不得对抗善意相对人。

第 1064 条 夫妻双方共同签名或者夫妻一方事后追认等共同意思表示所负的债务,以及夫妻一方在婚姻关系存续期间以个人名义为家庭日常生活需要所负的债务,属于夫妻共同债务。

夫妻一方在婚姻关系存续期间以个人名义超出家庭日常生活需要所负的债务,不属于夫妻共同债务;但是,债权人能够证明该债务用于夫妻共同生活、共同生

产经营或者基于夫妻双方共同意思表示的除外。

第1066条 婚姻关系存续期间，有下列情形之一的，夫妻一方可以向人民法院请求分割共同财产：

（一）一方有隐藏、转移、变卖、毁损、挥霍夫妻共同财产或者伪造夫妻共同债务等严重损害夫妻共同财产利益的行为；

（二）一方负有法定扶养义务的人患重大疾病需要医治，另一方不同意支付相关医疗费用。

第1067条 父母不履行抚养义务的，未成年子女或者不能独立生活的成年子女，有要求父母给付抚养费的权利。

成年子女不履行赡养义务的，缺乏劳动能力或者生活困难的父母，有要求成年子女给付赡养费的权利。

第1068条 父母有教育、保护未成年子女的权利和义务。未成年子女造成他人损害的，父母应当依法承担民事责任。

第1071条 非婚生子女享有与婚生子女同等的权利，任何组织或者个人不得加以危害和歧视。

不直接抚养非婚生子女的生父或者生母，应当负担未成年子女或者不能独立生活的成年子女的抚养费。

第1072条 继父母与继子女间，不得虐待或者歧视。

继父或者继母和受其抚养教育的继子女间的权利义务关系，适用本法关于父母子女关系的规定。

第1074条 有负担能力的祖父母、外祖父母，对于父母已经死亡或者父母无力抚养的未成年孙子女、外孙子女，有抚养的义务。

有负担能力的孙子女、外孙子女，对于子女已经死亡或者子女无力赡养的祖父母、外祖父母，有赡养的义务。

第1075条 有负担能力的兄、姐，对于父母已经死亡或者父母无力抚养的未成年弟、妹，有扶养的义务。

由兄、姐扶养长大的有负担能力的弟、妹，对于缺乏劳动能力又缺乏生活来源的兄、姐，有扶养的义务。

第1089条 离婚时，夫妻共同债务应当共同偿还。共同财产不足清偿或者财产归各自所有的，由双方协议清偿；协议不成的，由人民法院判决。

第1111条 自收养关系成立之日起，养父母与养子女间的权利义务关系，适用本法关于父母子女关系的规定;养子女与养父母的近亲属间的权利义务关系,适用本法关于子女与父母的近亲属关系的规定。

养子女与生父母以及其他近亲属间的权利义务关系,因收养关系的成立而消除。

《民法典婚姻家庭编解释(一)》

第33条 债权人就一方婚前所负个人债务向债务人的配偶主张权利的,人民法院不予支持。但债权人能够证明所负债务用于婚后家庭共同生活的除外。

第40条 婚姻关系存续期间,夫妻双方一致同意进行人工授精,所生子女应视为婚生子女,父母子女间的权利义务关系适用民法典的有关规定。

第41条 尚在校接受高中及其以下学历教育,或者丧失、部分丧失劳动能力等非因主观原因而无法维持正常生活的成年子女,可以认定为民法典第一千零六十七条规定的"不能独立生活的成年子女"。

第42条 民法典第一千零六十七条所称"抚养费",包括子女生活费、教育费、医疗费等费用。

第43条 婚姻关系存续期间,父母双方或者一方拒不履行抚养子女义务,未成年子女或者不能独立生活的成年子女请求支付抚养费的,人民法院应予支持。

夫妻共同债务纠纷案件裁判规则第 11 条：
婚姻关系存续期间，夫妻一方为共同生活而从事生产经营活动，在此过程中对外产生的侵权之债可以认定为夫妻共同债务

〔**规则描述**〕：在我国现行法律体系中，关于夫妻共同债务的规定一般指合同之债，即基于夫妻双方共同意思表示所产生的债务。侵权之债亦包括在债的体系之中，随着近年来案件绝对数量的不断增多，当事人主张将侵权之债、特别是由机动车肇事行为而引起的债务认定为夫妻共同债务的情况逐年增多。

通常认为，既然夫妻共同债务基于双方共同举债的合意，由夫妻双方共同享受利益，那么在夫妻一方为共同生活或在从事生产经营活动过程中对外产生的侵权之债，因夫妻双方均会享受利益，故亦应承担相应风险，即应作为夫妻共同债务而承担责任。

一、类案检索大数据报告

数据采集时间：2020 年 5 月 30 日；案例来源：Alpha 案例库；案件数量：1935 件。本次检索获取 2020 年 5 月 30 日前共 1935 篇裁判文书。案件裁判结果分布情况如图 11－1 所示，从案涉债务是否被认定为夫妻共同债务的角度来看，未被认定为夫妻共同债务的案件 1263 件，占比约 65.27%；被认定为夫妻共同债务案件 515 件，占比约 26.61%；不相关案件 105 件，占比约 5.43%；重复案件 52 件，占比约 2.69%。

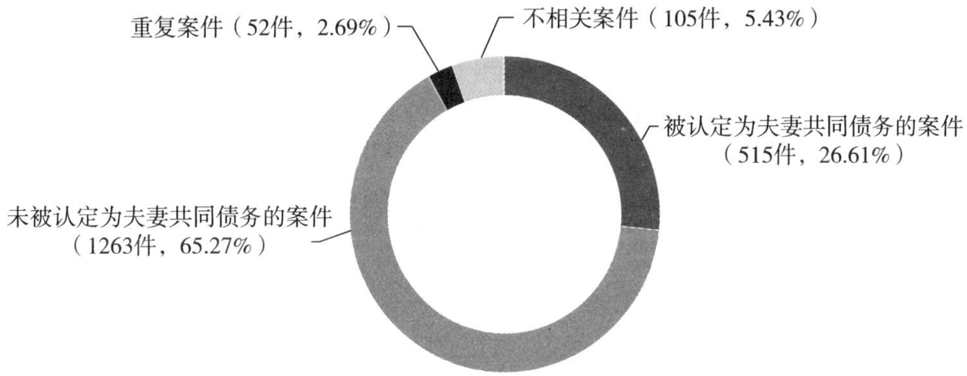

图 11－1　案件裁判结果分布情况

如图 11 -2 所示,从案件年份分布情况可以看出当前条件下案件数量的变化趋势。

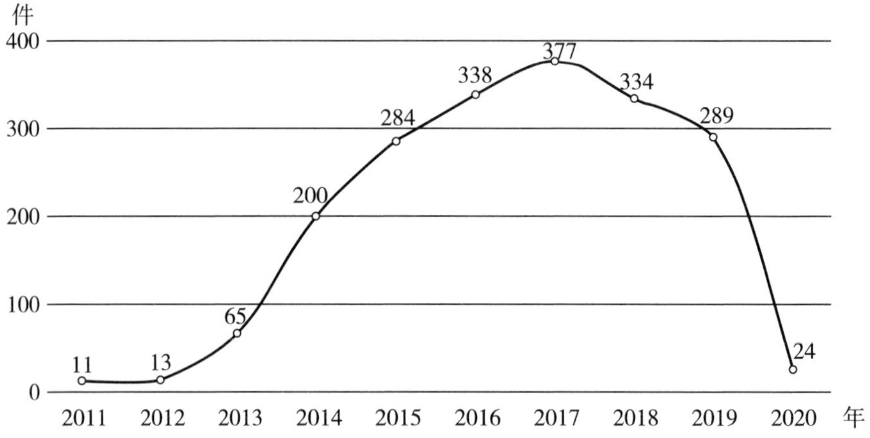

图 11 -2　案件年份分布情况

如图 11 -3 所示,从案件地域分布情况来看,当前条件下案件主要集中在广东省、山东省、江苏省,其中广东省的案件量最多,达到 304 件,占比约 15.71% 。

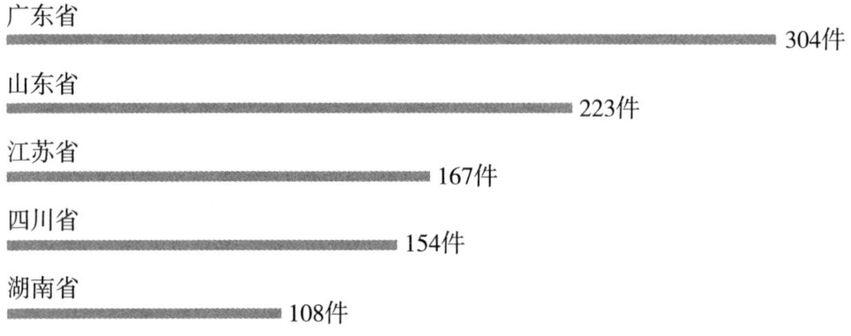

图 11 -3　案件主要地域分布情况

如图 11 -4 所示,从案件案由分类情况可以看出,当前条件下案件的案由分布由多至少分别是侵权责任纠纷 1096 件,占比约 56.64% ;合同、无因管理、不当得利纠纷 248 件,占比约 12.82% ;物权纠纷 195 件,占比约 10.08% ;人格权纠纷 192 件,占比约 9.92% ;其他案由纠纷 107 件,占比约 5.53% ;婚姻家庭、继承纠纷 97 件,占比约 5.01% 。

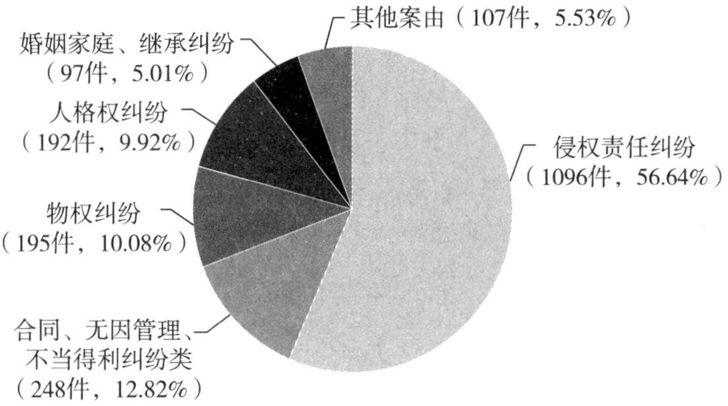

图 11 -4　案件案由分类情况

如图 11 -5 所示,从案件审理程序分布情况可以看出,当前条件下案件的审理程序分布由多至少分别是一审案件 1335 件,占比约 68.99%;二审案件 516 件,占比约 26.67%;执行案件 52 件,占比约 2.69%;再审案件 32 件,占比约 1.65%。

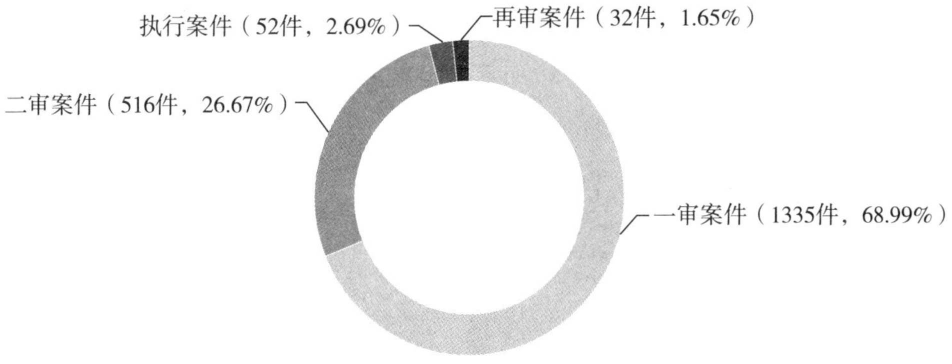

图 11 -5　案件审理程序分布情况

二、可供参考的例案

例案一　马某贵与桑某美健康权纠纷再审案

【法院】

重庆市高级人民法院

【案号】

(2016)渝民再 167 号

【当事人】

再审申请人(一审原告、二审上诉人):马某贵

被申请人(一审被告、二审被上诉人):桑某美

【基本案情】

桑某美与范某国于1979年12月30日登记结婚;2010年8月17日,双方在重庆市九龙坡区民政局办理离婚登记手续;2013年11月6日,双方在重庆市九龙坡区民政局又登记结婚;2013年11月8日,双方在重庆市九龙坡区民政局又办理了离婚登记手续。

2010年7月11日,伍某碧、肖某作为发包方与作为承包方的范某国签订了《云峰寺建筑工程合同》,约定由范某国承建云峰寺庙。范某国聘请马某贵等人修建云峰寺庙。2010年8月8日,在修建云峰寺庙过程中,因所踩领木折断,马某贵从高处跌落摔伤。事故发生后,马某贵被送往重庆市九龙坡区第二人民医院治疗。马某贵因此产生医疗费等损失,向重庆市九龙坡区人民法院起诉,要求范某国、伍某碧、肖某赔偿马某贵医疗费、住院伙食补助费、护理费、误工费、交通费、营养费、残疾赔偿金、残疾辅助器具费、被抚养人生活费、精神抚慰金、鉴定费共计1,120,336.35元,并要求范某国、伍某碧、肖某承担连带赔偿责任。重庆市九龙坡区人民法院审理后认为,范某国作为雇主应当对马某贵受伤承担相应的赔偿责任,伍某碧、肖某作为工程发包方,将工程发包给没有资质的范某国,应当对马某贵受伤承担连带赔偿责任。2011年5月23日,该院作出(2011)九法民初字第668号民事判决,该判决主文载明:"范某国、伍某碧、肖某于本判决生效后15日内连带赔偿马某贵医疗费、住院伙食补助费、住院期间的护理费、营养费、误工费、残疾赔偿金、残疾辅助器具费、后续护理费、交通费、精神抚慰金、鉴定费共计501,898.03元"。该判决生效后,范某国、伍某碧、肖某未在指定的期间履行金钱给付义务,马某贵遂向重庆市九龙坡区人民法院申请强制执行。2011年11月10日,重庆市九龙坡区人民法院作出(2011)九法民执字第1582-1号执行裁定,裁定:"从2011年12月开始,每月提取被执行人肖某在重庆市社会保险局养老退休金1000元,直至提取完251,049.03元为止",并向重庆市社会保险局送达了协助执行通知书。一审另查明,桑某美曾于1989年起诉与范某国离婚,后撤回了起诉。

2015年,马某贵向重庆市九龙坡区人民法院提起诉讼,要求确认(2011)九法民初字第668号民事判决范某国应承担的501,898.03元债务为桑某美和范某国的夫妻共同债务,并由桑某美承担连带责任。重庆市九龙坡区人民法院经审理认

为，离婚时，原为夫妻共同生活所负的债务，应当共同偿还。《婚姻法解释(二)》第24条①规定："债权人就婚姻关系存续期间夫妻一方以个人名义所负债务主张权利的，应当按夫妻共同债务处理。但夫妻一方能够证明债权人与债务人明确约定为个人债务，或者能够证明属于婚姻法第十九条第三款规定情形的除外。"因此，夫妻双方对共同债务负连带清偿责任的前提是，夫妻双方所负债务必须是共同债务，如果夫妻双方所负债务仅仅是一种个人债务，夫妻中的另一方不承担连带清偿责任。夫妻共同债务，是指夫妻为家庭共同生活所设定的债务以及夫妻双方从所负债务中获取利益的债务。本案中的债务虽发生在桑某美与范某国夫妻关系存续期间，但系马某贵在从事雇佣活动中遭受人身损害而引发的侵权行为之债，范某国作为雇主承担赔偿责任是基于法律的规定，桑某美并非马某贵的雇主，且对马某贵从事雇佣活动中遭受人身损害也无过错。范某国作为雇主对马某贵承担赔偿责任，并非范某国与马某贵夫妻关系存续期间夫妻二人合意举债，而系夫妻一方的侵权行为引起，桑某美也未因该侵权之债获取利益，故显然不属于桑某美与范某国夫妻共同生活所负的债务。马某贵要求桑某美对范某国因侵权产生的债务承担连带责任无法律依据，不予支持，故该院于2015年8月10日作出(2015)九法民初字第03109号民事判决，驳回原告马某贵的诉讼请求。

马某贵不服，向重庆市第五中级人民法院提起上诉。重庆市第五中级人民法院经审理认为，夫妻为家庭共同生活所产生的债务称为夫妻共同债务。本案中的债务虽然是在被上诉人桑某美与范某国夫妻关系存续期间产生的，但属侵权之债，且上诉人马某贵未提供充分证据证明该侵权之债系桑某美与范某国在夫妻关系存续期间为家庭共同生活合意所负的债务，故一审认定该债务系范某国一方的债务，而非桑某美与范某国的夫妻共同债务，并无不当。因此，一审驳回了马某贵的诉讼请求，符合法律规定。马某贵的上诉理由均不能成立，法院不予采纳。一审判决认定事实清楚，适用法律正确，依法应予维持。故该院于2015年12月17日判决驳回上诉，维持原判。

马某贵不服，向重庆市高级人民法院申请再审，重庆市高级人民法院于2016年7月21日作出(2016)渝民申606号民事裁定书，裁定由法院提审。

重庆市高级人民法院再审该案，对原审查明的案件事实予以确认，并另查明：重庆市九龙坡区人民法院根据马某贵的申请，依据生效的(2011)九法民初字第

① 参见《民法典》第1064条第2款。

668号民事判决，于2011年11月9日作出(2011)九法民执字第1582-2号执行裁定，裁定："从2011年12月开始，每月提取被执行人伍某碧在重庆市渝中区社会保险局养老退休金800元，直至提取完251,049元为止"，并向重庆市渝中区社会保险局送达了协助执行通知书。截至2017年4月，范某国已支付马某贵赔偿款200,482元(分3次执行：17,290元、118,512元、64,680元)，伍某碧已支付52,000元(提取养老退休金从2011年12月至2017年4月，每月800元)，肖某已支付35,000元(提取养老退休金从2011年12月至2014年10月，每月1000元。因肖某去世，故提取其养老退休金至2014年10月止)。法院再审中，马某贵明确提出同意以(2011)九法民初字第668号案件中实际执行到位的案款抵扣本案中对桑某美的诉讼请求金额。此外，2010年8月17日，范某国与桑某美第一次协议离婚时，离婚协议财产处理载明：重庆市九龙坡区华岩镇云峰村二组138号房屋归范某(范某国、桑某美之子)所有。2013年11月8日范某国与桑某美第二次协议离婚时，离婚协议载明：夫妻共同财产，位于九龙坡区华岩镇云峰村二组138号房屋共6间，范某国分得进门右手第一间，其余5间归桑某美所有。此后，双方到重庆市九龙坡区土地房屋权属登记中心进行了房屋权属登记，范某国分得的1间房屋建筑面积为16.5平方米，桑某美分得的5间房屋建筑面积为112.47平方米。

【案件争点】

夫妻一方在婚姻关系存续期间因生产经营行为对外所产生的侵权之债是否应当认定为夫妻共同债务。

【裁判要旨】

重庆市高级人民法院再审认为，夫妻共同债务，是指夫妻为共同生活或为履行抚养、赡养义务等所负债务。夫妻双方应当对夫妻关系存续期间产生的共同债务承担连带责任。就本案被诉债务是否应属夫妻共同债务，综合评判如下：

首先，《婚姻法解释(二)》第24条①规定："债权人就婚姻关系存续期间夫妻一方以个人名义所负债务主张权利的，应当按夫妻共同债务处理。但夫妻一方能够证明债权人与债务人明确约定为个人债务，或者能够证明属于婚姻法第十九条第三款规定情形的除外。"《婚姻法》第19条第3款②规定："夫妻对婚姻关系存续期间所得的财产约定归各自所有的，夫或妻一方对外所负的债务，第三人知道该约定

① 参见《民法典》第1064条第2款。
② 参见《民法典》第1065条。

的,以夫或妻一方所有的财产清偿。”本案中马某贵主张要求桑某美与范某国承担连带责任的债务形成于 2010 年 8 月 8 日,已经生效的(2011)九法民初字第 668 号民事判决予以确认。该债务的形成虽系范某国因雇主行为而依法对马某贵承担的侵权之债,桑某美亦非马某贵的雇主,对马某贵在雇佣活动中遭受的人身损害也无过错,但该债务产生于范某国与桑某美婚姻关系存续期间,且范某国承包修建云峰寺庙的行为系生产经营行为,根据《婚姻法》第 17 条第 1 款第 2 项①的规定,夫妻在婚姻关系存续期间所得的生产、经营的收益,归夫妻共同所有,范某国承包修建云峰寺庙所得的收益依法属于其与桑某美夫妻共同所有。同时,桑某美及范某国均无证据证明马某贵与范某国明确约定该债务为范某国个人债务,亦无证据证明存在“夫妻对婚姻关系存续期间的财产约定归各自所有”的法定例外情形,根据权利义务对等原则,桑某美从该经营行为分享了利益,那么也应当对该经营行为所致债务承担相应的义务。故本案中范某国对马某贵负担的债务应当按夫妻共同债务处理。

其次,关于桑某美承担责任的范围究竟是在其与范某国夫妻共同财产范围内还是不以共同财产为限而承担清偿责任的问题。根据《婚姻法》第 41 条②“离婚时,原为夫妻共同生活所负的债务,应当共同偿还。共同财产不足清偿的,或财产归各自所有的,由双方协议清偿;协议不成时,由人民法院判决”的规定,因本案债务系共同债务,桑某美应当承担连带清偿责任,故桑某美承担责任的范围不以共同财产为限而承担连带清偿责任。

最后,根据生效的(2011)九法民初字第 668 号民事判决,范某国对马某贵所负债务金额为 501,898.03 元,桑某美应当对此承担连带清偿责任。故对马某贵请求桑某美连带承担范某国的前述债务 501,898.03 元的诉讼请求,予以支持。

综上所述,原生效判决适用法律错误,判决不当,予以纠正。再审申请人马某贵申请再审的理由成立,予以支持。再审裁判:(1)撤销重庆市第五中级人民法院(2015)渝五中法民终字第 07347 号民事判决和重庆市九龙坡区人民法院(2015)九法民初字第 03109 号民事判决;(2)桑某美对范某国所负担的马某贵的债务 501,898.03 元承担连带清偿责任。

---

① 参见《民法典》第 1062 条。

② 参见《民法典》第 1089 条。

例案二 | 蔡某与史某离婚后财产纠纷案

【法院】

北京市第一中级人民法院

【案号】

(2020)京01民终3001号

【当事人】

上诉人(原审原告):蔡某

被上诉人(原审被告):史某

【基本案情】

蔡某与史某原系夫妻关系,婚后未生育子女。2019年3月,北京市通州区人民法院作出(2019)京0112民初8282号民事生效判决,判决史某与蔡某离婚,未处理夫妻共同财产。2019年,蔡某诉至北京市海淀区人民法院(以下简称海淀法院),请求法院依法判令史某承担其因交通事故需要赔偿案外人52,000元债务的一半。

海淀法院经审理认为,判断是否属于夫妻共同债务,需要考虑以下几个因素:第一,双方是否具有举债之合意;第二,所负的债务是否用于家庭日常生活。蔡某因驾驶车辆与他人发生交通事故,由此产生的债务不属于夫妻共同债务,应由其个人承担。综上所述,海淀法院判决驳回蔡某该项诉讼请求。蔡某对判决结果不服,提起上诉,要求改判支持其一审全部诉讼请求。

【案件争点】

上下班途中发生交通事故所产生的侵权之债是否为夫妻共同债务。

【裁判要旨】

夫妻一方因侵权行为致人损害产生的债务,一般认定为一方个人债务。但该侵权行为系因家庭劳动、经营等家事活动产生或其收益归家庭使用的,应认定为夫妻共同债务。蔡某在婚姻关系存续期间因交通事故形成的侵权之债,虽不是蔡某与史某的共同意思表示,双方也没有实际分享该债务带来的利益,但从该债务的产生基础和目的来看,该侵权行为系发生在蔡某上班途中,蔡某的上班行为属于家庭劳动及生产生活的一部分,其上班所得的工资收益亦属于夫妻共同财产的组成部分,归家庭使用,蔡某因侵权行为产生的债务的基础是为了夫妻共同生活谋取利益,应属于夫妻共同债务的范畴,故蔡某在上班途中因交通事故对案外人的赔偿应属于双方的夫妻共同债务,由双方共同负担。法院生效判决已确认该笔债务的数额为 52,000 元，应由蔡某与史某各负担该债务的一半，即各自负担 26,000 元。一审法院认为蔡某因驾驶车辆与他人发生交通事故产生的债务不属于夫妻共同债务，认定有误，予以更正，判决蔡某给付刘某的修车费 52,000 元为蔡某、史某的夫妻共同债务，由蔡某承担偿还责任，史某于判决生效后 10 日内给付蔡某 26,000 元。

例案三 | 安某生、王某忠与谢某机动车交通事故责任纠纷案

【法院】

北京市第一中级人民法院

【案号】

(2017)京 01 民终 3814 号

【当事人】

上诉人(原审原告)：王某忠

被上诉人(原审被告)：谢某

原审第三人：安某生

【基本案情】

2014 年 11 月 24 日 7 时 25 分，安某生驾驶×××号车辆与王某忠发生交通事故，导致王某忠受伤，安某生车辆部分损坏。北京市门头沟区人民法院(以下简称门头沟法院)于 2015 年 11 月 15 日作出(2015)门民初字第 2516 号民事判决书，判决除保险公司赔偿之外，安某生赔偿王某忠医疗费等损失共计 363,284.60 元，王某忠赔偿安某生修车费、误工损失、替代性交通工具费 8951.44 元。判决后，王某忠、安某生均提起上诉。2016 年 6 月 12 日，北京市第一中级人民法院作出(2016)京 01 民终 2429 号民事判决书，驳回二人上诉，维持原判。判决生效后，王某忠向门头沟法院申请强制执行。因安某生无财产可供执行，门头沟法院于 2016 年 9 月 26 日作出(2016)京 0109 执 1484 号执行裁定书，裁定终结执行程序。2016 年 9 月至 11 月，安某生以每月支付 500 元的方式，向门头沟法院交纳了案款共计 1500 元。2016 年 11 月 29 日，王某忠向门头沟法院提起诉讼，要求安某生之妻谢某对安某生因交通事故需赔偿王某忠的案款 363,284.60 元及迟延履行利息、后续治疗费承担连带赔偿责任。

门头沟法院经审理查明，事故时，安某生所驾驶的×××号车辆系向车辆所有

人梁某借用。谢某和安某生主张安某生事故当日驾驶×××号车辆系因帮助安某生的朋友王某搬家而临时借用，就此向法院提交了北京某某学校出具的请假证明一份，其上载明安某生于2014年11月21日向学校提出2014年11月24日因事请假1天，并申请证人梁某和王某出庭作证。梁某出庭陈述称，“我是安某生的舅舅。×××号车辆系我所有，平时都由我使用，安某生偶尔向我借车。发生事故前安某生是临时向我借车。”王某出庭陈述称，“我与安某生系朋友关系。具体哪天我忘了，我让安某生周末帮我搬家，他没时间，就让他周一来。后来他出事故了没来。”王某忠对请假证明不予认可，认为该证明不是原始假条；对梁某的证言不予认可，认为×××号车辆系安某生长期借用；对王某的证言亦不予认可。经查明，门头沟法院(2015)门民初字第2516号案件审理过程中，安某生在反诉王某忠要求其赔偿替代性交通费时自述“事故车辆是反诉人日常交通工具”。本案中，法院依职权到北京某某学校核实请假证明的情况，该单位体育组教研组长袁某向法院陈述称，“安某生当时确实是周五请了下周一的假，是我批的。当时写假条了，但因为时间较长，假条可能交了也可能找不到了，假条存档一年以内的好说，一年以上的就不好找了。因为后来知道他出了交通事故，所以记得比较清楚。”该单位办公室主任史某向法院陈述称，“请假证明是我给开的，开之前我打电话和袁老师核实过。我们的考勤是请假由组长随考勤向我们报，但有的请一天的也就不给我们报了。”经质证，各方当事人对法院上述调查笔录无异议。法院结合上述调查情况，对安某生提交的请假证明和证人王某的证言予以采信。另外，在审理中，王某忠经法庭询问未能明确其所主张的后续治疗费具体项目及金额。

门头沟法院认为，关于本案案由，王某忠在其起诉书中所写为“债务赔偿纠纷”，但该案由并非目前人民法院受理民事案件的适格案由。王某忠起诉安某生机动车交通事故责任纠纷一案判决已经生效处理，现王某忠起诉要求谢某对该债务承担连带责任，其诉请的实质在于要求确认安某生因交通事故侵权所负债务为夫妻共同债务，由安某生的配偶谢某对该侵权之债承担连带责任。故在目前现有案由规定的情况下，仍应按照该债务的基础法律关系来确定本案案由，即机动车交通事故责任纠纷。本案双方当事人争议焦点为该侵权之债是否为夫妻共同债务，对此，应结合侵权法律规定和《婚姻法》关于夫妻共同债务的规定予以综合判定。首先，从侵权责任的法理依据和法律规定来看，侵权责任的承担最首要和根本的就是过错责任原则，以过错作为归责的构成要件，作为确定行为人责任范围的重要依据。有过错则担责，无过错则不承担责任，特殊侵权行为是例外。在本案机动车交通事故责任纠纷中，直接侵权人是驾驶人安某生，法院亦已在（2015）门民初字第2516号案件中对安某生的赔偿责任和数额进行了认定处理。谢某并非该交通事故的侵权人，对事故的发生和王某忠损害结果的发生均不存在过错。此外，从法律规定看，《侵权责任法》《道路交通安全法》及其他法律法规、司法解释并未规定司机配偶应对司机驾车侵权承担连带责任。故谢某并非交通事故侵权责任承担的主体，亦不属于侵权法律规定的应当承担连带责任的情形。其次，从《婚姻法》的相关规定来看，存在夫妻共同债务和夫妻一方个人债务的区分。夫妻共同债务，是指夫妻双方因婚姻共同生活以及在此期间履行法定扶养义务所负的债务，夫妻个人债务是夫妻约定为个人负担的债务或者一方从事无关家庭共同生活活动所产生的债务。根据法律规定，符合《婚姻法解释（二）》第24条①规定情形的，应推定按夫妻共同债务处理，但同时存在以下情形的，可根据具体案情认定构成个人债务：（1）夫妻双方主观上不具有举债的合意且客观上不分享该债务所带来的利益；（2）债务形成时，债权人无理由相信该债务是债务人夫妻共同意思表示或为债务人的家庭共同利益而成立。而交通事故民事侵权行为系因过失导致的侵权，侵权人和其配偶并无侵权之合意，故基于婚姻关系和夫妻财产制度的特点，是否因家庭共同活动发生以及是否由家庭共同享有利益，是认定交通事故侵权责任是否属于夫妻共同债务的关键。基于上述理由，法院认为，侵权之债原则上为个人之债，是否属于夫妻共同债务，需看具体侵权行为是否系因家庭劳动、经营等家事活动产生或其收益归家庭使用。具体到本案中，根据查明的事实，安某生所驾驶的车辆非其本人和谢某所有，系从梁某处借用，双方对此并无争议。梁某虽出庭陈述称该车辆平时由其自己使用，安某生只是偶尔借用，但安某生在上一案件中反诉王某忠要求赔偿替代性交通费用时自述该车辆系其日常交通工具。故法院认为，安某生在本案中的陈述和梁某的证言与安某生在上一案件中的自认相矛盾，根据当事人禁止反言原则，法院对安某生在本次诉讼中该项陈述不予认可，对梁某的该部分证言，法院亦不予采信。根据安某生在上一案件中的自认，法院推定该车辆系安某生长期借用，用于其家庭日常生活。因安某生借用×××号车辆并非用于经营活动，而是用于其家庭日常生活，故需根据事故发生时车辆的具体使用情况来判定是否属于家事活动还是其个人活动。法院认为，家事活动与夫妻一方个人活动的判断标准应综合家庭成员参与情况、活动目的、是否属于履行家庭责任必备、有无家庭共同获利等多方

---

① 参见《民法典》第1064条。

面因素来考量。经查明,安某生在事故前三天已经向单位请假,事故当日并非驾驶车辆去上班,而是去帮朋友搬家,该行为并非因家庭劳动、经营等家事活动产生,既未产生收益归家庭使用,也不属于因安某生为其家庭履行责任而发生,属于其个人行为,故该侵权之债属于其个人债务,不属于其与谢某的夫妻共同债务。综上所述,一审法院认为,安某生经法院生效判决确定对王某忠负有赔偿义务,其应积极主动履行其所负法律义务。但王某忠关于因谢某是安某生的配偶,故亦应作为判决书确定的债务人对安某生的债务当然承担连带责任的主张,无事实和法律依据,法院不予支持。依照《民事诉讼法》第 64 条第 1 款规定,判决驳回王某忠的诉讼请求。

王某忠不服门头沟法院(2016)京 0109 民初 5954 号判决,向北京市第一中级人民法院提起上诉。

【案件争点】

帮助朋友搬家过程中发生交通事故所产生的侵权之债是否属于夫妻共同债务。

【裁判要旨】

北京市第一中级人民法院经审查认为,《婚姻法解释(二)》第 24 条[①]规定,债权人就婚姻关系存续期间夫妻一方以个人名义所负债务主张权利的,应当按夫妻共同债务处理。但夫妻一方能够证明债权人与债务人明确约定为个人债务,或者能够证明属于《婚姻法》第 19 条第 3 款规定情形的除外。夫妻一方与第三人串通,虚构债务,第三人主张权利的,人民法院不予支持。夫妻一方在从事赌博、吸毒等违法犯罪活动中所负债务,第三人主张权利的,人民法院不予支持。根据《婚姻法》以及上述司法解释的规定,确认婚姻关系存续期间的债务属于夫妻个人债务还是夫妻共同债务,可以考虑以下两个判断标准:(1)夫妻有无共同举债的合意。如果夫妻有共同举债之合意,则无论该债务所带来的利益是否为夫妻共享,该债务均应视为共同债务。(2)夫妻是否分享了债务所带来的利益。尽管夫妻事先或事后均没有共同举债的合意,但该债务发生后,夫妻双方共同分享了该债务所带来的利益,则同样应视为其共同债务。本案中,根据生效判决所认定的事实,安某生因过失发生交通事故造成侵权,谢某与上述交通事故的发生无关,由此可见,安某生与谢某之间并无举债之合意。首先,谢某提供的王某的证言、北京某某学校的证明,

① 参见《民法典》第 1064 条。

以及一审法院核实该证明的情况可以形成证据链，证明安某生事发当日是请假为朋友搬家而驾车出行，一审法院据此认定的事实并无不当。根据已查明的事实，安某生在事发时驾驶的车辆并非营运车辆，其并非在上下班途中发生的交通事故，其驾车去帮助朋友搬家也并非从事营运活动，故可以认定安某生的侵权行为并非因家庭劳动、经营等家事活动而发生。其次，安某生帮助朋友搬家系无偿行为，其因交通事故所产生的侵权之债属于消极损害，并非收益，由此可以认定谢某作为妻子并未从其配偶安某生所造成的侵权之债中分享收益。综上所述，安某生因交通事故侵权所负债务并非夫妻共同债务，王某忠要求安某生的配偶谢某对上述侵权之债承担连带责任缺乏事实和法律依据，一审法院未支持其诉讼请求正确，故驳回上诉，维持原判。

三、裁判规则提要

（一）夫妻一方所负侵权之债原则上不构成共同债务

对于夫妻一方所负债务是否为夫妻共同债务，有两个主要标准：一是双方是否有关于债务形成的合意，如是否共同签订合同，或是否对于债务的形成事前明知、事后追认；二是对于债务的形成是否享受利益，因而应当承担相应风险。一般的侵权之债难以满足上述两个条件，故在司法实践中，构成夫妻共同债务的合同之债要多于侵权之债。

从合意角度看，夫妻一方实施侵权行为，无论是故意还是过失，都往往与另一方没有牵连；另一方不符合承担侵权责任的构成要件，只能由侵权人承担个人责任。若是另一方有共同的侵权意思，有意思联络、通谋或是形成共同的故意或是过失，则二人本身即构成共同侵权行为，应当按份或连带承担侵权损害赔偿责任，亦没有夫妻共同债务认定之余地。

从利益角度看，侵权行为具有不法性，而夫妻共同债务一般是合法行为导致的正当债务，这就使认定侵权之债为夫妻共同债务具有天然的障碍；同时，侵权之债往往是造成他人人身、财产损害而应承担损害赔偿责任，对于夫妻双方利益从结果上看亦无增益，属于消极债务，故侵权之债原则上不认定为夫妻共同债务。

（二）为夫妻共同生产经营和生活所负侵权之债可以认定为共同债务

夫妻一方因侵权产生的债务虽原则上不应认定为夫妻共同债务，但若债务系为共同生产经营和生活所负，则其产生系因为家庭谋取利益而开启，配偶因此享受获益的机会,亦应承受其风险。

司法实践中,较为常见的是机动车交通事故责任纠纷和雇主责任纠纷,因夫妻一方实施的侵权行为可能为家庭财产带来增益,相应的侵权之债在很多案件中被认定为夫妻共同债务。特别是以机动车交通事故责任最为典型,一般而言,如果夫妻一方驾驶机动车系为营运谋利,如出租车、载货车,或是驾驶车辆用于上下班通勤,则相应交通事故所产生的侵权之债一般被认定为夫妻共同债务;而驾驶车辆纯系个人原因,如为朋友帮忙、参加同学会后酒驾等,明显非为夫妻共同生产经营和生活所致,则不认定为夫妻共同债务。

四、辅助信息

高频词条:

《民法典》

第 1060 条 夫妻一方因家庭日常生活需要而实施的民事法律行为,对夫妻双方发生效力,但是夫妻一方与相对人另有约定的除外。

夫妻之间对一方可以实施的民事法律行为范围的限制,不得对抗善意相对人。

第 1062 条 夫妻在婚姻关系存续期间所得的下列财产,为夫妻的共同财产,归夫妻共同所有:

(一)工资、奖金、劳务报酬;

(二)生产、经营、投资的收益;

(三)知识产权的收益;

(四)继承或者受赠的财产,但是本法第一千零六十三条第三项规定的除外;

(五)其他应当归共同所有的财产。

夫妻对共同财产,有平等的处理权。

第 1063 条 下列财产为夫妻一方的个人财产:

(一)一方的婚前财产;

(二)一方因受到人身损害获得的赔偿或者补偿;

(三)遗嘱或者赠与合同中确定只归一方的财产;

(四)一方专用的生活用品;

(五)其他应当归一方的财产。

第 1064 条 夫妻双方共同签名或者夫妻一方事后追认等共同意思表示所负的债务,以及夫妻一方在婚姻关系存续期间以个人名义为家庭日常生活需要所负的债务，属于夫妻共同债务。

夫妻一方在婚姻关系存续期间以个人名义超出家庭日常生活需要所负的债务，不属于夫妻共同债务；但是，债权人能够证明该债务用于夫妻共同生活、共同生产经营或者基于夫妻双方共同意思表示的除外。

第 1065 条 男女双方可以约定婚姻关系存续期间所得的财产以及婚前财产归各自所有、共同所有或者部分各自所有、部分共同所有。约定应当采用书面形式。没有约定或者约定不明确的，适用本法第一千零六十二条、第一千零六十三条的规定。

夫妻对婚姻关系存续期间所得的财产以及婚前财产的约定，对双方具有法律约束力。

夫妻对婚姻关系存续期间所得的财产约定归各自所有，夫或者妻一方对外所负的债务，相对人知道该约定的，以夫或者妻一方的个人财产清偿。

第 1089 条 离婚时，夫妻共同债务应当共同偿还。共同财产不足清偿或者财产归各自所有的，由双方协议清偿；协议不成的，由人民法院判决。

第 1168 条 二人以上共同实施侵权行为，造成他人损害的，应当承担连带责任。

《民法典婚姻家庭编解释(一)》

第 33 条 债权人就一方婚前所负个人债务向债务人的配偶主张权利的，人民法院不予支持。但债权人能够证明所负债务用于婚后家庭共同生活的除外。

第 34 条 夫妻一方与第三人串通，虚构债务，第三人主张该债务为夫妻共同债务的，人民法院不予支持。

夫妻一方在从事赌博、吸毒等违法犯罪活动中所负债务，第三人主张该债务为夫妻共同债务的，人民法院不予支持。

夫妻共同债务纠纷案件裁判规则第 12 条：
夫妻一方因共同生产经营负债，可以结合夫妻关系稳定程度、双方生产经营合意、共同参与经营情况、所负债务金额大小、当地经济发展水平等综合认定是否构成共同债务

〔**规则描述**〕：《民法典》第 1064 条第 2 款规定，夫妻一方在婚姻关系存续期间以个人名义超出家庭日常生活需要所负的债务，不属于夫妻共同债务；但是，债权人能够证明该债务用于夫妻共同生活、共同生产经营或者基于夫妻双方共同意思表示的除外。即夫妻一方在婚姻关系存续期间，虽以个人名义负债，且该债务超出家庭日常生活需要，但只要债权人能够证明该债务用于夫妻共同生产经营，则仍应认定该债务为夫妻共同债务，由夫妻共同清偿。对于共同生产经营的认定，属事实判断，应根据举证规则，结合夫妻关系稳定程度、双方生产经营合意、共同参与经营情况、所负债务金额大小、当地经济发展水平等综合认定。

一、类案检索大数据报告

数据采集时间：2020 年 7 月 8 日之前；案例来源：Alpha 案例库；案件数量：3969 件。本次检索获取 2020 年 7 月 8 日之前共 3969 篇裁判文书。案件裁判结果分布情况如图 12－1 所示，其中判决认定属于夫妻共同债务的案件 2723 件，占比约 68.61%；认定不属于夫妻共同债务的案件 414 件，占比约 10.43%；重复案件 832 件，占比约 20.96%。

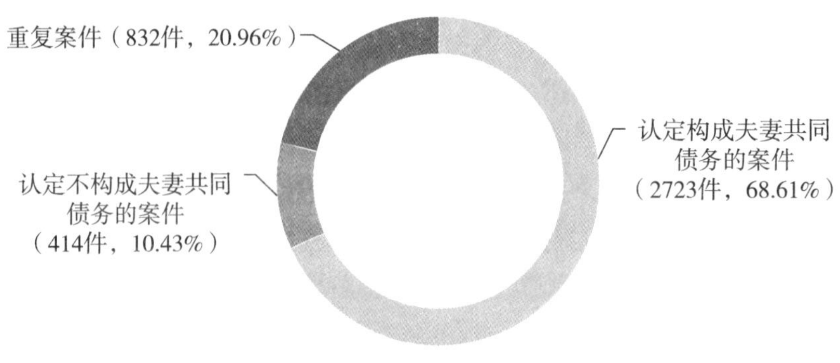

图 12－1　案件裁判结果分布情况

如图 12－2 所示，从案件年份分布可以看到当前条件下案件数量的变化趋势。

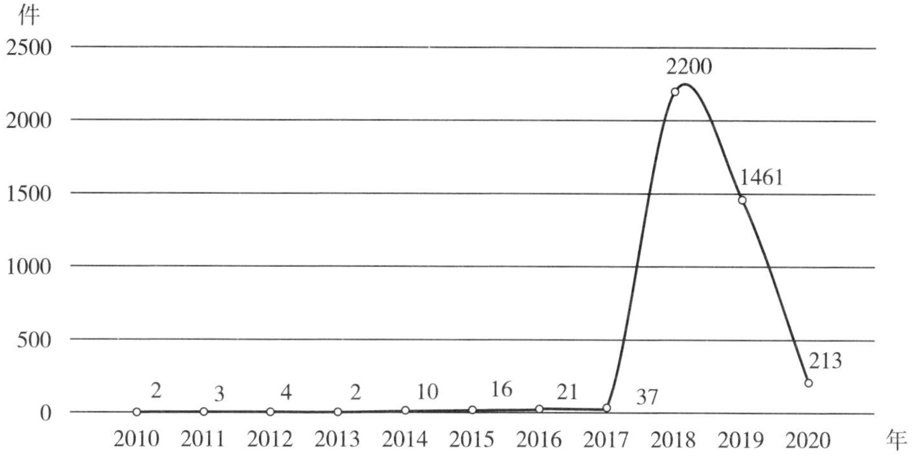

图 12－2　案件年份分布情况

如图 12－3 所示，从案件地域分布来看，当前条件下案件主要集中在广东省、四川省、江苏省，其中广东省的案件量最多，达到 364 件，占比约 9.17%。

图 12－3　案件主要地域分布情况

如图 12－4 所示，从案件案由分类情况可以看出，当前条件下案件的案由分布由多至少分别是合同、无因管理、不当得利纠纷类 3877 件，占比约 97.68%；与公司、证券、保险、票据等有关的民事纠纷 29 件，占比约 0.73%；适用特殊程序案件案由 27 件，占比约 0.68%；婚姻家庭、继承纠纷 22 件，占比约 0.55%；其他案由 9 件，占比约 0.23%；物权纠纷 5 件，占比约 0.13%。

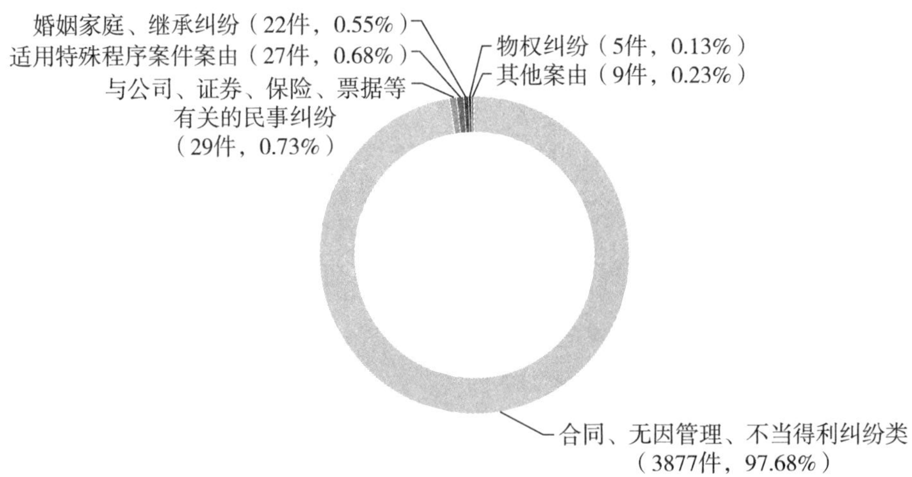

图 12－4　案件案由分类情况

如图 12－5 所示，从案件审理程序分布情况可以看出，当前条件下案件的审理程序分布由多至少分别是一审案件 3132 件，占比约 78.91%；二审案件 748 件，占比约 18.85%；再审案件 89 件，占比约 2.24%。

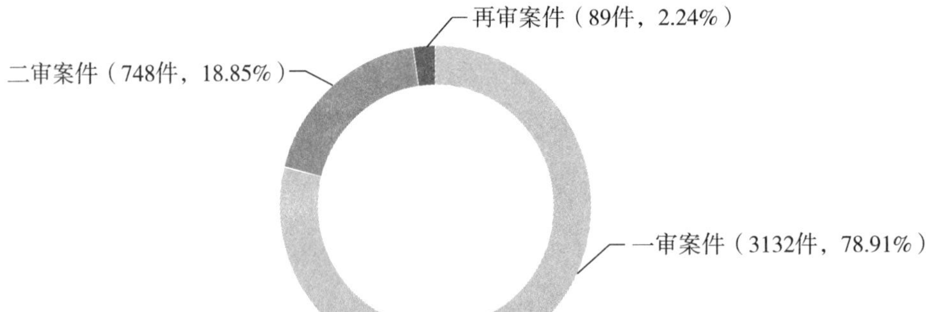

图 12－5　案件审理程序分布情况

二、可供参考的例案

例案一　周某梅与郭某亮、刘某春民间借贷纠纷案

【法院】

北京市第二中级人民法院

【案号】

(2018)京02民终2866号

【当事人】

上诉人(原审被告):周某梅

被上诉人(原审原告):郭某亮

被上诉人(原审第三人):刘某春

【基本案情】

刘某春2012年先后向郭某亮出具借条3张,分别载明:“今有刘某春向郭某亮借款叁拾伍万元整,月息2.5%,2012年2月29日”“今有刘某春向郭某亮借款伍拾万元整,定于2013年8月2日还清,月息2.5%,2012年8月2日”“借条,今有刘某春向郭某亮借款壹佰万元(1,000,000元),为期壹年,月息2%,如有应急使用提前15天通知为要,担保人李某民,2012年8月28日”。2015年1月25日,刘某春对上述3笔借款重新出具借条,载明:“借条,今有刘某春借到郭某亮现金贰佰伍拾伍万元整,定于2015年7月底前还壹佰捌拾伍万元(五一节前还50万),余款至2015年10月底前还清,2015年元月25日”。上述借款本金为185万元,利息70万元,支付方式:郭某亮尾号为2827的银行卡通过中国工商银行向刘某春尾号为1966的银行卡转款62万元,其余为现金。因刘某春到期未能偿还借款,郭某亮诉至北京市房山区人民法院,经该院调解,双方达成调解协议。北京市房山区人民法院于2015年11月2日作出(2015)房民(商)初字第16216号民事调解书,内容为:“一、刘某春偿还郭某亮借款255万元(于2016年1月31日之前给付35万元,于2016年5月1日前给付80万元,余款140万元于2017年5月1日前给付);二、双方其他无争议。”调解书生效后,刘某春未能按照调解书内容履行债务,郭某亮向该法院申请强制执行,刘某春无可供执行财产。

郭某亮与赵某花系夫妻,长期经营服装生意。一审庭审中,郭某亮尾号为2827的银行卡交易明细单从2010年8月12日至2011年8月8日和赵某花尾号为8194的银行卡交易明细单从2011年4月26日至2013年10月16日显示,交易金额经常是几十万元和上百万元资金进出账户。

周某梅与刘某春于1985年7月30日登记结婚,于2014年3月25日离婚。

北京市房山区人民法院一审认为:合法的民间借贷关系受法律保护。刘某春于婚姻存续期间向郭某亮借款,该借贷关系有借条、转账记录及资金来源,可以证明郭某亮与刘某春之间的借贷关系真实存在。根据《婚姻法解释(二)》第24条[①]的规定,债权人就婚姻关系存续期间夫妻一方以个人名义所负债务主张权利的,应当按夫妻共同债务处理。但夫妻一方能够证明债权人与债务人明确约定为个人债务,或者能够证明属于《婚姻法》第19条第3款规定情形的除外。夫妻一方与第三人串通,虚构债务,第三人主张权利的,人民法院不予支持。夫妻一方在从事赌博、吸毒等违法犯罪活动中所负债务,第三人主张权利的,人民法院不予支持。本案中,对涉案债务周某梅与刘某春未能就《婚姻法解释(二)》第24条规定的情形提供证据进行证明,故认定该债务为刘某春与周某梅婚姻关系存续期间夫妻共同债务。对郭某亮要求周某梅对(2015)房民(商)初字第16216号民事调解书中255万元借款承担共同清偿责任的诉讼请求,予以支持。

上诉人周某梅不服北京市房山区人民法院(2016)京0111民初6389号民事判决,向北京市第二中级人民法院提起上诉。

【案件争点】

周某梅是否应对刘某春所欠郭某亮的债务承担共同偿还责任。

【裁判要旨】

北京市第二中级人民法院认为:2018年1月18日起施行的《夫妻债务纠纷解释》第3条[②]规定:夫妻一方在婚姻关系存续期间以个人名义超出家庭日常生活需要所负的债务,债权人以属于夫妻共同债务为由主张权利的,人民法院不予支持,但债权人能够证明该债务用于夫妻共同生活、共同生产经营或者基于夫妻双方共同意思表示的除外。本案中,刘某春在与周某梅婚姻关系存续期间以个人名义向郭某亮借款185万元,后经法院调解,双方最终确认刘某春所欠郭某亮借款本息合计255万元,该债务明显超出普通家庭日常生活需要。根据上述法律规定,郭某亮对刘某春的上述债务用于夫妻共同生活、共同生产经营或者基于夫妻双方共同意思表示负有举证证明责任。现郭某亮未能提供证据证明涉案借款用于刘某春与周某梅夫妻共同生活,且在诉讼中郭某亮陈述其向刘某春出借款项系用于刘某春小额贷款业务,其欲以此获取较高的利息,郭某亮也未能提供充分证据证明刘某春经营小额贷款业务系刘某春与周某梅夫妻共同意思表示。故郭某亮主张周某梅对刘某春的上述债务承担共同偿还责任,没有法律依据,不予支持。

---

① 参见《民法典》第1064条第2款。

② 参见《民法典》第1064条第2款。

例案二 | 丁某丽、李某某与杨某宁民间借贷纠纷案

【法院】

北京市第二中级人民法院

【案号】

（2018）京02民终2431号

【当事人】

上诉人（原审被告）：丁某丽

上诉人（原审被告）：李某某

被上诉人（原审原告）：杨某宁

【基本案情】

丁某丽与刘某俊原系夫妻（于2013年2月7日登记结婚），婚后二人于2015年10月29日育有一个女儿，2016年7月4日，丁某丽与刘某俊经北京市朝阳区人民法院调解离婚。李某某与刘某源原系夫妻（于2008年1月14日登记结婚），2016年6月8日，李某某与刘某源签署了离婚协议，并办理了离婚登记手续。

2015年，杨某宁以民间借贷纠纷为由将刘某俊、刘某源以及周某鲲诉至北京市大兴区人民法院，北京市大兴区人民法院于2016年4月19日作出（2015）大民（商）初字第15601号民事判决，判决刘某俊、刘某源、周某鲲于判决生效后10日内连带偿还杨某宁借款本金120万元及利息。上述判决已经生效。一审庭审中，丁某丽、李某某认可涉案债务系发生于各自婚姻关系存续期间，但认为此借款并未用于家庭共同生活，不属于夫妻共同债务。丁某丽、李某某一审庭审中提交了一份民事调解书，用于证明丁某丽与刘某俊已经法院调解离婚。

（2015）大民（商）初字第15601号民事判决书载明：2014年8月20日，杨某宁与周某鲲、刘某俊、刘某源3人订立借条，约定“现因借款人周某鲲、刘某俊、刘某源因经营北京鲲翔源酒店服务有限公司（地址：北京市通州区亦庄经济开发区科创五街北侧1号楼和6号楼）加盟的格林豪泰经济型酒店需要资金，需向贷款人杨某宁借款人民币40万元整”。

周某鲲于2014年8月25日向杨某宁出具授权委托书，授权杨某宁作为北京鲲翔源酒店服务有限公司（以下简称鲲翔源酒店公司）的代理人，负责处理格林豪泰酒店日常管理事务。2014年9月18日，鲲翔源酒店公司将其账户变更为杨某宁名下中国工商银行股份有限公司北京市分行珠市口西河沿支行账号尾号为7086

的银行账号。李某某认可其前夫刘某源的房子做过抵押贷款，李某某当时作为配偶在抵押文件上签了字，但是主张该房屋是刘某源的婚前个人财产，贷款不是用于投资酒店。杨某宁尾号为7086的银行卡账户流水明细显示，2014年9月21日，该账户向李某某账户转账支出7032元，杨某宁主张李某某、刘某源的房屋贷款中的100万元用于酒店经营，该笔款项连同同日向李某竹支付的7032元，是支付用于酒店经营的100万元贷款的利息。李某某主张其签字的贷款并非用于酒店经营，对7032元的转账亦不知情，但其未说明贷款的用途，亦未对其账户何以收到该笔款项作出解释。

2014年9月至2015年2月，鲲翔源酒店公司为丁某丽缴纳社会保险费，缴纳的数额与周某鲲等人相同。

北京市大兴区人民法院一审认为：合法的借款合同关系受法律保护。从提供的证据及当庭陈述看，杨某宁与案外人刘某俊、刘某源以及周某鲲民间借贷纠纷一案，已经过法院生效文书确认三人连带偿还杨某宁借款本金120万元及利息。借款发生时，丁某丽与刘某俊系夫妻关系，李某某与刘某源系夫妻关系，该笔债务发生在丁某丽与刘某俊、李某某与刘某源各自婚姻关系存续期间。现丁某丽、李某某未提供证据证明所借款项并非用于夫妻共同生活，故应视为夫妻共同债务。杨某宁要求丁某丽、李某某共同偿还上述借款及利息，应予支持。

上诉人丁某丽、李某某不服北京市大兴区人民法院（2017）京0115民初19645号民事判决，向北京市第二中级人民法院提起上诉。

【案件争点】

在先生效判决认定的刘某俊、刘某源的债务是否属于夫妻共同债务。

【裁判要旨】

北京市第二中级人民法院经审查认为：一审判决作出时《夫妻债务纠纷解释》尚未公布，一审判决依据当时施行的《婚姻法解释（二）》第24条①的规定，认定涉案债务属于夫妻共同债务。《夫妻债务纠纷解释》于2018年1月18日起施行，二审依据该司法解释对涉案债务是否属于夫妻共同债务进行认定。

《夫妻债务纠纷解释》第3条②规定：夫妻一方在婚姻关系存续期间以个人名义超出家庭日常生活需要所负的债务，债权人以属于夫妻共同债务为由主张权利

① 参见《民法典》第1064条。
② 参见《民法典》第1064条。

的，人民法院不予支持，但债权人能够证明该债务用于夫妻共同生活、共同生产经营或者基于夫妻双方共同意思表示的除外。在先生效判决确认的刘某俊、刘某源的债务金额达120万元，数额较大，且借条明确借款用途系经营鲲翔源酒店公司加盟的格林豪泰经济型酒店。杨某宁主张该酒店系丁某丽、李某某与刘某俊、刘某源共同经营，涉案债务用于夫妻共同生产经营，应由杨某宁就此承担举证证明责任。但鉴于涉案债务发生于《夫妻债务纠纷解释》施行之前，债权人的行为缺乏现行法律规范的指引，故对债权人承担相关举证证明责任的证明标准不宜做过高过苛的要求。

根据杨某宁提交的证据，鲲翔源酒店公司在2014年9月至2015年2月为丁某丽缴纳社会保险费，且缴纳数额与鲲翔源酒店公司的法定代表人周某鲲的相同，丁某丽对此应当知晓；用于鲲翔源酒店公司经营的账户曾向李某某银行账户转账7032元，李某某称对此不知情，与常理不符；李某某与刘某源曾以自有房屋抵押向银行贷款，杨某宁主张该贷款中的100万元系用于酒店经营，7032元的转账系用于偿还该笔贷款的利息，李某某否认贷款系用于酒店经营，但其未说明贷款的具体用途，对7032元转账亦未作出合理解释，故可以认定杨某宁的主张成立。根据目前证据，可以认定丁某丽、李某某参与了酒店经营，刘某俊、刘某源的涉案债务应认定为夫妻共同债务，丁某丽、李某某应当承担连带清偿责任。杨某宁完成其举证证明责任，对其要求丁某丽、李某某承担连带清偿责任的诉讼请求，予以支持。

案例三 | 黄某梅、黄某学与赵某磊民间借贷纠纷案

【法院】

广东省深圳市中级人民法院

【案号】

(2019)粤03民终10479号

【当事人】

上诉人(原审被告)：黄某梅

上诉人(原审被告)：黄某学

被上诉人(原审原告)：赵某磊

【基本案情】

赵某磊与黄某梅系朋友关系，黄某梅因开金融公司，自2011年开始陆续向赵

某磊借款，赵某磊通过其个人账户及妻子、母亲、朋友账户向黄某梅出借款项，黄某梅亦通过其个人、亲戚、朋友账户向赵某磊支付利息及归还本金。双方多年来款项来往频密，涉及银行账户数十个，在2014年12月3日，双方通过微信就前期借贷款情况进行了对账，具体情况如下：本金100万元于2014年11月10日归还，2014年10月25日至11月10日产生利息9000元；本金150万元于2014年11月17日归还，2014年10月25日至11月17日产生利息19,800元；本金50万元于2014年11月19日归还，2014年10月25日至11月19日产生利息7200元；本金100万元于2014年11月26日归还，2014年10月25日至11月26日产生利息18,000元；本金150万元于2014年11月28日归还，2014年10月25日至11月28日产生利息27,000元；本金50万元于2014年11月28日归还，2014年10月25日至11月28日产生利息9000元。以上利息均按月息1.8%计算，共计9万元。尚有未还本金200万元，按月息2%的标准自2014年10月25日计算利息至2014年11月25日为4万元；尚有未还本金200万元，按月息1.8%的标准自2014年10月25日计算利息至2014年11月25日为36,000元。以上利息款项合计166,000元，黄某梅于2014年12月3日一次性支付给赵某磊。根据以上结算，截至2014年11月28日，黄某梅尚有400万元本金未归还，故2014年12月25日，黄某梅按照月息1.8%的标准向赵某磊支付2014年11月26日至12月25日的利息72,000元。之后，黄某梅又陆续多次向赵某磊借款，并在2015年1月至2015年10月底多次向赵某磊归还本金。

2015年11月25日，黄某梅向赵某磊出具了两份《还款承诺书》，分别确认“自2010年1月1日至本承诺书出具之日止，累计向赵某磊借款750万元”“自2014年1月1日至本承诺书出具日止，累计向赵某磊借款400万元”，并对还款期限做出承诺。《还款承诺书》出具后，黄某梅于2016年2月5日还款20万元，2016年4月29日还款20万元，2016年12月7日还款100万元，2016年12月8日还款100万元，2016年12月9日还款70万元。同时，赵某磊提交了《委托代理合同》及律师费发票，证明为追讨欠款参与诉讼花费律师费17万元。

广东省深圳市龙岗区人民法院一审认为：(1)原告、被告之间的借贷关系来往频密，持续时间久，大笔交易众多，印证了赵某磊所称黄某梅是从事小额借贷公司经营这一说法，黄某梅举债并不是为了日常消费，是为了赚取利息差价，该差价用于夫妻共同生活、共同生产经营符合情理；(2)黄某梅自述案外人黄某从事家具行业，与赵某磊属同行，双方有经济往来，赵某磊自述是通过黄某学介绍认识黄某梅，并投资黄某梅的公司赚取固定利息，此说法亦符合情理；(3)在《还款承诺书》中，黄某梅承诺将儿子名下刚购买的商品房出售偿还欠款，可见是涉及家庭财产的；(4)黄某梅提供的案外人黄某汇款情况说明书中，确认黄某是受其委托向赵某磊还款，经审查黄某的银行流水，发现有大量与黄某学之间的资金往来，其中涉及多笔黄某学向黄某转账数日内，黄某即向赵某磊转账付息的交易记录，可间接证明黄某学亦参与借贷关系中；(5)黄某梅与黄某学在2017年11月27日协议离婚，但涉案债务发生在双方夫妻关系存续期间，因赵某磊与黄某梅之间的借贷关系持续时间久，来往频繁，黄某学完全不知情显然不符合情理。综上所述，从追求实质正义的角度出发，虽然名义上借贷公司是黄某梅开办经营，但黄某学参与经营并共享生产经营收益的事实具有高度盖然性，涉案债务应认定为夫妻共同债务。

黄某梅和黄某学不服广东省深圳市龙岗区人民法院(2017)粤0307民初15106号民事判决，向广东省深圳市中级人民法院提起上诉。

【案件争点】

诉争债务能否认定为黄某梅和黄某学夫妻共同债务。

【裁判要旨】

广东省深圳市中级人民法院经审查认为，夫妻关系存续期间，夫妻任何一方单独向他人借款的，一般应认定为个人债务，但在特定情况下仍应认定为夫妻共同债务。诉争借款发生在黄某梅和黄某学婚姻关系存续期间，虽黄某学并未在还款承诺书等文书上签字，但一审结合双方当事人之间关系的密切程度、借款用途以及黄某梅在还款承诺书中所做承诺，认定黄某梅所借款项系用于夫妻共同生活，诉争借款为黄某梅和黄某学夫妻共同债务，并无不当。

三、裁判规则提要

根据《民法典》第1064条的规定，夫妻共同债务的表现形式有：夫妻共同签名或者夫妻一方事后追认等共同意思表示所负的债务；夫妻一方在婚姻关系存续期间以个人名义为家庭日常生活需要所负的债务；夫妻一方在婚姻关系存续期间以个人名义超出家庭日常生活需要所负的债务，该债务用于夫妻共同生活、共同生产经营或者夫妻双方共同意思表示的。本节着重阐述夫妻一方以个人名义所负债务用于夫妻共同生产经营的情形。

(一)夫妻共同经营债务的适用情形

《民法典》第1064条第2款规定："夫妻一方在婚姻关系存续期间以个人名义

超出家庭日常生活需要所负的债务,不属于夫妻共同债务;但是,债权人能够证明该债务用于夫妻共同生活、共同生产经营或者基于夫妻双方共同意思表示的除外。”根据该条规定,夫妻共同经营债务具备以下条件:一是债务发生于婚姻关系存续期间。夫妻结婚前,一方以个人名义所负生产经营之债不属于该条的适用范围。二是该债务用于夫妻共同生产经营。夫妻一方独自筹资从事经营活动,所得收入未用于夫妻共同生活的,所负债务不应认定为夫妻共同债务。三是该债务用于夫妻共同生产经营。夫妻一方独自筹资从事经营活动,所得收入未用于夫妻共同生活的,所负债务不应认定为夫妻共同债务。

(二)用于共同生产经营的债务应认定为夫妻共同债务的法理基础

根据债的相对性,债是特定当事人之间的权利义务关系,债权人可以依据债的关系,向特定的债务人主张权利。根据债发生的原因,债可以分为合同之债、侵权之债、无因管理之债和不当得利之债。生产经营中,最常见的债的发生原因是合同之债,同时也可基于经营过程中的侵权行为而发生侵权之债。合同之债原则上基于合同双方当事人之间意思表示而发生,侵权之债则在行为人与受害人之间因侵权行为而发生。生产经营之债是否应由夫妻共同承担,如属合同之债,应当判断该债务是否基于夫妻共同意思表示而发生,如属夫妻共同意思表示发生,则债务由夫妻共同承担,并无疑义。如属侵权之债,则应判断侵权行为是否为夫妻共同行为,如属夫妻共同侵权行为,则应由夫妻共同承担,亦无疑义。夫妻共同债务的本质特征是“为夫妻共同生活所负的债务”,应当共同偿还。对于夫妻共同生产经营债务而言,因为生产经营系夫妻共同行为,所得收益属夫妻共同所有,用于夫妻共同生活,因此,共同经营产生的债务应认定为夫妻共同债务。

(三)债务用于夫妻共同生产经营的证明责任

证明责任(有时也称举证责任或举证证明责任),是指当作为裁判基础的法律要件事实在诉讼中处于真伪不明的状态时,一方当事人因此而承担的诉讼上的不利后果。[①] 根据《民事诉讼法》第 64 条第 1 款关于“当事人对自己提出的主张,有责任提供证据”的规定,我国《民事诉讼法》关于举证责任负担的一般原则为“谁主张,谁举证”,即凡主张权利或者法律关系存在的当事人应对产生权利或者法律关

---

① 参见张卫平:《民事诉讼法》,法律出版社 2016 年版,第 234 页。

系的事实负证明责任，凡主张原来存在的权利或者法律关系变更或者消灭的当事人应就变更或者消灭的事实负证明责任，如果当事人不能提供证据证明其主张的，应当承担败诉的法律风险。只在某些特别的情况下，如果按照“谁主张，谁举证”的规则分配举证责任，结果将与公平正义的价值严重冲突时，法律规定举证责任由对方当事人负担，例如高危作业致人损害的侵权诉讼、因环境污染引起的损害赔偿诉讼等特殊侵权诉讼中，法律明确规定不适用“谁主张，谁举证”的原则，而适用举证责任倒置的原则。对债务用于夫妻共同生产经营的认定，适用“谁主张，谁举证”的一般原则，即债权人主张夫妻一方以个人名义所借债务用于夫妻共同生产经营，应由夫妻双方共同承担责任的，由债权人对该债务用于夫妻共同经营的事实承担证明责任。

《夫妻债务纠纷解释》第 3 条第一次对夫妻共同经营债务的举证规则进行了明确规定，征求意见过程中，对此有不同观点。第一种观点认为，根据《民事诉讼法》及其司法解释有关“谁主张，谁举证”的规定，对于夫妻一方以个人名义超出家庭日常生活需要所负的债务，债权人主张该债务为夫妻共同债务的，应当由其举证证明该债务用于夫妻共同生活、共同生产经营或者基于夫妻双方共同意思表示。第二种观点认为，参照《合同法》有关表见代理的规定，夫妻一方在婚姻关系存续期间以个人名义超出家庭日常生活需要所负的债务，如果债权人有理由相信该债务用于夫妻共同生活、共同生产经营或者基于夫妻双方共同意思表示的，应当认定为夫妻共同债务。讨论过程中，多数意见赞成第一种观点，理由是：根据合同相对性原则，强调债权人的举证证明责任，能够促进债权人尽到谨慎注意义务，引导相关主体对于大额债权债务实行“共债共签”，体现从源头控制纠纷、更加注重交易安全的价值取向，也有利于强化公众的市场风险意识，从而平衡保护债权人和未举债夫妻一方的利益。而采用“有理由相信”的表述方式，不仅司法实践中不容易把握，也不利于保护未举债夫妻一方的利益。《夫妻债务纠纷解释》第 3 条[①]最终采纳了多数人的意见。[②]《民法典》第 1064 条第 2 款亦采纳了由债权人承担举证责任的观点，明确规定夫妻一方在婚姻关系存续期间以个人名义超出家庭日常生活需要所负的债务不属于夫妻共同债务，但债权人能够证明该债务用于夫妻共同经营的除外。

---

① 参见《民法典》第 1064 条。

② 参见程新文等：《〈关于审理涉及夫妻债务纠纷案件适用法律有关问题的解释〉的理解与适用》，载《人民司法（应用）》2018 年第 4 期。

(四)债务用于夫妻共同生产经营的具体认定

夫妻共同生产经营主要包括夫妻共同决定、共同从事生产经营,或者共同决定生产经营,一方具体执行的情形。司法实践中,针对具体案件,应依照相关法律规定,结合夫妻关系稳定程度、双方生产经营合意、共同参与经营情况、所负债务金额大小、当地经济发展水平等综合认定。《民法典》第56条规定:"个体工商户的债务,个人经营的,以个人财产承担;家庭经营的,以家庭财产承担;无法区分的,以家庭财产承担。农村承包经营户的债务,以从事农村土地承包经营的农户财产承担;事实上由农户部分成员经营的,以该部分成员的财产承担。"据此,对于个体工商户,明确为个人经营的,由个人承担责任,如是夫妻共同经营的,则由夫妻共同承担责任。农村承包经营中所负债务以农户为单位承担,如该农户由夫妻二人组成,则由夫妻二人承担责任,如果由农户部分成员(夫或妻一方)经营的,则由该部分成员(夫或妻一方)承担。《个人独资企业法》第18条规定:"个人独资企业投资人在申请企业设立登记时明确以其家庭共有财产作为个人出资的,应当依法以家庭共有财产对企业债务承担无限责任。"此处采用的是出资标准,即个人独资企业,如果设立时明确登记为以家庭共有财产出资,则由家庭共有财产承担责任。对于个人合伙或者合伙企业,如果夫妻双方具有共同经营的合意,则应认定为夫妻共同生产经营。而夫妻一方以自己名义入股有限责任公司,则基于法人人格独立制度,股东仅以出资为限对公司债务承担责任,除非存在公司人格否认之情形,不存在股东对公司债务承担责任的情形,因此,也不存在夫妻债务认定问题。在人格否认之情形下,则应考虑公司经营是否出于夫妻双方合意,夫妻是否参与公司经营,所得收益是否用于夫妻共同生活等方面综合认定。总之,认定夫妻共同生产经营债务,主要综合考虑夫妻共同经营之合意、夫妻共同经营之行为,以及夫妻共同经营收益的归属予以判断。

四、辅助信息

高频词条:

《民法典》

第1064条 夫妻双方共同签名或者夫妻一方事后追认等共同意思表示所负的债务,以及夫妻一方在婚姻关系存续期间以个人名义为家庭日常生活需要所负的债务,属于夫妻共同债务。

夫妻一方在婚姻关系存续期间以个人名义超出家庭日常生活需要所负的债务，不属于夫妻共同债务；但是，债权人能够证明该债务用于夫妻共同生活、共同生产经营或者基于夫妻双方共同意思表示的除外。

《民事诉讼法》

第 64 条 当事人对自己提出的主张，有责任提供证据。

当事人及其诉讼代理人因客观原因不能自行收集的证据，或者人民法院认为审理案件需要的证据，人民法院应当调查收集。

人民法院应当按照法定程序，全面地、客观地审查核实证据。

夫妻共同债务纠纷案件裁判规则第13条：
在处理夫妻共同债务过程中，需区分合法债务和非法债务，对非法债务应不予保护

〔**规则描述**〕：夫妻共同债务的成立前提是债务形成的合法性，为此人民法院在处理夫妻共同债务纠纷中，需要正确区分债务是合法债务还是非法债务，如果债务本身具有非法性，则不能为法律所保护，即非法债务不存在成立夫妻共同债务的前提。司法实践中常见的非法债务，包括夫妻一方所负赌债、嫖资，高利贷中超过法定标准的部分等。对于这些非法债务，第三人主张该债务为夫妻共同债务的，人民法院应不予支持。

一、类案检索大数据报告

数据采集时间：2020年5月30日；案例来源：Alpha案例库；案件数量：5303件。本次检索获取2020年5月30日前共5303篇裁判文书。案件裁判结果分布情况如图13－1所示，从案涉债务是否被认定为夫妻共同债务的角度来看，未被认定为夫妻共同债务的案件2403件，占比约45.31%；不相关案件1546件，占比约29.15%；认定为夫妻共同债务的案件1308件，占比约24.67%；重复案件46件，占比约0.87%。

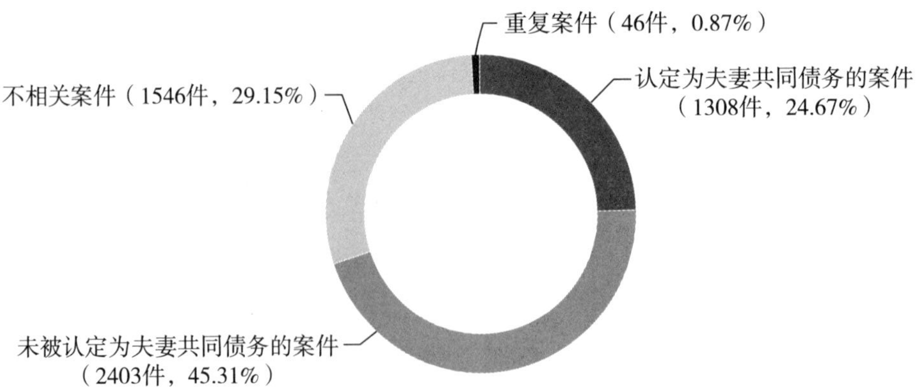

图13－1 案件裁判结果分布情况

如图 13 - 2 所示,从案件年份分布情况可以看出当前条件下案件数量的变化趋势。

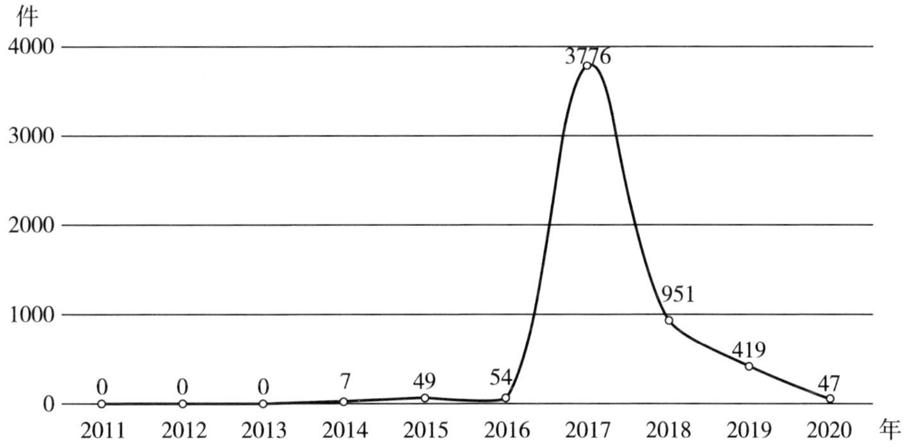

图 13 - 2　案件年份分布情况

如图 13 - 3 所示,从案件地域分布情况来看,当前条件下案件主要集中在广东省、福建省、湖北省,其中广东省的案件量最多,达到 721 件,占比约为 13.60%。

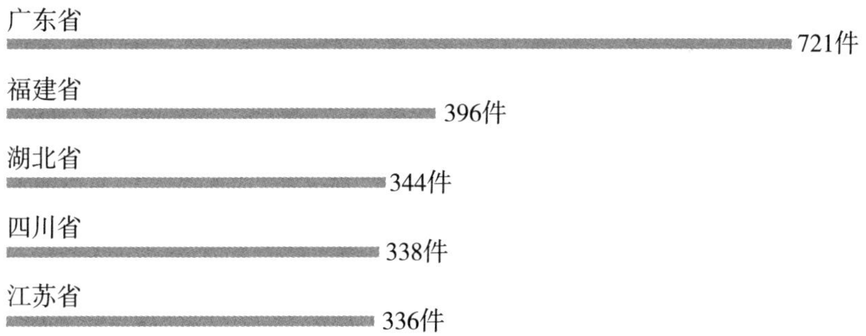

图 13 - 3　案件主要地域分布情况

如图 13 - 4 所示,从案件案由分类情况可以看出,当前条件下案件的案由分布由多至少分别是合同、无因管理、不当得利纠纷 5172 件,占比约 97.53%;婚姻家庭、继承纠纷 43 件,占比约 0.81%;其他纠纷 41 件,占比约 0.77%;适用特殊程序案件案由 33 件,占比约 0.62%;侵权责任纠纷 14 件,占比约 0.27%。

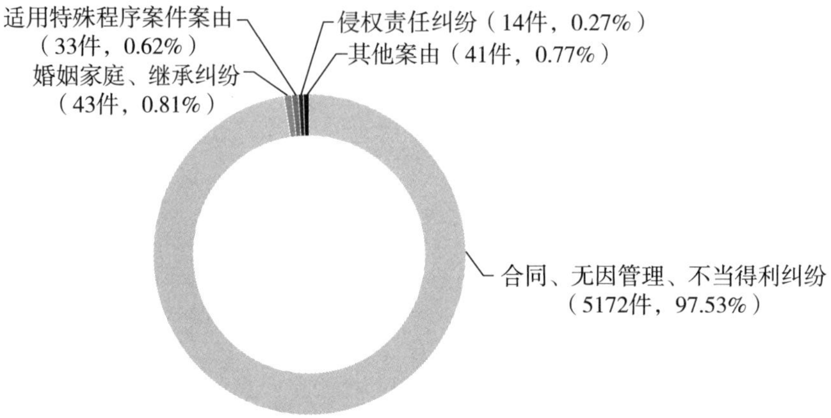

图13－4　案件案由分类情况

如图13－5所示，从案件审理程序分布情况可以看出，当前条件下案件的审理程序分布由多至少分别是一审案件3603件，占比约67.94%；二审案件1279件，占比约24.12%；再审案件397件，占比约7.49%；执行案件24件，占比约0.45%。

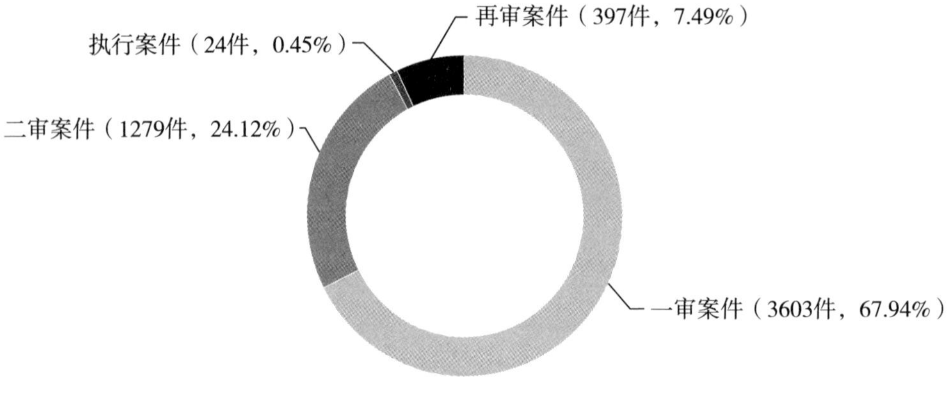

图13－5　案件审理程序分布情况

二、可供参考的例案

例案一｜代某亚与王某奇、姚某民间借贷纠纷案

【法院】

广东省深圳市中级人民法院

【案号】

(2019)粤03民终22002号

【当事人】

上诉人(原审原告)：代某亚

被上诉人(原审被告)：王某奇

被上诉人(原审被告)：姚某

【基本案情】

代某亚与王某奇居住在同一小区，相互熟识。2014年11月至2014年12月，王某奇通过微信聊天多次向代某亚下注进行赌博，并通过微信确认有关赌博内容，相互确认和支付赌博款项。2015年6月6日，王某奇向代某亚出具借条一份，载明“兹本人王某奇因资金周转问题向代某亚借款人民币捌万陆仟元整(￥86,000)用作资金周转。此借款即时生效，此借款用东昌路今日家园明青轩21F做抵押，此借据钱还清之后，抵押作废。12月5日还钱。”之后，代某亚分别于2015年6月4日、6日向王某奇转账10,000元、29,600元，但并未对借条中约定抵押物办理抵押登记手续。

王某奇与姚某曾系夫妻，于2007年2月15日登记结婚，于2015年8月19日登记离婚。在婚姻关系存续期间，王某奇每月向姚某转账1100元。

因王某奇未归还欠款，2015年，代某亚向深圳市罗湖区人民法院起诉，要求判令王某奇立即归还其欠款86,000元及相应利息，并判令姚某对上述欠款承担连带责任。2016年7月11日，深圳市罗湖区人民法院作出(2015)深罗法民一初字第5651号民事判决，认定该债务为王某奇与姚某的夫妻共同债务，判令二人对欠款承担连带责任。姚某不服，向广东省深圳市中级人民法院提起上诉，该院于2016年12月7日作出(2016)粤03民终18911号民事判决，维持原判。姚某不服该判决，向广东省高级人民法院申请再审。广东省高级人民法院于2017年10月20日作出(2017)粤民申5578号民事裁定，指令深圳市中级人民法院再审。深圳市中级人民法院于2018年9月28日作出(2017)粤03民再154号民事裁定，发回深圳市罗湖区人民法院重审。该院于2018年10月22日立案后，另行组成合议庭适用普通程序，公开开庭进行了审理。

深圳市罗湖区人民法院经审理认为，关于借款本金，代某亚主张除在借条出具前后代某亚通过银行转账的方式所支付的10,000元和29,600元外，其余款项系双方在此前存在的多次小额现金借款，但对此其未提供证据证明，且代某亚与王某奇之间存在赌博行为，上述代某亚所主张的现金款项也不能排除与赌博有关，因此对借款本金认定为39,600元，对代某亚现金交付的主张不予采信和确认。关于借款期限及借款利率，王某奇于2015年6月6日向代某亚出具的《借条》载明“12月5日还钱”，其虽未明确还款的年份，代某亚主张借款期限届满并请求王某奇、姚某偿还本金并支付逾期利息，王某奇、姚某未对借款期限届满的主张提出异议，故据此认定双方约定的借款期限至2015年12月5日。代某亚与王某奇未约定借期内的利率，也未约定逾期利率，因此判令王某奇从逾期之日起按同期中国人民银行1年期贷款利率支付逾期付款的利息。

关于该债务是否应属夫妻共同债务，深圳市罗湖区人民法院认为，王某奇在婚姻关系存续期间按月向被告姚某支付1100元，且在向代某亚借款前后并未有任何的增加，因此认定王某奇向姚某按月支付1100元的行为属家庭的正常开支。代某亚对其主张王某奇借款系用于家庭生活且姚某知道或应当知道未提供证据证明，不予采信和支持，该债务为王某奇的个人债务。综上所述，深圳市罗湖区人民法院于2019年6月25日作出(2018)粤0303民初24241号民事判决书，判决王某奇于判决生效之日起10日内向代某亚偿还借款本金39,600元及逾期利息，并驳回代某亚的其他诉讼请求。代某亚不服，向广东省深圳市中级人民法院提起上诉。

【案件争点】

因赌博而举债是否可以认定为夫妻共同债务。

【裁判要旨】

广东省深圳市中级人民法院经审理认为，本案系民间借贷纠纷。上诉人代某亚上诉主张原审判决关于借款金额及涉案借款是否为夫妻共同债务的认定有误，上诉请求予以改判。对此，法院认为，根据本案一审、二审查明的事实，代某亚与被上诉人王某奇在微信聊天记录中多次相互确认和支付赌博款项，王某奇曾抗辩只有银行账户收到的款项属于借款，其余系高利贷的利息，该抗辩具有一定事实依据，原审据此酌情认定本案借款本金为39,600元并无不当，基于王某奇因赌博目的借款而认定本案借款属于王某奇个人债务亦无不当，系原审法院在事实认定与举证责任分配中行使自由裁量权的结果，法院予以确认。代某亚的上诉主张及上诉请求的理据不足，法院不予支持，原审判决由王某奇支付代某亚借款本金39,600元及逾期利息的处理并无不当，法院予以确认，原审判决阐述的事实和判决理由详细，法院认同原审判决阐述的理由和处理结果，故二审判决驳回上诉，维持原判。

例案二 | 丁某与马某荣、黄某辉民间借贷纠纷案

【法院】

广西壮族自治区桂林市中级人民法院

【案号】

(2004)民四终字第 5 号

【当事人】

上诉人(原审被告):丁某

被上诉人(原审原告):马某荣

被上诉人(原审被告):黄某辉

【基本案情】

马某荣与黄某辉系朋友关系。黄某辉因做生意需要，先后 7 次向马某荣借款 177,500 元，分别于 2015 年 2 月 16 日借款 60,000 元，借款期限为 2015 年 2 月 16 日至 8 月 16 日；于 2015 年 3 月 15 日借款 20,000 元，借款期限为 2015 年 3 月 16 日至 23 日；于 2015 年 5 月借款 47,500 元，借款期限至 2015 年 5 月 31 日；于 2015 年 6 月 30 日借款 10,000 元，未约定还款期限；于 2015 年 7 月 2 日借款 20,000 元，出具借条时落款时间为 2015 年 6 月 30 日，未约定还款期限；于 2015 年 7 月 21 日借款 10,000 元，借款期限至 2015 年 7 月 30 日；于 2015 年 8 月左右借款 10,000 元，未出具借条。借款到期后，经马某荣催讨，黄某辉向马某荣归还了未出具借条的借款 10,000 元，并支付了 15,000 元的利息，剩余借款 167,500 元，黄某辉始终未还。

黄某辉与丁某于 2007 年 12 月 12 日登记结婚，于 2016 年 1 月 18 日登记离婚。

因黄某辉始终未归还欠款，2016 年 7 月 6 日，马某荣向广西壮族自治区全州县人民法院提起诉讼，要求判令黄某辉、丁某归还其借款 167,500 元及利息。全州县人民法院经审理认为，黄某辉向马某荣借款用于做生意，马某荣提供了借款，马某荣与黄某辉之间成立借款合同法律关系，黄某辉负有归还借款的义务。庭审中，黄某辉承认原告的诉讼请求，不违反法律规定，法院予以支持。债权人就婚姻关系存续期间夫妻一方以个人名义所负债务主张权利的，应当按夫妻共同债务处理。但夫妻一方能够证明债权人与债务人明确约定为个人债务的除外。涉诉债务发生于黄某辉与丁某婚姻关系存续期间，应认定为夫妻共同债务。丁某抗辩称其对涉诉债务不知情，且黄某辉向马某荣借款时与原告约定了借款由黄某辉一人归还，涉诉

债务为黄某辉的个人债务。因丁某未提供充分有效的证据证明马某荣与黄某辉明确约定涉诉债务为黄某辉个人债务,丁某的抗辩理由不成立,不予采纳。丁某抗辩称原告与黄某辉之间未约定支付利息,黄某辉归还的25,000元应全部认定为借款本金。因马某荣与黄某辉口头约定归还的25,000元中15,000元为利息,该约定不违反法律规定,法院予以支持。丁某的抗辩理由不成立,不予采纳。借贷双方既未约定借期内的利率,也未约定逾期利率,出借人主张借款人自逾期还款之日起按照年利率6%支付资金占用期间利息的,人民法院应予支持。原告主张由二被告自每笔借款逾期之日起至实际还款之日止按照年利率6%计算利息,有法律依据,法院予以支持,但借条落款为2015年6月30日的10,000元、20,000元两笔借款未约定还款期限,应自本案起诉之日即2016年7月6日起开始计算逾期利息。故全州县人民法院作出(2016)桂0324民初927号民事判决,判决由黄某辉、丁某在10日内给付马某荣借款167,500元及利息(其中60,000元的借款自2015年8月17日开始至还款之日止、20,000元的借款自2015年3月24日开始至还款之日止、47,500元的借款自2015年6月1日开始至还款之日止、10,000元的借款自2015年7月31日开始至还款之日止、10,000元的借款自2016年7月6日开始至还款之日止、20,000元的借款自2016年7月6日开始至还款之日止,均按照年利率6%计算)。丁某不服一审判决,向广西壮族自治区桂林市中级人民法院提起上诉,要求撤销一审判决,改判驳回对其的诉讼请求。

二审期间,丁某提交了新证据:(1)全州县国土资源局责令停止采矿(加工洗矿选矿)行为通知书、全州县矿山整治专案组责令停止非法采矿(加工洗矿选矿)行为通知书(存根)、黄某辉交纳罚款票据,证明黄某辉非法经营且受到行政处罚,黄某辉非法经营的违法行为是其个人行为,与丁某无关,用于黄某辉非法经营违法行为的借款依法属于黄某辉的个人债务,应由黄某辉个人偿还。(2)一审庭审记录、对马某荣讲话的录音,证明黄某辉在向马某荣借款时已告知借款用途为黄某辉非法采矿行为违法经营所用;丁某不同意黄某辉从事非法采矿经营,黄某辉向马某荣借款是隐瞒丁某的,且黄某辉在向马某荣借款时已经告知与丁某无关。(3)《民事裁定书》、《民事调解书》、证人证言、房产证、结婚证、离婚证,证明黄某辉因其非法采矿违法行为负债累累;另一当事人在同类案件中起诉黄某辉30多万元借款,开始时也将丁某列为共同被告,后因黄某辉借款是用于个人非法采矿违法行为而撤回了对丁某的起诉;证人证明黄某辉非法采矿违法经营期间没有对家庭进行任何照顾,相反还让丁某受到无辜牵连,其间丁某一直是带着小孩与自己父母同吃同住。

马某荣表示自己借钱给黄某辉做生意，对其非法采矿的行为并不知情；丁某提交的录音断章取义；丁某提供的工资流水账不能证明其主张；对于证人证言不予认可。此外，马某荣在庭审中陈述，黄某辉借款时丁某不在场，自己表示要告诉丁某，但是黄某辉不让，称其要自己回去告诉丁某。

【案件争点】

为违法采矿而借款，所负债务是否属于夫妻共同债务。

【裁判要旨】

广西壮族自治区桂林市中级人民法院经审理认为，《婚姻法解释（二）》第 24 条[①]规定："债权人就婚姻关系存续期间夫妻一方以个人名义所负债务主张权利的，应当按夫妻共同债务处理。但夫妻一方能够证明债权人与债务人明确约定为个人债务，或者能够证明属于婚姻法第十九条第三款规定情形的除外。夫妻一方与第三人串通，虚构债务，第三人主张权利的，人民法院不予支持。夫妻一方在从事赌博、吸毒等违法犯罪活动中所负债务，第三人主张权利的，人民法院不予支持。"二审期间，丁某提供了全州县国土资源局责令停止采矿（加工洗矿选矿）行为通知书、全州县矿山整治专案组责令停止非法采矿（加工洗矿选矿）行为通知书（存根）、黄某辉交纳罚款票据等证据，证实黄某辉从事的采矿行为系违法行为。本案黄某辉向马某荣借款时，丁某不在场，黄某辉明确告诉马某荣，不要将向其借款的事情告诉丁某，由黄某辉本人告诉丁某。黄某辉自认其采矿丁某不支持，借钱的事情是瞒着丁某的。从上述证据分析，马某荣应当知道本案借款是黄某辉个人借款。且无证据证明黄某辉所借款用于家庭共同生活和合法的生产经营活动。对夫妻一方以个人名义举债后用于个人违法犯罪活动，举债人就该债务主张按夫妻共同债务处理的，不予支持。因此，本案黄某辉向马某荣借款的行为产生的债务为黄某辉个人债务，丁某不应承担偿还责任。综上所述，丁某的上诉请求成立，予以支持。一审判决认定事实基本清楚，但实体处理不当，应予纠正，判决：撤销原判，由黄某辉给付马某荣借款 167,500 元及利息（其中 60,000 元的借款利息自 2015 年 8 月 17 日起、20,000元的借款利息自 2015 年 3 月 24 日起、47,500 元的借款利息自 2015 年 6 月 1 日起、10,000 元的借款利息自 2015 年 7 月 31 日起、30,000 元的借款利息自 2016 年 7 月 6 日起，均按照年利率 6% 计算至判决确定的履行期限最后一日止），驳回马某荣的其他诉讼请求。

---

① 参见《民法典》第 1064 条第 2 款。

例案三 | 杨某华与王某军、陈某民间借贷纠纷案

【法院】

湖北省宜昌市中级人民法院

【案号】

(2015)鄂宜昌中民一终字第00506号

【当事人】

上诉人(原审原告):杨某华

被上诉人(原审被告):王某军

被上诉人(原审被告):陈某

【基本案情】

王某军因在朋友开的茶馆打牌赌博输了8万多元,找案外人黎某借了8万元用于偿还赌债,2014年3月22日,王某军给黎某立下了一份8万元的借款单,并将车抵押给黎某。2014年4月30日,王某军向杨某华借款8万元,用于偿还黎某的借款并赎回抵押给黎某的车。该款于当天通过案外人梅某凌的银行卡转账至陈某的银行卡。陈某将此款通过银行转账方式用以归还王某军欠黎某的8万元债务,并从黎某处取回了王某军立下的借款单原件和抵押给黎某的车。2014年6月28日,王某军因做啤酒生意缺钱,找杨某华借款1万元,此款于当天转至陈某的银行卡。2014年8月2日,王某军给杨某华立下了一份25万元的借条,内容为:"因生意周转需要资金,特向杨某华借款人民币贰拾伍万元整,小写¥250,000元,定于2015年2月15日前还清。此据。借款人:王某军2014年8月2日"。

杨某华与王某军系亲姐弟关系。王某军与陈某原系夫妻关系,2014年10月17日,王某军、陈某达成了《离婚协议书》,在民政部门登记离婚,《离婚协议书》第四项内容对债务处理进行了约定:双方确认在婚姻关系存续期间没有发生任何共同债务,任何一方如对外负有债务的,由负债方自行承担。

因王某军未偿还欠款,2015年7月27日,杨某华向湖北省宜都市人民法院起诉,请求判令王某军、陈某偿还其的借款25万元。

湖北省宜都市人民法院经审理认为,合法的民间借贷受法律保护,债务人对其欠负债务应当清偿。本案争议的焦点是:(1)王某军向杨某华借款25万元的事实能否认定;(2)该债务是夫妻共同债务还是个人债务。

第一,关于王某军向杨某华借款25万元的事实能否认定的问题。(1)杨某华

诉称的2011年8月15日王某军向其借款10万元的问题，其一，根据杨某华的诉称，该10万元是通过银行办理的，但是根据杨某华提供的2011年8月15日的银行存款凭条，该10万元却被存入了户名为“张某波”的银行账户，而非借款人王某军的账户，而且存款人不明确，陈某又不认可，那么该10万元与杨某华、王某军之间的借款是否存在联系难以认定。其二，借款时间是在2011年8月15日，而王某军立借条的时间却在2014年8月2日，时间间隔相差3年，且又是在王某军、陈某离婚前两个多月立下的借条，加上该10万元被转入户名为“张某波”的银行账户，而非借款人王某军的账户，因此借款的真实性足以让人产生合理怀疑。综上所述，对该10万元不予认定。(2)关于2012年5月7日王某军向杨某华借款6万元的问题，基于上述同样的理由，不予认可。(3)关于2014年4月30日的8万元，以及2014年6月28日的1万元，虽然在认定事实上同样也存在上述障碍，但是由于陈某认可，根据《民事诉讼法》中关于自认的规定，对上述8万元、1万元依法认定是杨某华与王某军之间的借款关系。第二，依法认定的上述8万元、1万元是个人债务，还是夫妻共同债务的问题。根据庭审中陈某的陈述，以及开庭后对王某军的询问中王某军的陈述，陈某、王某军均认可一个事实，即王某军因赌博输了8万多元，找黎某借了8万元用以偿还王某军欠的赌债，后杨某华借给王某军的8万元用以偿还了黎某的借款。根据这一事实，2014年4月30日杨某华借给王某军的8万元实际上是间接用以偿还了王某军欠的赌债，因此该8万元借款并没有用于家庭生活开支，当然也就不是夫妻共同债务，而是王某军的个人债务，应当由王某军个人偿还。2014年6月28日王某军向杨某华借款的1万元，王某军用于做啤酒生意，是为家庭的正当经营，根据《婚姻法解释(二)》第24条①的规定：“债权人就婚姻关系存续期间夫妻一方以个人名义所负债务主张权利的，应当按夫妻共同债务处理。但夫妻一方能够证明债权人与债务人明确约定为个人债务，或者能够证明属于婚姻法第十九条第三款规定情形的除外。”因此该1万元借款应当认定为夫妻共同债务。王某军、陈某在《离婚协议书》中约定的“双方确认在婚姻关系存续期间没有发生任何共同债务”与本案查明的事实不符，应当以本案查明的事实为依据作出认定。王某军、陈某在《离婚协议书》中约定的“任何一方如对外负有债务的，由负债方自行承担”仅对夫妻内部有约束力，属于夫妻共同债务的，仍应当由王某军、陈某共同偿还，不受上述离婚协议约定的影响。综上所述，2014年4月30日杨某华借

① 参见《民法典》第1064条第2款。

给王某军的8万元用以偿还了王某军的个人赌债，应当由王某军个人偿还；2014年6月28日王某军向杨某华借款的1万元，用于家庭生意经营，属于王某军、陈某的夫妻共同债务，应当由王某军、陈某共同偿还。

宜都市人民法院作出（2015）鄂宜都民初字第866号民事判决，判决：（1）王某军偿还2014年4月30日其向杨某华所借的借款8万元，于判决发生法律效力后立即付清。（2）王某军、陈某共同偿还2014年6月28日由王某军向杨某华所借的借款1万元，于判决发生法律效力后立即付清。（3）驳回杨某华的其他诉讼请求。杨某华不服该判决，向湖北省宜昌市中级人民法院提起上诉，请求撤销原判第1项、第3项，改判王某军、陈某共同向杨某华返还借款24万元。

【案件争点】

间接用以偿还赌债的欠款是否应当认定为夫妻共同债务。

【裁判要旨】

湖北省宜昌市中级人民法院经审理认为：

1. 关于借款数额问题

双方当事人对借款数额的争议焦点是杨某华诉称的2011年8月15日王某军向其借款10万元以及2012年5月7日王某军向其借款6万元是否属实的问题。关于杨某华诉称的上述两笔借款，现有证据表明该两笔款项的收款人银行账户名均为"张某波"，而非王某军的账户，存款人信息也不明确；存款凭条的时间为2011年8月15日，而王某军立借条的时间却在2014年8月2日，时间间隔相差3年之久，借条没有对此予以说明；且陈某对此借款的真实性不予认可，同时考虑杨某华与王某军的关系，二人的陈述不足以令人信服。综合以上因素，现无法认定这两笔款项的流转真实发生在杨某华与王某军之间以及款项性质为借款。另外，发生于2014年的8万元和1万元的转账，由于双方当事人均认可为双方之间的借款，一审据此认定为王某军向杨某华所借款项具有事实和法律依据。

2. 关于借款是否为夫妻共同债务的问题

根据陈某和王某军的陈述，王某军因赌博输了8万多元，向黎某借了8万元用以偿还王某军欠的赌债，后杨某华借给王某军的8万元用以偿还黎某的借款。故2014年4月30日杨某华借给王某军的8万元实际上是用以偿还王某军欠的赌债，因此该8万元借款并没有用于家庭生活开支，不能认定为夫妻共同债务，而是王某军的个人债务，最高人民法院《关于依法妥善审理民间借贷纠纷案件促进经济发展维护社会稳定的通知》规定：对于因赌博、吸毒等违法犯罪活动而形成的借贷关系或者出借人明知借款人是为了进行上述违法犯罪活动的借贷关系，依法不予保护。故对此债务依法不予保护。但由于王某军自愿偿还，王某军应将该笔借款退还给杨某华。综上所述，杨某华的上诉理由均不能成立。原判认定事实清楚，适用法律正确，应予维持，故二审判决驳回上诉，维持原判。

三、裁判规则提要

（一）不法债务不属于夫妻共同债务

夫妻共同债务的成立前提是债务形成的合法性，如果债务本身就具有不法性，不能为法律所保护，即不存在成立夫妻共同债务之余地。司法实践中，常见的不法债务有夫妻一方所负赌债、嫖资，高利贷中超过法定标准的部分等。

对于不法债务的认定，须以债务形成的目的和原因进行判断。债务形成的目的和原因若为违反法律，甚至进行犯罪，自然不受法律保护，不能形成法律上的有效债务。对于违反行政法规或规章的债务，应当区分效力性规定和管理性规定。对于违反涉及金融安全、市场秩序、国家公共政策等公序良俗，交易标的禁止买卖或交易方式严重违法，违反国家特许经营规定等情形而签订的合同，属于无效合同，不存在合法债务可予保护，遑论成立夫妻共同债务。

（二）夫妻一方因从事违法犯罪活动而应当承担的债务一般不属于夫妻共同债务

夫妻一方从事违法犯罪活动，面临法律上的否定性评价，而往往承担法律上的不利后果。实践中，经常存在刑事被告人承担罚金、民事诉讼被告人承担民事侵权损害赔偿责任、行政处罚相对人承担罚款责任的情形。对于这些公法上或者私法上的债务，一般认为是对个人的惩戒，而不认定为夫妻共同债务。但对于因家庭生活所负的侵权之债，如在机动车事故责任纠纷中夫妻一方所负侵权之债，在一定情况下可能构成夫妻共同债务。

（三）夫妻一方为从事违法犯罪活动而举债，原则上不认定为夫妻共同债务

对于夫妻一方为从事违法犯罪活动而借款，如为赌博、吸毒而筹措赌资、毒资，其所负债务原则上不认定为夫妻共同债务。实践中，通常存在两种情况：一种情况是出借人明知借款人举债用于违法犯罪活动。此时，根据《民法典》第153条以及《民间借贷规定》第13条第4项之规定，借款合同本身亦认定为无效，借款人所负

债务当然不认定为夫妻共同债务；另一种情况是出借人不知借款人举债系用于从事违法犯罪活动，而借款人将此资金用于违法犯罪。此时，借款合同的效力虽不受影响，但通常因其用途非为用于夫妻共同生产经营和生活，亦不认定为夫妻共同债务。

四、辅助信息

高频词条：

《民法典》

第153条 违反法律、行政法规的强制性规定的民事法律行为无效。但是，该强制性规定不导致该民事法律行为无效的除外。

违背公序良俗的民事法律行为无效。

第1060条 夫妻一方因家庭日常生活需要而实施的民事法律行为，对夫妻双方发生效力，但是夫妻一方与相对人另有约定的除外。

夫妻之间对一方可以实施的民事法律行为范围的限制，不得对抗善意相对人。

第1064条 夫妻双方共同签名或者夫妻一方事后追认等共同意思表示所负的债务，以及夫妻一方在婚姻关系存续期间以个人名义为家庭日常生活需要所负的债务，属于夫妻共同债务。

夫妻一方在婚姻关系存续期间以个人名义超出家庭日常生活需要所负的债务，不属于夫妻共同债务；但是，债权人能够证明该债务用于夫妻共同生活、共同生产经营或者基于夫妻双方共同意思表示的除外。

《民法典婚姻家庭编解释(一)》

第33条 债权人就一方婚前所负个人债务向债务人的配偶主张权利的，人民法院不予支持。但债权人能够证明所负债务用于婚后家庭共同生活的除外。

第34条 夫妻一方与第三人串通，虚构债务，第三人主张该债务为夫妻共同债务的，人民法院不予支持。

夫妻一方在从事赌博、吸毒等违法犯罪活动中所负债务，第三人主张该债务为夫妻共同债务的，人民法院不予支持。

《民间借贷规定》

第13条 具有下列情形之一的，人民法院应当认定民间借贷合同无效：

(一)套取金融机构贷款转贷的；

(二)以向其他营利法人借贷、向本单位职工集资，或者以向公众非法吸收存款等方式取得的资金转贷的；

（三）未依法取得放贷资格的出借人，以营利为目的向社会不特定对象提供借款的；

（四）出借人事先知道或者应当知道借款人借款用于违法犯罪活动仍然提供借款的；

（五）违反法律、行政法规强制性规定的；

（六）违背公序良俗的。

夫妻共同债务纠纷案件裁判规则第 14 条：
夫妻一方从事赚取利差的投资行为，若所获利息用于夫妻共同生活，则所负债务属于夫妻共同债务

〔**规则描述**〕：夫妻一方从事赚取利差的投资行为区别于夫妻共同经营，强调夫妻一方在婚姻关系存续期间以个人名义从事投资行为以赚取利差，并因此产生超出夫妻共同生活需要的债务。司法实践中，大多为夫妻一方从事赚取利差的民间借贷行为，即夫妻一方既作为债务人向甲借款，同时又作为债权人借款给乙用于赚取利息，两笔款项之间具有特定的联系。案涉债务为夫妻一方作为债务人向甲借款所产生的债务；利差即夫妻一方作为债权人借款给乙产生的利息与作为债务人给付给甲的利息差额。

此处的要件为“夫妻共同生活”而不是“家庭日常生活”，原因在于：“夫妻共同生活”的概念外延大于“家庭日常生活”，夫妻共同生活包括夫妻双方共同消费、支配，为管理、保有夫妻共同财产支出的费用，以及取得该财产之时设立的负担和义务等，如负债购置大宗资产。显然，“家庭日常生活”也包括在“夫妻共同生活”范围之内。之所以将夫妻一方投资性负债单独划归为一类，是因为通常来讲，夫妻一方投资性负债要远远大于夫妻日常生活需要。

从《民法典》第 1064 条第 2 款的规定来看，夫妻一方因从事赚取利差的投资行为所产生的超出家庭日常生活需要的债务，原则上是夫妻一方的个人债务，不应将其认定为夫妻共同债务，但若其所获利息用于夫妻共同生活，则所负债务属于夫妻共同债务。

一、类案检索大数据报告

数据采集时间：2020 年 1 月 20 日；案例来源：中国裁判文书网；案件数量：147 件；本次检索获取 2020 年 1 月 20 日前共 147 篇裁判文书。案件裁判结果分布情况如图 14 - 1 所示，从夫妻一方赚取利差用于夫妻共同生活的投资性负债是否构成夫妻共同债务的角度来看，构成夫妻共同债务的案件 47 件，占比约 31.97%；重复或不相关案件 100 件，占比约 68.03%。

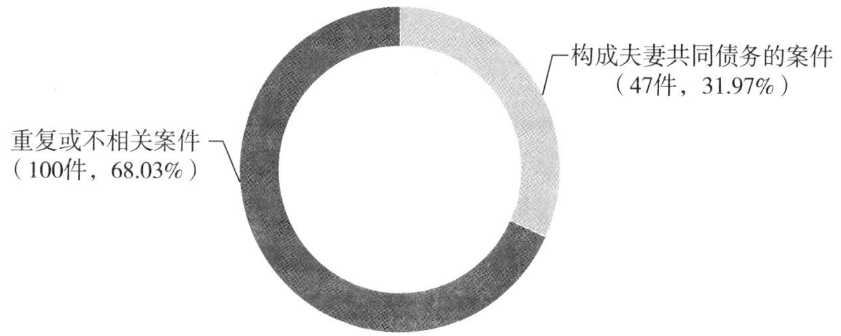

图 14－1　案件裁判结果分布情况

如图 14－2 所示，从案件年份分布情况可以看出当前条件下案件数量的变化趋势。

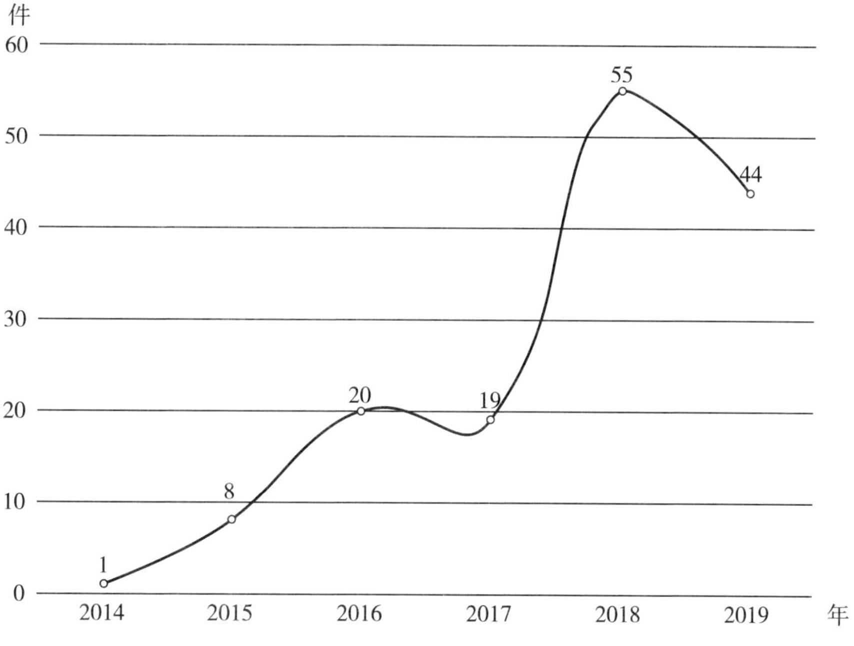

图 14－2　案件年份分布情况

如图 14－3 所示，从案件地域分布情况来看，当前条件下案件主要集中在广东省、福建省、湖南省、江苏省、浙江省，其中广东省的案件数量最多，达到 21 件，占比约 14.29%。

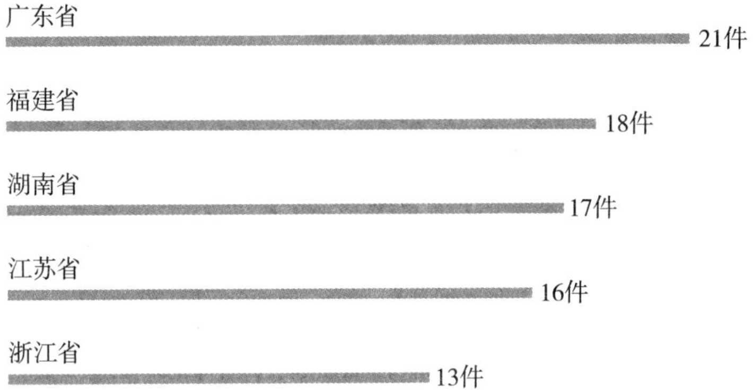

图 14－3　案件主要地域分布情况

如图 14－4 所示，从案件案由分类情况可以看出，当前条件下案件的案由分布由多至少分别是合同、无因管理、不当得利纠纷 144 件，占比约 97.96%；与公司、证券、保险、票据有关的民事纠纷 2 件，占比约 1.36%；婚姻家庭纠纷 1 件，占比约 0.68%。

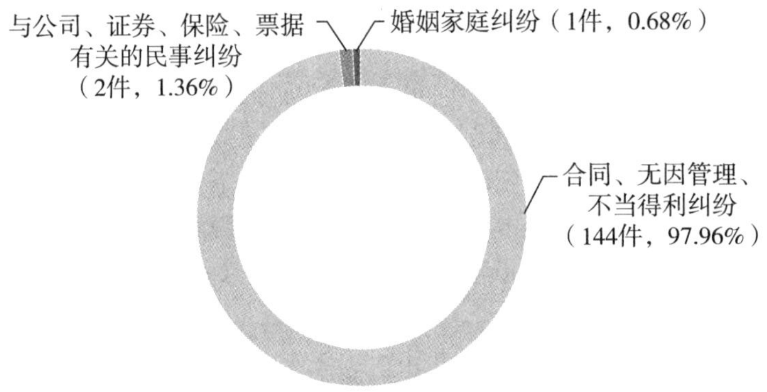

图 14－4　案件案由分类情况

如图 14－5 所示，从案件审理程序分布情况可以看出，当前条件下案件的审理程序分布由多至少分别是一审案件 77 件，占比约 52.38%；二审案件 62 件，占比约 42.18%；再审案件 8 件，占比约 5.44%。

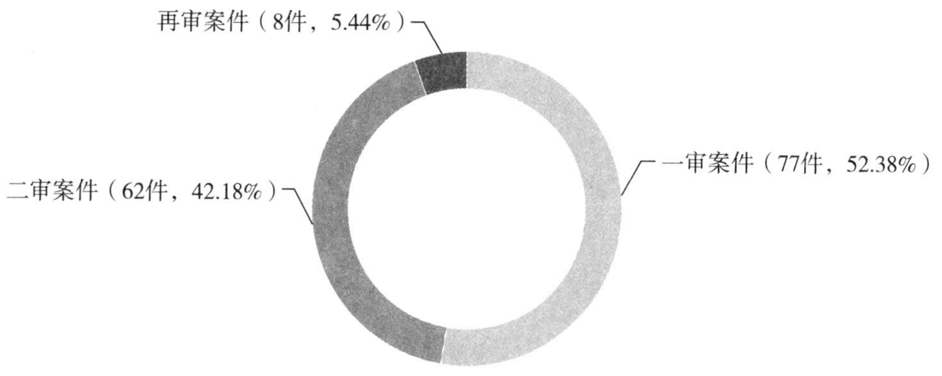

图 14－5　案件审理程序分布情况

二、可供参考的例案

例案一　周某广与易某购、易某良民间借贷纠纷案

【法院】

湖南省株洲市中级人民法院

【案号】

(2019)湘 02 民终 2632 号

【当事人】

上诉人(原审原告):周某广

被上诉人(原审被告):易某购

被上诉人(原审被告):易某良

【基本案情】

2013 年 2 月 8 日，易某购向周某广借款 50 万元，并向周某广出具了借条，周某广将该笔借款转账给了易某购。2013 年 3 月 12 日，易某购再次向周某广借款 50 万元，并向周某广出具了借条，周某广按照易某购指示将该笔借款转账至刘某平银行账户。上述借条均未约定借款期限和利息。2014 年 7 月 3 日，周某广向易某购出具收条：“今收到易某购欠周某广人民币壹佰万元，写有欠条为凭，于 2014.7.3 还来人民币贰拾万元整，结账时内除。”诉讼中，周某广申请对该收条上所有手写字体字迹与周某广样本字迹是否为同一人笔迹进行文书司法鉴定。一审法院委托湖南崇真司法鉴定所进行了鉴定，该鉴定机构于 2019 年 9 月 19 日出具鉴定意见:2014 年 7 月 3 日的收条

上的所有手写字体字迹与提供的周某广样本字迹系出自同一人笔迹。易某购、周某广对该鉴定意见均无异议。2012年,易某良购买了株洲市荷塘区金域半岛4栋2404号房屋,易某购于2012年11月25日至2013年12月16日分期支付购房款共计63万元,该房屋销售备案在易某良名下。易某购、易某良于1986年10月8日结婚,2014年3月6日在株洲县民政局离婚,协议约定"财产归女方,无债务。"另据周某广、易某购陈述,二人均有对外放贷收取利息,易某购称其将本案借款转贷他人。据一审法院查询易某购相关民间借贷案件,易某购于2013年6月8日对外出借260万元。

【案件争点】

1. 双方是否约定了利息。

2. 案涉债务是否属于夫妻共同债务。

【裁判要旨】

湖南省株洲市中级人民法院经审查认为,首先,案涉借条并未约定利息,易某购对利息的约定又予以否认,且还款20万元时书写还款性质不明,上诉人仅凭还款条上"结账时内除"字样认定20万元为利息的主张不能成立,法院不予支持。故一审法院认定案涉借款未约定利息,20万元还款为偿还本金并无不当。其次,本案借款发生在易某购、易某良婚姻存续期间,根据《夫妻债务纠纷解释》第3条①的规定:"夫妻一方在婚姻关系存续期间以个人名义超出家庭日常生活需要所负的债务,债权人以属于夫妻共同债务为由主张权利的,人民法院不予支持,但债权人能够证明该债务用于夫妻共同生活、共同生产经营或者基于夫妻双方共同意思表示的除外。"案涉房屋首付款20万元系在借款发生前支付,虽然房屋尾款在借款发生后支付,但周某广未提交充分的证据证实系借款支付的房屋尾款,且借条未载明借款目的,故周某广关于借款系以购房为目的的主张不能成立。易某购虽然承认将部分借款转借给他人,但周某广未提交充分证据证实,该利息用于夫妻共同生活。故一审法院认定案涉债务系易某购个人债务并无不当。

例案二 | 邝某斌、陈某文民间借贷纠纷案

【法院】

广东省珠海市中级人民法院

---

① 参见《民法典》第1064条。

【案号】

(2019)粤04民终1260号

【当事人】

上诉人(原审被告)：邝某斌

上诉人(原审被告)：陈某文

被上诉人(原审原告)：赵某华

【基本案情】

赵某华与邝某斌自2014年起发生借贷关系。赵某华提交的证据显示，本案双方借贷关系发生时间为2016年2月2日至2017年9月12日，借还款情况具体如下：

2016年2月2日，双方签订《借款协议书》1份，载明邝某斌因资金短缺向赵某华借款70万元，利息为2.5%。同日，邝某斌向赵某华出具《收据》1份，赵某华通过银行转账形式向邝某斌支付682,500元。邝某斌已还10万元。

2016年5月6日，双方签订《借款协议书》1份，载明邝某斌因资金短缺向赵某华借款20万元，利息为2.5%。同日，邝某斌向赵某华出具《收据》1份，赵某华通过银行转账形式向邝某斌支付20万元。

2016年9月14日，赵某华通过银行转账形式向邝某斌支付10万元。邝某斌已还3万元。

2016年12月27日，赵某华通过银行转账形式向邝某斌支付5万元。

2017年7月20日，双方签订《借款合同》1份，载明邝某斌因资金短缺向赵某华借款50万元，利息为3%，借款期限为2017年7月20日至9月20日。同日，邝某斌向赵某华出具《收据》1份，赵某华通过银行转账形式向邝某斌支付50万元。

2017年7月25日，双方签订《借款协议书》1份，载明邝某斌因资金短缺向赵某华借款37万元，利息为2%。同日，邝某斌向赵某华出具《收据》1份，赵某华通过银行转账形式向邝某斌支付369,900元。

2017年7月27日，双方签订《借款协议书》1份，载明邝某斌因资金短缺向赵某华借款25万元，利息为2%。同日，邝某斌向赵某华出具《收据》1份，赵某华通过银行转账形式向邝某斌支付25万元。邝某斌已还25万元。

2017年8月2日，双方补签《借款协议书》2份，载明邝某斌因资金短缺向赵某华借款20万元及9万元，利息均为2%。同日，邝某斌向赵某华出具《收据》2份，确认收到20万元及9万元。

2017年8月25日，双方签订《借款协议书》1份，载明邝某斌因资金短缺向赵某华借款35万元，利息为3%。同日，邝某斌向赵某华出具《收据》1份，赵某华通过银行转账形式向邝某斌支付337,500元。

2017年9月12日，双方签订《借款协议书》1份，载明邝某斌因资金短缺向赵某华借款10万元，利息为2.5%。同日，邝某斌向赵某华出具《收据》1份，赵某华通过银行转账形式向邝某斌支付10万元。

此外，2018年1月5日，赵某华与邝某斌对截至该日之前因借款产生的利息作了计算，确认邝某斌于当日前共欠利息248,450元，此后，双方每月核算所欠利息，至2018年8月28日前共欠利息815,450元。

邝某斌提交的微信转账记录显示，2018年1月5日后邝某斌向赵某华支付利息共计83,367元。

邝某斌与陈某文系夫妻关系，二人于2007年9月1日在珠海市××区人民政府婚姻登记处办理结婚登记，婚姻关系存续至今。

【案件争点】

1. 关于邝某斌应向赵某华归还借款利息如何计算。

2. 本案债务是否属于夫妻共同债务，陈某文是否承担连带责任。

【裁判要旨】

广东省珠海市中级人民法院经审查认为，一审时，双方一致确认邝某斌在2018年1月5日后支付的利息为83,367元，其中1万元已在2月对账中扣除，还有73,367元未扣除。二审法庭调查时，邝某斌再次表示以2018年1月5日作为利息计算的分界点，并再次主张在2018年1月5日之后支付的利息应当抵扣该期间新产生的利息；赵某华表示，2018年1月5日之后支付的利息为83,367元，其中1万元已在2月的对账单中扣除了，还有73,367元没有扣除，应当抵扣之前所欠的利息。《合同法》第205条①和《合同法解释(二)》第21条的规定，均确定了先还息后还本的立法精神，即先行偿还到期利息，如有剩余则可抵扣相应本金。本案中，邝某斌于2018年1月5日之后支付的利息，也应当先行偿还到期利息，即先行归还以前所欠付的利息，而不是当期新产生的利息，这也符合一般交易习惯。一审判决对此认定并无不当，二审法院予以确认。邝某斌的上诉理由不能成立，二审法院不予采纳。

---

① 参见《民法典》第674条。

关于本案债务是否属于夫妻共同债务，陈某文是否承担连带责任的问题。一审、二审时邝某斌均认可其从赵某华借款后再出借给第三人，并从中收取利息差额作为自己的代理费，可见，邝某斌从民间借贷中赚取利息差的行为系一种投资经营行为。根据《夫妻债务纠纷解释》第 3 条[①]的规定，"夫妻一方在婚姻关系存续期间以个人名义超出家庭日常生活需要所负的债务，债权人以属于夫妻共同债务为由主张权利的，人民法院不予支持，但债权人能够证明该债务用于夫妻共同生活、共同生产经营或者基于夫妻双方共同意思表示的除外"。本案中，虽然邝某斌以个人名义借贷超出了家庭日常生活需要，但该行为属于赚取利息差的投资经营行为，所获利息差用于夫妻共同生活的盖然性较大。况且邝某斌和陈某文婚姻存续期间，购置多处房产和豪华汽车，仅凭陈某文的个人收入无法实现上述家庭财富。尽管有些房产的购置时间与本案借贷没有直接关联，但是考虑到邝某斌从事赚取利息差的投资经营行为，一审判决根据一般常理认定邝某斌从事赚取利息差而收取的代理费作为其收入来源之一，用于家庭日常生活开支，较为合理，二审法院予以确认。陈某文关于本案债务明显超出日常家庭生活需要，邝某斌赚取的利息差没有用于家庭生活，其不应承担共同责任等上诉理由，不能成立，二审法院不予采纳。一审判决适用《夫妻债务纠纷解释》第 2 条[②]的规定虽有不妥，但判决结果正确，二审法院予以维持。

例案三 | 杨某民、刘某英民间借贷纠纷案

【法院】

山东省青岛市中级人民法院

【案号】

(2019)鲁 02 民终 4051 号

【当事人】

上诉人(原审被告)：杨某民

被上诉人(原审原告)：刘某英

被上诉人(原审被告)：吴某红

---

① 参见《民法典》第 1064 条。

② 参见《民法典》第 1064 条。

【基本案情】

2013年7月29日至2015年11月19日，刘某英与吴某红之间发生多笔银行转账业务，经核对入账与出账的金额，刘某英转账给吴某红共计9,055,470.5元，吴某红转账给刘某英共计5,787,200.5元，吴某红欠付刘某英共计3,268,270.0元未还。

2013年7月28日、2014年3月20日、2014年6月4日、2014年6月17日、2014年8月18日、2014年8月26日，刘某英与吴某红签订6份类似的《借款协议》，吴某红分别借款30万元、50万元、40万元、20万元、96万元、50万元，借款期限均为出借之日至2014年12月31日，约定借款用途为"家庭投资经营"。《借款协议》第3条第1款约定，利息为中国人民银行公布同期贷款利率4倍。第8条第1款约定，吴某红未按约定归还本息，应支付刘某英的诉讼费、律师费等为实现债权而支付的所有费用。刘某英提交的银行转账记录证明，刘某英已将《借款协议》约定的款项支付吴某红。吴某红于2015年1月1日出具6份《还款承诺书》，再次确认以上借款未还清，承诺于90日内还清，其他权利义务按照《借款协议》执行。

吴某红与杨某民原为夫妻，后于2015年7月17日协议离婚。《离婚协议书》约定，无财产分割，债务自负。女方使用车辆因涉及贷款问题，暂时置于男方名下，待女方还清贷款后，男方配合办理过户手续。刘某英与吴某红的借贷关系发生在吴某红和杨某民婚姻关系存续期间。

杨某民名下有两家公司：某五金机电有限公司和某再生资源有限公司，分别成立于2009年2月24日、2017年3月2日。

吴某红没有正式工作，其收入来源主要是借贷放贷赚取利差，所获取的利息也用于家庭共同生活。吴某红称，其没有正常工作，平时在家，杨某民需要帮忙的时候就去帮忙，要么就去放贷。除了向刘某英借的钱，还借了其同学、朋友的钱，借款用于放贷、还信用卡以及家里生活用。杨某民称，其在婚前、婚后从事废品回收工作，在2017年注册了一个公司，之前是跟着其父亲干。吴某红称，2014年12月买了新车，30多万元，首付12万元，剩余为车贷付款，偿还车贷使用的是杨某民名下的信用卡，刚开始是吴某红自己每月还钱，后来因杨某民欠吴某红钱，由杨某民偿还车贷178,300元。吴某红的招商银行卡交易明细、平安银行卡交易明细证明其借款用于给杨某民支付货款，家庭开支及偿还房贷，支付女儿的学费、家庭成员的保险等，大约1,238,663元。

杨某民曾从吴某红手中拿钱，之后偿还利息，吴某红也曾为其代付相关款项，可以证明吴某红将部分借款用于家庭共同生产经营之中。因此，刘某英已经证明涉案借款系吴某红赚取利差的投资经营行为，利息用于夫妻共同生活。

【案件争点】

本案借款应否视为夫妻共同债务。

【裁判要旨】

山东省青岛市中级人民法院经审查认为，依据《夫妻债务纠纷解释》第2条的规定，夫妻一方在婚姻关系存续期间以个人名义为家庭日常生活需要所负的债务，债权人以属于夫妻共同债务为由主张权利的，人民法院应予支持。本案借款人吴某红在与杨某民结婚后无固定工作，以从刘某英等人处借款用于投资放贷，赚取收益，作为其收入的来源。杨某民作为吴某红的丈夫，应当对吴某红的收入来源知晓，并且吴某红提交了大量的银行交易记录，能够证明其将收入用于家庭生活。同时，杨某民本人也从吴某红处使用大额资金用于其经营，其也应当清楚吴某红大额资金的来源。吴某红起诉陈某欣民间借贷纠纷一案，涉及吴某红与陈某欣之间的巨额资金往来，杨某民为该案提供诉讼保全担保，亦可证明杨某民清楚吴某红从事巨额民间借贷行为，并协助吴某红追偿对外出借款项。结合原审刘某英、吴某红提供的录音证据，可以认定，杨某民对吴某红从刘某英处借款用于对外投资放贷，以赚取收益作为收入来源是知情并且同意的，吴某红以个人名义向刘某英借贷并用于对外放贷，是为赚取家庭日常生活所需资金而为之。杨某民辩称其对本案所涉借款不知情，与客观事实不符，法院不予支持。原审法院结合当事人双方所提供的证据，认定本案债务属于夫妻共同债务，有事实基础和法律依据，并无不当。

三、裁判规则提要

（一）夫妻一方投资性负债是否认定为夫妻共同债务的判断标准由“婚内推定标准”转变为“夫妻共同生活需要标准”，证明责任分配给债权人

1. 从《婚姻法解释（二）》第24条[①]到《夫妻债务纠纷解释》第3条[②]，再到《民法典》第1064条第2款的转变

夫妻一方从事赚取利差的投资行为，在实践中一般体现为夫妻一方从事民间借贷再转贷赚取利息差获益，此种情况下夫或妻以个人名义举债，债务金额往往超

① 第1款参见《民法典》第1064条第2款，第2款、第3款参见《民法典婚姻家庭编解释（一）》第34条。

② 参见《民法典》第1064条。

过家庭日常生活需要。最高人民法院在(2018)最高法民申634号案例中对此种行为做了定性:从事民间转贷赚取利息差生意属于投资经营行为。并在《婚姻法解释(二)》第24条与《夫妻债务纠纷解释》第3条中做了取舍,认为"马某中虽然以个人名义借贷了超出日常开支所需债务,但该行为属于赚取利差的投资经营行为,所获利息亦用于夫妻共同生活,崔某花无证据证明其和马某中有其他的收入足以支持其购买车辆及多处房产。由于杨某义已经证明案涉借款系马某中赚取利差的投资经营行为,利息用于夫妻共同生活,故该债务属于夫妻共同债务,应由马某中和崔某花夫妻共同偿还。"

在笔者搜集整理的案例中,法院的判决在2018年1月18日《夫妻债务纠纷解释》施行前后有所不同。2018年1月18日之前审结的此类案件,法官大多依据《婚姻法解释(二)》第24条第1款和《婚姻法》第19条第3款[①]作出判决。采纳利益共享推定,即"婚内推定标准",认为财产共享是夫妻对自身财产权利的一种让渡,风险性高于一般民事关系实为必然。[②] 其将举证责任分配给负债方配偶,如夫或妻一方不能证明借款投资所获利差不是用于夫妻共同生活,则认定为夫妻共同债务。但实践证明,单纯以身份关系确定夫妻共同债务,对于完全不知情的负债方配偶而言非常不公平。由于负债方的行为动机隐蔽于内心,其配偶作为合同关系之外的第三人,相对于债权人并不具有防控风险的优势。《夫妻债务纠纷解释》施行之后,情况有所改变,笔者选取的三个典型例案均是适用《夫妻债务纠纷解释》作出判决,改变了《婚姻法解释(二)》第24条"一刀切"的共债推定,以是否符合"夫妻共同生活需要"为标准,将夫或妻一方在婚姻关系存续期间以个人名义超出家庭日常生活所负的债务在原则上归为夫或妻一方个人债务。并重新分配举证责任,由债权人证明案涉债务系用于夫妻共同生活,若债权人无法完成举证,则认定该债务为负债方的个人债务。

随着《民法典》和《民法典婚姻家庭编解释(一)》的生效,《婚姻法解释(二)》《夫妻债务纠纷解释》已被废止。《婚姻法解释(二)》第24条第1款实质上不再适用,第2款、第3款内容被《民法典婚姻家庭编解释(一)》吸收,《夫妻债务纠纷解释》的前3条均被《民法典》第1064条吸收,相关内容未产生实质性变动。因此,第1064条第2款的适用情况大体与《夫妻债务纠纷解释》第3条的适用情况相同。

---

① 参见《民法典》第1065条第3款

② 参见汪洋:《夫妻债务的基本类型、责任基础与责任财产——最高人民法院〈夫妻债务解释〉实体法评析》,载《当代法学》2019年第3期。

从《婚姻法解释(二)》第 24 条到《夫妻债务纠纷解释》第 3 条,再到《民法典》第 1064 条第 2 款,通过强化债权人在交易中的审慎注意义务,力求从源头上解决债务定性的不确定性,[①]体现了司法实践和立法对夫妻一方以个人名义举债是否认定为夫妻共同债务的态度转变,保护了非举债一方的合法权益,也维护了婚姻关系的稳定。

2."若所获利息用于夫妻共同生活,则所负债务为夫妻共同债务"的认定原理

从概念上看,夫妻以共同生活为目的,因婚姻而产生特定的身份关系和财产关系。夫妻共同生活既包括家庭日常生活消费开支,也包括超出家庭日常生活但由夫妻双方共同消费或出于管理共同财产目的所产生债务的情形。夫妻共同债务的一种表现形式是夫妻一方或双方为了夫妻共同生活所负的债务,具体应当包括夫妻一方或双方因维持家庭共同生活的需要而产生的债务,即生活性债务,以及因家庭共同生活的目的而实施生产、经营活动所产生的经营性债务。

我国的法定财产制是婚后所得共有制,其目的是使夫妻的经济生活和身份生活趋于和谐,维护家庭共同生活的稳定。夫妻债务是消极的夫妻共同财产,属于婚姻财产制度的重要组成部分,因此夫妻共同债务的认定必须符合其立法宗旨,即维护家庭的共同生活。"若所获利息用于夫妻共同生活,则所负债务为夫妻共同债务"体现了权利与义务相统一的原则。如果夫妻一方举债(所获收益)用于家庭共同生活,非举债方实际上也享有该债务带来的相应利益,那么夫妻双方均有偿还义务。[②] 夫妻一方因从事赚取利差的投资行为而负债,但其投资行为所获利息用于夫妻共同生活,"负债"与"利息"之间具有关联性,因此,根据用途规则,该债务应为夫妻共同债务。如例案三,山东省青岛市中级人民法院认为"本案借款人吴某红与杨某民结婚后无固定工作,其以从刘某英等人处借款用于对投资放贷,赚取收益,作为其收入的来源……其将收入用于了家庭生活……认定本案债务属于夫妻共同债务,有事实基础和法律依据"。案涉债务是为了增加夫妻婚姻关系存续期间的家庭收入及共同利益,其实质是为了赚取利差、取得共同收益所做的必要工作,认定为夫妻共同债务有法可依。

① 参见李贝:《夫妻共同债务的立法困局与出路——以"新解释"为考察对象》,载《东方法学》2019 年第 1 期。

② 参见陈园园:《夫妻共同债务的认定与清偿研究》,华东政法大学 2018 年硕士学位论文。

(二)“所获利息用于夫妻共同生活”的判定标准

最高人民法院民一庭负责人就《夫妻债务纠纷解释》答记者问时,曾就“夫妻共同生活”作出过相应的解答:“很多夫妻的共同生活支出不再局限于以前传统的家庭日常生活消费开支,还包括大量超出家庭日常生活范围的支出,这些支出系夫妻共同消费支配,或者用于形成夫妻共同财产,或者基于夫妻共同利益管理共同财产产生的支出,性质上属于夫妻共同生活的范围。”除最高人民法院外,各地方法院也对《夫妻债务纠纷解释》作出了相应的通知。以浙江省高级人民法院为例:其认为这里的“夫妻共同生活”,在概念外延上大于“家庭日常生活”,只要是夫妻双方共同消费支配或者用于形成夫妻共同财产的支出,都属于“夫妻共同生活”的范围。而“家庭利益”属于弹性概念,需要在个案中综合家庭自身的收入水平、消费习惯以及当地的社会交易观念等因素作出裁断,不能限定在合同订立之时负债方的言辞,需要从客观角度观察合同是否能够直接满足家庭利益。如婚姻存续时间短暂且没有大额开支,负债所得利益归家庭共享的现实可能性很小,可以不认定为夫妻共同债务。

例案一中,湖南省株洲市中级人民法院提出“充分证据”的判定标准,认为负债方虽然承认将部分借款转借给他人,但债权人未提交充分证据证实该利息用于夫妻共同生活,不认定为夫妻共同债务。例案二中,广东省珠海市中级人民法院提出“较大盖然性”的判定标准,认为虽然负债方以个人名义借贷超出了家庭日常生活需要,但该行为属于赚取利息差的投资经营行为,并具体举例说明在婚姻存续期间,夫妻二人购置多处房产和豪华汽车,仅凭负债方配偶的个人收入无法实现上述家庭财富,所获利息差用于夫妻共同生活的盖然性较大。尽管有些房产的购置时间与本案借贷没有直接关联,但是考虑负债方从事赚取利息差的投资经营行为,根据一般常理,认定负债方从事赚取利息差而收取的代理费作为其收入来源之一,用于家庭日常生活开支较为合理。

无论是“充分证据”标准还是“较大盖然性”标准,都需要债权人提交证据证明负债方所获利差用于夫妻共同生活,但在实践中举证存在一定的困难。因此,在具体案件审理中,既要适用《民法典》第 1064 条第 2 款对于证明责任的分配,也要强化法院职权探知,确有必要的,可依当事人申请或依职权主动调查案件事实。同时,在适用《民法典》第 1064 条第 2 款时,也要认识到债权人对夫妻内部关系举证的客观难度,案件审理过程中要注意运用法官心证,如果凭借日常生活经验或逻辑推理，能够对“债务用于夫妻共同生活”形成高度盖然性判断的，则不存在对债权人适用结果责任的余地，以避免对负债方夫妻过度救济，致显失公平。①

四、辅助信息

高频词条：

《民法典》

第 1064 条　夫妻双方共同签名或者夫妻一方事后追认等共同意思表示所负的债务，以及夫妻一方在婚姻关系存续期间以个人名义为家庭日常生活需要所负的债务，属于夫妻共同债务。

夫妻一方在婚姻关系存续期间以个人名义超出家庭日常生活需要所负的债务，不属于夫妻共同债务；但是，债权人能够证明该债务用于夫妻共同生活、共同生产经营或者基于夫妻双方共同意思表示的除外。

第 1065 条　男女双方可以约定婚姻关系存续期间所得的财产以及婚前财产归各自所有、共同所有或者部分各自所有、部分共同所有。约定应当采用书面形式。没有约定或者约定不明确的，适用本法第一千零六十二条、第一千零六十三条的规定。

夫妻对婚姻关系存续期间所得的财产以及婚前财产的约定，对双方具有法律约束力。

夫妻对婚姻关系存续期间所得的财产约定归各自所有，夫或者妻一方对外所负的债务，相对人知道该约定的，以夫或者妻一方的个人财产清偿。

《民法典婚姻家庭编解释（一）》

第 34 条　夫妻一方与第三人串通，虚构债务，第三人主张该债务为夫妻共同债务的，人民法院不予支持。

夫妻一方在从事赌博、吸毒等违法犯罪活动中所负债务，第三人主张该债务为夫妻共同债务的，人民法院不予支持。

---

①　参见《浙江省高级人民法院关于妥善审理涉夫妻债务纠纷案件的通知》（浙高法〔2018〕89 号）。

夫妻共同债务纠纷案件裁判规则第 15 条：

夫妻一方以个人名义为他人提供担保，原则上不成立夫妻共同债务，但担保之债与家庭生活有关或者相应对价用于家庭生活的除外

〔**规则描述**〕：担保之债较强的人身属性和单务性使其区别于一般债务，夫妻一方以个人名义为他人提供担保，超出了家事代理权的范畴，一般来讲是婚姻关系存续期间夫妻一方以个人名义超出家庭日常生活需要所负的债务，原则上不成立夫妻共同债务。但对夫妻一方对外担保之债是否属于夫妻共同债务，不能一概而论，并非所有担保之债均不属于夫妻共同债务，而应根据案件具体情况综合分析判断，重点考量担保之债是否与家庭生活有关或者担保的相应对价是否用于家庭生活。

首先，若担保之债与家庭生活有关，则成立夫妻共同债务。“担保之债与家庭生活有关”，是指担保之债的发生直接或间接与家庭利益密切相关。其次，随着经济发展与社会需要，实践中越来越多地出现有偿保证合同，债权人或债务人给予保证人相应对价，保证人提供担保。此时若夫或妻一方将相应对价用于家庭生活，则成立夫妻共同债务。

一、类案检索大数据报告

数据采集时间：2020 年 2 月 1 日；案例来源：中国裁判文书网；案件数量：89 件。本次检索获取 2020 年 2 月 1 日前共 89 篇裁判文书。案件裁判结果分布情况如图 15 - 1 所示，从夫妻一方所负担保之债是否构成夫妻共同债务的角度来看，不构成夫妻共同债务的案件 49 件，占比约 55.05%；构成夫妻共同债务的案件 16 件，占比约 17.98%；重复或不相关案件 24 件，占比约 26.97%。

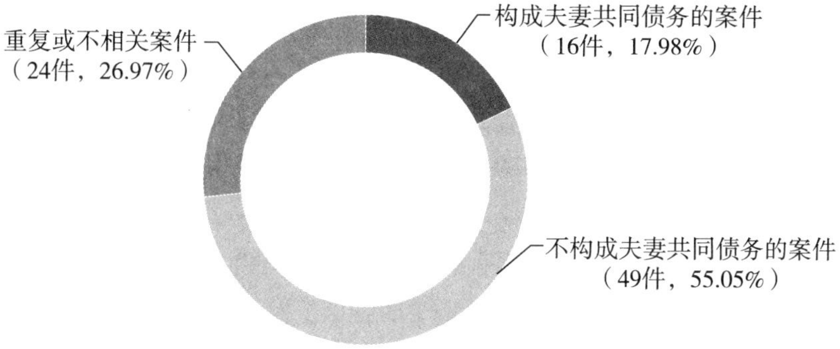

图 15－1 案件裁判结果分布情况

如图 15－2 所示，从案件年份分布情况可以看出当前条件下案件数量的变化趋势。

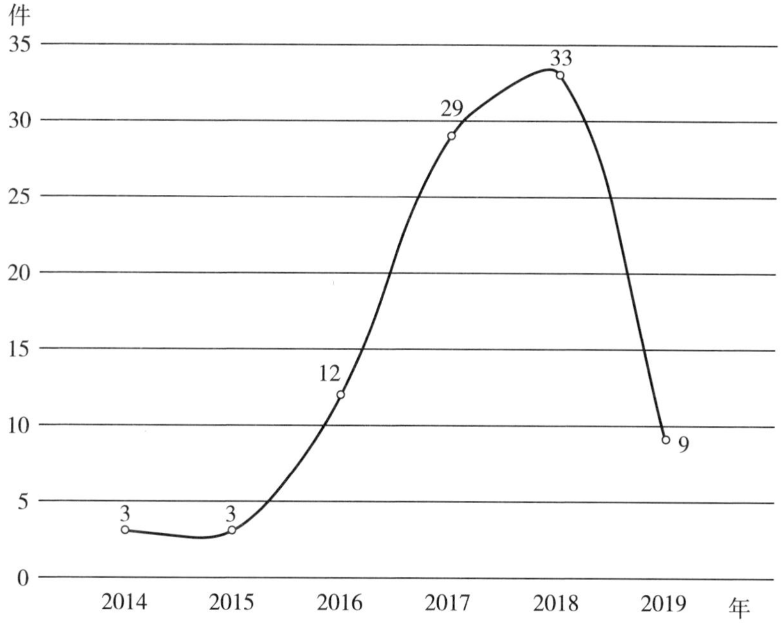

图 15－2 案件年份分布情况

如图 15－3 所示，从案件地域分布情况来看，当前条件下案件主要集中在广东省、湖北省、河北省、江苏省、北京市，其中广东省的案件数量最多，达到 17 件，占比约 19.10%。

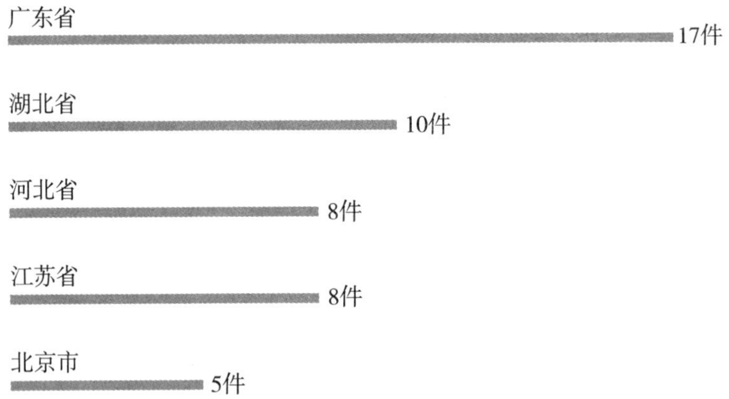

图 15 –3 案件主要地域分布情况

如图 15 –4 所示,从案件案由分类情况可以看出,当前条件下案件的案由分布由多至少分别是合同、无因管理、不当得利纠纷 68 件,占比约 76.40%;适用特殊程序案件案由 18 件,占比约 20.23%;婚姻家庭、继承纠纷 3 件,占比约 3.37%。

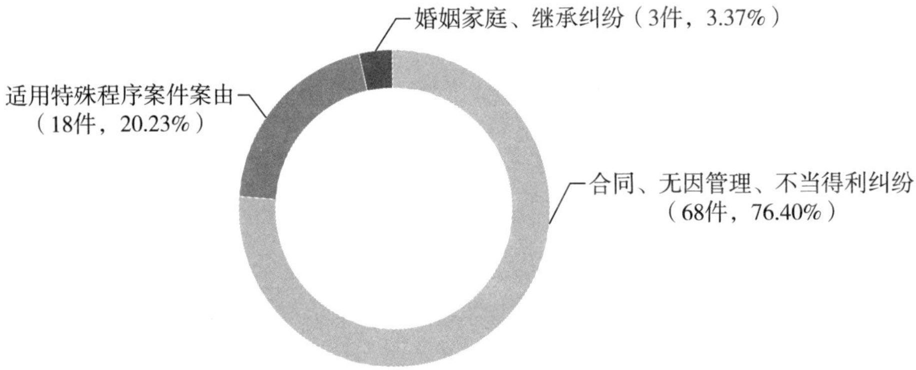

图 15 –4 案件案由分类情况

如图 15 –5 所示,从案件审理程序分布情况可以看出,当前条件下案件的审理程序分布由多至少分别是二审案件 43 件,占比约 48.31%;一审案件 35 件,占比约 39.33%;再审案件 8 件,占比约 8.99%;执行案件 2 件,占比 2.25%;第三人撤销之诉案件 1 件,占比 1.12%。

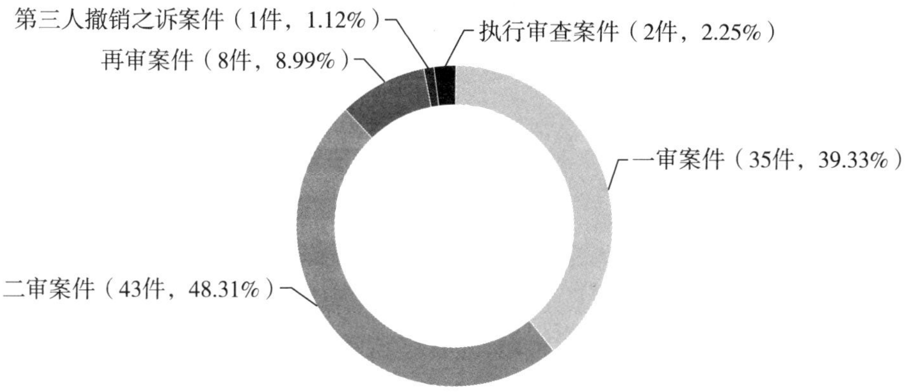

图 15 -5　案件审理程序分布情况

二、可供参考的例案

例案一 | 赵某、姬某岭等金融借款合同纠纷案

【法院】

最高人民法院

【案号】

(2019)最高法民申 2302 号

【当事人】

再审申请人(一审被告、二审上诉人):赵某

被申请人(一审原告、二审被上诉人):河南获嘉农村商业银行股份有限公司

二审上诉人(一审被告):姬某岭

二审上诉人(一审被告):姬某武

二审上诉人(一审被告):姬某星

二审上诉人(一审被告):姬某红

二审上诉人(一审被告):姬某军

二审上诉人(一审被告):姬社某

二审上诉人(一审被告):姬永某

二审上诉人(一审被告):姬某枝

二审上诉人(一审被告):姬某五

一审被告:河南青岭实业有限公司

一审被告:河南省田地置业股份有限公司

一审被告:新乡市宏伟新型节能材料有限公司

一审被告:郭某新

一审被告:王某安

【基本案情】

2013年4月23日获河南获嘉农村商业银行股份有限公司(以下简称获嘉农行)作为贷款人和作为借款人的河南青岭实业有限公司(以下简称青岭公司)签订了流动资金借款合同(姬某岭作为青岭公司的法定代表人签字)。合同约定向借款人提供2000万元贷款,贷款期限12个月,自2013年4月23日起至2014年4月17日止。同日,姬某岭向获嘉农行出具了担保书,内容为:青岭公司在获嘉农行贷款2000万元,期限12个月,如青岭公司到期不能按时归还,我自愿承担连带清偿担保责任,直至贷款还清为止。同日,获嘉农行向青岭公司按照约定方式支付了借款2000万元。

姬某岭与赵某系夫妻,于1993年10月14日登记结婚,2014年3月27日登记离婚。姬某岭为案涉贷款提供担保系发生在其与赵某婚姻关系存续期间。不久后,双方离婚并对夫妻共同财产做了约定:青岭公司的相关权益由姬某岭所有,与赵某无关,案涉贷款亦与赵某无关。姬某岭与赵某夫妻名下在青岛市××房产,均系赵某与姬某岭离婚前的夫妻共同财产,分别于2014年2月28日、3月10日、3月11日变更登记在赵某一人名下,后该房产被依法查封。

青岭公司系赵某与姬某岭婚后设立的公司,所得收益形成夫妻共同财产。青岭公司借款时姬某岭是青岭公司的大股东和法定代表人。姬某岭系以其个人名义为该笔贷款提供担保,但该笔贷款用于青岭公司,姬某岭时任该公司法定代表人,且持有该公司50%的股权,该公司的经营状况直接影响姬某岭的个人收益。

【案件争点】

赵某是否应对青岭公司的借款本金及利息承担共同偿还责任。

【裁判要旨】

最高人民法院经审查认为,《婚姻法》第41条①规定:"离婚时,原为夫妻共同生活所负的债务,应当共同偿还。共同财产不足清偿的,或财产归各自所有的,由双方协议清偿;协议不成时,由人民法院判决。"根据该规定,认定为夫妻共同生活

① 参见《民法典》第1089条。

所负的债务应具备两个基本特征：一是须发生在夫妻婚姻关系存续期间；二是须用于夫妻共同生活或共同生产经营活动。本案中，案涉贷款发生于姬某岭和赵某婚姻关系存续期间，虽然姬某岭系以其个人名义为该笔贷款提供担保，但该笔贷款系用于青岭公司，而姬某岭时任该公司法定代表人，且持有该公司50%的股权，二审法院据此认定姬某岭为青岭公司提供担保不仅为了公司经营，也为个人收益，并无不当。因青岭公司系赵某与姬某岭婚后设立的公司，所得收益已形成夫妻共同财产，二审法院认定青岭公司的经营状况同时与赵某、姬某岭的夫妻共同财产有直接关系，亦无不当。

法院询问中，姬某岭提交其与赵某的离婚协议书，根据该协议书的约定，可以认定获嘉农行申请法院查封的赵某名下三套房产，均系赵某与姬某岭离婚前的夫妻共同财产，只是在离婚时双方约定归赵某所有。《民通意见》第43条规定："在夫妻关系存续期间，一方从事个体经营或者承包经营的，其收入为夫妻共有财产，债务亦应以夫妻共有财产清偿。"具体到本案，姬某岭虽非从事个体经营或者承包经营，但其经营青岭公司的收入已形成夫妻共同财产，其为经营青岭公司所产生的债务承担方式应参照该规定。故在赵某未提供证据证明青岭公司的收益未形成夫妻共同财产的情况下，本案债务应以赵某与姬某岭的夫妻共同财产以及姬某岭的个人财产清偿。二审法院认定案涉债务应由赵某与姬某岭共同偿还，虽然未明确赵某应以夫妻共同财产为限承担责任，但获嘉农行已经向法院出具书面承诺书，明确表示如本案进入执行程序，只会申请执行已经查封的原属于夫妻共同财产的房产，放弃再执行赵某其他财产的权利，因此二审判决在执行过程中并不会加重赵某的负担。

赵某提出本案应适用最高人民法院民一庭《关于夫妻一方对外担保之债能否认定为夫妻共同债务的复函》[（2015）民一他字第9号，以下简称9号复函]，但9号复函系针对个案作出的回复，不具有普遍适用的效力，且本案情形与复函答复的案件情形并不相同，故对赵某该主张不予支持。赵某另提出本案应适用《夫妻债务纠纷解释》，《夫妻债务纠纷解释》第3条①规定："夫妻一方在婚姻关系存续期间以个人名义超出家庭日常生活需要所负的债务，债权人以属于夫妻共同债务为由主张权利的，人民法院不予支持，但债权人能够证明该债务用于夫妻共同生活、共同生产经营或者基于夫妻双方共同意思表示的除外。"《夫妻债务纠纷解释》规定精

---

① 参见《民法典》第1064条。

神与《婚姻法》第41条[①]以及《民通意见》第43条的规定精神并不冲突。如前所述,本案可以认定青岭公司的经营收益已形成夫妻共同财产,而债务系为青岭公司的经营所负,二审法院综合认定案涉债务属于夫妻共同债务,适用法律并无不当。

例案二 | 张某与成都小企业融资担保有限责任公司追偿权纠纷案

【法院】

四川省高级人民法院

【案号】

(2019)川民再44号

【当事人】

再审申请人(一审被告):张某

被申请人(一审原告、二审被上诉人):成都小企业融资担保有限责任公司

一审被告、二审上诉人:都江堰市银兴房地产开发经营有限公司

一审被告:成都市圣宴金沙餐饮投资管理有限公司

一审被告:刘某

一审被告:邓某

一审被告:莫某蹇

一审第三人:胡某

一审第三人:付某杰

【基本案情】

2013年2月,成都小企业融资担保有限责任公司(以下简称担保公司)与成都市圣宴金沙餐饮投资管理有限公司(以下简称圣宴金沙公司)签订《委托担保协议》,约定担保公司就圣宴金沙公司与金融机构签订的相关主合同项下的债务提供相应保证担保。

2013年2月19日,圣宴金沙公司与成都农村商业银行股份有限公司彭州军乐分理处(以下简称农商行彭州军乐分理处)签订《流动资金借款合同》,约定圣宴金沙公司向农商行彭州军乐分理处借款6,000,000元,借款期限为1年。同日,担保公司与农商行彭州军乐分理处签订《保证合同》及补充协议,主要约定:担保公司为

---

① 参见《民法典》第1089条。

上述《借款合同》项下6,000,000元贷款债权提供连带责任保证；保证期间自主合同履行期限届满之日起2年。若借款人未能清偿到期债务，担保公司就上述保证范围内农商行彭州军乐分理处未获清偿部分的100%承担保证责任。同日，都江堰市银兴房地产开发经营有限公司（以下简称银兴公司）与担保公司签订《反担保抵押合同》，主要约定：银兴公司自愿就担保公司向圣宴金沙公司提供的融资担保向担保公司提供抵押反担保，提供的抵押物为位于都国用（2006）第2168号，面积为11,818.9平方米的土地使用权；担保范围包括但不限于：担保公司依据《保证合同》对债权人承担的保证责任的全部（包括代偿的本金、利息、逾期利息及罚息、违约金以及债权人为实现债权所产生的律师费等其他费用）、担保公司承担保证责任所产生的律师费等其他费用、所支付的资金和费用的资金利息、担保公司实现债权的所有的费用、担保公司与债务人签署的《委托担保协议》约定的违约金及担保公司的其他损失。2013年2月21日，上述土地使用权在都江堰国土资源局办理了抵押登记。

2013年2月，刘某、邓某及莫某蹇、张某分别与担保公司签订《反担保保证合同》，刘某、邓某、莫某蹇、张某为担保公司承担的上述6,000,000元合同项下主债权保证责任及代偿后的利息、违约金、损失等提供反担保保证，反担保保证范围为担保公司依据保证合同对债权人承担的保证责任的全部（包括代偿的本金、利息、逾期利息及罚息、违约金以及债权人为实现债权所产生的律师费等其他费用）。

上述合同签订后，农商行彭州军乐分理处于2013年2月22日向圣宴金沙公司发放了6,000,000元贷款。

2014年1月27日，农商行彭州军乐分理处向担保公司发出《提前收回贷款通知》：因圣宴金沙公司违反规定，所以宣布贷款立即到期，要求其立即归还合同项下所有未到期债务本金和利息。

2014年1月28日，农商行彭州军乐分理处向担保公司出具《履行担保责任证明书》，要求担保公司履行（担保）代偿责任。同日，担保公司履行责任，农商行彭州军乐分理处出具《解除担保责任通知书》，解除担保公司对流动资金借款合同项下全部债务的担保责任。

担保公司对圣宴金沙公司的债务承担100%的保证责任后，有权向反担保人追偿。

后查明，张某未在《反担保保证合同》签字和捺印。

张某与莫某蹇于2003年结婚，2018年6月11日协议离婚。现张某与其女儿名下有四套房产，该房产购买发生于张某与莫某蹇婚姻存续期间。本案签订反担保协议发生于2013年2月即在张某与莫某蹇婚姻存续期间。

【案件争点】

张某是否承担担保还款责任。

【裁判要旨】

张某与莫某蹇于2003年结婚，2018年6月11日协议离婚。现张某与其女儿名下有四套房产，该房产购买发生于张某与莫某蹇婚姻存续期间。本案签订反担保协议发生于2013年2月即在张某与莫某蹇婚姻存续期间，能够证明张某与莫某蹇婚姻存续期间双方从事的工作或者经营活动用于了家庭共同生活和开支。夫妻一方对外担保之债是否属于夫妻共同债务的问题，不能一概而论，并非所有担保之债均不属于夫妻共同债务，应根据案件具体情况综合分析判断，重点考量担保之债是否与夫妻共同生活密切相关。夫妻一方对外担保之债，如果配偶一方没有享受其利益，也未用于家庭开支，一般不应认定为夫妻共同债务。但是夫妻一方对外担保之债，配偶一方享受其利益，或者用于了家庭开支，应认定为夫妻共同债务。本案中，尽管张某未在《反担保保证合同》上签字，但是其丈夫莫某蹇在《反担保保证合同》上签字应承担担保责任，反映莫某蹇在与张某婚姻存续期间从事经营活动，并且带来的经营收益用于了家庭生活和开支，因此，张某的丈夫莫某蹇承担的担保责任应该认定为夫妻共同债务，应由张某与莫某蹇共同偿还。

例案三 雅安农村商业银行股份有限公司雨城支行与段某源等金融借款合同纠纷案

【法院】

四川省雅安市中级人民法院

【案号】

(2018)川18民终119号

【当事人】

上诉人(原审原告)：雅安农村商业银行股份有限公司雨城支行

被上诉人(原审被告)：段某源

原审被告：张某军

原审被告：雅安市安泰建筑装饰工程有限公司

原审被告：彭某健

原审被告：章某

原审被告：郑某月

原审被告：张某显

【基本案情】

2015 年 3 月 26 日，雅安农村商业银行股份有限公司雨城支行（以下简称农商银行雨城支行）与雅安市安泰建筑装饰工程有限公司（以下简称安泰公司）签订《循环借款合同》（以下简称借款合同），与彭某健、章某和张某军签订《最高额保证合同》（以下简称保证合同）。

农商银行雨城支行（乙方）与彭某健、章某、张某军（甲方）分别签订的保证合同主要内容有："鉴于乙方为安泰公司连续办理下列第（一）项授信业务而将要及/或已经与债务人在 2015 年 3 月 26 日至 2018 年 3 月 25 日期间签订人民币资金借款合同、外汇资金借款合同、银行承兑协议、信用证开证合同、出具保函协议及/或其他法律文件：（一）发放人民币/外币贷款……甲方愿意为债务人在主合同项下的一系列债务提供最高额保证。第 2 条：保证范围与最高债权限额，本最高额保证的担保范围为主合同项下全部债务，包括但不限于全部本金、利息（包括复利和罚息）、违约金、赔偿金、债务人应向乙方支付的其他款项（包括但不限于乙方垫付的有关手续费、电讯费、杂费、信用证项下受益人拒绝承担的有关银行费用等）、乙方实现债权与担保权利而发生的费用（包括但不限于诉讼费、仲裁费、财产保全费、差旅费、执行费、评估费、拍卖费、公证费、送达费、公告费、律师费等）。第 3 条：保证方式，甲方在本合同项下提供的保证为连带责任保证。……第 7 条：保证责任，无论乙方对主合同项下的债权是否拥有其他担保（包括但不限于保证、抵押、质押、保函、备用信用证等担保方式），不论上述其他担保何时成立、是否有效、乙方是否向其他担保人提出权利主张，也不论是否有第三方同意承担主合同项下的全部或部分债务，也不论其他担保是否由债务人自己所提供，甲方在本合同项下的保证责任均不因此减免，乙方均可直接要求甲方依照本合同约定在其保证范围内承担保证责任，甲方将不提出任何异议……"

2015 年 3 月 30 日，农商银行雨城支行向安泰公司提供借款合同约定的循环借款。

2017 年 7 月至 9 月 20 日止，安泰公司连续 3 个月没有向农商银行雨城支行支付 3,800,000 元循环借款的利息，累计拖欠利息 63,867.16 元。2017 年10 月 11

日，农商行雨城支行依据借款合同约定宣布安泰公司的循环借款到期，要求安泰公司立即清偿全部贷款以及所产生的利息和其他费用。安泰公司不履行债务，故农商银行雨城支行有权要求保证人彭某健、章某、张某军承担连带清偿责任。

张某军与段某源原系夫妻，2016 年 11 月 29 日，张某军与段某源登记离婚。保证合同于婚姻关系存续期间签订。

【案件争点】

段某源是否应对在夫妻关系存续期间其夫张某军因对外保证担保行为产生的债务承担连带责任。

【裁判要旨】

四川省雅安市中级人民法院经审理认为，根据查明的事实，张某军对安泰公司向农商银行雨城支行申请的《循环借款合同》提供保证担保，根据张某军与农商银行雨城支行签订的《最高额保证合同》约定，张某军的保证期间为 2015 年 3 月 26 日至 2018 年 3 月 25 日。张某军与段某源解除婚姻关系时间为 2016 年 11 月 29 日。张某军该对外担保债务是在与段某源夫妻关系存续期间产生，依据最高人民法院《婚姻法解释(二)》第 24 条第 1 款①"债权人就婚姻关系存续期间夫妻一方以个人名义所负债务主张权利的，应当按夫妻共同债务处理。但夫妻一方能够证明债权人与债务人明确约定为个人债务，或者能够证明属于婚姻法第十九条第三款规定情形的除外"的规定，张某军与段某源需要举证证明张某军该对外担保产生的债务有与债权人明确约定为个人债务，或者有《婚姻法》第 19 条第 3 款②"夫妻对婚姻关系存续期间所得的财产约定归各自所有的，夫或妻一方对外所负的债务，第三人知道该约定的，以夫或妻一方所有的财产清偿"规定的情形。根据上述规定，张某军、段某源是举证责任方，但要达到证明目的举证难度较大。为此，最高人民法院于 2018 年 1 月 18 日施行的《夫妻债务纠纷解释》第 3 条③规定："夫妻一方在婚姻关系存续期间以个人名义超出家庭日常生活需要所负的债务，债权人以属于夫妻共同债务为由主张权利的，人民法院不予支持，但债权人能够证明该债务用于夫妻共同生活、共同生产经营或者基于夫妻双方共同意思表示的除外"。农商银行雨城支行虽然在二审审理中申请法院调取了能够证明安泰公司将案涉贷款 380 万元转账给百盛建材经营部后，百盛建材经营部将案涉贷款 380 万元中的 300 万元

---

① 参见《民法典》第 1064 条第 2 款。

② 参见《民法典》第 1065 条第 3 款。

③ 参见《民法典》第 1064 条第 2 款。

分别转账给了张某军以及张某军控股的文豪木业公司，拟证明案涉贷款380万元中的300万元实际由张某军使用，进而拟证明张某军实际使用的案涉贷款用于了夫妻共同生活、共同生产经营，段某源应对该债务承担连带责任。法院认为，农商银行雨城支行所举证据只能起到证明案涉贷款380万元中的300万元分别转账给了张某军以及张某军控股的文豪木业公司的证明目的，但不能起到证明张某军实际使用的案涉贷款用于了夫妻共同生活、共同生产经营或者基于夫妻共同意思表示的证明目的。故依照最高人民法院于2018年1月18日施行的《夫妻债务纠纷解释》第3条[①]的规定，农商银行雨城支行的上诉理由不能成立，其上诉请求法院依法不予支持。

三、裁判规则提要

（一）夫妻一方以个人名义为他人提供担保，原则上不成立夫妻共同债务

首先，夫妻一方为他人提供担保超出了家事代理权的范畴。夫妻共同债务系夫妻双方在婚姻关系存续期间为解决共同生活所需的衣、食、住、行、医等活动所负的债务。家庭日常生活中需对外处理的事务和各种交易行为琐碎繁多，如果均需夫妻双方共同对外作出意思表示，既不符合社会生活习惯，又会增加家庭生活成本和交易的复杂性。因此将夫妻一方在婚姻关系存续期间以个人名义所负的债务推定为夫妻共同债务，既能降低财产交易成本，给予家庭生活必要的便利，又能保护交易安全。但是，对这种推定应设置合理的范围，否则会危及家庭财产关系和婚姻关系的稳定，夫妻一方非因家庭生活的重大举债行为不应认定为夫妻共同债务。

其次，一般来说，夫妻一方为他人提供担保并未用于家庭生活，也并非为了共同生活的目的。夫妻共同债务的判断标准是用于共同生活，分享借款带来的利益。而夫妻一方为他人提供的担保之债的设立，客观上不能为夫妻共同生活带来任何利益，这种客观不能，割断了担保行为和夫妻共同生活之逻辑上的联系，成为担保债务与夫妻共同债务之间的一道鸿沟。[②] 担保之债的本质属性导致其无法为共同生活创造收益，自然无法成为共同债务。在笔者搜集研究的案件中，不成立夫妻共同债务的案件占55%，其中包括一审认定为夫妻共同债务，后二审改判为不成立夫妻共同债务的案件。而成立夫妻共同债务的案件仅有18件，占比16%，其中6

---

① 参见《民法典》第1064条第2款。

② 参见樊小波：《夫妻共同债务认定理论与司法实践分析》，天津商业大学2018年硕士学位论文。

件是2018年之前审结的以《婚姻法解释(二)》第24条①为依据,因非举债方配偶举证不足,而认定为夫妻共同债务;另外12件是因为夫妻一方为他人担保的债务与家庭生活相关或相应对价用于家庭生活。因此,夫妻一方以个人名义为他人提供担保,原则上不成立夫妻共同债务。

需要注意的是对9号复函的理解,夫妻一方对外担保之债不应当适用《婚姻法解释(二)》第24条的规定认定为夫妻共同债务。9号复函仅是针对个案相关情况作出的处理意见,不具有普遍约束力。如例案一中最高人民法院针对再审申请人的申请认为,赵某提出本案应适用9号复函,但该复函系针对个案作出的回复,不具有普遍适用的效力,且本案情形与复函答复的案件情形并不相同,故对赵某该主张不予支持。

(二)担保之债与家庭生活有关或者相应对价用于家庭生活的,可认定为夫妻共同债务

1.夫妻一方以个人名义为他人提供的无偿担保之债,原则上不成立夫妻共同债务,但若与家庭生活相关,则可认定为夫妻共同债务

针对无偿债务,最高人民法院民一庭认为:"对夫妻一方无偿保证所生债务,因保证人既未从债权人亦未从债务人处获得对待给付,无法给保证人带来任何利益,对夫妻共同生活目的实现无任何帮助,故该保证债务并非基于夫妻共同生活可能,属前述司法解释第24条规定的明确约定为个人债务情形,不属夫妻共同债务范畴。"但最高人民法院针对个案的复函不具有普遍适用的效力,夫妻一方以个人名义为他人提供担保形成的债务应该考虑是否与家庭生活相关。

如例案一,以姬某岭为大股东和法定代表人的青岭公司借贷,姬某岭以个人名义为其提供担保。最高人民法院认为"姬某岭为青岭公司提供担保不仅为了公司经营,也为个人收益"。青岭公司系赵某与姬某岭婚后设立的公司,所得收益已形成夫妻共同财产,在无反证时,推定公司盈利用于夫妻共同生活。因为公司的经营情况与股东个人的获利息息相关,也与家庭财产有关,并且最终增加了家庭利益,故认定为共同债务。由此可见,无偿保证之债中,如果该债务直接或间接有利于夫妻共同生活,且该间接利益的确定性较强,很有可能转化为家庭生活中的直接利

---

① 第1款参见《民法典》第1064条第2款,第2款、第3款参见《民法典婚姻家庭编解释(一)》第34条。

益，那么可考虑认定为夫妻共同债务；反之，如果该无偿保证之债对于将来家庭共同生活不能带来任何可以期待的利益，则不符合“夫妻共同生活标准”，该保证之债为个人债务。当然，此种判断应结合不同案件情况进行具体分析。①

2. 有偿担保之债的相应对价用于家庭生活的，可以认定为夫妻共同债务

市场经济的发展使经济主体对于融资的需求逐渐增大，无偿担保已经不能满足发展需要，在利益规律的驱使之下，有偿担保随之产生，这也是债法中法律权利与义务对等的体现。夫妻一方通过为他人提供担保的方式进行谋利，其对价用于家庭生活的，无疑应当认定为夫妻共同债务。在这种情况下，可以将有偿担保视为夫妻一方的经营行为。既然通过为他人提供担保的方式进行谋利用于家庭共同生活，那么便应当承担由此带来的风险，因此在所获对价用于夫妻共同生活的情况下应认定此担保之债为夫妻共同债务。在例案二中，张某的丈夫将担保作为一种经营活动，并在与张某婚姻存续期间以个人名义为他人提供担保，其经营收益用于家庭生活和开支，因此，张某的丈夫承担的担保责任应该认定为夫妻共同债务。

（三）是否认定为夫妻共同债务的举证责任分配和“与家庭生活相关”的判断标准

1. 夫妻一方为他人提供担保，若要认定为夫妻共同债务，则举证责任由债权人承担

2021年1月1日生效的《民法典》第1064条第2款规定：“夫妻一方在婚姻关系存续期间以个人名义超出家庭日常生活需要所负的债务，不属于夫妻共同债务；但是，债权人能够证明该债务用于夫妻共同生活、共同生产经营或者基于夫妻双方共同意思表示的除外。”不同于《婚姻法解释（二）》第24条，《民法典》第1064条第2款将举证责任分配给了债权人。夫妻一方以个人名义为他人提供担保，超出了家庭日常生活需要所负的债务。债权人以属于夫妻共同债务为由主张权利的，应举证证明该债务用于夫妻共同生活，否则承担举证不能的后果。回归“谁主张，谁举证”原则，保护了非担保配偶方的利益。如例案三中，雅安市中级人民法院就该案对比了《婚姻法解释（二）》第24条和《夫妻债务纠纷解释》第3条的适用结果，认为由非担保方配偶作为举证责任方证明责任过大、举证困难，而适用《夫妻债务纠纷解释》第3条由债权人举证明显更为合理。因此，举证责任应分配给债权人。

① 参见范钰：《夫妻一方所负担保之债的性质认定》，中国政法大学2017年硕士学位论文。

且夫妻一方对外担保之债不同于一般债务，担保之债的特殊性使即使在《夫妻债务纠纷解释》未施行之前，部分法院也并不适用《婚姻法解释(二)》第24条作出判决。《夫妻债务纠纷解释》施行之后，确立了“夫妻一方以个人名义超出家庭日常生活需要所负的债务，债权人主张是夫妻共同债务的，则由债权人承担举证责任”的规则。《民法典》第1064条第2款对该规则再次予以确认。

2. 若要认定担保之债“与家庭生活”相关，需结合具体案件具体分析

综合比较例案一与例案三可以发现，两个案件有一定的相似之处：例案一是夫妻一方为自己经营的企业债务做担保；例案三是夫妻一方为第三人的债务提供担保，但其所提供担保的借款最后被第三人汇入其账户和所经营的公司的账户。从表面上看，两个案子中所担保的借款均进入了夫妻一方所经营的企业，但最后的判决结果却截然不同——例案一中法院认为是夫妻共同债务，例案三中却认为不是夫妻共同债务。仔细审查，会发现两个案件有不同之处。例案一中青岭公司的经营收益已形成夫妻共同财产，而债务又系为青岭公司的经营所负，与家庭生活具有密切的联系。而例案三中原告所举证据只能起到证明案涉贷款转账给了张某军以及张某军控股的文豪木业公司的证明目的，但不能起到证明张某军实际使用的案涉贷款用于了夫妻共同生活、共同生产经营或者基于夫妻共同意思表示的证明目的。因此，两件案子的裁判结果截然不同。需要明确的是，这类担保之债不同于一般的债务问题，因为担保所获的财产是为企业经营所需，而非直接用于共同生活。因此，不能只关注借款的表面用途，更应追究其最终资金流向，探究当事人真实意思表示。

“共同生活标准”是法院认定为夫妻共同债务的共识，但在“共同生活”上，各地的认定标准却有差异，导致裁判结果有所差别。因此对“担保之债与家庭生活相关”的认定需结合具体案件具体分析，不能一概而论。虽然上述两个案例有相似之处，但借款的最终流向不同，因此是否认定为夫妻共同债务的判断亦不同，其背后所传达的审判思路值得借鉴。

综上所述，判断夫妻一方为他人提供担保是否属于夫妻共同债务，不能一概而论，并非所有担保之债均不属于夫妻共同债务，应根据案件具体情况综合分析判断，应重点考量担保之债是否与家庭生活相关或相应对价是否用于家庭生活。

四、辅助信息

高频词条：

《民法典》

第 688 条　当事人在保证合同中约定保证人和债务人对债务承担连带责任的，为连带责任保证。

连带责任保证的债务人不履行到期债务或者发生当事人约定的情形时，债权人可以请求债务人履行债务，也可以请求保证人在其保证范围内承担保证责任。

第 1064 条第 2 款　夫妻一方在婚姻关系存续期间以个人名义超出家庭日常生活需要所负的债务，不属于夫妻共同债务；但是，债权人能够证明该债务用于夫妻共同生活、共同生产经营或者基于夫妻双方共同意思表示的除外。

第 1089 条　离婚时，夫妻共同债务应当共同偿还。共同财产不足清偿或者财产归各自所有的，由双方协议清偿；协议不成的，由人民法院判决。

夫妻共同债务纠纷案件裁判规则第 16 条：

夫妻一方具有和第三人恶意串通，通过虚假诉讼虚增债务嫌疑的，该夫妻一方单方自认债务，不必然免除债权人对借贷事实的举证责任

〔**规则描述**〕：《民事诉讼证据若干规定》第 3 条第 1 款规定，在诉讼过程中，一方当事人陈述的事实于己不利的，或者对于己不利的事实明确表示承认的，另一方当事人无需举证证明。第 9 条第 1 款规定，有下列情形之一，当事人在法庭辩论终结前撤销自认的，人民法院应当准许：(1)经对方当事人同意的；(2)自认是在受胁迫或者重大误解情况下作出的。根据上述规定，对于当事人自认的事实，对方当事人可以免除举证责任，当事人不得在之后的诉讼中随意否认，人民法院可以不再对自认事实进行调查核实而予以确认。即当事人自认不但对自己产生约束力，对法院也产生相应拘束力。原则上，当事人对于己不利的事实予以自认，人民法院应当确认该事实，这既是法律的规定，也是当事人意思自治原则、处分原则的具体体现。但是，司法实践中，一方面出现夫妻双方“假离婚、真逃债”的现象，另一方面也出现不少夫妻一方伪造债务，损害配偶一方利益的情形。因此，夫妻一方具有和第三人恶意串通，通过虚假诉讼虚增债务嫌疑的，该夫妻一方单方自认债务，不必然免除债权人对借贷事实的举证责任，债权人仍应就借贷事实承担举证责任。出借人仅提供借据佐证借贷关系的，应深入调查辅助性事实以判断借贷事实的真实性，如举债的必要性、款项用途的合理性等。出借人无法提供证据证明借款交付事实的，应综合考虑出借人的经济状况、资金来源、交付方式、在场见证人等因素判断当事人陈述的可信度。对于大额借款仅有借据而无任何交付凭证、当事人陈述有重大疑点或矛盾之处的，应依据证据规则认定出借人未完成举证义务，判决驳回其请求。

一、类案检索大数据报告

数据采集时间：2020 年 7 月 9 日；案例来源：Alpha 案例库；案件数量：116 件。本次检索获取 2020 年 7 月 9 日前共 116 篇裁判文书。案件裁判结果分布情况如图 16－1 所示，其中认定属于夫妻共同债务的案件 62 件，占比约 53.45%；认定不属于夫妻共同债务的案件 54 件，占比约 46.55%。

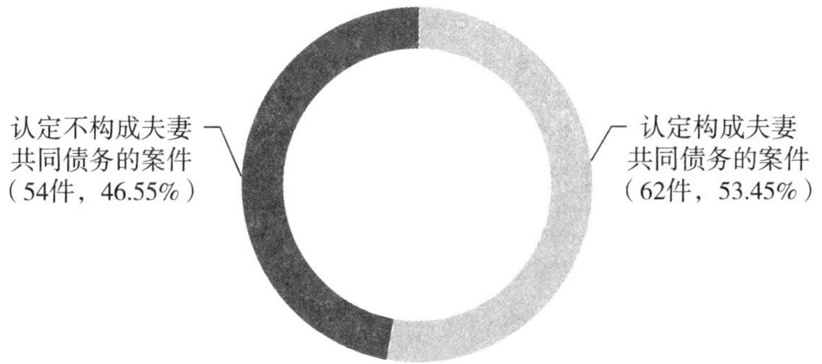

图 16-1　案件裁判结果分布情况

如图 16-2 所示,从案件年份分布可以看到当前条件下案件数量的变化趋势。

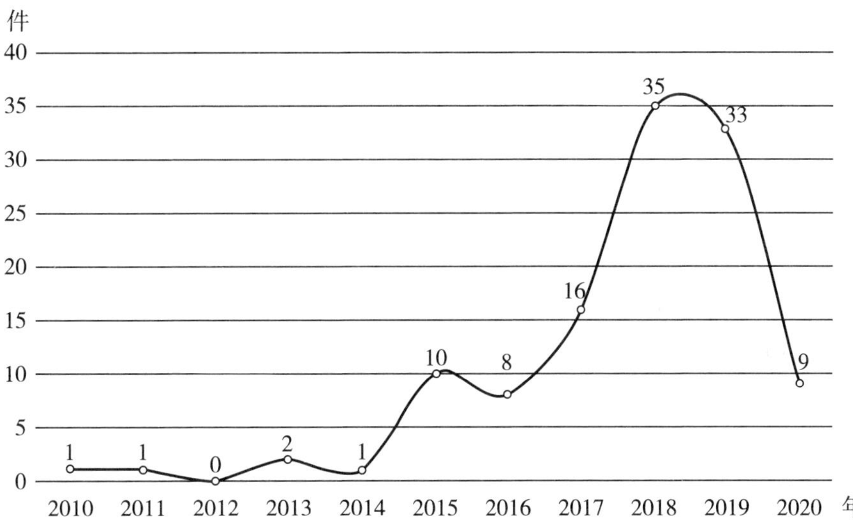

图 16-2　案件年份分布情况

如图 16-3 所示,从案件地域分布来看,当前条件下案件主要集中在福建省、江苏省、四川省,其中福建省的案件量最多,达到 17 件,占比约 14.66%。

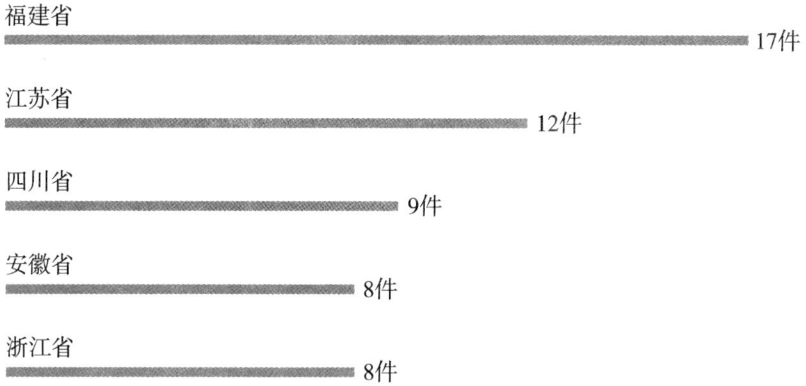

图 16－3 案件主要地域分布情况

如图 16－4 所示，从案件案由分类情况可以看出，当前条件下案件的案由分布由多至少分别是合同、无因管理、不当得利纠纷 115 件，占比约 99.14%；婚姻家庭、继承纠纷 1 件，占比约 0.86%。

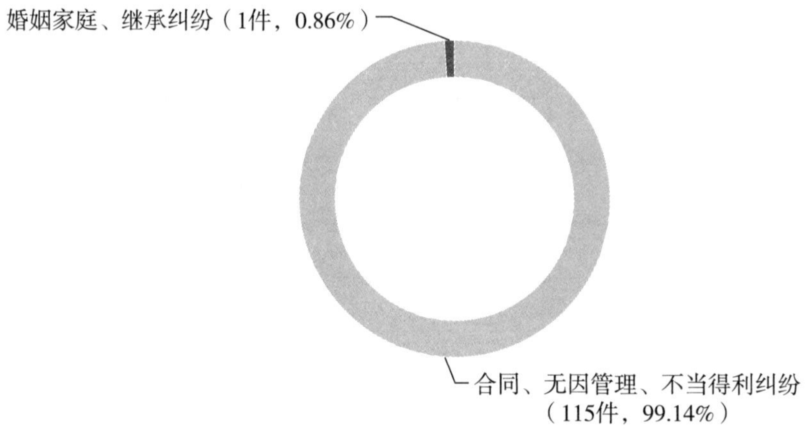

图 16－4 案件案由分类情况

如图 16－5 所示，从案件审理程序分布情况可以看出，当前条件下案件的审理程序分布由多至少分别是一审案件 59 件，占比约 50.86%；二审案件 47 件，占比约 40.52%；再审案件 10 件，占比约 8.62%。

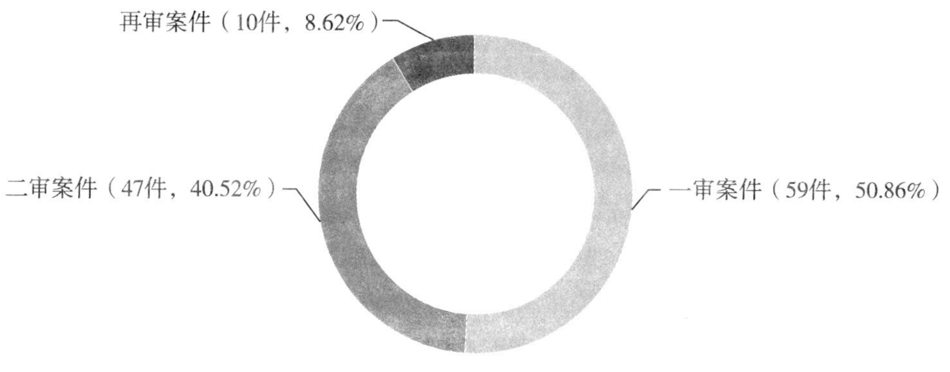

图16－5　案件审理程序分布情况

二、可供参考的例案

例案一｜赵某与项某敏、何某琴民间借贷纠纷一案

【法院】

上海市长宁区人民法院

【案号】

(2012)长民一(民)初字第6886号

【当事人】

原告：赵某

被告：项某敏

被告：何某琴

【基本案情】

赵某诉称：赵某与项某敏系朋友关系。2007年7月20日，项某敏以装修房屋为由向其借款人民币20万元，双方约定以年利率5%计息，期限为两年。当日，赵某从家中保险柜中取出现金20万元，步行至项某敏经营的干洗店内向其交付借款，项某敏当场出具借条。2009年7月23日，项某敏在赵某的催讨下支付利息2万元，并请求延长借款期限两年。2011年7月27日，赵某再次向项某敏催讨借款，但其仍未能还款。赵某认为，因本案借款系项某敏向其所借，借条和催款通知单亦由项某敏签名确认，故其仅起诉项某敏。至于项某敏、何某琴是否应当承担共同还款责任，其不予表态。请求法院判令项某敏归还借款20万元，并以20万元为本

金，支付2009年7月23日至判决生效之日按照年利率5%计算的利息。

项某敏辩称：对赵某诉称的事实均无异议，但其目前无力归还借款。至于涉案借款的用途，其中10万元借款用于装修项某敏名下房屋，另外10万元于2007年8月2日用于提前偿还购买该房屋时的银行贷款。涉案借款是夫妻共同债务，应由项某敏、何某琴共同偿还。

何某琴辩称：首先，赵某主张的借款事实不存在。项某敏、何某琴在2007年期间自有资金非常充裕，无举债之必要。赵某提供的借条是项某敏事后伪造的，何某琴原已申请对该借条的实际形成时间进行鉴定，但因不具备鉴定条件而无法进行。且赵某当时并不具备出借20万元的经济能力，其也未提供任何借款交付证据。其次，何某琴对赵某主张的借款始终不知情。项某敏、何某琴于2009年6月18日签订协议书，约定对外债务任何一方不确认则不成立。故该笔借款即使存在，也应当是项某敏的个人债务。最后，项某敏、何某琴于2005年9月20日结婚，2010年7月开始分居。何某琴曾分别于2010年8月25日、2011年5月12日向法院提起离婚诉讼。在这两次诉讼中，项某敏均未提及本案借款。目前，项某敏、何某琴的第三次离婚诉讼已在审理中。除本案系争债务以外，另有两位债权人亦突然诉至法院要求归还借款。显然，本案是赵某和项某敏通过恶意串通，企图转移财产的虚假诉讼。

长宁区人民法院经审理查明：赵某与项某敏系朋友关系，项某敏、何某琴系夫妻关系，于2005年9月20日登记结婚。项某敏向赵某出具落款日期为2007年7月20日的《借条》一张，载明："向赵某借人民币200,000元正，于2009年7月20日前归还，利息按5%计算"，落款处由项某敏以借款人身份签名。后赵某书写一份《催款通知单》，载明："今项某敏向赵某借款（贰拾万元正），于2009年7月20日前归还，但已超过期限，至今没还，特此向项某敏催讨借款"，落款日期为2009年7月23日。项某敏在该份《催款通知单》上加注："我知道，因经营不善无钱归还，恳求延长两年，利息照旧"。此后，赵某再次书写一份《催款通知单》，载明："今项某敏借赵某贰拾万元正，经多次催款至今没还，特此向项某敏再次催讨借款及利息"，落款日期为2011年7月27日。项某敏则在该份《催款通知单》上加注："因经营不善无钱归还，恳求延长两年，利息照旧"，并签署其姓名。

另查明，2007年7月19日，项某敏名下中国工商银行账户内余额为167,545.34元。2007年8月2日，项某敏自上述银行账户内支取100,000元。当日，项某敏向中国建设银行偿还个人购房贷款100,000元。

再查明，2009年6月18日，项某敏、何某琴签署《协议书》，确认双方生意经营、房产状况、房屋贷款等事宜，未涉及本案系争借款。双方同时约定"其他债务事宜，双方任何一方不确认则不成立"。2010年7月，项某敏、何某琴开始分居。2010年9月28日、2011年6月1日，何某琴分别起诉至上海市长宁区人民法院，要求与项某敏离婚。上述两案诉讼过程中，项某敏均未提及本案系争借款，后该两次离婚诉讼均经调解不予离婚。2012年8月31日，何某琴第三次起诉要求与项某敏离婚，目前该案正在审理中。

【案件争点】

赵某与项某敏之间的借贷关系是否成立并生效，何某琴是否负有还款义务。

【裁判要旨】

上海市长宁区人民法院一审认为，根据民事诉讼证据规则，在合同纠纷案件中，主张合同关系成立并生效的一方当事人对合同订立和生效的事实承担举证责任。同时，根据《合同法》的规定，自然人之间的借款合同，自贷款人提供借款时生效。故赵某主张其与项某敏之间存在有效的借款合同关系，其应就双方之间存在借款的合意以及涉案借款已实际交付的事实承担举证责任。现赵某提供《借条》意在证明其与项某敏之间存在借款的合意。关于借款交付，其主张因其无使用银行卡的习惯，故家中常年放置大量现金，200,000元系以现金形式一次性交付给项某敏。对于赵某的上述主张，项某敏均表示认可，并称其收到借款后同样以现金形式存放，并于2007年8月2日以其中的100,000元提前归还房屋贷款。何某琴则明确否认涉案借款的真实性。

本案中，首先，赵某虽表示向项某敏主张还款，但项某敏辩称涉案借款用于项某敏、何某琴夫妻共同生活，应由项某敏、何某琴共同偿还。事实上，经法院调查，在项某敏、何某琴的第三次离婚诉讼中，项某敏也始终将本案借款作为夫妻共同债务要求何某琴承担相应的还款责任。基于本案处理结果与何某琴有法律上的利害关系，法院依法将其追加为第三人参加诉讼。后因项某敏的上述抗辩，赵某申请追加何某琴为被告。在此过程中，赵某及项某敏一再反对何某琴参加本案诉讼，不仅缺乏法律依据，亦有违常理。何某琴作为本案被告以及利害关系人，当然有权就系争借款陈述意见并提出抗辩主张。

其次，基于项某敏、何某琴目前的婚姻状况及利益冲突、项某敏对系争借款的认可，显然亦不能当然地产生项某敏、何某琴自认债务的法律效果。并且，项某敏称其于2007年8月2日用涉案借款中的100,000元提前归还房贷。然而，经法院依职权调查,项某敏银行交易记录却显示当天有100,000元存款从其名下银行账户支取,与其归还的银行贷款在时间、金额上具有对应性。此外,项某敏银行账户在同期存有10万余元存款,其购房银行贷款也享有利率的七折优惠,再以5%的年利率向他人借款用以冲抵该银行贷款,缺乏必要性和合理性。本案于2013年3月7日开庭时,项某敏经法院合法传唤明确表示拒绝到庭。上述事实和行为足以对项某敏相关陈述的真实性产生怀疑。故基于以上原因,赵某仍需就其与项某敏之间借贷关系成立并生效的事实,承担相应的举证义务。

最后,赵某自述其名下有多套房产,且从事经营活动,故其具有相应的现金出借能力。但其亦表示向项某敏出借200,000元时,其本人因购房负担着巨额银行贷款。为此,法院给予赵某合理的举证期限,要求其提供相应的证据证明其资产状况和现金出借能力,并释明逾期举证的法律后果。嗣后,赵某明确表示拒绝提供相应的证据。赵某明确表示放弃继续举证权利,而其提供的现有证据不能证明涉案借款的交付事实以及赵某本人的资金出借能力,其陈述的借款过程亦不符合常理,故应承担举证不能的法律后果。对于赵某的诉讼请求,法院依法不予支持。至于项某敏个人对涉案借款的认可,因其与赵某之间对此并无争议,其可自行向赵某清偿,法院对此不予处理。

据此,依照《合同法》第196条①、第210条②,《民事诉讼法》第144条,《民事诉讼证据若干规定》第2条、第5条之规定,上海市长宁区人民法院于2013年4月19日判决如下:驳回赵某的全部诉讼请求。

例案二 | 范某玉因与张某玲、范某生民间借贷纠纷一案

【法院】

山东省济南市中级人民法院

【案号】

(2017)鲁01民再41号

【当事人】

再审申请人(一审被告、二审上诉人):范某玉

---

① 参见《民法典》第667条。

② 参见《民法典》第679条。

被申请人(一审被告、二审被上诉人):张某玲

原审原告:范某生

【基本案情】

范某生系范某玉的侄子。范某生分别于2008年7月30日、2008年9月6日向范某玉银行账户各存入现金5万元,2009年3月31日、2010年6月2日向范某玉银行账号各转账10万元,共计30万元。范某玉与张某玲于2003年10月27日登记结婚,2011年5月6日,经法院调解离婚。人民法院出具的民事调解书中载明"双方均自愿自行协商分割夫妻共同财产,均认可无夫妻共同债务……"2012年12月14日,张某玲以范某玉为被告诉至一审法院,要求分割夫妻共同财产。范某玉在答辩时称双方有夫妻共同债务,其中范某生借款30万元,其提交的证据为2008年7月30日、2008年9月6日、2009年3月31日、2010年6月2日范某玉个人网上银行账户明细查询结果4张。2013年11月10日,一审法院就上述案件作出民事判决,该案民事判决书载明:"范某玉虽主张向案外人刘某成所借款项108,000元、向案外人范某生借款30万元、向案外人范某平所借款项共计37,000元、所欠……均属于夫妻共同债务,且用于房屋装修、偿还房贷、缴纳社会保险费及家庭开支等,但其所举证据不能证明其主张的涉及各案外人款项的性质及涉及信用卡款项的用途,且张某玲亦不认可其主张,故对其该主张不予采纳。"该判决书主文第四项内容为"驳回范某玉的全部诉讼请求。"后范某玉对判决不服,提出上诉。2014年4月9日,二审法院作出(2014)济民五终字第24号民事判决,判决驳回上诉,维持原判。对范某玉在上诉状中主张的银行贷款、向案外人借款、欠信用卡款项应认定为夫妻共同债务的诉求,法院以范某玉在原审中未在法院限定期限内交纳案件受理费为由,不予处理,范某玉可另行主张权利。

2014年3月5日,范某玉向范某生出具欠条,载明"本人因房屋装修及家庭生活开支等原因,向范某生借款,自2008年3月4日开始,累计借款35万元,至今未还。特立此据。"案件审理过程中,范某玉提交销货单据、凭证、收据等证据,欲证明其向范某生的借款用于家庭装修194,235.95元、家庭生活开支31,395.80元、房屋完税31,322.83元、房屋贷款506,314.71元,合计763,269.29元。经质证,范某生对范某玉的陈述及提交的证据均无异议,张某玲对范某玉提交的证据真实性不予认可,认为上述证据与本案没有关联性,也不能证明所谓的生活开销明细与借贷关系在时间与数额上存在关联性。范某玉提交记录本一个,欲证明张某玲在该记录本中记载了欠范某生的款项,内容为"截至3月4日欠范某生50,000元;2008年

7月30日范某生存入农行110卡50,000元"。经质证,张某玲认可以上文字由其书写,并主张笔记本中记载的所有借款在其与范某玉离婚时均已还清,所以在双方的离婚诉讼中均认可没有夫妻共同债务。

济南市天桥区人民法院一审认为,民间借贷案件具有实践性特征,借贷合同的成立,不仅要有当事人的合意,还要有交付钱款的事实。范某生虽提交了2008年7月30日至2010年6月2日其与范某玉之间资金往来的相关证据,但无法证实其与范某玉、张某玲之间达成了借款的合意。范某玉在与张某玲离婚后,于2014年3月5日向范某生出具欠条,是其个人对与范某生之间多笔资金往来的确认。范某玉虽与范某生系亲戚关系,但其向范某生出具借条系其真实意思表示,具有法律约束力。范某玉对范某生提交欠条的真实性未提出异议,也认可范某生支付的款项均打入自己账户,且范某玉在审理过程中认可尚欠35万元未还。范某玉作为完全民事行为能力人,对其出具欠条的法律后果是明知的,应当对其民事行为承担相应的法律责任。故法院对范某生要求范某玉偿还35万元的诉讼请求,予以支持。

对范某生主张的借款,张某玲并未向范某生出具借条,也就是未与范某生达成借款的合意,张某玲对范某玉在离婚后向范某生出具的借条不予追认,因此该借贷关系的责任承担不应溯及张某玲。范某玉虽提交了部分房屋装修等证据,但未能举证证明上述证据与范某生主张借款的关联性,张某玲也不予认可。且2011年5月6日范某玉、张某玲调解离婚时双方"均认可无夫妻共同债务",在2012年范某玉、张某玲的离婚后财产纠纷一案中,范某玉自称向范某生借款30万元,后又向范某生出具欠款35万元的欠条。范某玉前后的主张和行为相互矛盾。且范某生提交的单据、凭证、收据等仅能证明范某玉、张某玲的消费情况,无法证明该消费款项的来源系向范某生的借款。范某玉提交的张某玲记录本,无法看出与本案的关联性及双方的借贷关系。根据法律规定,夫妻债务系"为夫妻共同生活"所负债务,一方以个人名义所负债务是否构成夫妻共同债务,应从夫妻双方是否具有共同举债的合意和所负债务是否用于夫妻共同生活加以判定。范某生将借款转账至范某玉账户,而非张某玲账户,且范某生未能举证证明涉案借款用于范某玉、张某玲的家庭共同生活,或者张某玲从借款中受益或存在实际受益的情形。故对于范某生要求张某玲承担还款责任的诉讼请求,法院不予支持。

范某玉不服山东省济南市天桥区人民法院(2015)天民四初字第525号民事判决,向山东省济南市中级人民法院提起上诉。

山东省济南市中级人民法院二审认为,范某生于2008年、2009年向范某玉银行账户转款30万元，范某玉就该30万元已在另案主张权利。现范某玉以其在与张某玲离婚后出具的35万元借据主张系其与张某玲的共同债务，虽提交其与张某玲婚姻存续期间家庭花费较大、家庭开支由张某玲支配的相关证据，但均不能证明35万元借款的交付及用途。因此范某玉自认尚欠范某生35万元借款未还，应自行承担还款责任。范某玉主张涉案债务系其与张某玲共同债务，证据不足。

范某玉不服山东省济南市中级人民法院(2016)鲁01民终字第4249号民事判决，向山东省济南市中级人民法院申请再审。山东省济南市中级人民法院于2017年2月7日作出(2017)鲁01民申17号民事裁定，再审本案。

【案件争点】

范某玉于2014年3月5日向范某生出具的欠条应否认定为范某玉与张某玲夫妻关系存续期间的共同债务。

【裁判要旨】

山东省济南市中级人民法院经审查认为:2011年5月6日，范某玉与张某玲经法院调解离婚，离婚时双方“均认可无夫妻共同债务”。后2012年“张某玲起诉范某玉离婚后财产纠纷一案”中，范某玉辩称向范某生借款30万元，一审法院以范某玉所举证据不能证明是夫妻共同债务，且张某玲不予认可其主张，驳回范某玉的诉讼请求。二审法院以范某玉在一审期间未在法定期限内交纳案件受理费为由，不予处理。2014年3月5日，范某玉单方向范某生出具35万元欠条。范某生持欠条起诉范某玉、张某玲要求两人共同还款。范某玉提交的单据、凭证、收据等仅能证明范某玉与张某玲的消费情况，无法证明该消费款项的来源系向范某生的借款，亦未有证据证明该借款与张某玲达成合意。范某玉提交的张某玲的记录本，无法证明与本案的关联性，也不能证明对范某生的借款系其与张某玲夫妻关系存续期间的共同债务。范某玉自认尚欠范某生35万元，并出具欠条，应由其自行承担还款责任。综上所述，范某玉主张涉案借款系与张某玲夫妻关系存续期间的共同债务，无充分证据证实，其再审请求法院不予支持。

例案三 | 龚某斌与卢某会、刘某民间借贷纠纷一案

【法院】

四川省高级人民法院

【案号】

(2018)川民再545号

【当事人】

再审申请人(一审被告、二审上诉人):龚某斌

被申请人(一审原告、二审被上诉人):卢某会

被申请人(一审被告、二审被上诉人):刘某

【基本案情】

刘某、龚某斌原系夫妻,2011年7月20日登记结婚,2012年8月7日离婚,2012年10月12日复婚,2015年6月29日经法院判决离婚。2013年9月2日,刘某向卢某会出具《借条》,载明:"今借到我妈卢某会50万元,用于购买位于温江区凤凰北大街××号商铺,按两分利息,借期1年(2014年9月2日)以前归还"。2013年9月2日,卢某会通过银行账户向刘某账户转款50万元。2014年9月15日,刘某向卢某会出具《借条》,载明:今借母亲卢某会51,271元,用于交纳位于温江区凤凰北大街666号39幢××室商铺按揭款,最迟一年内归还。2016年7月1日,刘某向卢某会出具《还款承诺》,承诺于2016年10月1日前归还借款50万元及利息。另查明,位于温江区凤凰北大街666号39幢××室商铺登记为刘某、龚某斌共有。

四川省成都市武侯区人民法院经审查认为,根据卢某会出具的《借条》及银行转账记录,可以认定卢某会于2013年9月2日向刘某提供借款50万元属实。该笔债务发生在刘某、龚某斌婚姻关系存续期间,且该款项用于购买的商铺登记为刘某、龚某斌共有,因此龚某斌实际享有该笔借款带来的利益,故应与刘某承担共同还款责任。卢某会与刘某约定的利息支付标准未超过法定标准,故对卢某会要求刘某、龚某斌共同归还借款本金50万元并按约支付利息的诉讼请求,予以支持。对于卢某会主张的借款51,271元,仅提供借条,未提交支付凭证。鉴于卢某会与刘某系母女关系,仅仅以借条为证尚不足以证明该笔债务真实发生,故对卢某会主张的此笔债权的本金及利息,因证据不足,不予支持。

龚某斌不服四川省成都市武侯区人民法院(2017)川0107民初693号民事判决,向四川省成都市中级人民法院提起上诉。

四川省成都市中级人民法院二审认为,卢某会为证明借款关系提交了刘某出具的《借条》、转款凭证,能够证明借款实际发生。且刘某于2013年9月3日以收款银行卡刷卡支付了购买商铺款项,与《借条》中载明的借款用途一致。龚某斌上

诉认为卢某会与刘某之间并非真实借款，但未提交证据予以证明，对其该上诉理由不予支持。该笔借款发生在刘某与龚某斌婚姻关系存续期间，且款项系用于购买共有房产，应系夫妻共同债务，龚某斌应当承担还款责任。

龚某斌不服四川省成都市中级人民法院(2017)川01民终9110号民事判决，向四川省高级人民法院申请再审。四川省高级人民法院于2018年4月29日作出(2018)川民申2526号民事裁定，提审本案。

【案件争点】

卢某会与刘某、龚某斌是否存在50万元的借贷关系。

【裁判要旨】

四川省高级人民法院经审查认为：

1.关于卢某会经济来源的问题。首先，卢某会原系四川省凉山彝族自治州会理县农民。卢某会在二审诉讼中陈述其1996年至2002年在西昌市从事公用电话经营业务，收入数千元；在再审审查时又陈述当时还在西昌市从事商品批发，收入数千元至2万元。其次，在一审、二审、再审审查阶段，卢某会均强调其具有出借钱款的经济能力，存款不止50万元；而在再审审理时，首次提出其中15万元系向其子刘某宁无息所借。最后，卢某会还陈述其长期炒股，从未亏损。但在接受询问时，无法陈述其主要购买的股票名称；在开庭时，对部分证券市场基本词汇不明其意。因此，在卢某会对其经营业务、经济状况、资金来源均出现前后矛盾的陈述，不能认定卢某会具有出借本案借款的能力。

2.关于卢某会是否持有转款银行卡的问题。(1)出借款支付方式。在再审审查询问时，卢某会称转款是其从成都市市区乘车到位于成都市温江区的银行，通过人工或在自动取款机上进行转账。在开庭审理时，卢某会又改称是到银行后看见人太多，和侄儿回到刘某经营的医院处网上转账。休庭后卢某会提交的书面材料上又载明，卢某会是在银行工作人员和侄儿的帮助下转账。关于出借款的支付方式，卢某会前后出现3次不同陈述。此外，在再审审查询问时，当龚某平提出，转款时卢某会在广西壮族自治区柳州市生活，卢某会对此予以认可，后当无法解释为何又能在成都市温江区的银行进行转账时，才又改口予以否认。(2)庭审中，卢某会陈述其长期居住在成都市市区，现主要收入为退休金。但是该银行卡通过中国工商银行温江支行及网上银行有较为频繁的较大额资金来往，与卢某会自述其不会网上银行操作、不居住在成都市温江区、收入主要为退休金等事实不能对应。因此，法院认定案涉银行卡账户名称虽为卢某会，但不能证明卢某会系该卡的实际持有人。

3.关于《借条》内容真实性的问题。(1)卢某会举出的《借条》落款时间为2013年9月2日,仅有刘某的签名。而刘某和龚某斌系再婚家庭,在较短时间内离婚、复婚、离婚,可推知两人感情基础并不牢固,在此情况下,刘某向其母进行大额借款,却无证据显示其已经告知龚某斌。(2)在2015年6月29日,刘某、龚某斌经法院判决离婚后,无证据显示刘某在离婚时向龚某斌提及该笔债务。卢某会之前也未就借款向龚某斌进行过主张,而是在刘某、龚某斌就财产分割发生多起诉讼,法院判决刘某需支付大量现金给龚某斌的情况下,卢某会才以刘某单方出具的《借条》《还款承诺》为主要证据,向法院提起诉讼,其中证明卢某会未超过诉讼时效的证据《还款承诺》落款时间为2016年7月1日,此时刘某、龚某斌已经离婚,该承诺也仅有刘某签名,并无证据证明卢某会向龚某斌主张还款。此外,案涉《借条》的格式、内容与已经人民法院认定为虚假诉讼的(2017)川0107民初696号案中的《借条》除出借人名称外,完全相同,真实性难以确定。因此,卢某会主张出借款项给刘某、龚某斌的事实不能成立。

综上所述,卢某会对其收入来源、借款资金来源、支付方式、利息计算、借款发生时其所在地域等方面均作出前后矛盾的陈述,不能证明其具有出借能力和系案涉银行卡的实际持有人。龚某斌则从刘某具有经济能力、无对外借款之需要等方面提出异议,结合卢某会在诉讼中数次前后矛盾之陈述、不合常理之行为,以及已经被认定为虚假诉讼的(2017)川0107民初696号案件,还有卢某会与刘某的母女关系,以及出具《还款承诺》和提起本案诉讼的时间节点,难以认定本案债务真实存在,龚某斌不承担清偿责任。刘某在诉讼中均表示借款真实,愿意偿还,系刘某处分自己的权利,不损害第三人利益,故对卢某会诉请刘某还款50万元及利息的诉讼请求,予以支持。

三、裁判规则提要

(一)当事人自认的概念与效力

民事诉讼法上的当事人自认,是指在诉讼中一方当事人就另一方当事人所主张的不利于自己的事实的承认。具体包括:(1)一方当事人就另一方当事人所主张的事实直接承认。(2)对一方当事人陈述的事实,另一方当事人既未表示承认也未否认,经审判人员充分说明并询问后,其仍不明确表示肯定或者否定的,视为对该项事实的承认。(3)当事人委托代理人参加诉讼的,代理人的承认视为当事人的承认。但未经特别授权的代理人对事实的承认直接导致承认对方诉讼请求的除外；当事人在场但对其代理人的承认不做否认表示的，视为当事人的承认。

对于当事人自认的法律效力，民事诉讼法有明确规定。《民事诉讼法解释》第 92 条第 1 款规定："一方当事人在法庭审理中，或者在起诉状、答辩状、代理词等书面材料中，对于己不利的事实明确表示承认的，另一方当事人无需举证证明。"2020 年 5 月 1 日起施行的《民事诉讼证据若干规定》第 3 条规定："在诉讼过程中，一方当事人陈述的于己不利的事实，或者对于己不利的事实明确表示承认的，另一方当事人无需举证证明。在证据交换、询问、调查过程中，或者在起诉状、答辩状、代理词等书面材料中，当事人明确承认于己不利的事实的，适用前款规定。"第 9 条第 1 款规定："有下列情形之一，当事人在法庭辩论终结前撤销自认的，人民法院应当准许：(一)经对方当事人同意的；(二)自认是在受胁迫或者重大误解情况下作出的。"根据上述规定，对于当事人自认的事实，对方当事人可以免除举证责任，当事人不得在之后的诉讼中随意否认，人民法院可以不再对自认事实进行调查核实而予以确认。即当事人自认不但对自己产生约束力，对法院也产生相应拘束力。原则上，当事人对于己不利的事实予以自认，人民法院应当确认该事实，这既是法律的规定，也是当事人意思自治原则、处分原则的具体体现。

需要注意的是，当事人自认产生免除对方举证责任的法律效果需要符合以下条件：(1)当事人自认发生于诉讼过程中。(2)应当是向人民法院明确表示的自认。首先，自认是向人民法院做出的自认；其次，该自认应通过明确的意思表示做出。(3)自认应当是当事人真实意思表示。自认是在受胁迫或者重大误解情况下作出的，当事人可以在法庭辩论终结前撤销。(4)自认不得与公共利益或者他人利益相冲突，不得违背法律法规的强制性规定。

(二)人民法院对当事人自认的审查

一方面，当事人自认规则的适用是当事人意思自治、权利处分原则的体现。另一方面，民事诉讼中虚假诉讼不断发生，损害他人合法权益，破坏社会诚信，也扰乱正常的诉讼秩序，损害司法权威和司法公信力，在此情形下，当事人的意思自治、权利处分，应当受到案外人合法权益和公共利益的限制。为此，《民事诉讼法解释》第 92 条第 2 款、第 3 款规定："对于涉及身份关系、国家利益、社会公共利益等应当由人民法院依职权调查的事实，不适用前款自认的规定。自认的事实与查明的事实不符的，人民法院不予确认"；第 96 条还规定，涉及可能损害国家利益、社会公共利益,当事人有恶意串通损害他人合法权益可能的,以及涉及依职权追加当事人、中止诉讼、终结诉讼、回避等程序性事项的证据,人民法院应当调查收集。即民事诉讼法已明确规定,涉嫌虚假诉讼,或者损害国家利益、社会公共利益的,人民法院可以不适用自认规则,且应当调查取证。《民事诉讼证据若干规定》第 8 条也明确规定:“《最高人民法院关于适用〈中华人民共和国民事诉讼法〉的解释》第九十六条第一款规定的事实,不适用有关自认的规定。自认的事实与已经查明的事实不符的,人民法院不予确认。”可见,民事诉讼法在规定一方当事人陈述的于己不利的事实,对方当事人无须举证证明的同时,也对不适用自认规则的情形进行了明确规定。

(三)夫妻债务认定中虚假诉讼的防范

原则上,对于当事人自认的事实,人民法院应当认定。但是,夫妻债务认定中,一方面出现夫妻双方“假离婚、真逃债”的现象,另一方面也出现不少夫妻一方伪造债务,损害配偶一方利益的情形。后者具体又可有两种情形:(1)债权人仅起诉夫妻一方,该方取得确认债权债务的生效法律文书后,以此为依据在离婚诉讼中要求作为共同债务分配。(2)债务人同时起诉夫妻双方,名义借款人一方对借款事实予以认可,但认为应作为共同债务由夫妻共同清偿。人民法院审理类似案件中,发现夫妻一方具有和第三人恶意串通,通过虚假诉讼虚增债务嫌疑的,该夫妻一方单方自认债务,不必然免除债权人对借贷事实的举证责任,债权人仍应就借贷事实的存在承担举证责任。司法实践中,应特别注意识别该类虚假诉讼。

民间借贷纠纷中,当事人企图利用虚假诉讼损害配偶一方利益的情形比较突出。对此,2021 年 1 月 1 日起施行的《民间借贷规定》第 18 条作出规定:“人民法院审理民间借贷纠纷案件时发现有下列情形,应当严格审查借贷发生的原因、时间、地点、款项来源、交付方式、款项流向以及借贷双方的关系、经济状况等事实,综合判断是否属于虚假民事诉讼:(一)出借人明显不具备出借能力;(二)出借人起诉所依据的事实和理由明显不符合常理;(三)出借人不能提交债权凭证或者提交的债权凭证存在伪造的可能;(四)当事人双方在一定期间内多次参加民间借贷诉讼;(五)当事人一方或者双方无正当理由拒不到庭参加诉讼,委托代理人对借贷事实陈述不清或者陈述前后矛盾;(六)当事人双方对借贷事实的发生没有任何争议或者诉辩明显不符合常理;(七)借款人的配偶或合伙人、案外人的其他债权人提出有事实依据的异议;(八)当事人在其他纠纷中存在低价转让财产的情形;(九)当事人不正当放弃权利；（十）其他可能存在虚假民间借贷诉讼的情形。”

最高人民法院民一庭认为，如果在审理案件中存在下列情形，就要提防是否涉嫌虚假诉讼：（1）原告、被告双方对借据无异议的所谓“手拉手”式诉讼，即被告一方对原告一方的诉讼请求不持任何异议，迅速达成调解意向；（2）被告下落不明或者拒不应诉，代理人对借贷事实语焉不详；（3）当事人对借款事实叙述不清，陈述内容前后矛盾；（4）大额诉讼，仅有一张借据或欠据，没有任何支付凭证；（5）借款人资不抵债或涉及多起诉讼，而坚持与出借人轻易达成调解意向；（6）出借人只起诉担保人不起诉债务人的；（7）原告或被告在其他案件中曾有虚假诉讼、恶意诉讼的。[①]

在离婚案件或者涉及配偶一方利益的案件中，人民法院应注重对借款事实的实质审查，出借人仅提供借据证明借贷关系的，应深入调查辅助性事实以判断借贷事实的真实性，如举债的必要性、款项是否交付等。出借人无法提供证据证明借款交付事实的，应综合考虑出借人的经济状况、资金来源、交付方式、在场见证人等因素判断当事人陈述的可信度。对于大额借款仅有借据而无任何交付凭证、当事人陈述有重大疑点或矛盾之处的，应依据证据规则认定出借人未完成举证义务，判决驳回其请求。

四、辅助信息

高频词条：

《民事诉讼法》

第64条 当事人对自己提出的主张，有责任提供证据。当事人及其诉讼代理人因客观原因不能自行收集的证据，或者人民法院认为审理案件需要的证据，人民法院应当调查收集。人民法院应当按照法定程序，全面地、客观地审查核实证据。

《民事诉讼法解释》

第90条 当事人对自己提出的诉讼请求所依据的事实或者反驳对方诉讼请求所依据的事实，应当提供证据加以证明，但法律另有规定的除外。

在作出判决前，当事人未能提供证据或者证据不足以证明其事实主张的，由负有举证证明责任的当事人承担不利的后果。

---

① 参见最高人民法院民事审判第一庭编：《民间借贷纠纷裁判思路与裁判规则》，法律出版社2016年版，第534页。

夫妻共同债务纠纷案件裁判规则第 17 条：

仲裁条款的效力原则上只及于签订仲裁协议的当事人，夫妻一方未在载有仲裁条款的文件上签字的，仲裁协议所涉债务一般不应认定为夫妻共同债务

〔**规则描述**〕：自愿原则是仲裁制度存在发展的基石。区别于诉讼，仲裁以当事人的自愿选择为前提。当事人以仲裁方式解决争议，应当首先达成仲裁协议。如果仲裁条款只经夫妻一方同意，另一方没有接受仲裁的意思表示，则仲裁协议效力不应扩张至另一方。

一、类案检索大数据报告

数据采集时间：2020 年 5 月 30 日之前；案例来源：Alpha 案例库；案件数量：10 件。本次检索获取 2020 年 5 月 30 日前共 10 篇裁判文书。案件裁判结果分布情况如图 17－1 所示，从涉案债务是否被认定应受仲裁条款约束来看，判决或裁定夫妻一方因未在仲裁协议签字确认而不受涉案仲裁条款约束的案件 9 件，占比 90.00%；不相关案件 1 件，占比10.00%。

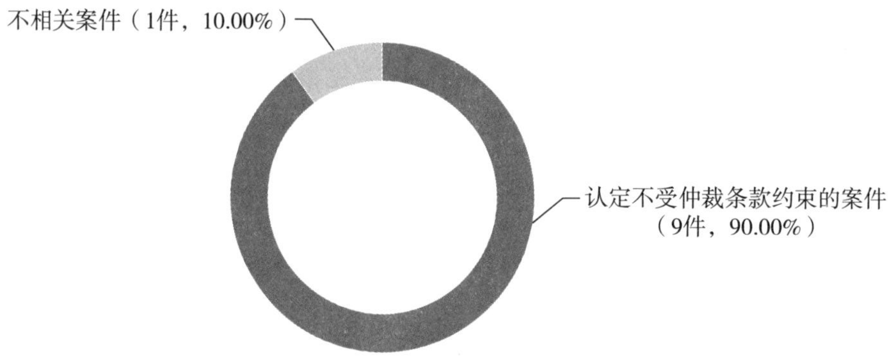

图 17－1　案件裁判结果分布情况

如图 17－2 所示，从案件年份分布情况可以看出当前条件下案件数量的变化趋势。

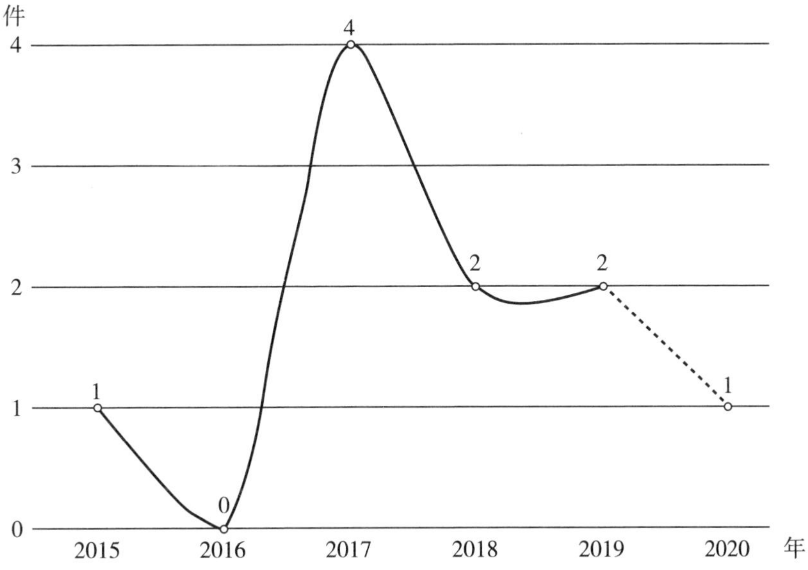

图 17－2　案件年份分布情况

如图 17－3 所示，从案件地域分布情况来看，当前条件下案件主要分布在广东省、福建省、北京市、广西壮族自治区、湖南省、重庆市（因此处显示该条件下案件数量排名前 5 的省份，重庆市亦为 1 件，但未显示），其中广东省的案件量最多，为 4 件，占比为 40.00%。

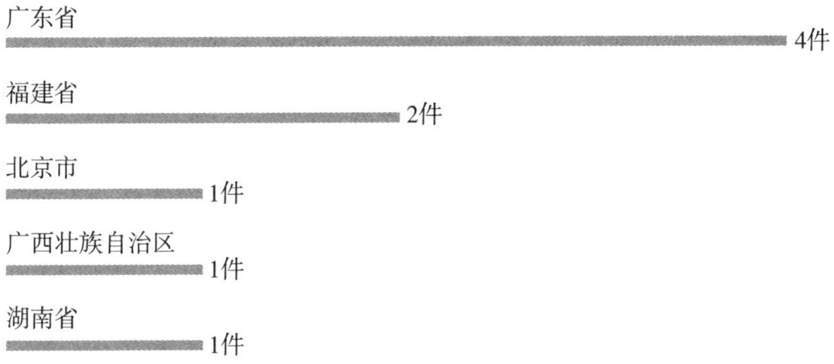

图 17－3　案件主要地域分布情况

如图 17－4 所示，从案件案由分类情况可以看出，当前条件下案件的案由分布分别为合同、无因管理、不当得利纠纷 5 件，占比 50.00%；适用特殊程序案件案由 5 件，占比 50.00%。

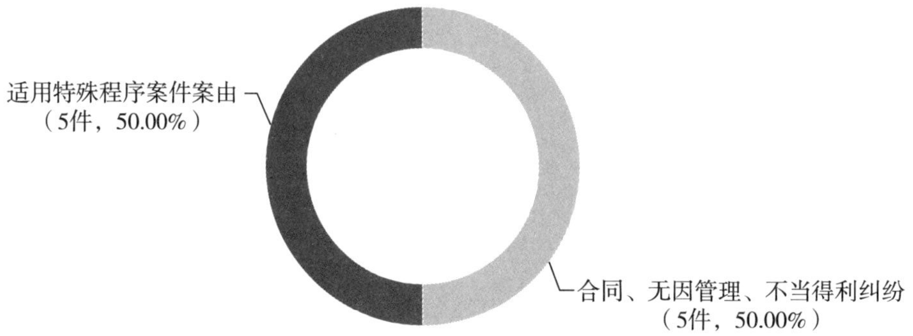

图 17-4　案件案由分类情况

如图 17-5 所示，从案件行业分类情况可以看到，当前条件下案件的行业分布由多至少分别是金融业 6 件，占比为 60.00%；建筑业 2 件，占比为 20.00%；租赁和商务服务业 2 件，占比为 20.00%。

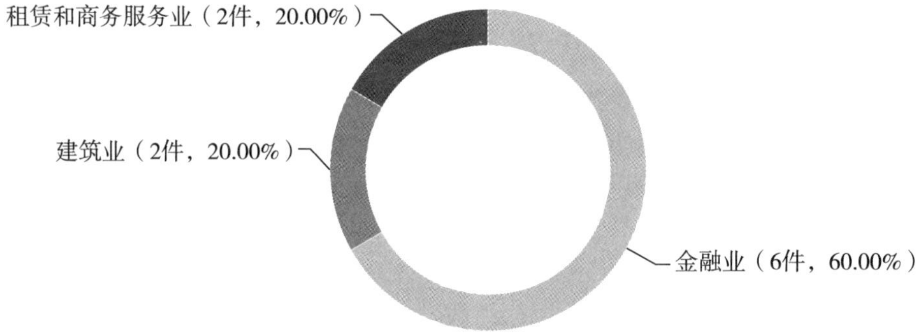

图 17-5　案件行业分类情况

二、可供参考的例案

例案一｜黄某花与中国银行股份有限公司东莞长安支行执行审查裁定案

【法院】

广东省东莞市中级人民法院

【案号】

(2016)粤 19 执异 28 号

【当事人】

申请人：黄某花

被申请人：中国银行股份有限公司东莞长安支行

被执行人：廖某贤

被执行人：东莞市龙邦装饰工程有限公司

【基本案情】

廖某贤在中国银行股份有限公司东莞长安支行（以下简称中国银行长安支行）处申请办理了中银信用卡白金卡，并在《中银白金信用卡申请表》《中国银行股份有限公司信用卡领用合约》上签名。2012年11月28日，廖某贤与中国银行长安支行签订《中银信用卡高端客户“大额分期”业务借款协议书》，约定中国银行长安支行同意该信用卡授信额度为50万元，有效期为24个月。同日，东莞市龙邦装饰工程有限公司（以下简称龙邦公司）与中国银行长安支行签订《中银信用卡“大额分期”最高额保证合同》，约定龙邦公司为《中银信用卡高端客户“大额分期”业务借款协议书》项下廖某贤的债务提供连带责任保证。同日，中国银行长安支行向廖某贤该信用卡提供信用额度50万元。后因廖某贤未能依约分期按时还款及支付手续费，中国银行长安支行将廖某贤、廖某贤的妻子黄某花、龙邦公司作为被申请人，向中国广州仲裁委员会东莞分会（以下简称仲裁委东莞分会）提起仲裁。仲裁委东莞分会于2015年11月11日作出（2015）穗仲莞案字第4593号仲裁裁决，裁决：（1）廖某贤向中国银行长安支行偿还信用卡借款本金和手续费85,870.21元及利息、滞纳金［截至2015年5月26日的利息（含复利）11,226.77元、滞纳金21,373.47元；后续利息、滞纳金按《中银信用卡高端客户“大额分期”业务借款协议书》《中国银行股份有限公司信用卡领用合约》的约定计至实际清偿之日止］；（2）廖某贤向中国银行长安支行补充律师费5923元；（3）本案仲裁费5720元由廖某贤承担（该费用由中国银行长安支行预交，仲裁委东莞分会不予退回，由廖某贤径付中国银行长安支行）；（4）黄某花对廖某贤的上述债务承担共同清偿责任；（5）龙邦公司对廖某贤的上述债务承担连带清偿责任。上述裁决廖某贤、黄某花、龙邦公司应付中国银行长安支行的款项，由裁决书送达之日起5日内一次性支付给中国银行长安支行。逾期支付的，按照《民事诉讼法》第253条的规定处理。中国银行长安支行后向广东省东莞市中级人民法院申请执行该仲裁裁决，广东省东莞市中级人民法院立案受理后，黄某花于2016年9月18日向该院申请不予执行该仲裁裁决，理由是：（1）申请人黄某花并非被申请人中国银行长安支行与被执行人廖某贤之间信用卡借款合同的当事人；且在被执行人廖某贤借款后，黄某花亦未与中国银行长安支行达成书面仲裁协议。故黄某花与中国银行长安支行之间不存在仲裁协议，仲裁委东莞分会将黄某花列为中国银行长安支行与廖某贤民事纠纷的当事人，并裁决黄某花就廖某贤的债务承担连带清偿责任，违反了《仲裁法》第4条的规定。(2)中国银行长安支行与廖某贤约定案涉借款应专用于家装，但其后均被廖某贤用于个人挥霍，并未用于装修房屋。故廖某贤与龙邦公司明显属于为骗取借款而恶意串通，案涉借款协议书及保证合同等证据均非本案借贷双方当事人的真实意思表示，案涉借款亦不属于黄某花与廖某贤间的共同债务。

【案件争点】

夫妻一方未对仲裁条款进行确认，仲裁委员会作出裁决是否属于超越仲裁审查范围进行裁决。

【裁判要旨】

广东省东莞市中级人民法院认为，本案为申请不予执行国内仲裁裁决案件，应根据《仲裁法》第63条、《民事诉讼法》第237条的规定，围绕申请人黄某花申请不予执行仲裁裁决的理由进行审理。根据《民事诉讼法》第237条第2款第1项的规定，当事人在合同中没有定有仲裁条款或者事后没有达成书面仲裁协议的，经人民法院组成合议庭审查核实，裁定不予执行仲裁裁决。本案中，黄某花从未在《中银白金信用卡申请表》《中国银行股份有限公司信用卡领用合约》《中银信用卡高端客户"大额分期"业务借款协议书》上签名，并不是合同的相对方。故仲裁委东莞分会无权受理中国银行长安支行与黄某花之间的案涉纠纷，现其对中国银行长安支行向黄某花提出的仲裁主张进行裁决已超越仲裁审查范围，依照上述法律规定及《民事诉讼法解释》第477条第1款"仲裁机构裁决的事项，部分有民事诉讼法第二百三十七条第二款、第三款规定情形的，人民法院应当裁定对该部分不予执行"的规定，对仲裁委东莞分会(2015)穗仲莞案字第4593号仲裁裁决第4裁决项中关于黄某花的裁决内容部分，不予执行。至于廖某贤是否与龙邦公司相互串通骗取借款及案涉债务是否属于黄某花与廖某贤的共同债务问题，属于案件实体审理的内容，不属于法律规定的当事人申请不予执行仲裁裁决的事由，故法院不予审查。综上所述，申请人黄某花不予执行案涉仲裁裁决的理由部分成立，予以支持，裁定对仲裁委东莞分会(2015)穗仲莞案字第4593号第4裁决项中关于黄某花的裁决内容部分不予执行。

例案二｜皮某娟与陈某申请撤销仲裁裁决案

【法院】

广东省清远市中级人民法院

【案号】

(2017)粤18民特1号

【当事人】

申请人:皮某娟

被申请人:陈某

原仲裁被申请人:熊某彬

【基本案情】

2014年3月26日,陈某作为出借人,熊某彬作为借款人,签订一份借款协议,主要约定熊某彬因经营需要向陈某借款178万元,利息自签订之日起按月息1%计算。协议第4条约定:"双方在履行本合同时发生争议的,应当提交清远仲裁委员会在东莞以简易程序裁决,仲裁送达地址为双方身份证地址"。此后,双方因上述借款协议发生争议,陈某以熊某彬及其配偶皮某娟为共同被告向江西省樟树市人民法院提起诉讼,请求熊某彬、皮某娟偿还178万元借款本金及利息。樟树市人民法院审理过程中,皮某娟于2014年4月6日提交书面管辖权异议申请书,认为陈某与熊某彬之间存在仲裁条款,樟树市人民法院没有管辖权,应当移交清远仲裁委员会裁决。樟树市人民法院以(2015)樟张民初字第169号民事裁定驳回皮某娟的管辖权异议后,皮某娟向江西省宜春市中级人民法院提起上诉,江西省宜春市中级人民法院审理后认定皮某娟异议理由正当,于2016年9月5日作出(2016)赣09民辖终45号民事裁定,撤销一审裁定,驳回陈某对皮某娟、熊某彬的起诉。

继而,陈某于2016年10月10日向清远仲裁委员会申请仲裁,请求熊某彬、皮某娟偿还178万元借款本金及利息。清远仲裁委员会受理审理后,认定陈某与熊某彬签订的借款协议有效、陈某已经履行了支付全部借款的义务,且上述借款属夫妻共同债务,并于2016年11月30日作出(2016)清仲字第978号裁决:(1)熊某彬、皮某娟向陈某偿还借款本金1,780,000元;(2)熊某彬、皮某娟向陈某支付借款利息(以借款本金1,780,000元为基数,按照月息1%的标准,自2014年3月26日起计至清偿之日止);(3)熊某彬、皮某娟向陈某补偿保全费5000元;(4)案件仲裁费29,390元由熊某彬、皮某娟承担。以上裁决熊某彬、皮某娟应支付给陈某的款项，自裁决书送达之日起10日内一次性付清。逾期支付，按照《民事诉讼法》第225条的规定处理。

2017年1月10日，皮某娟以其与陈某之间没有仲裁协议为由向广东省清远市中级人民法院申请撤销(2016)清仲字第978号裁决。

【案件争点】

仲裁委员会针对未签订仲裁协议的配偶作出裁决事项，对此裁项是否应予撤销。

【裁判要旨】

广东省清远市中级人民法院认为，首先，《仲裁法》第4条规定，当事人采用仲裁方式解决纠纷，应当双方自愿，达成仲裁协议。没有仲裁协议，一方申请仲裁的，仲裁委员会不予受理。第16条第1款规定，仲裁协议包括合同中订立的仲裁条款和以其他书面方式在纠纷发生前或者纠纷发生后达成的请求仲裁的协议。根据查明的事实，陈某与熊某彬签订的借款协议中，皮某娟未签字。事后亦未与陈某签订仲裁协议，皮某娟主张其与陈某之间没有仲裁协议，具有事实依据，法院予以支持。其次，陈某在仲裁之前的诉讼程序中，以熊某彬和皮某娟为共同被告提起诉讼，其诉讼请求实质分为两部分：一是熊某彬对陈某所负的借贷债务是否有效成立；二是上述债务是否为夫妻共同债务。后者的判断需要以前者的解决为前提，故此虽然皮某娟提出陈某与熊某彬之间存在仲裁条款，樟树市人民法院没有管辖权，应当移交清远仲裁委员会裁决的管辖权异议，但不能据此认定皮某娟已接受了陈某与熊某彬借款协议中的仲裁条款，愿意将借款债务是否为夫妻共同债务的纠纷交由清远仲裁委员会处理。至于皮某娟请求撤销仲裁裁决的其他理由，属于仲裁庭有权认定和处理的实体问题，不属于法定撤销事由，法院不予支持。

《仲裁法解释》第19条规定，当事人以仲裁裁决事项超出仲裁协议范围为由申请撤销仲裁裁决，经审查属实的，人民法院应当撤销仲裁裁决中的超裁部分。但超裁部分与其他裁决事项不可分的，人民法院应当撤销仲裁裁决。本案中，陈某的仲裁请求包括熊某彬对陈某所负的借款债务是否有效成立和上述债务是否为夫妻共同债务两个部分，对于熊某彬对陈某所负借款债务是否有效成立的问题，熊某彬与陈某应受借款协议仲裁条款的约束，清远仲裁委员会作出相应裁决，不存在法定撤销情形，不应予以撤销；但皮某娟与熊某彬之间不存在仲裁协议，清远仲裁委员会将皮某娟列为仲裁案的当事人并针对借款是否为夫妻共同债务作出裁决，超出了仲裁协议范围，依法应当予以撤销。综上所述，皮某娟关于撤销清远仲裁委员会(2016)清仲字第978号仲裁裁决的理由部分成立，法院相应予以支持；部分不成立，法院相应予以驳回，裁定如下：(1)撤销清远仲裁委员会(2016)清仲字第978号仲裁裁决第1项关于皮某娟向陈某偿还借款本金1,780,000元部分的裁决；(2)撤销清远仲裁委员会(2016)清仲字第978号仲裁裁决第2项关于皮某娟向陈某支付借款利息部分的裁决；(3)撤销清远仲裁委员会(2016)清仲字第978号仲裁裁决第3项关于皮某娟向陈某补偿保全费5000元部分的裁决；(4)撤销清远仲裁委员会(2016)清仲字第978号仲裁裁决第4项关于皮某娟承担案件仲裁费29,390元部分的裁决；(5)驳回皮某娟的其他申请。

例案三 | 陈某生与王某洪、肇庆市端州区鸿基实业发展有限公司申请撤销仲裁裁决纠纷案

【法院】

广东省肇庆市中级人民法院

【案号】

(2015)肇中法民一仲字第31号

【当事人】

申请人：陈某生

第一被申请人：王某洪

第二被申请人：肇庆市端州区鸿基实业发展有限公司

第三被申请人：李某霞

【基本案情】

陈某生与王某洪于2012年11月26日签订《借款合同》，约定陈某生借款200万元给王某洪，肇庆市端州区鸿基实业发展有限公司(以下简称鸿基实业公司)以其拥有的位于肇庆市和平路63号首层第53号房产作为抵押。《借款合同》同时约定："争议的解决，凡因履行本合同产生的一切争议纠纷，双方同意提请肇庆仲裁委员会，并按照该会的仲裁规则进行仲裁。仲裁裁决是终局的，对双方具有约束力。"陈某生与鸿基实业公司签署《房产抵押合同》亦约定："凡因履行本合同而产生的一切争议、纠纷，双方同意提请广州仲裁委员会，并按照该会的仲裁规则进行仲裁，仲裁裁决是终局的，对双方均具有约束力。"后王某洪未能还款，陈某生向肇庆仲裁委员会申请仲裁。仲裁中，陈某生主张李某霞与王某洪是夫妻关系，王某洪的债务应视为夫妻共同债务，李某霞亦应承担连带清偿责任，故请求仲裁裁决：(1)王某洪

向陈某生偿还借款200万元及违约金;(2)王某洪向陈某生支付律师费10万元、保全费5000元、担保费1万元;(3)鸿基实业公司和李某霞对王某洪的债务承担连带清偿责任,且陈某生对鸿基实业公司的财产在债权范围内享有优先受偿权;(4)王某洪等三名被申请人承担全部仲裁费用。

肇庆仲裁委员会组成仲裁庭,对该案进行了开庭审理。2015年2月27日,肇庆仲裁委员会作出(2014)肇仲案字41号裁决,裁决如下:(1)王某洪向陈某生偿还借款200万元,违约金891,066.67元(违约金按照中国人民银行同期贷款利率6%的4倍计算,从2012年12月26日计至2014年10月8日),共计2,891,066.67元(之后的违约金按上述标准计算至还清之日止)。(2)王某洪向陈某生支付律师费10万元、保全费5000元、担保费1万元。(3)驳回陈某生要求裁决鸿基实业公司和李某霞对王某洪的债务承担连带清偿责任,且陈某生对鸿基实业公司的财产在债权范围内享有优先受偿权的仲裁请求。(4)驳回陈某生要求裁决鸿基实业公司和李某霞承担本案全部仲裁费用的仲裁请求。(5)本案仲裁费22,876.70元,由王某洪承担。

陈某生不服该仲裁裁决第3项、第4项裁决,向广东省肇庆市中级人民法院提出申请撤销仲裁裁决第3项、第4项裁决之诉。广东省肇庆市中级人民法院于2015年8月3日立案受理。

【案件争点】

配偶未签订仲裁协议,仲裁委员会能否就其权利义务问题进行实体审查。

【裁判要旨】

广东省肇庆市中级人民法院经审查认为,本案为申请撤销仲裁裁决部分事项纠纷。《仲裁法》第4条规定:“当事人采用仲裁方式解决纠纷,应当双方自愿,达成仲裁协议。没有仲裁协议,一方申请仲裁的,仲裁委员会不予受理。”第58条规定:“当事人提出证据证明裁决有下列情形之一的,可以向仲裁委员会所在地的中级人民法院申请撤销裁决:(一)没有仲裁协议的;(二)裁决的事项不属于仲裁协议的范围或者仲裁委员会无权仲裁的……”结合本案,陈某生与王某洪签订的《借款合同》第8条约定:“争议的解决,凡因履行本合同产生的一切争议纠纷,双方同意提请肇庆仲裁委员会,并按照该会的仲裁规则进行仲裁”。根据上述条款约定,陈某生与王某洪因履行《借款合同》产生纠纷无法协商解决,应由肇庆仲裁委员会裁决,且陈某生对该裁决事项没有提出异议。陈某生与鸿基实业公司签署的《房产抵押合同》第19条第2款明确约定:“凡因履行本合同而产生的一切争议、纠纷,双方同意提请广州仲裁委员会,并按照该会的仲裁规则进行仲裁”。根据上述条款约定,陈某生与鸿基实业公司因履行《房产抵押合同》产生纠纷无法协商解决,应由广州仲裁委员会裁决,肇庆仲裁委员会没有仲裁管辖权。肇庆仲裁委员会对鸿基实业公司基于该《房产抵押合同》对涉案的借款应否承担连带担保责任的问题没有仲裁管辖权,应在程序上依法驳回陈某生要求裁决鸿基实业公司对王某洪的债务承担连带清偿责任及陈某生对鸿基实业公司的财产在债权范围内享有优先受偿权的仲裁申请,并非在实体上驳回陈某生对鸿基实业公司的仲裁请求。肇庆仲裁委员会仲裁裁决驳回陈某生对鸿基实业公司的仲裁请求欠妥,损害了陈某生的合法权益,法院依法予以撤销。李某霞与王某洪虽然是夫妻关系,但是李某霞不是本案所涉《借款合同》的当事人,肇庆仲裁委员会对李某霞对涉案的借款应否承担连带担保责任的问题没有仲裁管辖权,应在程序上依法驳回陈某生要求裁决李某霞对王某洪的债务承担连带清偿责任的仲裁申请,并非在实体上驳回陈某生对李某霞的仲裁请求。肇庆仲裁委员会仲裁裁决驳回陈某生对李某霞的仲裁请求欠妥,损害了陈某生的合法权益,法院依法予以撤销。

综上所述,陈某生与鸿基实业公司及李某霞没有就涉案借款问题达成由肇庆仲裁委员会进行仲裁裁决的协议,肇庆仲裁委员会对于鸿基实业公司及李某霞就涉案借款问题应如何承担法律责任没有仲裁管辖权,况且肇庆仲裁委员会仲裁裁决亦确认其对鸿基实业公司及李某霞没有仲裁管辖权的事实,却裁决驳回陈某生对鸿基实业公司及李某霞的仲裁请求,属于程序违法,陈某生申请撤销肇庆仲裁委员会(2014)肇仲案字 41 号裁决第 3 项、第 4 项裁决理由成立,予以支持,裁定:撤销肇庆仲裁委员会(2014)肇仲案字 41 号裁决第 3 项、第 4 项裁决。

例案四 | 黄某清与柯某贞、连某芳民间借贷纠纷案

【法院】

福建省泉州市丰泽区人民法院

【案号】

(2017)闽 0503 民初 3466 号

【当事人】

原告:黄某清

被告:柯某贞

第三人:连某芳

【基本案情】

柯某贞与连某芳系夫妻。连某芳、案外人厦门中野贸易有限公司(以下简称中野公司)、罗某良于2015年11月30日向黄某清出具《借款确认书》一份,确认连某芳向黄某清借款合计200万元,其中于2014年3月31日借款100万元,于2014年11月28日借款100万元,借款期限至2015年11月30日,若逾期,则连某芳应按月利率1.8%向黄某清计付利息,同时约定若发生纠纷,同意由泉州仲裁委员会受理,因此产生的各项费用(包括仲裁费、律师费等)由连某芳承担。中野公司、罗某良均在上述确认书中的连带责任保证人处盖章或签字捺印,柯某贞未在上述确认书上签字或捺印。因连某芳未能还款,黄某清于2016年4月21日向泉州仲裁委员会申请仲裁,泉州仲裁委员会于2016年6月30日作出(2016)泉仲字1085号裁决书,该裁决书中仲裁庭意见的第1条载明:“仲裁庭注意到本案被申请人二未在《借款确认书》上签名或者捺印,在仲裁期间,也未以任何形式表示同意本会对其管辖。故根据《仲裁法》第4条之规定,仲裁庭对申请人向被申请人二提出的仲裁申请予以驳回”,上述描述中的被申请人二即本案被告柯某贞,申请人即本案原告黄某清。该裁决书裁决:“一、驳回申请人黄某清对被申请人二柯某贞的仲裁申请;二、被申请人一连某芳应于本裁决书生效之日起7日内偿还申请人黄某清借款本金人民币200万元,并支付自2015年12月1日起至实际还款之日止的利息(以人民币200万元为基数,按月利息1.8%计算);三、本案申请人黄某清聘请律师费用人民币20,000元,保全费人民币5000元,以上两项合计人民币25,000元,由被申请人一连某芳承担,该费用由被申请人一连某芳在履行上述裁决时一并支付给申请人黄某清;四、被申请人中野公司、被申请人四罗某良对被申请人一连某芳应偿还的上述款项承担连带清偿责任。本案仲裁费用25,715元,由被申请人一连某芳承担”。上述裁决书于2016年7月12日生效,黄某清于2016年7月15日向泉州市中级人民法院申请执行,同日,泉州市中级人民法院受理该执行申请。因仲裁书出具后,连某芳、柯某贞均未向黄某清偿还过任何款项,2017年5月9日,黄某清向泉州市丰泽区人民法院提起诉讼,请求法院判令柯某贞对(2016)泉仲字1085号裁决书确定的连某芳偿还黄某清200万元及利息(2015年12月1日起至实际还款之日止,月利息1.8%)承担共同还款责任,判令柯某贞对(2016)泉仲字1085号裁决书确定的由连某芳承担的律师费20,000元、保全费5000元及仲裁费25,715元承担共同付款责任。

柯某贞辩称，本案已经仲裁裁决，法院不应重复审理，请求法院驳回黄某清的诉讼请求。

【案件争点】

对于未参加仲裁的配偶，债权人是否有权以债务属于夫妻共同债务为由要求其承担仲裁裁决书确定的义务。

【裁判要旨】

泉州市丰泽区人民法院经审理认为，因柯某贞并未在《借款确认书》上签字捺印，其与黄某清并未就诉争借款达成仲裁协议，且仲裁裁决书亦根据《仲裁法》第 4 条之规定，对黄某清向被申请人二提出的仲裁申请予以驳回裁决。作为债权人，在债务人未能依约偿还借款的情况下，黄某清当然有权向法院起诉要求债务人偿还借款，法院受理本案亦合法有据。如前所述，诉争借款系柯某贞与连某芳二人的夫妻共同债务，故黄某清有权要求柯某贞对仲裁裁决书确定连某芳应偿付的借款本息及相关律师费、保全费及仲裁费承担共同还款责任，黄某清的诉求合理合法，予以支持，故判决：(1)柯某贞对泉州仲裁委员会(2016)泉仲字 1085 号裁决书确定的连某芳应偿还黄某清 200 万元及利息(2015 年 12 月 1 日起至实际还款之日止，月利息 1.8%)承担共同还款责任；(2)柯某贞对泉州仲裁委员会(2016)泉仲字 1085 号裁决书确定的由连某芳承担的律师费 2 万元、保全费 5000 元及仲裁裁决费 25,715 元承担共同还款责任。

三、裁判规则提要

(一)仲裁条款的效力原则上只及于签订仲裁协议的当事人

根据《仲裁法》第 4 条之规定，当事人采用仲裁方式解决纠纷，应当双方自愿，达成仲裁协议。没有仲裁协议，一方申请仲裁的，仲裁委员会不予受理。可见，双方自愿系启动仲裁程序的前提和基础，若未达成自愿、合法、有效的仲裁协议，则仲裁程序不具有开启的合法性。

根据合同的相对性原则，合同的效力仅及于签署合同或明确表示同意受合同条款约束的当事人。作为一种关于共同选择争议解决方式的合同，仲裁条款同样不能突破合同的相对性原则，原则上不能拘束未签订仲裁条款的当事人。未接受仲裁条款的当事人，不能受到仲裁程序及仲裁结果的影响；仲裁委员会就其作出裁决，属于超越仲裁审查范围进行裁决。当然，在继承等合同权利义务概括承继的情况下，仲裁条款的效力可以例外地扩张至权利义务的继受人。

（二）未在载有仲裁条款的文件上签字的配偶，一般不受仲裁条款约束

随着经济社会的日益发展，仲裁已越来越多地融入商业实践和社会生活，并与夫妻共同债务问题纠缠在一起，引起不少司法纠纷。对此，应予分类型讨论和处理。

第一种情况是在合同纠纷中，夫妻双方均在仲裁协议上签字，特别是不少涉及不动产交易和金融借贷的合同均有此要求。此时，因双方皆明确表示接受仲裁协议的约束，故仲裁条款自然约束夫妻双方。

第二种情况是仅有夫妻一方参与相关合同条款的签订，其配偶对此未参与也不知情，则仲裁条款的效力只能及于签字的一方。仲裁机构无权对其配偶的权利义务作出裁决。

第三种情况较为复杂，即配偶虽未直接签署仲裁协议，但在案涉合同相关的法律文件，如借据、还款保证、授信调查申请书等文件上签字，则仲裁条款是否扩张至配偶应视其所签文书的具体情况而定。若配偶在所签文件中明确表明愿意参与合同关系，或是愿意共同偿还债务，甚至愿意接受仲裁条款，则应认定其接受了仲裁条款的约束；若配偶所签文件仅为一般的告知性文件，或是其他非为表明意愿、设定权利义务的手续性、过程性文件，则不宜认定其受仲裁条款的约束。

四、辅助信息

高频词条：

《仲裁法》

第 4 条 当事人采用仲裁方式解决纠纷，应当双方自愿，达成仲裁协议。没有仲裁协议，一方申请仲裁的，仲裁委员会不予受理。

第 58 条 当事人提出证据证明裁决有下列情形之一的，可以向仲裁委员会所在地的中级人民法院申请撤销裁决：

（一）没有仲裁协议的；

（二）裁决的事项不属于仲裁协议的范围或者仲裁委员会无权仲裁的；

（三）仲裁庭的组成或者仲裁的程序违反法定程序的；

（四）裁决所根据的证据是伪造的；

（五）对方当事人隐瞒了足以影响公正裁决的证据的；

（六）仲裁员在仲裁该案时有索贿受贿，徇私舞弊，枉法裁决行为的。

人民法院经组成合议庭审查核实裁决有前款规定情形之一的，应当裁定撤销。

人民法院认定该裁决违背社会公共利益的，应当裁定撤销。

《仲裁法解释》

第 19 条 当事人以仲裁裁决事项超出仲裁协议范围为由申请撤销仲裁裁决，经审查属实的，人民法院应当撤销仲裁裁决中的超裁部分。但超裁部分与其他裁决事项不可分的，人民法院应当撤销仲裁裁决。

夫妻共同债务纠纷案件裁判规则第18条：
离婚后，夫妻一方承担共同债务后，可以追偿权纠纷为由向另一方追偿垫付款

〔**规则描述**〕：基于对交易安全的考虑，同时也基于对第三人利益的保护，法律规定了夫妻对共同债务承担连带清偿责任的制度。该制度赋予债权人可以向债务人中的任何一人单独主张债权，也可以同时向所有债务人主张债权的权利，债务人中的任何一方清偿债务后可以就其额外为其他债务人承担的部分债务，向相应的债务人进行追偿。"夫妻一方承担共同债务"是就夫妻内部关系而言，即夫妻一方超出其责任承担了夫妻共同债务。在婚姻关系内部，若夫妻一方就超出其责任的部分承担了债务，可以向另一方追偿垫付款。

此外，还需注意两个问题。首先是时间问题，"离婚后，夫妻一方承担共同债务后"，既可以是先承担共同债务再离婚，也可以是离婚后再承担婚姻关系存续期间产生的共同债务（夫妻共同债务不会因为婚姻关系的解除而消灭），二者的发生顺序对追偿权的行使没有影响。但在此规则项下，追偿权的行使一定在"离婚"并且"夫妻一方承担共同债务"后方可发生。其次，"可以追偿权纠纷为由"意指离婚后，夫妻一方承担共同债务后，在向另一方追偿垫付款时，可以"追偿权纠纷"为由向法院提起诉讼，但并不是绝对必须以追偿权纠纷为由，这只是一种可能的行使权利的方式，实践中亦有以"离婚后财产纠纷"等为由提起诉讼的。

一、类案检索大数据报告

数据采集时间：2020年2月10日；案例来源：中国裁判文书网；案件数量：136件。本次检索获取2020年2月10日前共136篇裁判文书。案件裁判结果分布情况如图18-1所示，从离婚后，夫妻一方承担共同债务后是否能以追偿权纠纷为由追偿垫付款的角度来看，不可以追偿权纠纷为由追偿垫付款案件1件，占比约0.74%；可以追偿权纠纷为由追偿垫付款案件24件，占比约17.65%；重复或不相关案件111件，占比约81.61%。

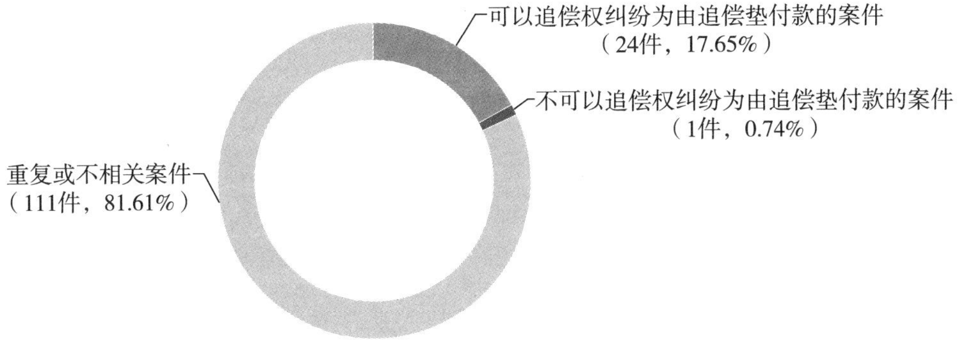

图 18－1　案件裁判结果分布情况

如图 18－2 所示，从案件年份分布情况可以看出当前条件下案件数量的变化趋势。

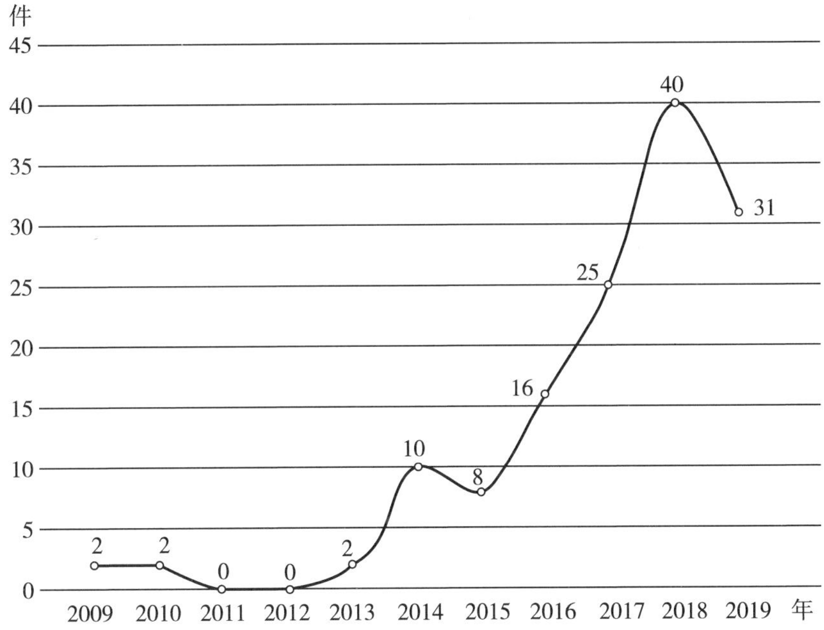

图 18－2　案件年份分布情况

如图 18－3 所示，从案件地域分布情况来看，当前条件下案件主要集中在山东省、江苏省、浙江省、河北省、湖南省，其中山东省的案件数量最多，达到 30 件，占比约为 22.06%。

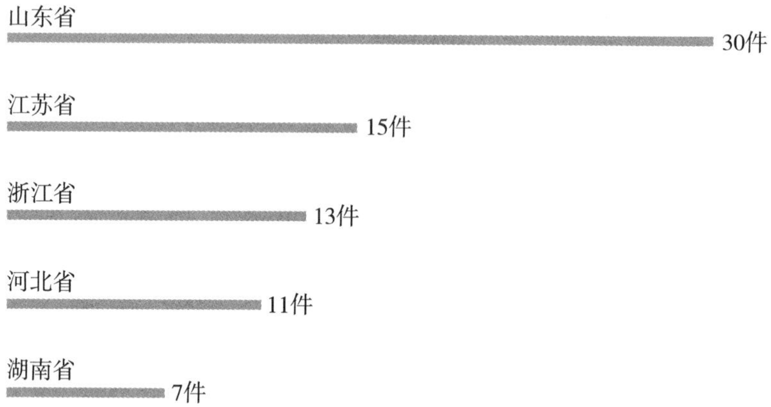

图 18－3　案件主要地域分布情况

如图 18－4 所示，从案件案由分类情况可以看出，当前条件下案件的案由分布由多至少分别是合同、无因管理、不当得利纠纷 114 件，占比约 83.82%；其他案由 18 件，占比约 13.23%；适用特殊程序案件案由 2 件，占比约 1.47%；婚姻家庭、继承纠纷 1 件，占比约 0.74%；与公司、证券、保险、票据等有关民事纠纷 1 件，占比约 0.74%。

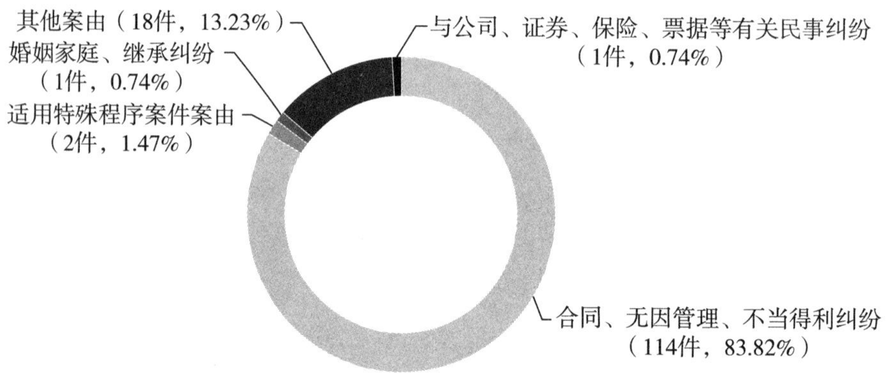

图 18－4　案件案由分类情况

如图 18－5 所示，从案件审理程序分布情况可以看出，当前条件下案件的审理程序分布由多至少分别是一审案件 96 件，占比约 70.59%；二审案件 32 件，占比约 23.53%；再审案件 8 件，占比约 5.88%。

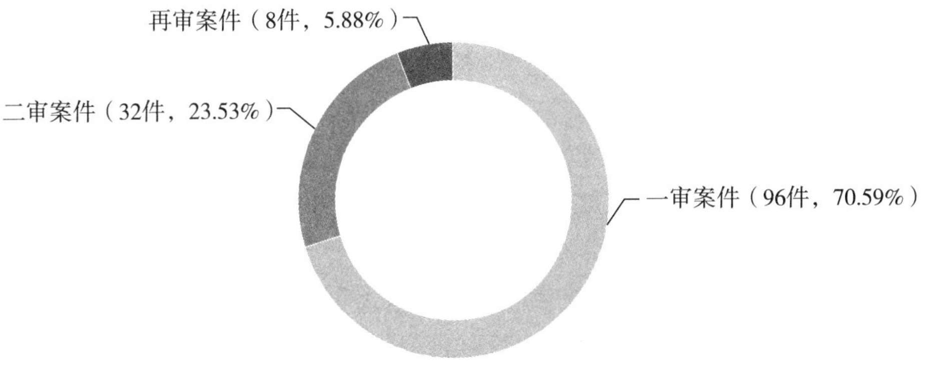

图18－5　案件审理程序分布情况

二、可供参考的例案

例案一｜邹某花、黄某祥追偿权纠纷案

【法院】

云南省曲靖市中级人民法院

【案号】

(2019)云03民终2080号

【当事人】

上诉人(原审被告):邹某花

被上诉人(原审原告):黄某祥

【基本案情】

黄某祥与邹某花于1997年12月2日登记结婚,2017年11月15日登记离婚。双方在《离婚协议》中约定:原男方向农村信用社贷款13万元由女方承担,如女方未在2019年3月1日前还清,则女方所有的豪沃货车(车牌号为云D××××)归男方所有。2019年2月13日,邹某花在贷款到期后未偿还贷款和利息,黄某祥向曲靖市沾益区农村信用合作联社西平信用社偿还贷款13万元、利息1482元。

【案件争点】

黄某祥请求邹某花支付131,482元的主张是否成立。

【裁判要旨】

云南省曲靖市中级人民法院经审查认为,离婚协议中关于财产分割的条款或者当事人因离婚就财产分割达成的协议,对男女双方具有法律约束力。当事人因履行上述财产分割协议发生纠纷提起诉讼的,人民法院应当受理。当事人的离婚协议或者人民法院的判决书、裁定书、调解书已经对夫妻财产分割问题作出处理的,债权人仍有权就夫妻共同债务向男女双方主张权利。一方就共同债务承担连带清偿责任后,基于离婚协议或者人民法院的法律文书向另一方主张追偿的,人民法院应当支持。根据《婚姻法》第41条①"离婚时,原为夫妻共同生活所负的债务,应当共同偿还。共同财产不足清偿的,或财产归各自所有的,由双方协议清偿;协议不成时,由人民法院判决"及《民法通则》第108条"债务应当清偿。暂时无力偿还的,经债权人同意或者人民法院裁决,可以由债务人分期偿还。有能力偿还拒不偿还的,由人民法院判决强制偿还"之规定,黄某祥与邹某花在婚姻登记机关签订的《离婚协议》是有效的协议,双方在《离婚协议》中明确约定了原男方向农村信用社贷款13万元由女方承担。该意思表示真实有效,对双方具有法律约束力。被上诉人黄某祥与上诉人邹某花原系夫妻关系,现被上诉人黄某祥已代上诉人邹某花履行了上述双方当事人离婚协议中约定的应由上诉人邹某花承担的原夫妻共同债务,被上诉人黄某祥依法享有追偿权。上诉人邹某花在本案中辩称其已经替被上诉人黄某祥支付了轮胎款5万元,但其所提供的证据不能证明其主张,被上诉人黄某祥对其主张又不予认可,一审法院已指出上诉人邹某花可另行主张相应权利,故上诉人邹某花辩解本案应扣减5万元的主张不能成立,应不予支持;一审法院据此依法判决由上诉人邹某花向被上诉人黄某祥给付相应的代偿款项并无不当。

例案二 | 孔某玖与夏某翠追偿权纠纷案

【法院】

山东省青岛市黄岛区人民法院

【案号】

(2019)鲁0211民初15530号

【当事人】

原告:孔某玖

被告:夏某翠

① 参见《民法典》第1089条。

【基本案情】

孔某玖与夏某翠原系夫妻关系，于2004年3月11日登记结婚，于2004年12月9日生女儿孔某青，于2008年6月6日生儿子孔某孟。2018年9月11日，被告夏某翠将原告孔某玖诉至法院请求判决离婚，2018年10月24日，经法院主持调解，双方自愿离婚并对子女抚养问题达成调解协议，法院据此制作了(2018)鲁0211民初13504号民事调解书。该时，双方均同意在离婚诉讼中对财产问题另案处理。

2019年1月2日，原告孔某玖将被告夏某翠诉至法院，要求分割夫妻共同债务。法院经审理后作出(2019)鲁0211民初92号民事判决书，认定截至2018年10月24日孔某玖与夏某翠离婚时，双方夫妻共同债务为欠青岛胶南海汇村镇银行股份有限公司617,831.53元、欠青岛农村商业银行股份有限公司1,151,851.45元、欠招商银行股份有限公司804,477.05元，以上共计2,574,160.03元，遂判决原告、被告欠青岛胶南海汇村镇银行股份有限公司617,831.53元，由孔某玖负担308,915.765元，由夏某翠负担308,915.765元；欠青岛农村商业银行股份有限公司1,151,851.45元，由孔某玖负担575,925.725元，由夏某翠负担575,925.725元；欠招商银行股份有限公司804,477.05元，由孔某玖负担402,238.525元，由夏某翠负担402,238.525元。综上所述，上述夫妻共同债务，由孔某玖负担1,287,080.015元，由夏某翠负担1,287,080.015元。本案判决现已生效。

2018年12月24日，原告孔某玖将欠青岛胶南海汇村镇银行股份有限公司(青岛西海岸海汇村镇银行股份有限公司)的贷款全部还清，该银行出具了说明予以确认。同时，根据银行交易流水，该日孔某玖通过其账户共偿还644,534.11元，其中500,000元源于案外人陈某，150,000元源于案外人孔某。

2019年7月18日，原告孔某玖又将欠青岛农村商业银行股份有限公司的贷款全部还清，该银行也出具了说明予以确认。同时，根据银行交易流水，该日孔某玖共向该银行偿还1,024,230.37元，其中908,000元源于案外人袁洪某，92,000元源于案外人代某锋。

上述两项贷款偿清后，两家银行又向原告孔某玖发放了贷款，其中青岛西海岸海汇村镇银行股份有限公司发放700,000元，青岛农村商业银行股份有限公司发放1,000,000元。该两项新贷款的借款主体均为原告孔某玖个人。

【案件争点】

1. 夏某翠是否应向孔某玖偿还垫付款。

2. 孔某玖的追偿数额应是多少。

【裁判要旨】

青岛市黄岛区人民法院经审查认为，离婚时，原为夫妻共同生活所负的债务，应当共同偿还。一方就共同债务承担连带清偿责任后，基于离婚协议或者人民法院的法律文书向另一方主张追偿的，人民法院应当支持。本案根据已生效判决认定的事实，原告孔某玖与被告夏某翠离婚时分别欠青岛胶南海汇村镇银行股份有限公司（青岛西海岸海汇村镇银行股份有限公司）617,831.53元，欠青岛农村商业银行股份有限公司1,151,851.45元，二人均有义务向两债权人偿还欠款，且应对该共同债务承担连带清偿责任。现孔某玖已向青岛胶南海汇村镇银行股份有限公司（青岛西海岸海汇村镇银行股份有限公司）及青岛农村商业银行股份有限公司完全清偿了所负债务，该清偿使夏某翠所负担的对上述两债权人之债务归于消灭，孔某玖据此向夏某翠行使追偿权，有事实和法律依据，法院予以支持。

至于追偿数额，根据在案证据，孔某玖仅偿清了对青岛胶南海汇村镇银行股份有限公司（青岛西海岸海汇村镇银行股份有限公司）与青岛农村商业银行股份有限公司的欠款，尚未偿还对招商银行股份有限公司的欠款，故其追偿权仅限于已经偿清的部分，即追偿数额应认定为884,841.49元[（617,831.53元+1,151,851.45元）÷2]，至于其主张的其他部分，无事实依据，法院不予支持。

例案三 | 井某星与宋某平追偿权纠纷案

【法院】

黑龙江省农垦中级人民法院

【案号】

（2017）黑81民终282号

【当事人】

上诉人（原审被告）：宋某平

被上诉人（原审原告）：井某星

【基本案情】

2007年3月14日，井某星与宋某平登记结婚。2014年4月11日，井某星通过其妹夫王某与红色边疆农场第二管理区主任王某礼联系，在王某礼的帮助下，井某星以与王某礼、王某等6人联保的方式在孙吴农商银行农场支行借款200,000.00

元。2014 年 4 月 24 日，井某星与宋某平在农垦红色边疆民政局协议离婚。双方签订离婚协议，约定婚生子宋某墨(7 周岁)由井某星抚养，宋某平每年给付抚养费用 10,000.00 元；一区二组 38.7 平方米平房及位于红色边疆农场场区 64.3 平方米楼房各一处，房屋产权归宋某墨所有，他人无权处理房产；所有债务由宋某平一人偿还。

因上述 200,000.00 元借款到期，其他联保人均已偿还贷款，只有井某星、宋某平未偿还。为了不影响共同联保人信用，经多次协商，2015 年 4 月 1 日，在王某礼、王某等人见证下，井某星与宋某平签订房屋转让协议一份，约定甲乙双方(甲方为井某星，乙方为宋某平)将合法拥有的位于红色边疆农场新区 37 号楼 2 号门市(面积 64.72 平方米，登记在井某星名下)房屋转让给乙方。其中协议第 2 条约定，房屋交付乙方后，甲方应当在乙方还完楼贷后无条件协助乙方办理房屋的过户手续，将房屋产权办理到乙方名下，办理产权证相关费用由乙方承担；第 3 条约定，本合同未尽事宜，由双方另行协商。自今日起，乙方所有债务与甲方无任何关系。双方口头约定，以井某星名义在孙吴农商银行农场支行借款 200,000.00 元，由井某星负责偿还 60,000.00 元借款及利息，由宋某平负责偿还 140,000.00 元借款及利息。2015 年 4 月 8 日，王某代井某星向孙吴农商银行农场支行偿还借款本息合计 61,868.96 元。2015 年 4 月 10 日，宋某平向孙吴农商银行农场支行偿还借款本息合计 144,491.11 元。其后，因井某星向宋某平索要 61,868.96 元未果，井某星诉至法院。另查明，井某星与宋某平签订房屋转让协议后，宋某平通过王某礼的帮助，以位于红色边疆农场新区 37 号楼 2 号门市作抵押在中国人民银行黑河支行借款，以所借款项偿还所欠孙吴农商银行农场支行借款本息 144,491.11 元。

【案件争点】

井某星是否可以向宋某平追偿垫付款。

【裁判要旨】

宋某平与井某星的离婚协议，系双方在平等、自愿的原则下签订，该离婚协议合法有效，协议中约定夫妻关系存续期间的所有债务由宋某平一人偿还，该内容真实有效，宋某平应受自己真实意思表示的约束。宋某平主张针对案涉贷款 20 万元，双方重新达成分配协议，由井某星负责偿还其中的 6 万元及利息，但井某星对此并不认可，宋某平举示的证据亦不足以证实该主张。客观上虽然井某星实施了偿还 61,868.96 元贷款的行为，但该行为并不代表其放弃了就该笔款项依据夫妻离婚协议向宋某平追偿的权利，现井某星向宋某平行使追偿权，于法有据，应予支持。

三、裁判规则提要

(一)离婚后,夫妻一方承担共同债务后,可以向另一方追偿垫付款

基于对交易安全的考虑,同时也基于对第三人利益的保护,法律规定了夫妻对共同债务承担连带清偿责任的制度。该制度赋予债权人可以向债务人中的任何一人单独主张债权,也可以同时向所有债务人主张债权的权利,债务人中的任何一方清偿债务后可以就其额外为其他债务人承担的部分债务,向相应的债务人进行追偿。夫妻共同债务的清偿分为以下两种形式:以夫妻共同财产清偿夫妻共同债务;特定情况下夫妻一方以个人财产清偿夫妻共同债务。就清偿顺序而言,对于夫妻共同债务,应当首先以夫妻共同财产进行清偿,不足部分,原则上以夫妻双方的个人财产为补充。在本规则项下,前提条件显然是后者,也由此产生夫妻内部的债权债务关系。此时,"夫妻一方承担共同债务"是其外部表现,就夫妻内部而言,承担共同债务的夫妻一方有权向另一方追偿垫付款,即在夫妻共同债务的连带清偿责任中,夫妻一方因超出责任范围承担的债务而对另一方享有追偿权。

《民法典》第1089条明确规定:"离婚时,夫妻共同债务应当共同偿还。共同财产不足清偿或者财产归各自所有的,由双方协议清偿;协议不成的,由人民法院判决。"从法条意思来看,夫妻双方对共同债务负连带清偿责任,即夫妻双方中的任何一方对共同债务有向债权人全部给付的责任。其基本特征为:第一,夫妻双方所负债务必须是共同债务。第二,夫妻任何一方都有义务满足债权人的同一给付利益。债权人拥有向夫妻中的任何一方主张全部给付的权利。第三,夫妻中的任何一方完全清偿后,可以使另一方所负担的债务归于消灭。① 例如在"扎某与福某追偿权纠纷案"[(2019)内0522民初8559号]中,科尔沁左翼后旗人民法院认为:离婚后原为夫妻共同债务应当共同偿还,夫妻一方对外承担无限连带责任后,夫妻内部应是按份承担债务。原告扎某向债权人双某、布某偿清全部债务后,有权就超出应承担的部分,向被告福某追偿。夫妻一方承担夫妻共同债务后,使夫妻另一方对债权人所负担的债务归于消灭,因此,夫妻一方据此向另一方行使追偿权,有事实和法律依据,法院应予以支持。依民法中的共同债务清偿理论亦可知,债权人可以向债务人中的任何一人主张权利,也可以同时向所有共同债务人行使权利,债务人中的任何一方不得拒绝履行该义务,一方代偿后可以依法律规定或双方约定的份

---

① 参见赵玲利:《夫妻共同债务的认定与清偿研究》,吉林大学2019年硕士学位论文。

额，就其超额负担部分向另一方主张追偿权。

《婚姻家庭编解释（一）》第 69 条第 2 款也规定："当事人依照民法典第一千零七十六条签订的离婚协议中关于财产以及债务处理的条款，对男女双方具有法律约束力。登记离婚后当事人因履行上述协议发生纠纷提起诉讼的，人民法院应当受理。"即离婚后，夫妻一方承担共同债务后，可以向另一方追偿垫付款。这种追偿可以基于人民法院的生效法律文书，也可以基于夫妻双方合法有效的离婚协议。在婚姻关系内部，夫妻一方承担夫妻共同债务之后，有权向另一方追偿相应的财产价值或数额。该追偿权表现为：在夫妻离婚后（时），清偿者可以就其超出承担责任的部分进行追偿。离婚协议或人民法院的生效判决是夫妻一方行使追偿权的依据和标准。① 例案二中，法院认为：一方就共同债务承担连带清偿责任后，基于离婚协议或者人民法院的法律文书向另一方主张追偿的，人民法院应当支持。例案三中，法院亦认为：对于夫妻双方合法有效的离婚协议，夫妻双方应受其意思表示的约束。该案中，夫妻双方签订的离婚协议系双方在平等、自愿的原则下签订，该离婚协议合法有效。协议中约定夫妻关系存续期间的所有债务由夫妻一方承担，内容真实有效，其应受自己真实意思表示的约束。但需要注意的是，夫妻双方签订的离婚协议对内对外的效力是不同的，对于夫妻双方来说，因为是其真实意思表示，所以对夫妻双方具有约束力。但合法有效的离婚协议对债权人有效与否应视具体情况而定。夫妻双方对共同债务负连带清偿责任，可以最大程度上保护债权人的利益，防止夫妻双方恶意串通欺骗债权人，促进了财产交易的安全性。基于这种理论和理由，无论婚姻关系存续期间还是婚姻关系解除后，夫妻如何协议分割财产，甚至经人民法院的判决书、调解书、裁定书对夫妻财产进行分割处理的，仍然不能改变夫妻双方对共同债务的连带清偿责任。

综上所述，《婚姻家庭编解释（一）》第 35 条的规定基本认同了《民法典》第 1089 条夫妻对共同债务负连带清偿责任的规定，并且进一步阐述了夫妻双方关于内部协议中涉及共同债务的问题。根据《婚姻家庭编解释（一）》第 35 条第 2 款可知，夫妻双方享有追偿权，即一方超额履行连带清偿责任后，可以离婚协议或者人民法院的法律文书为依据向另一方追偿。②

---

① 参见冉克平：《论夫妻共同债务的类型与清偿——兼析法释［2018］2 号》，载《法学》2018 年第 6 期。

② 参见陈圆圆：《夫妻共同债务的认定与清偿研究》，华东政法大学 2018 年硕士学位论文。

（二）夫妻一方可以“追偿权纠纷”为由行使追偿权

1. 民事案件案由确定的原则

民事案件的案由，是民事诉讼案件的名称，反映案件所涉及的民事法律关系的性质。人民法院将诉讼争议所包含的法律关系进行概括，使其具有一些基本属性，如概括性、直接性和关联性。确定案由的目的是将案件的性质进行提炼、概括，让当事人和法官通过案由就知道该案的基本性质，从而对案件有一个初步的了解，也为案件的审理提供了方向。如果案由过大就不能突出重点，案由过小则不能反映全貌。民事案件案由应当依据当事人主张的民事法律关系的性质来确定。

2011 年 4 月 1 日施行的《民事案件案由规定》①规定：一审法院在立案和审判过程中，应当根据诉争的民事法律关系的性质，先从《民事案件案由规定》列出的第四级案由中选择；第四级案由没有规定的，依次类推，则适用第三级案由；再没有，则可以直接适用第二级案由，直至第一级案由。“追偿权纠纷”与“离婚后财产纠纷”均为第三级案由。所以从案由级别来讲在适用上没有先后顺序之分，那么此时需要考虑的就是究竟哪一个作为案由更能体现案件所涉及的法律关系的性质。

从案情来看，“离婚后，夫妻一方承担共同债务后，向另一方追偿垫付款”，即夫妻双方作为一个团体向第三人清偿债务后的内部追偿行为。由此可见，这不仅是离婚后财产纠纷，若以“离婚后财产纠纷”为案由范围过于宽泛，不能体现案件所反映的法律关系的性质，“追偿权纠纷”则与案件的关联性更强，对此类案件能够进行更好地提炼与概括。

实践中，各地法院对案由问题的认识不同。因此，同样的案情，以“离婚后财产纠纷”为案由与以“追偿权纠纷”为案由的案件数量几乎各占一半。如在“尤某与刘某离婚后财产纠纷［（2019）新 0103 民初 11036 号］判决书中写道：“双方离婚时，除需对婚姻关系存续期间共同财产进行分割外，还应当对债务的分担问题进行约定，若未进行约定，双方离婚后夫妻一方因履行债务向另一方主张追偿权产生争议的，应当按照离婚后财产纠纷法律关系审理。”该法院认为，如果离婚时夫妻双方没有对债务分担问题进行约定，则离婚后夫妻一方因履行债务向另一方主张追偿权应以“离婚后财产纠纷”为案由。然而在例案一中，同样的案情，法院认为“原告

① 2008 年的《民事案件案由规定》中没有“追偿权纠纷”这一案由，2011 年修改的《民事案件案由规定》将“追偿权纠纷”加上，2020 年修改对此未做变动。

向被告追偿垫付款，立案时案由定为离婚后财产纠纷不妥，应更正为追偿权纠纷”。由此可见，实践中对案由的适用并不完全统一，《民事案件案由规定》也只是列举了迄今为止出现的案由，作了原则性的规定，但并未说明何种案情适用何种案由。

从笔者搜集研究的案件来看，无论是以“追偿权纠纷”还是以“离婚后财产纠纷”为案由，对案件的审判并无实质性的影响，但是会对司法研究和学习产生一定的阻碍。

综上所述，离婚后，夫妻一方承担共同债务后，可以追偿权纠纷为案由向另一方追偿垫付款，但并不是绝对必须以“追偿权纠纷”为案由，其只是行使权利的方式之一。

2. 追偿权的适用范围

虽然夫妻债务发生在婚姻法领域，但由于其本身属于债的范畴，故关于其性质的界定仍应从债法的视角予以观察。[①] 从整个民法体系来看，我国民法上的多数人债务体系只承认连带债务和按份债务两种形态。《民法通则》第 86 条、第 87 条只规定了按份债务和连带债务。2017 年颁布的《民法总则》[②]第 177 条、第 178 条维持了按份债务与连带债务二分法。《民法典》第 307 条更是从根本上否认了在《民法通则》所规定的两种多数人债务形态之外另设形态的可能性。按照《民法典》第 307 条的规定，除非法律另有规定或者第三人知道的例外情形，均应按连带债务处理。然而《民法典》对此并未作出特别的规定。《民法典》第 1089 条仅规定：“离婚时，夫妻共同债务应当共同偿还。共同财产不足清偿或者财产归各自所有的，由双方协议清偿；协议不成的，由人民法院判决。”对其作进一步解释的《婚姻家庭编解释（一）》第 35 条第 2 款也只规定了“一方就夫妻共同债务承担清偿责任后，主张由另一方按照离婚协议或者人民法院的法律文书承担相应债务的，人民法院应予支持。”唯一明确的是夫妻双方需要对共同债务承担连带清偿责任，即夫妻双方负同一债务，对于债权人各负全部给付之责任。从而，夫妻共同债务的清偿在我国民法体系上更接近连带债务。夫妻共同债务规范体系包括两个方面的内容：首先是夫妻作为一个共同体与债权人的外部关系，以夫妻双方所负担的清偿责任为核心；其次是夫妻之间的内部关系，以追偿权为核心。内部追偿关系是夫妻共同债务规范体系的重要组成部分。因此，对夫妻共同债务清偿的性质认定和处理

---

① 参见田韶华：《论共同财产制下夫妻债务的清偿》，载《法律科学（西北政法大学学报）》2019 年第 5 期。

② 参见《民法典》总则编。

不应局限于婚姻法领域,以至于因婚姻关系而受到诸多限制,应同时从债法视角予以考察。

夫妻间的追偿关系源于夫妻一方对外承担了超过依据其内部关系应该承担的责任份额。《婚姻家庭编解释(一)》第35条明确规定,夫妻一方就共同债务承担清偿责任后,可以基于离婚协议或者人民法院的法律文书向另一方追偿。然而,在笔者搜集研究的案件中有这样一例特殊的判决:在"王某、张某离婚后财产纠纷"[(2017)粤06民终3792号]一案中,法院判决这样写道:"追偿权纠纷仅包含担保责任追偿权和合伙债务追偿权,本案是当事人因离婚引起的财产纠纷,故本案案由应定性为离婚后财产纠纷。"案由为何前文已有论述,此处单论判决书对追偿权纠纷的适用范围定义,法院认为追偿权纠纷只能适用于担保责任追偿与合伙债务追偿,此范围似过于狭窄。《民事案件案由规定》并未对何种案由应适用何种案件作出规定,《民法典》只在第178条规定"实际承担责任超过自己责任份额的连带责任人,有权向其他连带责任人追偿",并未表示追偿权纠纷不可发生于夫妻之间。离婚后,夫妻一方承担共同债务后,夫妻作为一个团体的对外债务已经清偿,与此同时,在夫妻内部形成了新的债权债务关系。内部追偿关系是夫妻共同债务规则体系的重要组成部分,有利于夫妻内部的利益平衡与公平,其实质是夫妻一方对于另一方的追偿权行使,此种表述较"离婚后财产纠纷"要更为精确。

综上所述,夫妻共同债务的清偿是夫妻双方和债权人之间的债务履行关系,而追偿是夫妻间在债务清偿后的内部分担问题。我国司法解释明确规定,已经超额履行债务的夫或者妻享有针对另一方配偶的追偿权及追偿权行使。[①] 因此,追偿权纠纷可以适用于离婚后夫妻一方承担共同债务后向另一方追偿垫付款的情形。

四、辅助信息

高频词条:

《民法典》

第1089条 离婚时,夫妻共同债务应当共同偿还。共同财产不足清偿或者财产归各自所有的,由双方协议清偿;协议不成的,由人民法院判决。

《民法典婚姻家庭编解释(一)》

第35条 当事人的离婚协议或者人民法院生效判决、裁定、调解书已经对夫

---

① 参见亢召琼:《夫妻共同债务的认定及清偿研究》,西南政法大学2016年硕士学位论文。

妻财产分割问题作出处理的，债权人仍有权就夫妻共同债务向男女双方主张权利。

一方就夫妻共同债务承担清偿责任后，主张由另一方按照离婚协议或者人民法院的法律文书承担相应债务的，人民法院应予支持。

第69条第2款 当事人依照民法典第一千零七十六条签订的离婚协议中关于财产以及债务处理的条款，对男女双方具有法律约束力。登记离婚后当事人因履行上述协议发生纠纷提起诉讼的，人民法院应当受理。

夫妻共同债务纠纷案件裁判规则第19条：

非经审判程序确认，在执行阶段不得直接追加债务人配偶为被执行人

〔**规则描述**〕：审判程序，是指人民法院审理案件适用的程序，可以分为一审程序、二审程序和审判监督程序。执行阶段，是指执行生效法律文书的阶段，与审判程序紧密联系却又相互区别。审判程序的主要任务是查明事实、分清是非、确认当事人之间的权利义务关系或者确认一定的事实状态，并在此基础上作出裁判，执行阶段则以实现生效法律文书确定的内容为主要任务。

司法实践中，常常发生债权人在起诉时，只起诉夫或妻一方的情形，法院也仅仅判决了夫或妻一方承担还款责任，而对于是否属于夫妻共同债务，以及是否应由夫妻双方共同承担还款责任的问题，审判阶段既没有认定也没有作出判决。但是，债权人在执行阶段，常常要求执行法官追加债务人配偶或原配偶为被执行人。执行程序中追加被执行人，意味着直接通过执行程序确定由生效法律文书列明的被执行人以外的人承担实体责任，对各方当事人的实体和程序权利将产生极大影响。因此，追加被执行人必须遵循法定主义原则，即应当限于法律和司法解释明确规定的追加范围，既不能超出法定情形进行追加，也不能直接引用有关实体裁判规则进行追加。没有经过审判程序的确认，在执行阶段不允许认定债务是否为夫妻共同债务，也不能在执行阶段直接追加债务人配偶或原配偶为被执行人，申请执行人可以通过其他法定程序行使权利。

一、类案检索大数据报告

数据采集时间：2020年2月25日；案例来源：中国裁判文书网；案件数量：97件。本次检索获取2020年2月25日前共97篇裁判文书。案件裁判结果分布情况如图19－1所示，从能否在执行阶段直接追加债务人配偶为被执行人的角度来看，不可以追加案件77件，占比约79.38%；可以追加案件9件，占比约9.28%；重复或不相关案件11件，占比约11.34%。

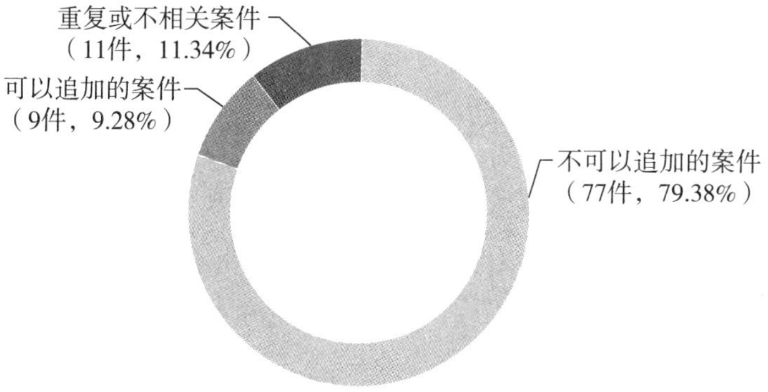

图 19－1　案件裁判结果分布情况

如图 19－2 所示，从案件年份分布情况可以看出当前条件下案件数量的变化趋势。

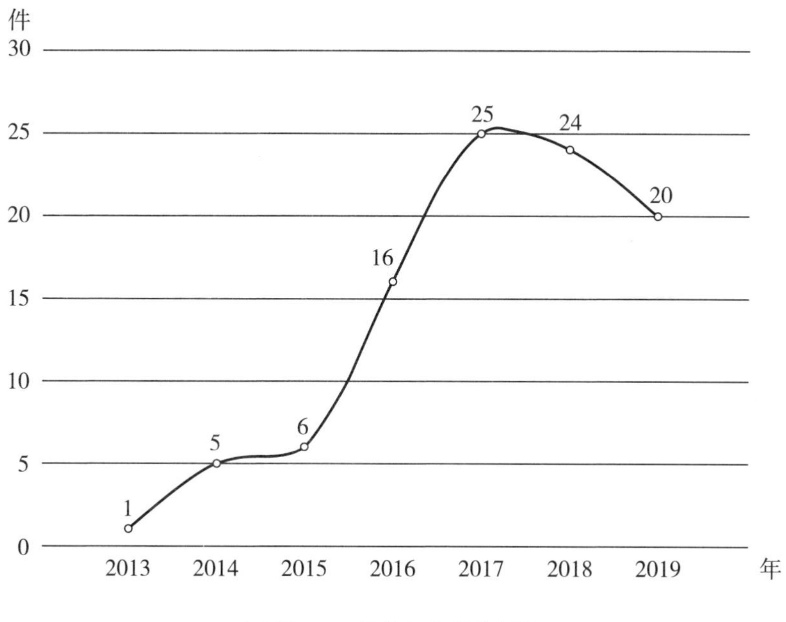

图 19－2　案件年份分布情况

如图 19－3 所示，从案件地域分布情况来看，当前条件下案件主要集中在广东省、福建省、辽宁省、河北省、湖南省，其中广东省的案件数量最多，达到 39 件，占比约 40.21%。

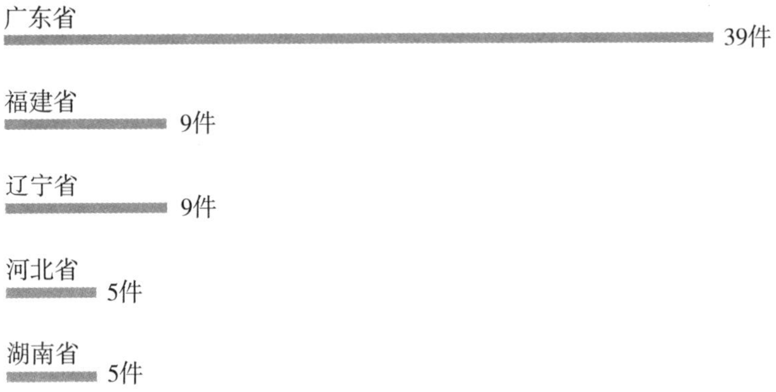

图 19－3 案件主要地域分布情况

如图 19－4 所示，从案件案由分类情况可以看出，当前条件下案件的案由分布由多至少分别是合同、无因管理、不当得利纠纷 64 件，占比约 65.98%；其他案由纠纷 14 件，占比约 14.43%；知识产权与竞争纠纷 9 件，占比约 9.28%；侵权纠纷 8 件，占比约 8.25%；与公司、证券、保险、票据有关的案件纠纷 1 件，占比约 1.03%；刑事纠纷 1 件，占比约 1.03%。

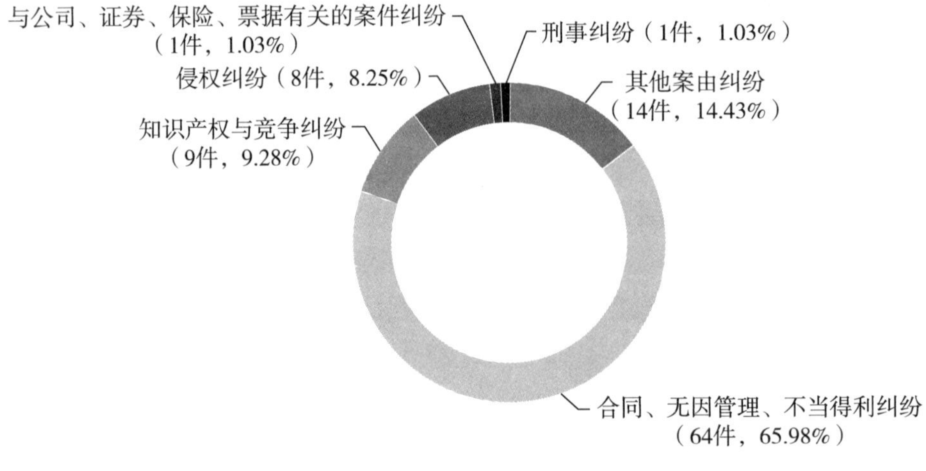

图 19－4 案件案由分类情况

如图 19－5 所示，从案件审理程序分布情况可以看出，当前条件下案件的审理程序分布由多至少分别是执行审查案件 95 件，占比约 97.94%；执行实施案件 2 件，占比约 2.06%。

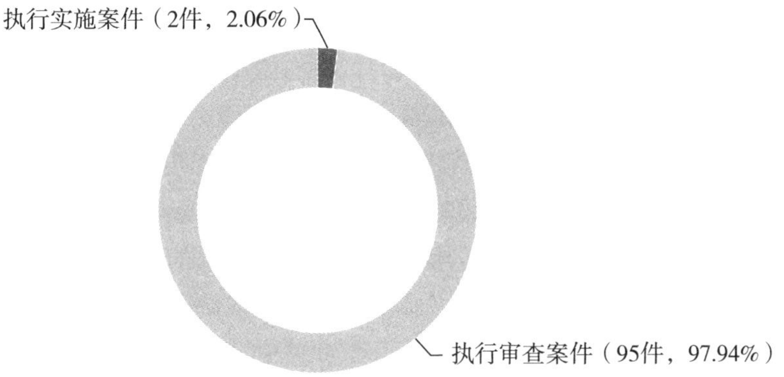

图 19－5　案件审理程序分布情况

二、可供参考的例案

例案一　上海瑞新恒捷投资有限公司与保定市满城振兴化工厂、王某军合同纠纷、申请承认与执行法院判决、仲裁裁决案

【法院】

最高人民法院

【案号】

（2015）执申字第111号

【当事人】

申诉人（申请执行人）：上海瑞新恒捷投资有限公司

被执行人：保定市满城振兴化工厂

被执行人：王某军

利害关系人：吴某霞

【基本案情】

保定市满城振兴化工厂（以下简称振兴化工厂）于1999年11月3日成立，企业类型为私营企业，负责人为王某军，企业于2008年6月6日注销。

王某军、吴某霞于1983年4月10日结婚，于2010年6月11日离婚，离婚协议内容为：王辛庄村老宅基上北方5间及房内生活用具归王某军所有，王某军个人债务由王某军负担；保定拜耳凯生化有限公司的股东为吴某霞，王某军自愿放弃分割股权，股权全归吴某霞所有；奥迪轿车（车牌号为冀F×××××）归吴某霞所有；

吴某霞个人债务由吴某霞个人负担。

2013年10月26日，上海瑞新恒捷投资有限公司（以下简称上海瑞新）向兰州市中级人民法院申请追加王某军、吴某霞为被执行人。兰州市中级人民法院于2013年12月30日作出（2013）兰法执追字第4号执行裁定：(1)追加王某军为本案被执行人；(2)驳回追加吴某霞为被执行人的申请。

上海瑞新不服兰州市中级人民法院驳回其追加吴某霞为被执行人的申请，提出执行异议称：振兴化工厂的债务是在王某军和吴某霞婚姻关系存续期间发生，系共同债务。请求撤销（2013）兰法执追字第4号执行裁定第(2)项，追加吴某霞为本案被执行人。

兰州市中级人民法院认为，王某军以其全部财产对振兴化工厂的债务承担责任，该债务形成于吴某霞与王某军婚姻关系存续期间，因此，依据《婚姻法解释（二）》第24条①等相关规定，于2015年3月10日作出（2014）兰执异字第19号执行裁定：(1)撤销（2013）兰法执追字第4号执行裁定第(2)项；(2)追加吴某霞为本案被执行人。

王某军、吴某霞均不服上述异议裁定，向甘肃省高级人民法院申请复议。

王某军申请复议的主要事由为：（2005）兰法民二初字第182号民事判决存在程序违法情形；上海瑞新是否是适格债权人有待确定；振兴化工厂未与兰化有机厂发生过买卖合同关系；振兴化工厂自注销登记至上海瑞新申请执行已超过5年除斥期间。综上所述，请求撤销兰州市中级人民法院（2013）兰法执追字第4号执行裁定。

吴某霞申请复议的主要事由为：本案债务为个人独资企业经营欠款，不属于夫妻共同债务；该企业没有利润，收入也未用于共同生活；吴某霞与王某军离婚前，两人经济早已独立；吴某霞离婚时不知道存在本案纠纷；该债权已过诉讼时效；离婚时明确约定婚姻存续期间个人债务由个人承担；分割共同财产没有规避债务的恶意；在执行程序中将吴某霞直接追加为被执行人没有法律依据。综上所述，请求撤销（2014）兰执异字第19号执行裁定。

甘肃省高级人民法院认为：（2014）兰执异字第19号执行裁定追加吴某霞为被执行人，与王某军无关。王某军不服该裁定，应向执行法院提出执行异议，而不能直接向上级人民法院申请复议。王某军复议申请不属于审查范围，不予审查。《民

① 参见《民法典》第1064条第2款。

事诉讼法》和最高人民法院相关司法解释均未规定执行程序中可以根据属于夫妻共同债务而直接追加被执行人的配偶为被执行人，兰州市中级人民法院依据婚姻法司法解释的实体性裁判规则追加吴某霞为本案被执行人不当，应告知当事人另诉解决。综上所述，甘肃省高级人民法院于2015年7月24日作出(2015)甘执复字第9号执行裁定：撤销兰州市中级人民法院(2014)兰执异字第19号执行裁定。

上海瑞新不服甘肃省高级人民法院上述复议裁定，向最高人民法院申请执行监督，主要理由为：振兴化工厂债务应当由王某军承担，该债务属于王某军与吴某霞婚姻存续期间的共同债务，根据《婚姻法》第19条①、《婚姻法解释(二)》第24条②的规定，应当追加吴某霞为本案被执行人。综上所述，请求撤销甘肃省高级人民法院(2015)甘执复字第9号执行裁定。

【案件争点】

执行程序中能否以王某军所负债务属夫妻共同债务为由追加吴某霞为被执行人。

【裁判要旨】

最高人民法院经审查认为，执行程序中追加被执行人，意味着直接通过执行程序确定由生效法律文书列明的被执行人以外的人承担实体责任，对各方当事人的实体和程序权利将产生极大影响。因此，追加被执行人必须遵循法定主义原则，即应当限于法律和司法解释明确规定的追加范围，既不能超出法定情形进行追加，也不能直接引用有关实体裁判规则进行追加。从现行法律和司法解释的规定看，并无关于在执行程序中可以追加被执行人的配偶或原配偶为共同被执行人的规定，申请执行人上海瑞新根据《婚姻法》及婚姻法司法解释等实体裁判规则，以王某军前妻吴某霞应当承担其二人婚姻关系存续期间之共同债务为由，请求追加吴某霞为被执行人，甘肃省高级人民法院因现行法律或司法解释并未明确规定而裁定不予追加，并无不当，上海瑞新的申诉请求应予驳回。但是，法院驳回上海瑞新的追加请求，并非对王某军所负债务是否属于夫妻共同债务或者吴某霞是否应承担该项债务进行认定，上海瑞新仍可以通过其他法定程序进行救济。

---

① 参见《民法典》第1065条。

② 参见《民法典》第1064条第2款。

例案二 | 刘某锋、晋某彪执行审查复议案

【法院】

青海省高级人民法院

【案号】

(2018)青执复5号

【当事人】

复议申请人(追加被执行人):刘某玲

被申请人(申请执行人):刘某锋

被执行人:晋某彪

【基本案情】

刘某玲与刘某锋、晋某彪合伙协议纠纷一案,被告晋某彪不服西宁市中级人民法院作出的(2014)宁民一初字第60号民事判决,提出上诉。2014年11月13日,法院公开开庭审理了本案,并依法作出(2014)青民一终字第92号民事判决书,判决维持一审法院(2014)宁民一初字第60号民事判决中的第一项即解除晋某彪、杨某炜、刘某锋的合伙协议,第三项驳回刘某锋的其他诉讼请求;撤销第二项即晋某彪给付刘某锋投资款及利润1,020,970元。判决晋某彪给付刘某锋投资款及利润973,006元。

因被执行人晋某彪未履行法律文书确定的义务,申请执行人刘某锋申请强制执行。在执行过程中,2016年4月25日异议人刘某锋向西宁市中级人民法院提出执行异议,认为三人合伙期间,晋某彪私自支取货款100余万元,于2013年10月与刘某玲共同购买房屋一套。2014年3月14日,刘某锋向西宁市中级人民法院起诉晋某彪后,两人于2014年3月27日起诉离婚,离婚后又转移房产,故请求西宁市中级人民法院追加刘某玲为共同被执行人。西宁市中级人民法院经审查作出(2016)青01执异30号执行裁定书,认为晋某彪所负债务形成于婚姻关系存续期间,且其没有证据证明双方在婚姻关系存续期间形成的债务由其一人承担,故晋某彪所负债务为夫妻共同债务,刘某玲应当对其婚姻关系存续期间形成的债务承担连带清偿责任。异议人申请追加刘某玲为被执行人的理由成立。

刘某玲不服(2016)青01执异30号执行裁定书,向青海省高级人民法院提出复议申请。人民法院审查后,于2016年6月16日作出(2016)青执复13号执行裁定书,撤销(2016)青01执异30号执行裁定书,发回西宁市中级人民法院重新作出

裁定。西宁市中级人民法院经审查后，于 2016 年 8 月 15 日作出(2016)青 01 执异 37 号执行裁定书，裁定:(1)追加第三人刘某玲为被执行人。(2)被执行人刘某玲应在裁定生效之日起立即向刘某锋清偿债务 998,146.64 元。

刘某玲不服裁定，向西宁市中级人民法院提起案外人异议之诉，西宁市中级人民法院经审理后，作出(2016)青 01 民初 314 号民事判决书，维持(2016)青 01 执异 30 号执行裁定书。

刘某玲不服判决提出上诉，青海省高级人民法院审理后，作出(2017)青民终 39 号民事裁定书，认为一审法院适用法律错误，撤销(2016)青 01 民初 314 号民事判决书，发回西宁市中级人民法院重新审理。西宁市中级人民法院重新审理后，作出(2017)青 01 民初 86 号民事裁定书，裁定驳回起诉，刘某玲不服判决提出上诉，该上诉请求被驳回。之后，西宁市中级人民法院作出(2016)青 01 执监 5 号执行裁定。

复议申请人认为:(1)裁定查明晋某彪与申请人在婚姻存续期间的经营性收入用于家庭生活无证据证明。(2)追加申请人为被执行人无法律规定更无追加依据，根据最高人民法院 2018 年 1 月 8 日颁布的《夫妻债务纠纷解释》第 3 条①的规定，“夫妻双方共同签字或者夫妻一方事后追认等共同意思表示所负的债务，应当认定为夫妻共同债务。”申请人对刘某锋与晋某彪纠纷案所涉财产一无所知，夫妻双方并未共同签字认可。最高人民法院发布的案例，明确申请执行人不得以被执行人所负债务属夫妻共同债务为由，请求执行程序中追加被执行人的配偶为被执行人。(3)追加无法律依据。《民事执行中变更、追加当事人的若干规定》中对关于配偶可以或应当追加为被执行人未作任何规定。西宁市中级人民法院作出的(2016)青 01 执监 5 号执行裁定书存在事实错误，适用法律错误，程序违法。故请求依法撤销该执行裁定书。

【案件争点】

追加第三人刘某玲为本案被执行人是否正确。

【裁判要旨】

青海省高级人民法院经审查认为，《民事执行中变更、追加当事人的若干规定》中明确，追加变更被执行人必须符合法定条件，对关于夫妻离婚后其配偶可以或应当追加为被执行人未作规定。执行程序中追加被执行人，意味着直接通过执行程

---

① 参见《民法典》第 1064 条。

序裁定由生效法律文书确定的被执行人以外的第三人承担实体责任。最高人民法院颁布的《夫妻债务纠纷解释》第3条规定,"夫妻双方共同签字或者夫妻一方事后追认等共同意思表示所负的债务,应当认定为夫妻共同债务"。本案中,是否认定为夫妻共同债务并由第三人承担债务,必须经过实体审理才能确定。因此,申请执行人不得以被执行人所负债务属夫妻共同债务为由,请求执行程序中追加被执行人的配偶为被执行人。综上所述,西宁市中级人民法院(2016)青01执监5号执行裁定书适用法律错误。复议人的复议理由成立,法院予以支持。

例案三 | 罗某君、罗某强等与王某燕等合同纠纷执行案

【法院】

广东省高级人民法院

【案号】

(2016)粤执复206号

【当事人】

复议申请人(利害关系人):潘某英

复议申请人(被执行人):杨某华

申请执行人:罗某君

申请执行人:罗某强

被执行人:王某燕

【基本案情】

罗某君、罗某强与杨某华、王某燕股权转让纠纷一案,深圳仲裁委员会于2012年11月29日作出(2012)深仲裁字第851号仲裁裁决,裁决内容为:(1)杨某华、王某燕向罗某君、罗某强支付股权转让款3,574,000元;(2)仲裁费55,316元,由杨某华、王某燕承担49,784.4元,罗某君、罗某强承担5,531.6元。该裁决已发生法律效力。因被执行人未自动履行生效法律文书所确定的义务,申请执行人罗某君、罗某强向深圳市中级人民法院申请强制执行。执行过程中,罗某君、罗某强申请追加潘某英为被执行人,深圳市中级人民法院经审查,作出(2015)深中法执加字第6号执行裁定,裁定追加潘某英为被执行人。潘某英、杨某华不服,提出执行异议,请求撤销(2015)深中法执加字第6号执行裁定,中止对潘某英财产的执行。

潘某英与杨某华于1993年8月16日登记结婚,本案债务发生在潘某英与杨

某华婚姻关系存续期间。

【案件争点】

执行程序中能否以夫妻一方所负债务属夫妻共同债务为由追加其配偶为被执行人。

【裁判要旨】

广东省高级人民法院经审查认为，在执行程序中追加被执行人，即直接通过执行程序裁定由生效法律文书确定的债务人以外的人承担实体责任，应遵循法定主义原则，必须有明确的法律依据。应当限于法律和司法解释明确规定的追加情形，既不能超出法定范围进行追加，也不能直接引用有关实体法裁判规则进行追加。从现行法律和司法解释的规定看，并无关于在执行程序中可以追加被执行人的配偶或原配偶为共同被执行人的规定。深圳市中级人民法院在本案执行中，依申请执行人的申请，根据《婚姻法》及婚姻法司法解释等实体法规定，裁定追加潘某英为本案的被执行人不当，应予撤销。复议申请人关于在执行中追加潘某英为被执行人无法律依据的复议理由成立，法院予以采纳。法院撤销追加潘某英为被执行人的执行裁定，并非对杨某华所负本案债务是否属于夫妻共同债务或者潘某英是否应承担该项债务进行认定，申请执行人仍可以通过其他法定程序主张权利。

三、裁判规则提要

（一）非经审判程序确认，执行阶段不得直接追加债务人配偶或原配偶为被执行人

1. 执行阶段直接追加债务人配偶或原配偶为被执行人没有法律依据

执行阶段直接追加债务人配偶或原配偶为被执行人与执行法定主义原则不符。追加被执行人是生效法律文书确定的权利义务内容及主体基础在执行环节的扩张，其在实体上对第三人的权益将产生重大影响，因此应当严格限定于法律、司法解释明确规定的情形，避免随意扩大变更、追加范围。同时执行权具有公权性质，应当遵循公权行使的一般原则即“法无授权皆禁止”。[①] 目前，我国规定可以追加被执行人的法律依据只有《民事诉讼法》、《民事诉讼法若干意见》、《民事执行中变更、追加当事人的若干规定》和《关于规范执行行为的通知》，而在这些现行法律

---

① 参见王鑫：《裁判规则不属执行权的授权性规定：案件执行不应直接追加债务人配偶为被执行人》，载《人民法院报》2015年2月10日，第3版。

和司法解释中，并无关于在执行程序中可以追加被执行人的配偶或原配偶为共同被执行人的规定，因此，执行阶段直接追加债务人配偶没有法律授权依据。

2016年11月7日最高人民法院公布了《民事执行中变更、追加当事人的若干规定》，该规定在1998年颁布实施的最高人民法院《关于人民法院执行工作若干问题的规定（试行）》的基础上对民事执行阶段当事人的变更、追加作出了更加系统、明确的规范，确立了执行程序当事人变更、追加的法定原则。2016年的《民事执行中变更、追加当事人的若干规定》规定了可以变更、追加申请执行人的9种情形、变更或追加被执行人的18种情形、仅可以变更或追加（择一）被执行人的3种情形以及无须变更、追加被执行人即可直接执行相关主体财产的6种情形。[①] 可清楚看出：可以变更或追加被执行人的情形并不包括基于婚姻关系变更或追加债务人的配偶或原配偶为被执行人，在变更、追加被执行人过程中可提起执行异议之诉的相关主体亦不包括债务人配偶一方。《民事执行中变更、追加当事人的若干规定》也未将申请执行人变更或追加债务人的配偶为共同被执行人列入可变更、追加的情形。

例案二中，青海省高级人民法院认为"《民事执行中变更、追加当事人的若干规定》中明确，变更、追加被执行人必须符合法定条件，对关于夫妻离婚后其配偶可以或应当追加为被执行人未作规定"。即使《民事执行中变更、追加当事人的若干规定》本身没有明确执行程序当事人变更、追加应当适用法定原则，但最高人民法院2016年11月22日公布的《关于规范执行行为的通知》指出："在执行程序中直接变更、追加被执行人的，应严格限定于法律、司法解释明确规定的情形。各级人民法院应严格依照即将施行的《最高人民法院关于民事执行中变更、追加当事人若干问题的规定》，避免随意扩大变更、追加范围。"由此可知，从现行法律和司法解释的规定来看，我国并没有在执行阶段直接追加债务人配偶或原配偶为被执行人的规定，即并没有法律授权依据。

2. 执行阶段直接追加债务人配偶或原配偶为被执行人违反了"审执分离"原则、混淆了裁判与执行规则

毋庸置疑，审判与执行既紧密联系，又相互区别。民事责任主体及责任具体内容的确定，应当通过诉讼或仲裁程序解决，执行权不能代替行使审判权、裁决权。

---

① 周雪丽：《从追加执行新规实证分析执行程序能否追加配偶为被执行人》，载110法律咨询网2019年7月12日，http://www.110.com/ziliao/article-787497.html。

执行过程中被执行人的变更、追加是对于生效法律文书既判力的扩张，是当生效法律文书确定的义务主体不能履行义务时，人民法院裁定第三人成为新的执行当事人行使权利、承担义务的司法活动。执行阶段直接追加债务人配偶为被执行人突破了既判力主观、客观范围的相对性。[①] 最高人民法院《关于能否在执行程序中确定夫妻共同债务的答复》[（2012）执他字第 8 号]中指出，对于是否属于夫妻共同债务，属实体问题，在涉案生效判决并未明确的情况下，不应通过执行程序直接确定为夫妻共同债务。是否属于夫妻共同债务以及是否应由夫妻双方共同承担还款责任属于实体问题，应在审判程序中通过审理确定。而在执行阶段以债务是婚姻关系存续期间发生的，就依据实体法的相关规定认定其系夫妻共同债务而裁定追加另一方为被执行人，直接改变了生效法律文书确定的义务主体，属于以执代审，不符合变更、追加被执行主体的法律规定，违反了审执分离原则。

依据《婚姻法解释（二）》第 24 条[②]的规定在执行阶段直接追加债务人配偶为被执行人，混淆了裁判与执行规则。2016 年 3 月 3 日，最高人民法院审判委员会副部级专职委员杜万华大法官接受记者采访，明确表达了不得在执行阶段认定夫妻共同债务，也不得在执行程序中追加配偶为被执行人的立场。他认为，债权人向法院申请执行阶段追加债务人配偶为被执行人，有的基层法院直接引用《婚姻法解释（二）》第 24 条和《婚姻法》的规定，把未参加诉讼的债务人配偶直接追加为被执行人，这显然不合适。制定这个司法解释本身就是司法审判的裁判标准，夫妻共同债务的认定只能在审判阶段不能在执行阶段。[③]《婚姻法解释（二）》第 24 条是裁判规则，而不是执行规则，夫妻共同债务应当通过审判程序来认定，而不能在执行阶段认定。如例案三中广东省高级人民法院认为：“在执行程序中追加被执行人，即直接通过执行程序裁定由生效法律文书确定的债务人以外的人承担实体责任，应遵循法定主义原则，必须有明确的法律依据。即应当限于法律和司法解释明确规定的追加情形，既不能超出法定范围进行追加，也不能直接引用有关实体法裁判规则进行追加。”例案一中最高人民法院也有此种表述。

在我国，执行权由法院行使，审判程序与执行程序密不可分，执行权是审判权

---

① 参见邱星美：《执行权与审判权之界域研究——以执行救济为中心》，中国政法大学 2016 年博士学位论文。

② 第 1 款参见《民法典》第 1064 条第 2 款，第 2 款、第 3 款参见《民法典婚姻家庭编解释（一）》第 34 条。

③ 参见王春霞、罗书臻：《家事审判改革为相关立法提供实践依据——专访最高人民法院审判委员会专职委员杜万华》，载《人民法院报》2016 年 3 月 3 日，第 1 版。

的衍生权能，[①]因此，也需遵守审、执一致原则。审、执一致性即依据生效法律文书的裁判结果而执行，判什么执什么，判多少执多少。一方面，执行需要有法律依据；另一方面，执行也需要有生效法律文书作为依据。人民法院的强制执行需要以生效的法律文书为基础，生效的法律文书确定的权利义务是执行的依据和内容，执行不能超出法律文书，否则将失去合法基础。一般而言，审判程序是执行程序的前提和基础，执行程序则是审判程序的后续和保障。没有审判程序，执行程序往往无从谈起，而没有执行程序，生效裁判所确定的内容往往无法实现。人民法院通过审判程序查明事实、分清是非，依法确认民事权利义务关系；通过执行程序实现生效裁判，从而将对当事人合法权益的确认与实现有机地结合起来，并彻底解决纠纷。因此，生效法律文书没有判令债务人配偶或原配偶承担债务，却在执行中直接追加债务人配偶为被执行人，缺乏执行依据，违反了审、执一致原则。

3. 执行阶段直接追加债务人配偶或原配偶为被执行人损害了债务人配偶或原配偶的合法权益

绕过审判程序直接在执行阶段追加债务人配偶为被执行人，不仅可能极大地损害债务人配偶的实体权利，而且不利于保护其诉讼权利，对债务人配偶来说是不公平的。杜万华大法官表示："在 2015 年 12 月召开的第八次全国法院民事商事审判工作会议上，我们专门强调，夫妻共同债务应当通过审判程序来认定，不能由执行程序认定。因为如果夫妻共同债务可以通过执行程序认定，那没有参加诉讼的配偶一方就失去了利用一审、二审和审判监督程序维护自己合法权益的机会，这是不公平的。我们认为，在执行过程中，被追加为被执行人的夫妻一方认为不能执行自己的财产，有权依法提出执行异议。"与此同时，在执行中不予追加被执行人配偶，可以促使原告在主张权利时认真考虑诉讼主张，更全面地在诉讼中解决民事责任主体问题，将民事责任的确定归入普通审判程序中，即当事人主张什么法院就判什么，执行也限定在当事人起诉时的主张范围内，以符合"无请求无判决、无判决无执行"的诉讼法理念。[②]

---

① 参见邱星美：《执行权与审判权之界域研究——以执行救济为中心》，中国政法大学 2016 年博士学位论文。

② 参见邱星美：《执行权与审判权之界域研究——以执行救济为中心》，中国政法大学 2016 年博士学位论文。

（二）司法实践中允许执行阶段直接追加债务人配偶为被执行人的案件案情分析

追加被执行人，意味着将已经生效判决确定的权利义务扩张至未经对抗程序的第三人，不应是“常规之举”，而应是“例外之策”。[①] 在笔者搜集整理的 97 件案件中，有 9 件案子的法院判决允许在执行阶段直接追加债务人配偶为被执行人，分为两种情形：其一，追加配偶为被执行人的判决在《民事执行中变更、追加当事人的若干规定》施行前作出，而该司法解释不具有溯及力，不能作为评判该司法解释施行之前的执行行为的法律依据。例如“邹某娟、康某陵合伙协议纠纷执行审查案”［（2019）赣 08 执异 7 号］，法院认为：“《民事执行中变更、追加当事人的若干规定》于 2016 年 12 月 1 日开始施行，明确了执行程序中，变更或者追加第三人为申请执行人或被执行人的相关情形。该司法解释不具有溯及力，不能作为评判该司法解释施行之前的执行行为的法律依据。”其二，《民事执行中变更、追加当事人的若干规定》未施行前，各地法院判决不统一，部分法院认为该债务为夫妻共同债务，根据《婚姻法解释（二）》第 24 条[②]与《婚姻法》第 19 条第 3 款[③]的规定，可以在执行阶段追加债务人配偶为被执行人。其中，2014 年此类判决占 3 例，2015 年占 4 例，2016 年占 1 例。《民事执行中变更、追加当事人的若干规定》施行后，法院判决趋于统一，即未经审判程序确认，执行阶段不得直接追加债务人配偶或原配偶为被执行人。

综上所述，法院对能否在执行阶段直接追加债务人配偶为被执行人的裁决在 2016 年 11 月 7 日《民事执行中变更、追加当事人的若干规定》施行前后有很大的不同。新规统一了法院对此问题的认定，“司法实践中允许在执行阶段追加债务人配偶为被执行人”在新规施行前不是主流，新规施行后便归于历史了。

（三）债权人可以通过其他法定程序实现权利

法院驳回申请执行人的追加请求，并非对是否是夫妻共同债务及是否由夫妻

① 参见刘贵祥：《执行程序变更、追加被执行人若干问题之探讨》，载《人民法院报》2014 年 7 月 2 日，第 8 版。

② 第 1 款相关内容参见《民法典》第 1064 条第 2 款，第 2 款、第 3 款参见《婚姻家庭编解释（一）》第 34 条。

③ 参见《民法典》第 1065 条第 3 款。

共同承担责任进行认定，也并不意味着债权人权利的消灭，债权人仍能通过其他法定程序进行救济。例如，例案一中最高人民法院的判决："本院驳回上海瑞新的追加请求，并非对王某军所负债务是否属于夫妻共同债务或者吴某霞是否应承担该项债务进行认定，上海瑞新仍可以通过其他法定程序进行救济。"例案二与例案三对此亦有类似的描述。

四、辅助信息

高频词条：

《民法典》

第1065条第3款 夫妻对婚姻关系存续期间所得的财产约定归各自所有，夫或者妻一方对外所负的债务，相对人知道该约定的，以夫或者妻一方的个人财产清偿。

第1089条 离婚时，夫妻共同债务应当共同偿还。共同财产不足清偿或者财产归各自所有的，由双方协议清偿；协议不成的，由人民法院判决。

《民事执行中变更、追加当事人的若干规定》

第30条 被申请人、申请人或其他执行当事人对执行法院作出的变更、追加裁定或驳回申请裁定不服的，可以自裁定书送达之日起十日内向上一级人民法院申请复议，但依据本规定第三十二条的规定应当提起诉讼的除外。

《关于规范执行行为的通知》

二、……

在执行程序中直接变更、追加被执行人的，应严格限定于法律、司法解释明确规定的情形。各级人民法院应严格依照即将施行的《最高人民法院关于民事执行中变更、追加当事人若干问题的规定》，避免随意扩大变更、追加范围。

夫妻共同债务纠纷案件裁判规则第 20 条：
婚姻关系存续期间，夫妻一方因正常的教育培训、社会交往等活动所负债务，应认定为夫妻共同债务；夫妻一方超出正常的教育培训、社会交往所负债务，不应认定为夫妻共同债务

〔**规则描述**〕：婚姻关系存续期间，夫妻一方因个人教育培训、社会交往等活动所负债务，需区分是否用于正常的教育培训和社会交往活动。婚姻关系存续期间所进行的正常的教育培训、社会交往等活动是家庭日常生活的组成部分。在家事代理权的基础上，夫妻一方因正常的教育培训、社会交往等活动所负债务，应当认定为夫妻共同债务，由夫妻二人共同承担。夫妻一方超出正常教育培训、社会交往所负债务，不应认定为夫妻共同债务。但是，债权人能够证明该债务用于夫妻共同生活、共同生产经营或者基于夫妻双方共同意思表示的除外。

一、类案检索大数据报告

数据采集时间：2021 年 3 月 2 日；案例来源：Alpha 案例库；案件数量：251 件。本次检索获取 2021 年 3 月 2 日前共 251 篇裁判文书。案件裁判结果分布情况如图 20 - 1 所示，在婚姻关系存续期间，夫妻一方因教育培训、社会交往等活动所负债务相关的纠纷中，夫妻一方所负债务被认定为夫妻共同债务的案件 188 件，占比约 74.90%，部分被认定为夫妻共同债务的案件 2 件，占比约 0.80%，不被认定为夫妻共同债务的案件 53 件，占比约 21.11%，不相关案件 8 件，占比约 3.19%。

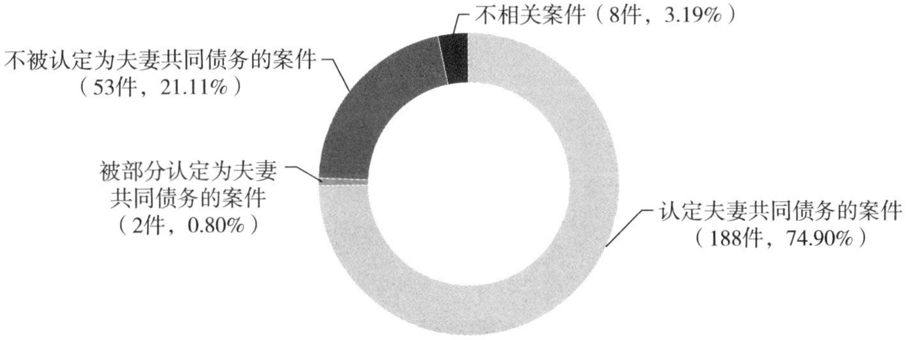

图 20 - 1　案件裁判结果分布情况

如图 20－2 所示，从案件年份分布情况可以看出当前条件下案件数量的变化趋势。

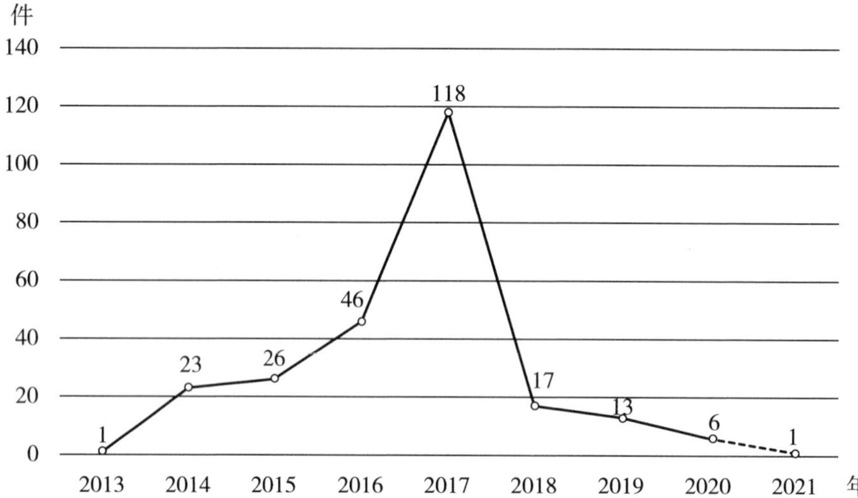

图 20－2　案件年份分布情况

如图 20－3 所示，从案件地域分布情况来看，当前条件下案件主要集中在重庆市、福建省、广东省、山东省和湖南省，其中重庆市的案件量最多，达到 129 件，占比约 51.39%。

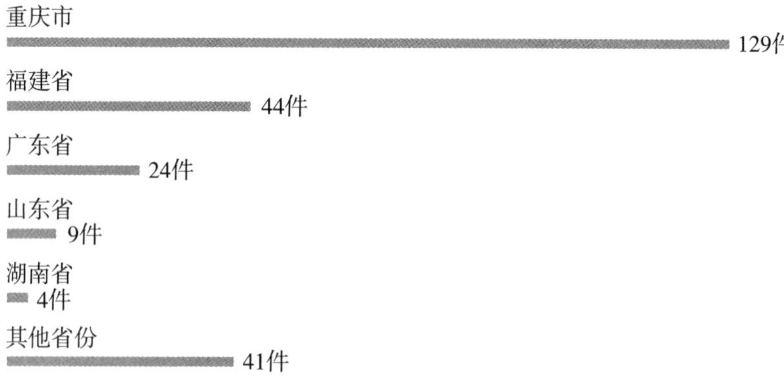

图 20－3　案件地域分布情况

如图 20－4 所示，从案件案由分类情况可以看出，当前条件下案件的案由分布由多至少分别是合同、准合同纠纷 227 件，占比约 90.44%；婚姻家庭、继承纠纷 23 件，占比约 9.16%；与公司、证券、保险、票据等有关的民事纠纷 1 件，占比约 0.40%。

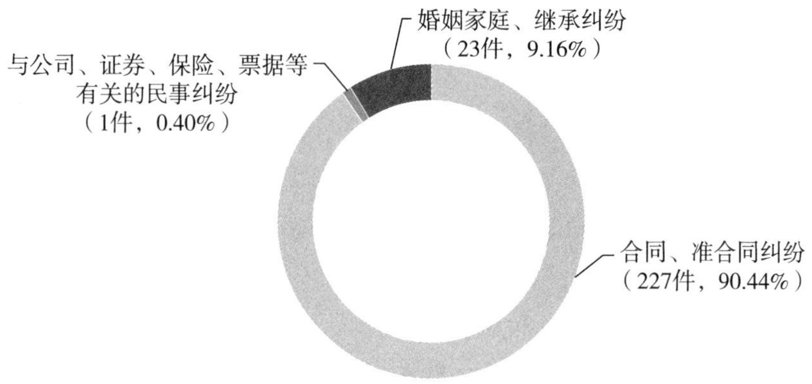

图 20－4　案件案由分类情况

如图 20－5 所示，从案件审理程序分布情况可以看出，当前条件下案件的审理程序分布由多至少分别是一审案件 234 件，占比约 93.23%；二审案件 15 件，占比约 5.98%；再审案件 2 件，占比约 0.79%。

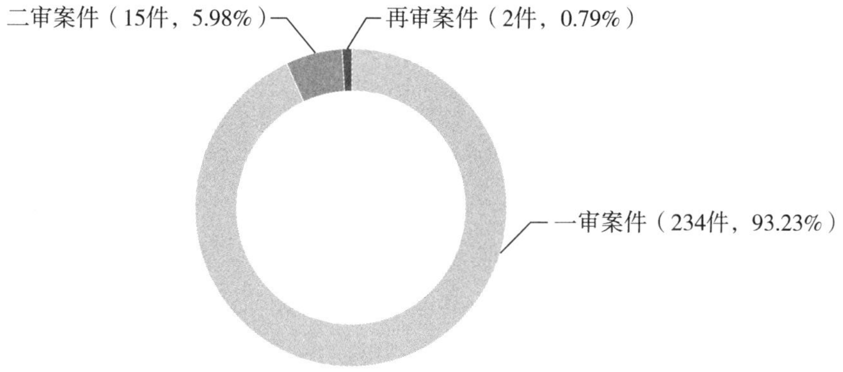

图 20－5　案件审理程序分布情况

二、可供参考的例案

例案一｜兴业银行股份有限公司厦门分行与苏某聪金融借款合同纠纷案

【法院】

福建省高级人民法院

【案号】

（2017）闽民终 897 号

【当事人】

上诉人(原审原告):兴业银行股份有限公司厦门分行

被上诉人(原审被告):苏某聪

被上诉人(原审被告):刘某华

【基本案情】

被上诉人苏某聪与刘某华系夫妻关系,双方于2008年8月4日登记结婚。刘某华自2001年8月23日移民加拿大,现定居于加拿大温哥华,苏某聪居住在广州。兴业银行股份有限公司厦门分行(以下简称兴业银行厦门分行)与苏某聪于2013年10月15日签订一份合同编号为"借字121×××××××1000"的《个人旅游借款合同》,合同约定:"债权人为兴业银行厦门分行,债务人为苏某聪。借款金额为15万元,借款期限自2013年10月15日至2016年10月15日止,借款利率采用固定方式,年利率为9%;借款逾期的,罚息利率为对应借款利率上浮50%……'借款偿还和计息、结息'项约定借款用途为支付旅游消费支出的,借款还本付息日期选择下列第3项:……3、到期一次性归还本金分期付息的方式,自借款发放次月起每个公历月的22日及借款到期日为还款日。违约责任约定:一、债务人发生下列任一事件即构成违约:(一)债务人不按本合同规定按时偿还借款本息……二、违约发生后,债权人有权采取下列一项或多项措施:……(三)解除借款合同,要求债务人清偿所有到期或未到期的借款本金、利息及其他费用。因债务人未履行本合同项下的义务而引起诉讼的,则债权人所支付的实现债权的费用由债务人承担;本合同的订立、效力、解释、履行及争议的解决均适用中华人民共和国法律;在本合同履行过程中发生争议,协商不成的向债权人所在地人民法院提起诉讼。"

合同签订后,兴业银行厦门分行向苏某聪发放贷款15万元。苏某聪自2014年9月开始逾期还款,截至2017年3月21日,苏某聪尚欠本金113,025.06元,利息、罚息及复利31,795.92元。

兴业银行厦门分行向厦门市中级人民法院提出诉讼请求:(1)判令解除兴业银行厦门分行与苏某聪签订的编号为"借字121×××××××1000"的《个人旅游借款合同》;(2)苏某聪、刘某华向兴业银行厦门分行偿还本金113,025.06元,计至2017年3月21日的利息及罚息(含复利)31,795.92元,此后按照年利率9%上浮50%计至实际还款日止;(3)苏某聪、刘某华共同承担兴业银行厦门分行为实现债权而支付的律师费5698元、翻译费4760元、委托加拿大司法机构送达费503.06元;(4)苏某聪、刘某华承担本案全部诉讼费用。

厦门市中级人民法院认为，兴业银行厦门分行与苏某聪订立合同时已约定借款的目的为用于苏某聪旅游消费支出。且刘某华居住于加拿大，兴业银行厦门分行未提供证据证明苏某聪的该借款用于其与刘某华的共同生活，故本案所涉借款不能认定为苏某聪、刘某华的夫妻共同债务。刘某华并非本案借款合同的当事人，兴业银行厦门分行要求刘某华共同偿还借款缺乏依据，法院不予支持。

原审原告兴业银行厦门分行不服，向福建省高级人民法院提起上诉称：原审法院认定案涉借款非被上诉人夫妻共同债务是错误的。首先，夫妻共同生活并不以其同居一地为前提；其次，夫妻生活是以家庭为单位，其支出包括常规意义上的旅游消费支出，无论一方是否知情或同意，均属于日常生活需要的行为，因此该行为形成的债务应为夫妻共同债务。且被上诉人刘某华移居加拿大，二被上诉人经常往返加拿大与中国之间，旅游消费支出恰恰属于其二人因分居两地所必然产生的夫妻共同生活的常规性支出，而苏某聪所前往的旅游目的地正是刘某华所在的加拿大。在没有相反证据的情况下，应认定案涉借款用于被上诉人夫妻共同生活。

【案件争点】

婚姻关系存续期间，夫妻一方因正常的社会交往活动所负债务是否属于夫妻共同债务。

【裁判要旨】

福建省高级人民法院认为，首先，二被上诉人的婚姻缔结地在中国。故双方最初的夫妻财产关系应以中国法律作为准据法。虽然被上诉人刘某华主张其现已成为加拿大公民且定居在加拿大，与被上诉人苏某聪长期分居，但其没有提交证据证明其在移居加拿大后与被上诉人苏某聪就双方夫妻财产关系重新作出约定，因此，应当认定二被上诉人夫妻财产关系并未改变，本案应依据中国法律来判断案涉借款是否为二被上诉人夫妻共同债务；其次，夫妻共同生活所形成的债务，是指为了维持正常的家庭生活所形成的债务，包括因夫妻正常的衣食住行等方面的支出所产生的债务，这种债务并不以夫妻双方共同享用借款或双方均知情、同意为前提。案涉借款虽用于苏某聪个人的旅游，但旅游仍属于夫妻共同生活的范围，且被上诉人未能举证证明苏某聪将案涉借款用于不属于其夫妻共同生活范围或明显违背刘某华意愿的事项，故应当认定案涉借款为被上诉人夫妻共同生活形成的债务。因此，上诉人主张案涉借款属于二被上诉人夫妻共同债务，共同承担偿还责任，有事实和法律依据。

综上所述，福建省高级人民法院变更厦门市中级人民法院（2015）厦民初字第

1461号民事判决第二项为：苏某聪、刘某华应于判决生效之日起10日内偿还兴业银行厦门分行借款本金113,025.06元，并支付利息、罚息及复利(截至2017年3月21日为31,795.92元，自2017年3月22日起的利息、罚息按年利率9%上浮50%计算)。

例案二 | 赵某旭与沈某离婚纠纷案

【法院】

辽宁省沈阳市中级人民法院

【案号】

(2015)沈中少民终字第00249号

【当事人】

上诉人(原审原告)：赵某旭

被上诉人(原审被告)：沈某

【基本案情】

赵某旭与沈某于1997年自由恋爱，2004年6月8日登记结婚。无婚生子女。从2001年起，沈某去澳大利亚留学。赵某旭于2004年11月左右随沈某去澳大利亚生活。在国外共同生活期间，双方因琐事产生矛盾致夫妻感情不睦。在国外共同生活期间，沈某分别于2006年3月、2008年12月、2009年2月及8月，分数次将自己的婚前存款共计62,777.08澳大利亚元转入用于原沈某、赵某旭共同生活支出的银行账户中。截至2010年3月29日，该账户内存款余额为68,206.13澳大利亚元。当时赵某旭以其母亲在国内购买房屋急用钱为由，在2010年3月29日从该账户内取走60,000澳大利亚元。2010年10月，双方从澳大利亚回国。回国伊始，赵某旭找某种借口与沈某分居至今。现赵某旭在国内居住，沈某返回澳大利亚生活。双方在国外生活期间，沈某因进修学业向澳大利亚政府申请高等教育贷款，截至2012年6月4日，该贷款余额为12,650澳大利亚元。2005年，双方购买轿车一辆。赵某旭回国后，沈某在国外将车辆以8000澳大利亚元变卖。

沈阳市大东区人民法院认为，赵某旭和沈某婚后感情一般，因琐事发生纠纷致夫妻感情不睦，现双方长期分居，夫妻感情确已破裂，双方均同意离婚应准予。根据沈某举证证明，当时双方共同生活账户内银行存款共有68,206.13澳大利亚元，其中62,777.08澳大利亚元来自沈某婚前个人存款，即双方当时属于夫妻共有的存款只有8202澳大利亚元左右。赵某旭诉称该6万澳大利亚元系双方分开时自己应分得的财产份额，没有事实依据，不予采纳。因赵某旭取走的6万澳大利亚元属于沈某婚前的个人财产，赵某旭将该款项用于与沈某无关的包括资助其母亲购买房屋的个人用途支出，并在庭审中故意隐匿，拒不说明该笔款项的具体支出明细，侵占该笔款项的意图明显，损害了沈某的利益。故赵某旭应将该笔款项返还给沈某。沈某要求扣除赵某旭已支付的1400澳大利亚元，只支付58,600澳大利亚元即可，应当准予。依据《婚姻法》的有关规定，在无特别约定的情况下，在婚姻关系存续期间，夫妻一方所负债务应按夫妻共同债务处理，因此沈某在国外进修所欠贷款应为夫妻共同债务，赵某旭有义务负担截至2012年6月4日前贷款余额的50%。考虑该贷款系沈某上学所欠及分居现状等因素，另外50%贷款余额及以后因拖欠本金所发生的利息应由沈某自行负担。沈某变卖轿车所得8000澳大利亚元亦属于夫妻共同财产，应予均等分割。故沈阳市大东区人民法院依法判决：(1)准予赵某旭与沈某离婚。(2)判决生效后3日内，赵某旭给付沈某58,600澳大利亚元。(3)澳大利亚政府教育贷款余额12,650澳大利亚元及2012年6月4日以后因该贷款未偿还所产生的利息均由沈某承担。判决生效后3日内，赵某旭给付沈某该贷款余额12,650澳大利亚元的50%计6325澳大利亚元。(4)变卖轿车款8000澳大利亚元归沈某所有；判决生效后3日内，沈某给付赵某旭4000澳大利亚元。

宣判后，赵某旭不服该判决，向辽宁省沈阳市中级人民法院提起上诉，上诉请求及理由：赵某旭拿回国的6万澳大利亚元系双方在澳大利亚对共同财产进行分配后赵某旭应分得的6万澳大利亚元，此款应当属于赵某旭的个人财产，而且对于银行贷款已经在双方协商中予以扣除，应当由沈某自行承担还款义务。

【案件争点】

婚姻关系存续期间，夫妻一方因正常的教育培训所负债务，是否属于夫妻共同债务。

【裁判要旨】

辽宁省沈阳市中级人民法院认为，上诉人赵某旭提出其与沈某在澳大利亚已经达成财产分割协议，故其应得6万澳大利亚元并不用偿还贷款的上诉主张，因赵某旭并未向法院提供双方的财产分割协议，而沈某对此又不予认可，赵某旭亦未提供其他充分的证据证明自己的主张；而且据赵某旭自己陈述双方在澳大利亚已经矛盾激化，其主张从沈某账户（该账户当时余额为68,206.13澳大利亚元）内取走

6万澳大利亚元系沈某自愿给付赵某旭，与生活常理不符，沈某对此亦予以否认，故原审法院对赵某旭的该项主张未予支持，并无不当。对于该笔款项的去向，在原审庭审中，赵某旭称该6万澳大利亚元因其回国后无工作已消费殆尽，但根据沈某提供的证据显示，赵某旭在取得6万澳大利亚元后至2010年10月回国前，分四次向其母亲的国内银行账户内汇款23,210澳大利亚元及9246.33美元，对其他剩余款项赵某旭拒不说明去向，赵某旭将该款项用于与沈某无关的包括资助其母亲购买房屋的个人用途支出，并在庭审中故意隐匿，拒不说明该笔款项的具体支出明细，侵占该笔款项的意图明显，损害了沈某的利益。《婚姻法》第47条第1款①规定："离婚时，一方隐藏、转移、变卖、毁损夫妻共同财产，或伪造债务企图侵占另一方财产的，分割夫妻共同财产时，对隐藏、转移、变卖、毁损夫妻共同财产或伪造债务的一方，可以少分或不分"。故原审判决对于该部分财产的处理并无不当。在婚姻关系存续期间，夫妻一方所负债务应按共同债务处理，故沈某在国外进修所欠贷款应为夫妻共同债务，赵某旭有义务分担，对于赵某旭提出双方已经协议处理完毕的主张，因其未能提供充分的证据，故不予支持。对于上诉人赵某旭提出原审程序违法的上诉主张，因其未能提供充分证据，法院不予采信。因此，判决驳回上诉，维持原判。

例案三 | 刘某、李某杰民间借贷纠纷案

【法院】

浙江省高级人民法院

【案号】

(2019)浙民再194号

【当事人】

再审申请人(一审被告、二审上诉人):刘某

被申请人(一审原告、二审被上诉人):李某杰

被申请人(一审被告、二审被上诉人):陆某华

【基本案情】

刘某与陆某华于2008年9月11日结婚，于2015年9月29日离婚。陆某华于

① 参见《民法典》第1092条。

2015年4月25日向李某杰出具借条一份，借条载明，陆某华因房屋装修所需，借款200,000元，借款日期为2015年4月25日，定于2015年5月24日归还。逾期不能归还的，愿承担因此承担的一切费用，并每天按所借款1%支付违约金。借条并载明款项现金收到。借款到期后，陆某华未按照约定向李某杰归还上述借款。李某杰于2017年6月8日诉至杭州市滨江区人民法院。

杭州市滨江区人民法院认为，李某杰与陆某华之间的民间借贷关系合法有效，依法受法律保护。陆某华未依约定还款，应承担违约责任。李某杰主张按年利率24%标准计付违约金，不违反双方约定及法律规定。涉案债务发生在陆某华与刘某婚姻关系存续期间，刘某未举证证明该债务明确约定为个人债务，或者能够证明属于《婚姻法》第19条第3款①规定的除外情形，故应当认定为夫妻共同债务。

刘某不服，向浙江省杭州市中级人民法院提起上诉称：李某杰、陆某华之间发生借贷关系是否真实，没有查明。事实上，陆某华家中没有进行过任何装修，何来装修借款。而且，李某杰对出借情况、资金来源也说不清楚。李某杰所说的经过也无证据证实，且没有客观合理性。因而不应认定双方借款事实。请求二审法院依法撤销原审判决，改判驳回李某杰要求刘某支付借款20万元及利息的诉讼请求。

浙江省杭州市中级人民法院认为，李某杰与陆某华之间的借贷关系有陆某华出具的借据为证。在借据中陆某华明确已收到李某杰现金200,000元，由此可以认定李某杰与陆某华借贷关系成立，且李某杰履行了交付出借款项的义务。刘某上诉对借款事实的真实性提出异议，但未提交有效证据加以证明，故法院不予采纳，判决驳回上诉，维持原判。

刘某不服浙江省杭州市中级人民法院判决，向浙江省高级人民法院申请再审，请求撤销二审法院判决，改判驳回李某杰要求刘某支付借款20万元及利息的诉讼请求。

【案件争点】

婚姻关系存续期间，夫妻一方因超出日常生活需要的社会交往等活动所负债务，是否属于夫妻共同债务。

【裁判要旨】

浙江省高级人民法院认为，李某杰提供了陆某华出具的借据为证，载明陆某华已收到李某杰现金200,000元，刘某虽主张该借据系李某杰伪造，但未提供证据证

① 参见《民法典》第1065条。

明,故应认定李某杰与陆某华借贷关系成立。依据《婚姻法》第41条[①]的规定,夫妻一方在婚姻关系存续期间以个人名义超出家庭日常生活需要所负的债务,债权人以属于夫妻共同债务为由主张权利的,人民法院不予支持,但债权人能够证明该债务用于夫妻共同生活、共同生产经营或者基于夫妻双方共同意思表示的除外。本案中所涉借款本金达20万元,数额较大,已明显超出家庭日常生活需要,且存在借款期限短但约定违约金极高等异常特征。尽管借条载明的借款用途系装修家中房屋,但刘某否认家中房屋曾经装修且其未在借条上签字也未予以追认,结合李某杰因开设赌场、参加黑社会性质组织等构成犯罪被判处有期徒刑以及陆某华在借款期间失踪等情况,可认定案涉借款未用于夫妻共同生活、共同生产经营或基于夫妻双方共同意思表示,故不应认定为夫妻共同债务。刘某关于其不应承担案涉债务的主张成立,予以支持。一审、二审判决认定不当,应予纠正,判决撤销浙江省杭州市中级人民法院(2017)浙01民终7789号民事判决及浙江省滨江区人民法院(2017)浙0108民初3031号民事判决,陆某华于本判决生效后10日内偿还李某杰借款20万元及利息(利息按月利率2%计算,自2015年4月25日起算至本判决履行完毕之日止)。

三、裁判规则提要

(一)因教育培训、社会交往所负债务的类型细化

教育文化娱乐消费是居民消费支出八大种类之一,为所有家庭日常生活的必要组成部分。随着家庭成员对自身教育深造、子女教育培训、正当文化、体育、娱乐等社会交往活动需要的不断增长,夫妻一方或双方为保障家庭共同生活成员享受应有或较好的教育培训或社会交往,选择向政府、银行或其他家人、好友借贷的情况越来越普遍。该类借贷行为包括因正常的家庭成员教育培训、社交活动所负债务,如夫或妻自身在婚姻存续期间因上学、旅游、培训等生活性活动所负的政府助学贷款;也包含了超出正常的教育培训、社会交往活动所需金额的教育、生活消费贷款,如未经对方配偶同意,夫妻一方在休闲、娱乐方面的大额借贷费用开支。根据《民法典》第1064条的规定,夫妻一方所负债务在家庭日常生活需要之内的属于夫妻共同债务,超出家庭日常生活需要的则须进一步判断,该债务是否为夫妻双方共同意思表示并用于共同生活或生产经营,不同类型的教育文化娱乐消费债务会

① 参见《民法典》第1064条。

适用不同的裁判规则。

（二）因正常的教育培训、社会交往等所负债务

1. 正常教育培训、社会交往活动的家事属性

《民法典》第 1060 条第 1 款明确规定了夫妻日常家事代理权："夫妻一方因家庭日常生活需要而实施的民事法律行为，对夫妻双方发生效力，但是夫妻一方与相对人另有约定的除外"。夫妻一方为家庭成员的教育培训或社会交往活动所签订的借款、贷款协议在属于因家庭日常生活需要而实施的民事法律行为、无特殊约定的情况下，该债务依法对夫妻双方发生效力。

"家庭日常生活需要"标准没有明确法律规定，但在实践中，主要参考食品烟酒、衣着、居住、生活用品及服务、交通通信、教育文化娱乐、医疗保健、其他用品及服务八大种类，并根据夫妻双方的身份、职业、资产、收入等共同生活的状态和当地一般社会生活习惯予以认定。在多数公开案例中，法院也将以下债务视为生活性债务，判定夫妻双方共同承担：（1）购置共同生活用品所负债务；（2）购买、装修、修缮共同居住的房屋所负债务；（3）夫妻因正常取得、管理、使用、收益、处分共同财产形成的债务；（4）为支付一方医疗费用所负的债务；（5）夫妻一方或双方为履行法定扶养或赡养义务所负的债务；（6）为支付夫妻一方或双方的教育、培训费用所负的债务；（7）夫妻从事正当的文化、教育、体育、娱乐活动等所负的债务；（8）为支付正当必要的社会交往费用所负的债务。

由此可见，婚姻关系存续期间，夫妻一方为自身或共同家庭成员承担的，因正常的教育培训、社会交往所负的债务，属于日常生活中的必要开支事项，在家事代理权限范围之内。

2. 夫妻一方因正常的教育培训、社会交往等活动所负债务的责任承担

依据《民法典》第 1064 条第 1 款的规定，如果夫或妻一方所负债务属于夫妻家事代理权限范围之内，则该债务应被判定为夫妻共同债务。而正常的教育培训、社会交往活动根据实践经验属于家庭日常生活。据此，在正常的教育培训、社会交往活动范围内，夫或妻一方有权代理对外实施交易行为，该交易行为的权利由夫妻共同分享，义务由夫妻共同承担。

但以上责任承担规则存在例外。《民法典》第 1065 条规定："男女双方可以约定婚姻关系存续期间所得的财产以及婚前财产归各自所有、共同所有或者部分各自所有、部分共同所有……夫妻对婚姻关系存续期间所得的财产约定归各自所有，

夫或者妻一方对外所负的债务，相对人知道该约定的，以夫或者妻一方的个人财产清偿”。在夫妻双方对婚姻关系存续期间的所有共有或个人所有财产进行了特殊约定的情况下，判定夫或妻以个人名义因教育培训、社会交往等活动所负债务的责任承担时，需要考虑债权人的主观状态。根据合同相对性原则，夫妻对婚姻关系存续期间所得的财产约定归各自所有的，该合同只对合同双方当事人有效。但夫或妻一方对外因正常的教育培训、社会交往等活动负债时，婚姻关系存续的状态会使不知情的债权人获得一个正当、完整的家事代理权的权利外观，该善意债权人有权请求夫妻任意一方偿还夫妻共同债务。但当债权人知道夫妻双方关于婚姻关系存续期间所得的财产归各自所有的约定时，原权利外观消失。即使夫或妻一方对外负债行为依法属于家事代理权的有效范围之内，该债务只能以夫或妻一方的个人财产清偿。

（三）夫妻一方超出正常的教育培训、社会交往所负债务的责任承担

《民法典》第1064条第2款规定：“夫妻一方在婚姻关系存续期间以个人名义超出家庭日常生活需要所负的债务，不属于夫妻共同债务；但是，债权人能够证明该债务用于夫妻共同生活、共同生产经营或者基于夫妻双方共同意思表示的除外”。当未经对方配偶允许，夫或妻一方为教育培训、社会交往所负债务已经超出正常教育、社交所需金额，该债务所得款项也没有用于获取、提升包括物质利益与精神利益在内的家庭利益时，该类债务则不宜被判定为夫妻共同债务。

是否超出正常的教育培训、社会交往所需金额，应参考配偶双方的收入水准、负债金额大小、家庭富裕程度、夫妻关系是否安宁、当地经济水平及交易习惯、借贷双方的熟识程度、借款名义、资金流向等因素综合予以认定，立足点在于“正常的教育培训、社会交往等活动”。以教育培训、社会交往为名义的大额消费借贷行为很有可能从根本上改变整个家庭的生活水平，该类债务如果未经对方配偶同意通常都无法被判定为夫妻共同债务。[①] 同时，判断何为因正常的教育培训、社会交往等活动所负债务时，应考虑比例性原则。如果普通收入家庭中的夫妻一方，举债数百万元进行国际旅游、供子女全程就读国外顶级的私立中小学等非日常活动，则超出一般理性人对“正常的教育培训、社交活动”之认知，违反了比例性原则。

因此，婚姻关系存续期间，夫妻一方超出正常的教育培训、社会交往等所负债

---

① 参见冉克平：《论夫妻共同债务的类型与清偿——兼析法释[2018]2号》，载《法学》2018年第6期。

务，并无证据证明该债务用于夫妻共同生活、共同生产经营或者基于夫妻双方共同意思表示的情况下，不能认定为夫妻共同债务，应由举债一方个人承担。

四、辅助信息

高频词条：

《民法典》

第 509 条第 1 款 当事人应当按照约定全面履行自己的义务。

第 577 条 当事人一方不履行合同义务或者履行合同义务不符合约定的，应当承担继续履行、采取补救措施或者赔偿损失等违约责任。

第 579 条 当事人一方未支付价款、报酬、租金、利息，或者不履行其他金钱债务的，对方可以请求其支付。

第 583 条 当事人一方不履行合同义务或者履行合同义务不符合约定的，在履行义务或者采取补救措施后，对方还有其他损失的，应当赔偿损失。

第 584 条 当事人一方不履行合同义务或者履行合同义务不符合约定，造成对方损失的，损失赔偿额应当相当于因违约所造成的损失，包括合同履行后可以获得的利益；但是，不得超过违约一方订立合同时预见到或者应当预见到的因违约可能造成的损失。

第 585 条 当事人可以约定一方违约时应当根据违约情况向对方支付一定数额的违约金，也可以约定因违约产生的损失赔偿额的计算方法。

约定的违约金低于造成的损失的，人民法院或者仲裁机构可以根据当事人的请求予以增加；约定的违约金过分高于造成的损失的，人民法院或者仲裁机构可以根据当事人的请求予以适当减少。

当事人就迟延履行约定违约金的，违约方支付违约金后，还应当履行债务。

第 667 条 借款合同是借款人向贷款人借款，到期返还借款并支付利息的合同。

第 669 条 订立借款合同，借款人应当按照贷款人的要求提供与借款有关的业务活动和财务状况的真实情况。

第 671 条 贷款人未按照约定的日期、数额提供借款，造成借款人损失的，应当赔偿损失。

借款人未按照约定的日期、数额收取借款的，应当按照约定的日期、数额支付利息。

第674条 借款人应当按照约定的期限支付利息。对支付利息的期限没有约定或者约定不明确,依据本法第五百一十条的规定仍不能确定,借款期间不满一年的,应当在返还借款时一并支付;借款期间一年以上的,应当在每届满一年时支付,剩余期间不满一年的,应当在返还借款时一并支付。

第675条 借款人应当按照约定的期限返还借款。对借款期限没有约定或者约定不明确,依据本法第五百一十条的规定仍不能确定的,借款人可以随时返还;贷款人可以催告借款人在合理期限内返还。

第676条 借款人未按照约定的期限返还借款的,应当按照约定或者国家有关规定支付逾期利息。

第680条 禁止高利放贷,借款的利率不得违反国家有关规定。

借款合同对支付利息没有约定的,视为没有利息。

借款合同对支付利息约定不明确,当事人不能达成补充协议的,按照当地或者当事人的交易方式、交易习惯、市场利率等因素确定利息;自然人之间借款的,视为没有利息。

第1060条 夫妻一方因家庭日常生活需要而实施的民事法律行为,对夫妻双方发生效力,但是夫妻一方与相对人另有约定的除外。

夫妻之间对一方可以实施的民事法律行为范围的限制,不得对抗善意相对人。

第1061条 夫妻有相互继承遗产的权利。

第1062条 夫妻在婚姻关系存续期间所得的下列财产,为夫妻的共同财产,归夫妻共同所有:

(一)工资、奖金、劳务报酬;

(二)生产、经营、投资的收益;

(三)知识产权的收益;

(四)继承或者受赠的财产,但是本法第一千零六十三条第三项规定的除外;

(五)其他应当归共同所有的财产。

夫妻对共同财产,有平等的处理权。

第1063条 下列财产为夫妻一方的个人财产:

(一)一方的婚前财产;

(二)一方因受到人身损害获得的赔偿或者补偿;

(三)遗嘱或者赠与合同中确定只归一方的财产;

(四)一方专用的生活用品;

（五）其他应当归一方的财产。

第 1064 条　夫妻双方共同签名或者夫妻一方事后追认等共同意思表示所负的债务，以及夫妻一方在婚姻关系存续期间以个人名义为家庭日常生活需要所负的债务，属于夫妻共同债务。

夫妻一方在婚姻关系存续期间以个人名义超出家庭日常生活需要所负的债务，不属于夫妻共同债务；但是，债权人能够证明该债务用于夫妻共同生活、共同生产经营或者基于夫妻双方共同意思表示的除外。

第 1065 条　男女双方可以约定婚姻关系存续期间所得的财产以及婚前财产归各自所有、共同所有或者部分各自所有、部分共同所有。约定应当采用书面形式。没有约定或者约定不明确的，适用本法第一千零六十二条、第一千零六十三条的规定。

夫妻对婚姻关系存续期间所得的财产以及婚前财产的约定，对双方具有法律约束力。

夫妻对婚姻关系存续期间所得的财产约定归各自所有，夫或者妻一方对外所负的债务，相对人知道该约定的，以夫或者妻一方的个人财产清偿。

第 1089 条　离婚时，夫妻共同债务应当共同偿还。共同财产不足清偿或者财产归各自所有的，由双方协议清偿；协议不成的，由人民法院判决。

《民法典婚姻家庭编解释（一）》

第 34 条　夫妻一方与第三人串通，虚构债务，第三人主张该债务为夫妻共同债务的，人民法院不予支持。

夫妻一方在从事赌博、吸毒等违法犯罪活动中所负债务，第三人主张该债务为夫妻共同债务的，人民法院不予支持。

第 36 条　夫或者妻一方死亡的，生存一方应当对婚姻关系存续期间的夫妻共同债务承担清偿责任。

后　　记

最高人民法院在“五五改革纲要”中提出，完善类案和新类型案件强制检索报告工作机制。类案同判研究机制的健全完善，对统一法律适用标准、提升司法公信力具有重要意义和价值。尤其在夫妻共同债务纠纷案件中，特别需要以某种方式将在实践基础上总结出的审理思路明确下来。通过研究实践中的大量夫妻共同债务纠纷案件，加以评析、归纳、整理，进而在类案方面梳理出裁判规则，最终形成实践中解决该问题的裁判思路，对法官在同类案件中适用法律将具有启发、引导、规范和参考作用。

本书是最高人民法院中国应用法学研究所策划的“中国法院类案检索与裁判规则专项研究”丛书的组成部分，同时也获得了司法部 2019 年度国家法治与法学理论研究课题《夫妻共同债务认定与清偿研究》（项目批准号 19SFB2037）的立项支持。本项研究成果借助大数据检索平台，形成同类案件大数据报告，为使用者提供同类案件裁判全景，并从检索到的海量类案中挑选出可索引的、优秀的例案。同时，专家组从例案中提炼出同类案件的裁判规则，形成裁判规则提要，提供给读者参考。

在撰写前，本书主编中国应用法学研究所民商事审判研究部副主任、《人民法院案例选》编辑部主任杨奕为全书设定了写作框架并组织编写团队确定了所有裁判规则，参与了部分裁判规则的撰写，在成书后又进行了统稿；北京市第一中级人民法院法官柳适思、湖南省高级人民法院法官肖芳、北京市海淀区人民法院法官助理宁晓栩分别参与了部分裁判规则的撰写；中国政法大学民商经济法学院研究生黄丽娇、魏斯晗参与了大数据报告的检索；北京天驰君泰律师事务所律师韩向前参与了全书的统稿、编校工作。

由于水平有限、时间仓促，本书可能存在诸多错漏之处，望读者们不吝指正。也希望本书的出版能够助益夫妻共同债务纠纷案件相关裁判规则的统一和完善。

杨　奕

2021 年 1 月 31 日

图书在版编目(CIP)数据

夫妻共同债务纠纷案件裁判规则 / 杨奕主编. -- 北京 : 法律出版社, 2021
ISBN 978-7-5197-5415-0

Ⅰ. ①夫… Ⅱ. ①杨… Ⅲ. ①夫妻-债务-经济纠纷-审判-案例-中国 Ⅳ. ①D923.35

中国版本图书馆 CIP 数据核字(2021)第 041364 号

夫妻共同债务纠纷案件裁判规则
FUQI GONGTONG ZHAIWU JIUFEN ANJIAN CAIPAN GUIZE

杨 奕 主编

策划编辑 朱轶佳
责任编辑 朱轶佳
装帧设计 李 瞻

出版 法律出版社
总发行 中国法律图书有限公司
经销 新华书店
印刷 固安华明印业有限公司
责任校对 晁明慧 王 皓
责任印制 胡晓雅

编辑统筹 司法实务出版分社
开本 710 毫米×1000 毫米 1/16
印张 20.25
字数 440 千
版本 2021 年 5 月第 1 版
印次 2021 年 5 月第 1 次印刷

法律出版社/北京市丰台区莲花池西里 7 号(100073)
网址/www.lawpress.com.cn
投稿邮箱/info@lawpress.com.cn
举报维权邮箱/jbwq@lawpress.com.cn
销售热线/400-660-8393
咨询电话/010-63939796

中国法律图书有限公司/北京市丰台区莲花池西里 7 号(100073)
全国各地中法图分、子公司销售电话:
统一销售客服/400-660-8393/6393
第一法律书店/010-83938432/8433 西安分公司/029-85330678 重庆分公司/023-67453036
上海分公司/021-62071639/1636 深圳分公司/0755-83072995

书号:ISBN 978-7-5197-5415-0 **定价:**55.00 元
(如有缺页或倒装,中国法律图书有限公司负责退换)